新工科建设之路·区块链工程与金融科技系列

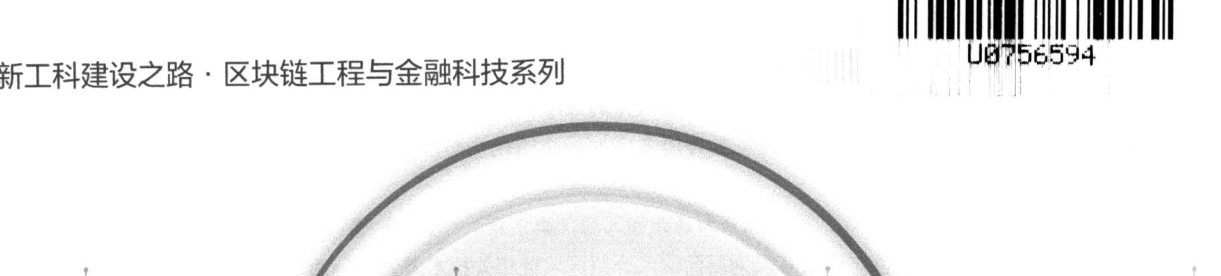

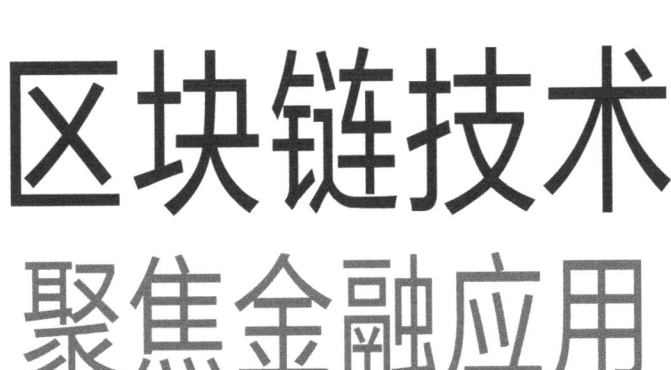

区块链技术
聚焦金融应用

黄海平 薛凌妍 肖甫◎编著

電子工業出版社·
Publishing House of Electronics Industry
北京·BEIJING

内 容 简 介

本书全面介绍了区块链技术以及它在金融领域的应用，涵盖基础概念、底层算法、架构、赋能传统金融的方式方法、实际应用中存在的问题等读者广为关心的技术与应用，并融合了区块链技术领域新的科研成果。

本书分为 4 部分，共 8 章。第 1 部分为基础和入门（第 1 章），着重介绍区块链技术基础，包括区块链的起源、含义、分类、价值与应用等，为后面深入介绍区块链相关技术做铺垫。第 2 部分为技术和架构（第 2～4 章），系统介绍区块链技术原理，包括区块链所基于的密码学原理和经典算法、对等网络技术与分布式存储及区块链其他支撑技术；区块链典型架构；主流的、最新的共识算法与智能合约。第 3 部分为实际应用（第 5～7 章），介绍区块链技术在金融及其他领域的应用；以加密货币项目 Libra（已更名为 Diem）为案例，介绍区块链应用的方式方法，并总结其尚未成功的原因；展望区块链在其他行业的应用。第 4 部分为扩展学习（第 8 章），主要介绍区块链技术演进。

本书可作为高年级本科生、硕士或者博士研究生的教材，也适合作为区块链技术研究人员和数字金融行业从业人员的学习参考书。

图书在版编目（CIP）数据

区块链技术：聚焦金融应用 / 黄海平，薛凌妍，肖甫编著. —北京：电子工业出版社，2023.4（2025.12 重印）
ISBN 978-7-121-45338-0

Ⅰ. ①区… Ⅱ. ①黄… ②薛… ③肖… Ⅲ. ①区块链技术－高等学校－教材 Ⅳ. ①F713.361.3

中国国家版本馆 CIP 数据核字（2023）第 054691 号

责任编辑：戴晨辰

印　　刷：北京七彩京通数码快印有限公司
装　　订：北京七彩京通数码快印有限公司
出版发行：电子工业出版社
　　　　　北京市海淀区万寿路 173 信箱　　邮编：100036
开　　本：787×1092　1/16　印张：14.75　字数：396 千字
版　　次：2023 年 4 月第 1 版
印　　次：2025 年 12 月第 5 次印刷
定　　价：59.00 元

凡所购买电子工业出版社图书有缺损问题，请向购买书店调换。若书店售缺，请与本社发行部联系，联系及邮购电话：（010）88254888，88258888。

质量投诉请发邮件至 zlts@phei.com.cn，盗版侵权举报请发邮件至 dbqq@phei.com.cn。

本书咨询联系方式：dcc@phei.com.cn。

前言

　　区块链技术是新一代分布式账本系统的核心技术，涵盖了分布式系统、密码学、计算机网络等多个学科的知识。自 2008 年问世以来，区块链技术从最初的"比特币"抽离，逐渐在金融、物联网、资产管理、能源等诸多领域发挥关键作用，解决产业发展技术瓶颈。这十余年间区块链高速发展，从最初的密码朋克，到如今引发世界主要国家的关注和青睐。在第十九届中央政治局第十八次集体学习中，习近平总书记指出：我国在区块链领域拥有良好基础，要加快推动区块链技术和产业创新发展，积极推进区块链和经济社会融合发展。站在新的历史节点，许多人逐渐认识到甚至认可区块链的价值主张，区块链技术的发展道路似乎愈发明朗。然而，仍有一部分人对于区块链的底层信任模式存在质疑和误解，担心区块链技术的发展有可能带来更多的、无谓的试错成本，也有相当一部分人对于区块链的认识仅停留在应用层面甚至概念层面，而未知其底层技术原理。这是作者撰写本书的重要原因，溯源区块链技术的发展史，详细剖析其内在技术原理，吸收技术前沿成果，深度解读其在各个领域尤其是金融领域的应用探索，帮助读者以理性、清晰、正确、系统的角度来认识这一创新性技术，把握其应用发展规律，以更好地服务国家战略。

　　本书可以作为金融科技、计算机科学与技术等相关专业的专业课程教材。本书内容以问题为导向，以企业真实案例为载体，从培养学生的专业素养、工程实践能力、学习能力出发，探讨理论，分享实践，着眼于应用，使学生知其然并知其所以然，正确、清晰地引导学生认识和理解区块链技术。本书共 8 章，全面介绍了区块链技术的发展史、技术原理、研究成果以及实际应用，重点分析了区块链在金融领域的应用体现。具体地，第 1 章介绍了区块链的起源，结合通俗易懂的案例给出区块链的定义、分类，以及初步介绍其潜在的应用价值；第 2 章介绍了区块链技术原理，包括密码学、对等网络技术及其他的支撑技术，还讲述了区块链的运作原理以及常见问题；第 3 章介绍了区块链典型架构，包括区块链 1.0 架构、2.0 架构和 3.0 架构，使读者更加直观地认识区块链的技术架构；第 4 章介绍了区块链技术中使用的共识算法与智能合约，其中共识算法部分包括最早提出的拜占庭容错技术、PoW、PoS、DPoS、Ripple 共识，以及最近几年提出的拜小蚁共识、HoneyBadgerBFT 共识、DumboBFT 共识，简单介绍了智能合约使用的编程语言和运行机制；第 5 章重点介绍了区块链在金融领域的典型应用，包括金融服务、数字货币、共享金融、加密数字资产、共享经济以及供应链；第 6 章特别地介绍了区块链在金融领域中的典型案例，即加密货币项目 Libra（已更名为 Diem），认识其发展历程，剖析其成败原因；第 7 章介绍了区块链在其他领域的应用，包括保险行业、医疗行业、农业，并展望其发展前景；第 8 章是扩展学习部分，主要介绍了区块链技术演进，包括区块链的扩展、超级账本、闪电网络、区块压缩以及隐私信息混淆，本章可以补充读者的技术储备。

本书包含配套教学资源，读者可登录华信教育资源网（www.hxedu.com.cn）免费下载。

本书的出版得到了课题组成员的大力支持和帮助，要特别感谢博士生高汉成，硕士生陈龙、高晨昊、闫钊、吉浩宇、史振奇、崔云翔、张少辉，华为科技有限公司韦凡，深圳字节跳动科技有限公司康泽锐。同时还要感谢电子工业出版社相关编辑的严格把关。另外，本书的编写得到国家自然科学基金项目（项目编号：62072252）的资助，在此表示感谢。

不可否认，除比特币等数字货币外的其余领域的区块链技术应用均尚未成熟，全球化区块链市场规模尚小，很多规范标准尚需制定，但学无止境，我们希望以本书为平台，与各界人士一起挖掘和探索区块链真正的价值，为本领域的进步贡献智慧。

作 者

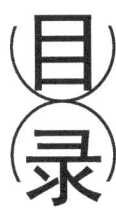

第 3 部分　实际应用

第4部分　扩展学习

第 1 部分
基础和入门

第1章　区块链简介

2020 年是见证历史的一年，之于区块链和数字货币领域，亦是如此。盘点 2020 年币圈里几件大事记："312 暴跌"，即 3 月 12 日，加密货币市场悬崖式暴跌，比特币跌幅超50%；5 月 12 日，比特币完成历史上第三次区块链产能减半，区块高度达 630000，区块奖励由 12.5 个 BTC 减少至 6.25 个 BTC；去中心化金融（DeFi）总锁仓量从年初 6.7 亿美元暴涨至 210 亿美元；以太坊升级到 2.0，ETH2.0 信标链上线……这些大事记每次登上微博热搜总能引发人们的高度关注和热烈讨论，"外行看热闹，内行看门道"，区块链究竟是什么？比特币和区块链有什么区别？区块链又是如何发展而来的？各国对区块链技术的态度是怎样的？区块链的价值和应用何在？诸如此类的问题，本章将结合具体的案例由浅入深地给予解答。

1.1　区块链的起源

货币是衡量商品价值的尺度，是人类社会发展的动力。从原始社会至今，货币的发展已经悄然经历了大致 6 个阶段。

（1）以物换物：比如原始部落里人们用一把石斧换取一头猎物。这时，交换的物品尚不存在价值尺度。

（2）天然货币：由于受到交换的物品种类限制，人们使用稀有的贝壳、牲畜、宝石等天然珍稀的物品作为等价交换，而这些物品就是最原始的货币。

（3）铸币：随着人类社会的发展，天然货币的数量渐渐不能满足交易的需求，于是，出现了用兽骨、蚌壳等刻制的仿贝；商朝时期，铜仿贝出现，这是人类最早铸造的金属货币形态；西周时期，出现铲币，因形状似农具铲而得名；秦汉时期，统一铸币权和货币形态，铸币材料是廉价的青铜、铁。

（4）纸币：到了商品经济发达的北宋，产生了世界最早的纸币——交子。交子起源于民间，后有政府交子务发行官交子，官交子采用了较为高明的防伪技术。

（5）电子货币：互联网的出现，使得电子货币应运而生，最早兴起的是信用卡，不仅克服了纸币易损坏等缺陷，还打破了地域限制，实现交易全球化。发展至今，我们已经随处可见微信支付、支付宝支付等无现金支付手段，据国内支付机构统计，微信支付数据已近 9成。电子支付在人类发展史上具有划时代的意义。现有的电子支付主要以中心化支付体系为主，需要依赖第三方中介机构来保障货币的高效流通。

（6）数字货币：中心化支付体系并非无懈可击，一旦第三方机构的中心服务器遭到恶意攻击，其后果将是难以想象的。自 2009 年开始，以比特币为代表的数字货币逐渐进入人们的视野，这是一种全新的清算支付系统，其去中心化、分布式、点对点、不可篡改等优越特性，深受世人追捧。当然，数字货币远不止比特币，全球知名的数字货币还有以太币、以太坊、ZEC 币、狗狗币、莱特币、瑞波币、门罗币等，截至 2020 年，我国国内流通的数字货币大约有 1600 多种。

　　支撑数字货币的底层技术就是发展得如火如荼的"区块链"技术，从货币的发展史来看，数字货币的出现是必然的，这种深刻的必然逻辑同时也说明了区块链的诞生并非偶然。

　　谈及区块链，人们最为熟知的应该是"比特币"。2008 年，以美国次贷危机为导火索，爆发了全球性金融危机，导致多家大型金融机构倒闭或被政府接管，比如华尔街五大投行之一的雷曼兄弟。世界各国政府及中央银行纷纷采取对策来刺激财政、援助金融机构等，但这些措施同时饱受社会质疑。10 月 31 日，在 metzdowd.com 的邮件列表中，署名中本聪（Satoshi Nakamoto）的人发来的一封邮件引起了人们的关注，如图 1.1 所示，邮件中说："我一直在研究一种新的电子现金系统，完全对等式，不需要任何可信第三方。"随后将收件人引导至一篇技术论文《比特币：一种对等式电子现金系统》（*Bitcoin: a peer-to-peer electronic cash system*）[1]，该论文开始就指出比特币系统是完全通过对等（也称为点对点）（Peer-to-Peer，P2P）技术实现的、中间不需要通过任何的金融机构来完成线上交易的电子现金系统，此外，在 P2P 环境中，该系统能够防止传统交易中的双重支付（Double Spending，又称"双花"）问题，所有交易一旦被记录到系统中将不可更改。论文主体部分则呈现了该系统的整体设计理念，即新币模拟贵金属货币、去中心化、隐私保护以及分布式共享账本，并详细阐述了如何利用现有的 P2P 技术、分布式存储、非对称加密等技术来实现这样一个颠覆传统的技术方案。区块链是一种数据结构，是比特币系统的底层支撑技术，在该论文中，区块链原本是被分开陈述的，即"区块"＋"链"，以"区块"为存储单元记录一定时间内各区块节点的全部交易，区块链间通过随机散列（也称哈希函数）实现"链"接，后一区块包含前一区块的哈希值，如此，相继链接的结果就形成了"区块链"。

From: Satoshi Nakamoto
#014810

Bitcoin P2P e-cash paper

October 31, 2008, 06:10:00 PM

Replies: >>014814 >>014817 >>014827

I've been working on a new electronic cash system that's fully peer-to-peer, with no trusted third party.

The paper is available at:
http://www.bitcoin.org/bitcoin.pdf

The main properties:
Double-spending is prevented with a peer-to-peer network.
No mint or other trusted parties.
Participants can be anonymous.
New coins are made from Hashcash style proof-of-work.
The proof-of-work for new coin generation also powers the network to prevent double-spending.

Bitcoin: A peer-to-peer electronic cash system

图 1.1　中本聪发的邮件

2009 年 1 月，比特币网络上线，开源客户端 1.0 版本发表，中本聪挖出第 1 个"区块"，又称"创世区块"（Genesis Block），如图 1.2 所示，并获得第 1 笔 50 个比特币奖励（比特币为计量单位，简写为 BTC，最小的比特币计量单位为聪，即 Satoshi，1BTC=100000000 Satoshi）。在创世区块中，中本聪留下一句话：

"The Times 03/Jan/2009 Chancellor on brick of second bailout for banks."

（"2009 年 1 月 3 日，财政大臣正处于实施第 2 轮银行紧急援助的边缘。"）

Block 0 ⓘ

Hash	000000000019d6689c085ae165831e934ff763ae46a2a6c172b3f1b60a8ce26f
Confirmations	667,606
Timestamp	2009-01-03 18:15
Height	0
Miner	Unknown
Number of Transactions	1
Difficulty	1.00
Merkle root	4a5e1e4baab89f3a32518a88c31bc87f618f76673e2cc77ab2127b7afdeda33b
Version	0x1
Bits	486,604,799
Weight	1,140 WU
Size	285 bytes
Nonce	2,083,236,893
Transaction Volume	0.00000000 BTC
Block Reward	50.00000000 BTC
Fee Reward	0.00000000 BTC

图 1.2　创世区块

这句话正是当日《泰晤士报》头版文章标题，永不可修改地存在于创世区块中，一方面标志着比特币的诞生，另一方面暗含着对金融旧体系的嘲讽。随后，中本聪将 10 个比特币转给了早期开发者 Hal Finney，这是区块链世界中发生的第 1 笔比特币转账。比特币刚面世时，价格不到 1 美分，最早的有记录的比特币汇率是 1.00USD = 1309.03BTC，也就是 1 美元可以兑换 1300 个比特币。2010 年 5 月 22 日，佛罗里达程序员 Laszlo Hanyecz 用一万个比特币换购了距离佛罗里达州 1900 公里以外的两张价值 25 美元的比萨券，这是比特币第 1 次与现实世界产生交集，这一天被命名为"比萨日"。

任何新生事物诞生之初都不是完美的，比特币亦是如此，自诞生之初就伴随着各种漏洞。据比特币维基统计，迄今比特币系统曾产生过总计约 50 个漏洞。其中，2010 年 8 月曝出的漏洞（编号 CVE-2010-5139）是比特币系统迄今为止发现的唯一重大安全漏洞[2]——黑客利用整数溢出漏洞凭空创造出 1840 亿个比特币，导致比特币发生通货膨胀错误，而比特币总供应量被限制在 2100 万个，这一漏洞直接造成比特币负的交易总额，一旦无法解决，整个比特币系统都将归零。所幸，在该漏洞曝光后两个小时内，核心开发者利用软分叉来修复漏洞并成功清除 1840 亿 BTC 的交易记录。此后，比特币再没出现类似的大漏洞，不仅得以生存，而且得以迅速发展。

2010 年 11 月，SatoshiLabs 公司创始人 Marek Palatinus 意识到独立挖矿将很快无利可图，于是他创建了一个可以让挖矿者联合挖矿（Pooled Mining），集中资源并按比例分红的系统——SlushPool，这是世界上第 1 个比特币矿池，这同时也说明了比特币已经被预见，未来将会成为可以与真实世界的货币相互兑换，有无限发展空间的虚拟货币。这一前瞻性的预见在今天看来，确实如此。截至 2021 年 2 月 2 日，据 btc.com 统计数据（如图 1.3 所示），全球近一个月比特币算力排名前 5 的矿池有鱼池（F2Pool）、币印矿池（Poolin）、币安矿池（Binance Pool）、BTC.com、蚂蚁矿池（AntPool），SlushPool 排在第 10 位。图 1.4 展示了鱼池几家典型的矿场配置的计算设备。

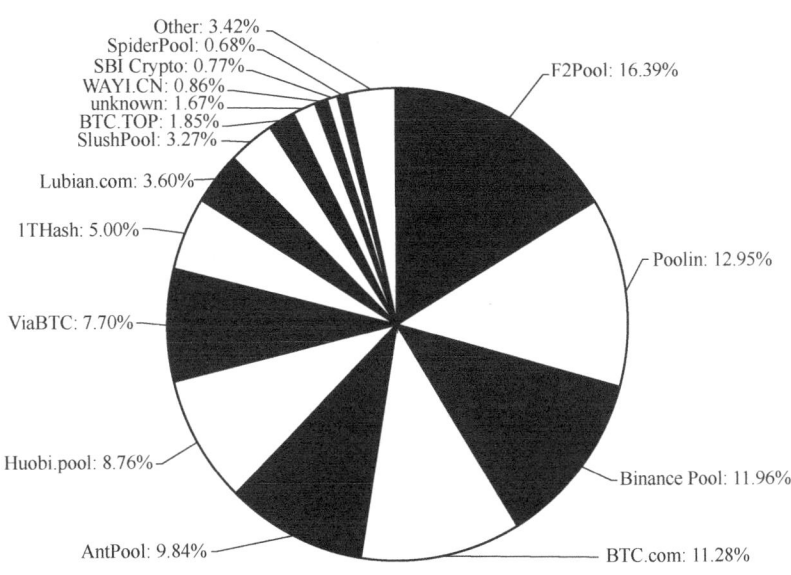

矿池份额占比

- Other: 3.42%
- SpiderPool: 0.68%
- SBI Crypto: 0.77%
- WAYI.CN: 0.86%
- unknown: 1.67%
- BTC.TOP: 1.85%
- SlushPool: 3.27%
- Lubian.com: 3.60%
- 1THash: 5.00%
- ViaBTC: 7.70%
- Huobi.pool: 8.76%
- AntPool: 9.84%
- BTC.com: 11.28%
- Binance Pool: 11.96%
- Poolin: 12.95%
- F2Pool: 16.39%

图 1.3　算力统计图（统计时间：2021 年 2 月 2 日）

图 1.4　鱼池几家典型的矿场配置的计算设备

2011 年 2 月，世界第 1 个比特币交易平台 Mt.Gox 的比特币价格达到了 1 美元一个，这是比特币价格史上一次里程碑事件；6 月，由于有人将比特币交易发布至暗网，导致比特币暴涨至 31 美元，加上一些主流媒体报道的催化作用，全球投资者看到商机，相继加入炒币行列。后来，由于受到黑客攻击以及政府的打压，比特币骤跌 93%。历史上，比特币价格共经历了 3 次暴涨暴跌，其价格变化曲线如图 1.5 所示。值得一提的是，我们所熟知的 2017 年 5 月爆发的全球性互联网灾难事件——黑客利用勒索病毒 WannaCry 向受害用户勒索价值 300 美元的比特币以解锁，该病毒造成全球 150 个国家、30 万台计算机受到袭击，虽然后来各类勒索病毒层出不穷，但影响范围有限，反而一次次地把比特币推向公众。截至 2021 年 2 月 9 日，比特币突破 48000 美元，按上海金交所实时数据，金价格为 380 元/克，一个比特币大约能换一斤半黄金。对于比特币未来的走势，市场分歧很大，其中不乏叫好声，但更多的是担忧。

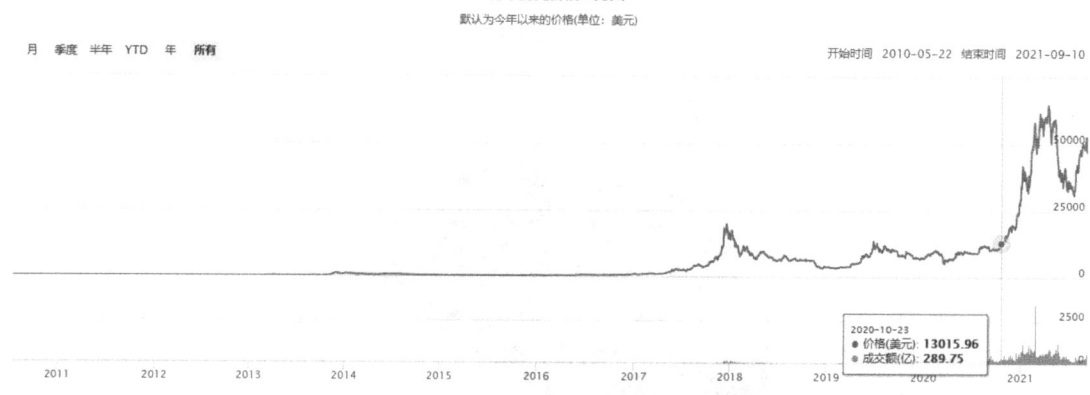

图 1.5　比特币价格变化曲线

然而众所周知，比特币的总发行量上限为 2100 万个，大约每 10 分钟产生一个区块，矿工每完成一个区块，就能获得一定数量的比特币作为区块奖励，每产生 210000 个区块，比特币奖励就会"减半"，这个机制在中本聪设计的协议中有描述。按照这个速度，约每隔 4 年比特币区块奖励将减半一次。比特币历史减半时间及价格行情如表 1.1 所示。2020 年 5 月 12 日，是比特币第 3 次产能减半，剩余 262 万个比特币。比特币系统的这种设计可以有效逐步降低比特币的通胀率，防止恶性通货膨胀的发生，体现了比特币的独特之处。

表 1.1　比特币历史减半时间及价格行情

次数	减半时间	挖矿奖励	价格变化
第 1 次	2012-11-28	50→25	11 美元→260 美元（23.6 倍）
第 2 次	2016-07-10	25→12.5	430 美元→20000 美元（46.5 倍）
第 3 次	2020-05-12	12.5→6.25	3150 美元→?

比特币的发展速度确实惊人，但实际上，比特币在发展初期受到来自各方的压力，仅仅为一些极客和投资家们所看好，而不被任何国家政府或央行所支持认可，甚至受到坚决的抵制。直到 2013 年 8 月，德国率先成为全球首个承认比特币合法货币地位的国家，正式认可比特币是一种"货币单位"和"私有资产"；2017 年 4 月，日本宣布比特币成为合法的支付方式；2017 年 7 月，澳大利亚认可比特币为货币，并废除比特币的商品与服务税……

比特币的合法市场越来越大，但仍有部分国家处于观望的态度，可见，比特币带来的风险依旧很大。

1.2　区块链及区块链技术含义

1.2.1　区块链发展历程

有人说，区块链是一项颠覆性的新技术。这种说法存在着误区。区块链并不能称为一种新技术，而是新的技术组合。其核心技术中，P2P 技术、分布式存储、非对称加密、共识机制等都是在区块链技术出现之前就已经存在的了，中本聪只是将这些技术恰到好处地进行设计组合，进而呈现给世人这种颠覆应用的技术。图 1.6 展示了区块链的史前元年纪要。

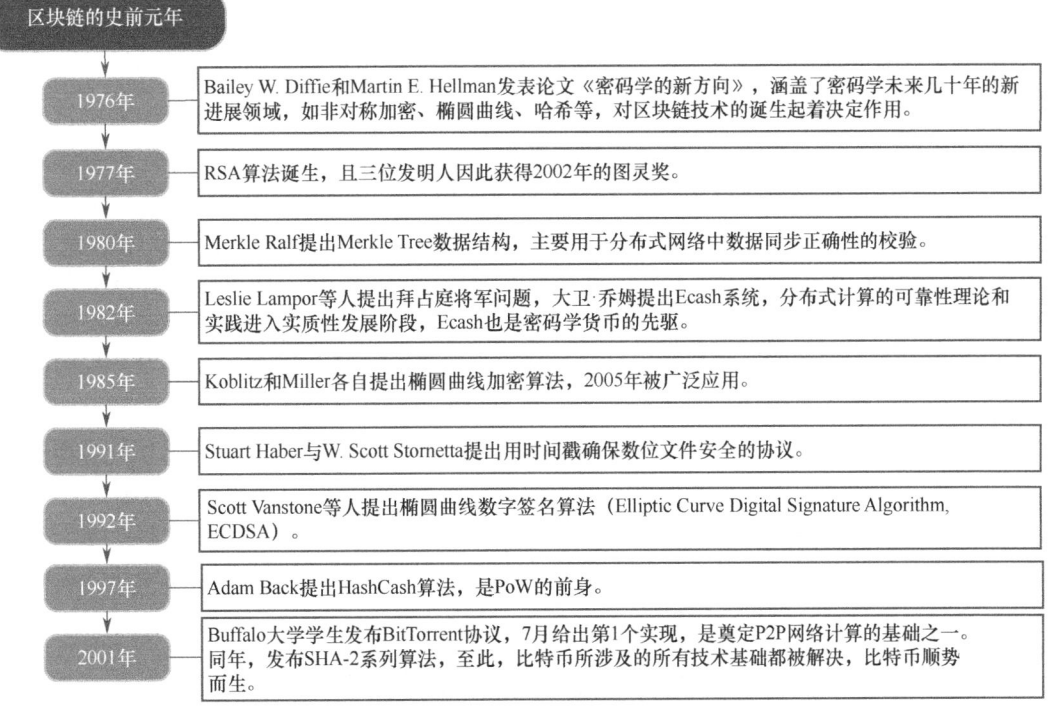

图 1.6　区块链技术的史前元年纪要

在区块链的发展历程中，不得不提到一位天才少年——"V 神"，其真名叫 Vitalik Buteri（布特林），他是以太坊之父。17 岁时，在父亲的影响下，布特林开始关注比特币，并写文章探讨比特币和区块链，后来跟朋友联合创办了比特币杂志（Bitcoin Magazine）网站，是最早报道加密数字货币的杂志；2013 年，布特林周游世界，与同为比特币的爱好者交流探讨，但他发现大家都只是在比特币的基础上做"缝补"工作，并没有真正解决问题，于是提出要为比特币开发一个脚本编程语言，从而可以在区块链上开发应用，而不仅受限于金融领域，2013 年年底，他发布《以太坊：下一代智能合约和去中心化应用平台》（*A next-generation smart contract and decentralized application platform*）[3]；2014 年起，布特林辍学专注于开发以太坊项目，经过几年发展终于在 2017 年，以太坊的燃料货币"以太币"暴涨。在区块链领域，布特林绝对称得上是区块链技术发展与应用的驱动者。"V 神之于以太坊，就如同林纳斯之于 Linux 系统一样"，著名数字经济专家 Don Tapscott 这样评价。

2015 年是区块链热炒之年。区块链不再仅是黑客、极客和科学家们的追捧对象，更是吸引了多国政府、一众企业和学术机构的关注。各种区块链初创公司纷纷成立，媒体的正面报道层出不穷，研究成果不胜枚举，巨资不断流入，区块链已然进入快速发展阶段。2016 年，人们常称之为区块链元年，因为这一年关于区块链技术，人们不再是纸上谈兵，而是真正意识到区块链技术的应用价值。以太坊的智能合约技术，为现实世界中缺乏信任和仲裁的应用场景提供了便捷的开发工具，基于以太坊平台研发的区块链应用逐步涵盖金融服务、电子竞技、彩票和云算力等多个领域，虽然后来受到"The DAO"项目（DAO 是去中心化自治组织的简称，目的是为规则制定者及决策机构编写智能合约，从而建立一个去中心化的自治管理架构，The DAO 是特定 DAO 组织的名称）被盗事件的影响，但以太坊仍给人以十足的信心。各国政府逐渐认可区块链的价值，开始从国家战略层面来推动区块链的发展，力求在未来区块链技术发展中处于领先地位。自 2013 年起，我国开始关注比特币的发展动向；2014 年，中国央行成立发行法定数字货币的专门研究小组，并论证其可行性；2016 年 1 月，中国央行召开数字货币研讨会，来自人民银行、花旗银行和德勤公司的数字货币研究专家分别就数字货币发行的总体框架、货币演进中的国家数字货币、国家发行的加密货币等专题进行了研讨和交流，此次会议是央行发行数字货币计划的开端；同年 7 月，央行正式启动研发计划，并决定使用数字票据交易平台作为法定数字货币的试点应用场景，以借助数字票据交易平台验证区块链技术；10 月，工信部发布《中国区块链技术和应用发展白皮书（2016）》，总结了国内外区块链发展现状和典型应用场景，介绍了国内区块链技术发展路线图以及未来区块链技术标准化方向和进程；12 月，央行将区块链加入"十三五"规划，区块链与大数据、人工智能、机器学习、深度学习等新技术，成为国家布局重点。我国的这一系列举措，足以证明我国对于区块链及数字货币价值的认可，接下来，包括英国、瑞士、丹麦、印度等多个国家，都相继发布加紧研发国家数字货币的政策。2016 年 11 月，塞内加尔央行发布基于区块链的国家数字货币，成为全球第 2 个引进国家数字货币的国家。

谈到我国的区块链发展，首先介绍几位知名的区块链领军人物（见表 1.2），他们是中国区块链社区最早的一批活跃者，当中甚至有人并不懂区块链技术，却依然能够在区块链这片前途未知的领域里嗅到商机。

表 1.2　中国区块链行业领军人物

人物	简介
刘志鹏	科幻作家，笔名长铗，长期致力于区块链技术推广与理论研究，2011 年创立巴比特，是中国区块链社区早期的活跃宣传者
吴忌寒	比特大陆创始人，毕业于北京大学，是中国早期区块链"布道者"，比特大陆是目前主要的比特币矿机厂商之一
张楠赓	嘉楠耘智公司创始人，中国区块链研究中心常务理事，区块链技术专家。2013 年在北航读研期间研发出可以挖比特币的第 1 代矿机——FPGA 南瓜机
李林	中国区块链应用研究中心常务理事，金融科技连续创业者。2013 年创办的火币集团，是全球数字资产金融服务的代表性企业
徐明星	欧科集团创始人。2012 年创办 OK Exchange，该平台成为具有全球影响力的中国数字资产交易平台。2015 年参与创建中国区块链应用研究中心，是中国区块链的重要启蒙者
肖风	中国万向控股有限公司副董事长兼执行董事，上海万向区块链股份公司董事长兼总经理，万向区块链实验室创始人，连续多年举办全球区块链国际周及区块链开发者大会，推动区块链生态完善

此外，还有浙江大学的毛世行，开创了国内第 1 个矿池——F2Pool 矿池（鱼池）；墨不一，创立比特币的导航网站 BTC123；温州杨科林，创立国内第 1 家比特币交易所——比特币中国；"宝二爷"郭宏才，在内蒙古建成曾经世界最大的比特币矿场，一天内能挖出 500 个比特币。当他们在区块链领域中开疆拓土时，国内一直持有审慎的态度，既不支持也不反对，直到如前文所述，2016 年起，区块链与其他新技术受到极大的关注与支持。2017 年起，我国倡导无币区块链，央行基于区块链技术的数字票据交易平台测试成功；工信部发布首个区块链标准《区块链参考框架》，使得我国区块链产业化进程再次提速。2019 年 8 月，中国人民银行的数字货币首次正式发布，于深圳试行，发放了 1000 万数字人民币红包；10 月，中央政治局就区块链技术发展现状和趋势进行第十八次集体学习，将深圳划为数字货币试点城市。2020 年春节期间，苏州、北京等城市也先后推出抽签发放数字人民币红包的活动，数字人民币可直接用于消费。

除了金融领域，区块链也逐渐开始在其他领域绽放光彩。2016 年 10 月，工信部出台我国区块链应用的第 1 本指导文件《中国区块链技术与应用发展白皮书（2016）》，该文件总结了区块链的发展现状和趋势，分析了其关键核心技术，并指出区块链在金融、供应链管理、文化产业、智能制造、社会公益、教育就业等领域的典型应用场景，将区块链定位为提升社会治理水平的有效技术手段。

纵观区块链整个发展过程，按照功能来划分，可以用 3 个阶段来概括[4]，即区块链 1.0、区块链 2.0 和区块链 3.0，如图 1.7 所示。

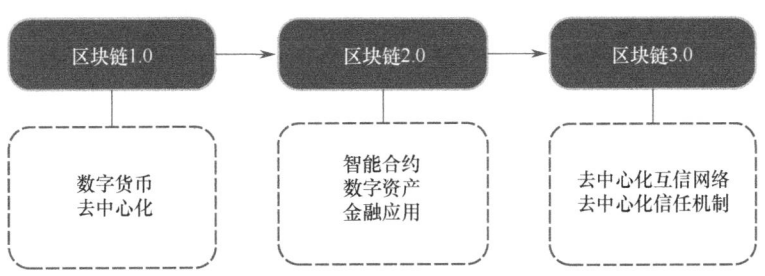

图 1.7　区块链的 3 个发展阶段

区块链 1.0：以比特币为代表的虚拟货币时代，代表了虚拟货币的应用，其场景包括支付、流通等货币职能，目的是实现货币和支付手段的去中心化。区块链 1.0 的蓝图很宏大，未来的货币不再依赖于各国央行的发布，而是实现全球货币统一。然而，1.0 时代只是少数人的时代，为什么这么说呢？一方面交易频次越来越高，而比特币区块大小仅 1M，将会导致转账速度越来越慢；另一方面比特币仅满足数字货币的交易和支付功能，并不能实现大范围的普及采用。

区块链 2.0：在区块链 1.0 的基础上增加了一系列可自动执行操作，即可编程的"智能合约"（可以简单地理解为传统合同的数字化形式），以太坊是这一阶段的代表，它是一个开源的、具备图灵完备的智能合约的公共区块链平台，通过其专用加密货币 ETH 提供去中心化的以太坊虚拟机来处理点对点合约。2.0 时代，开发者可以自己编写智能合约，实现各种商业或非商业环境中的复杂逻辑，构建并运行去中心化应用 DAPP，比如股票、私募股权、众筹、知识产权等。然而，区块链 2.0 的公有链技术吞吐量只能达到每秒千次量级，无法支持大规模实时交易应用，手续费也随之推高，这是区块链在产业中实现大规模商用的主要瓶颈。

区块链 3.0：是价值互联网的内核。区块链可以对每一个互联网中代表价值的信息或字节进行产权确认、计量和存储，从而实现资产可被交易、控制和追踪。3.0 时代，区块链主要应用于社会治理领域，包括身份认证、公证、仲裁、审计、物流、医疗等领域，涵盖整个社会，解决了信任问题，不再依赖于第三方建立信用和信息共享，可以提高整个行业的运行效率和整体水平。

1.2.2　区块链定义

在给区块链下定义之前，首先给出一个具体的生活实例来探究中心化集中式处理的过程。

话说 Alice 非常喜欢 Bob 设计的服装，有一天 Bob 上新了多件新款服装，Alice 很喜欢，于是狠下心都要买下来，然后打开某行电子信用卡准备付款。传统的电子交易流程如图 1.8 所示。

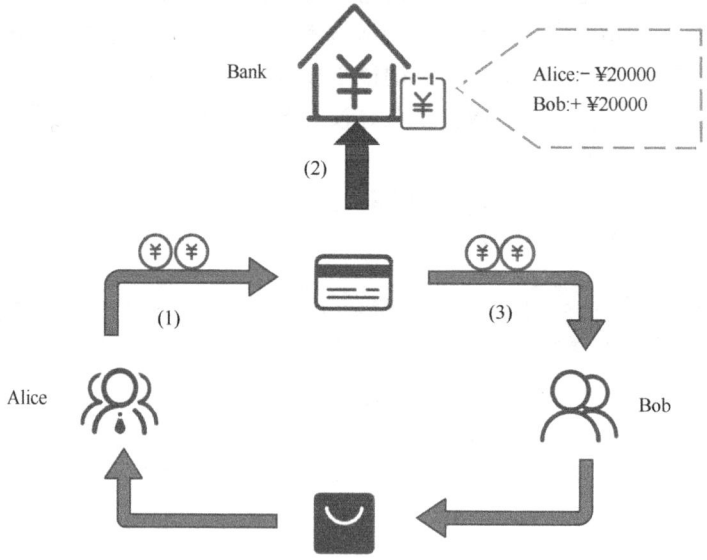

图 1.8　传统的电子交易流程

（1）Alice 打开某手机银行，使用电子信用卡发起付款；

（2）某行中央服务器收到了交易请求，随即从 Alice 的账本余额中扣除 20000 元，而 Bob 的账本余额增加 20000 元；

（3）双方的账本余额更新后，Bob 的手机提示交易成功，Alice 也成功买到了心仪的服装。

这里可以看到，记录 Alice 账本的并非她自己，而是该银行。试想如果有一天，Alice 明明记得卡里余额还有数百元，但当她再次去 Bob 家买新衣时，却被通知卡内余额为负值，无法买到衣服。虽然银行被认为是可信的第三方机构，但其实只要以下任何一种情况发生，都将导致不幸的事情发生：

（1）该银行中央账本出现错误，资料全被黑客篡改；

（2）该银行内部有人与 Alice 有仇，将 Alice 的财产占为己有；

（3）该银行被人收买，故意伪造交易，将 Alice 的钱转到其他人的账户。

那区块链（Blockchain）究竟是什么呢？有了区块链，Alice 就不必担心以上的问题吗？

我们可以把区块链想象成一个任何人都有资格随时使用、查阅，但却没有能力更改已入账的交易的电子账本，在此依旧以 Alice 购买 Bob 家的衣服为例，如图 1.9 所示。

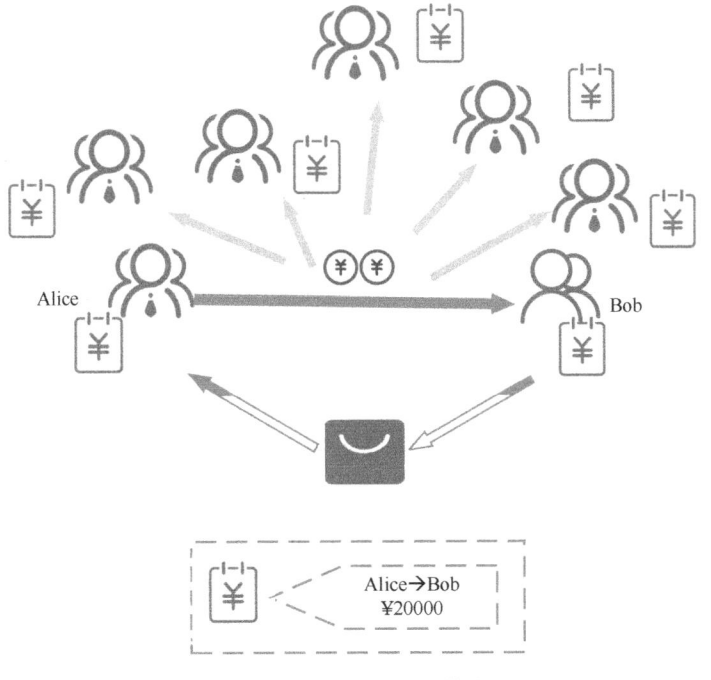

图 1.9　去中心化处理模式

当 Alice 花费 20000 元购买 Bob 家的衣服这笔交易已经确认后，这件事即 Alice 过账 20000 元给 Bob，会被记录在 Alice、Bob、店员 Charlie 及其他所有顾客的账本上。试想如果 Bob 不承认收到 Alice 的钱款，那么除了 Bob 的所有其他人都可以为 Alice 作证，除非 Bob 说服 51%或以上的人作为他的帮凶，这个成本是极高的。同理，黑客成功更改、盗用或者伪造 Alice 的资料、财产的风险也会大大降低。此外，Alice 也无须担心该银行内部有人与她有仇，或者有人被收买，因为 Alice 跟 Bob 的交易是点对点的，交易过程无须依托该银行，就能安全完成，没有了第三方中介，就不会产生额外的服务费用，对于 Bob 而言，交易成本降低，对于顾客而言，参与记账就能够获得一定的折扣或者优惠券作为奖励。

这样看来，区块链实际上是一个共享的、不可更改的去中心化的分布式账本数据库。

Wikipedia 给出的定义为：A blockchain, originally block chain, is a growing list of records, called blocks, that are linked using cryptography. Each block contains a cryptographic hash of the previous block, a timestamp, and transaction data (generally represented as a merkle tree). By design, a blockchain is resistant to modification of its data. This is because once recorded, the data in any given block cannot be altered retroactively without alteration of all subsequent blocks.

（区块链，是一个不断增长的记录列表，称为块，利用密码学操作进行链接。每个块包含前一个块的加密散列值、时间戳和交易数据（通常表示为 Merkle 树）。这样的设计，使得区块链可以抵抗对其数据的更改。因为一旦交易被记录下来，任何给定块中的数据都不能在不更改所有后续块的情况下追溯更改。）

中国信息通信研究院在《区块链白皮书（2018 年）》中给出的定义为：区块链是一种由多方共同维护，使用密码学保证传输和访问安全，能够实现数据一致存储、难以篡改、防止抵赖的记账技术。

对于区块链的定义，业界并没有一个一致的定义。我们可以根据以下区块链的特点，给出定义[5]：具有分布式存储结构的、利用哈希算法链接的账本，每个账本都是具有特定结构的数据块；基于共识算法决定记账人；账本中的交易由密码学算法和哈希算法保证不可篡改且所有交易可追溯。

1）去中心化

去中心化是区块链最基本的特征，区块链不依赖于中心管理节点，能够实现数据的分布式记录、存储和更新。区块链网络中的所有节点都有记账权，交易双方直接进行交易而不经过任何第三方，这样可以有效避免中心化机构因失误带来的种种不良后果，如中心化服务器宕机、被黑客攻击、中心化机构存在恶意行为等。

2）不可篡改

区块链具有严格的不可篡改特性，一旦交易记录打包成块，任何单一节点都无法再更改既成事实。但是，如果区块链系统算力过于集中，同盟起来的节点群可能会发动 51% 的攻击，有能力强制更改之前的交易记录，这意味着该系统不再安全。

3）可追溯性

区块链采用时间戳技术，以链式结构存储数据，为数据增加了时间维度，并且区块上每笔交易都通过密码学方法与相邻两个区块相连，故任何一笔交易都是可以追溯到的。

4）匿名性

匿名性使得用户不具名地参与到区块链系统，节点使用一组"英文+数字"的代码作为名称，只要不主动披露给别人，就没有人会知道该节点的所有者是谁，也就是说区块链网络是无须信任的，交易完全可以基于地址而非个人身份，并且同一个用户可以不断变换地址。

5）讲求共识

区块链中应用的共识算法最能体现民主性。每种区块链系统都会基于某种共识算法进而生成区块，就比特币而言，采用的是工作量证明，其存在的问题是当人们意识到工作量越大越有可能挖到比特币时，将会使用更多的 GPU 和 CPU 来提升算力，甚至在云端租借算力或加入矿池。

6）安全可信

区块链技术采用公钥密码算法对交易进行签名，使得交易不能被伪造；哈希算法保证交易数据不能被轻易篡改，共识算法形成的强大算力可抵御敌手攻击，因此具有极高的安全特性。此外，区块链系统运作规则是公开透明的，即使没有第三方权威机构的信用背书，交易双方也能够实现在无信任的环境中自由安全地交换数据。

7）可编程

分布式账本的数字性质意味着区块链交易可以关联到计算逻辑，并且本质上是可编程的。因此，用户可以设置自动触发节点之间的交易算法和规则。比如，以太坊平台提供图灵完备的脚本语言，用户可以借以构建任何可以精确定义的智能合约或交易类型。

◸ 1.3 区块链的分类

根据参与者的不同，区块链被分为公有链（Public Blockchain）、联盟链（Consortium

Blockchain）和私有链（Private Blockchain）3 种基本类型，其对比如表 1.3 所示。

表 1.3　公有链、私有链及联盟链对比

项目	公有链	私有链	联盟链
网络结构	完全去中心	（多）可信中心	部分去中心（弱中心）
节点规模	无	有限	可控
准入机制	随时	机构内部节点	特定群里或限第三方
记账方	任意参与节点	机构内部节点	预选节点
数据读取	任意	受限	受限
共识机制	PoW 或 PoS 等	Paxos、RAFT	PBFT、RAFT
激励机制	代币激励	无代币激励	无代币激励
代码开放	完全开源	不开源	部分开源或定向开源
典型场景	虚拟货币、支付	审计、发行	支付、结算

1.3.1　公有链

公有链是指全世界任何人都可以随时进入到系统中读取数据、发送可确认交易、竞争记账的区块链。公有链是最早也是目前应用最广的区块链，完全去中心化，无须任何机构授予特权，其共识机制主要采用工作量证明（PoW）、股份权益证明（PoS）、委托权益证明（DPoS）等。公有链上的信息公开透明，全网节点可以进行审计，比较适合于虚拟货币、共享经济、产权交易等应用场景。公有链由于无准入门槛的特点，因此也被称为非许可链。

公有链的 3 个主要特点是：数据完全公开、去中心化、依靠加密技术来保证安全。典型的应用有比特币、以太坊。

1.3.2　私有链

私有链是指其写入权限由某个组织和机构控制的区块链，参与节点的资格会被严格限制。也就是说，私有链还存在一定的中心化控制，这是违背区块链原有的"去中心化"理念的，仅使用了区块链技术作为底层记账技术，记账权归私人或私人机构所有，数据访问和使用都有严格的权限管理。相比于中心化数据库，私有链最大的优势是提供安全、可追溯、不可篡改、自动执行的运算平台，可以同时防范来自内部和外部对数据的安全攻击；相比于公有链，私有链更加快速、成本更低。在实际应用中，私有链一般用作企业、组织内部审计。基于私有链的应用包括迅雷链克等。

1.3.3　联盟链

联盟链是指有若干个机构共同参与管理的区块链，每个机构都运行着一个或多个节点，其中的数据只允许系统内不同的机构进行读写和发送交易，并且共同来记录交易数据。它由某个群体内部指定多个预选节点为记账人，每个块的生成由所有的预选节点共同决定，其他节点可以参与交易，但不参与记账。联盟链介于公有链和私有链之间，可视为"部分去中心化"，公众可以查阅交易，但不能验证交易，或不能发布智能合约，需要获得联盟许可。相比于公有链，联盟链的交易成本大大降低，不需要高昂的激励机制、数据读取权限设置等级。联盟链适用于行业协会、高级机构组织、大型连锁企业对下属单位和分管机构的交易和监管。基于联盟链的应用，如超级账本（Hyperledger）项目，是 Linux 基金会于 2015 年发起的推进区块链数字技术和交易验证的开源项目，加入成员包括：荷兰银行（ABN AMRO）、埃森哲（Accenture）等十几家不同利益体；区块链联盟 R3，于 2015 年由区块链创业公司 R3CEV 发起，旨在构建银行同业的联盟链，目前有 40 多家银行或 IT 巨头参与，其中包括花旗银行、德意志银行、IBM、微软等。

由于私有链和联盟链都需要授权加入和访问，因此私有链和联盟链也被称为许可链。

1.3.4　互联链

严格定义上，互联链不能称为区块链的单一类型，它是各种不同的区块链通过互联互通协议而连接成的一个更大的生态区块链，它们之间可以相互协作、通信、共识。针对特定领域的应用可能会形成各自垂直领域的区块链，通过跨链技术能够将不同区块链的基础设施（包括数据结构和通信协议）相连，这样形成的区块链就是互联链。与互联网一样，互联链将会形成区块链的全球网络。

1.4　区块链的价值与应用

总的来说，区块链技术最为核心的价值是去中心化信用机制，将信息互联向信用互联进行推进。前面讲到，2008 年金融海啸发生以前，大众对银行、证券、保险等中心权威金融机构秉承着绝对信任，在该体系中，中心机构必须不代表交易双方任何一方的利益，必须保持绝对的中立，才会被人信任。显然，这种模式存在着固有的弊端，数据过于集中，容易遭受黑客攻击，维护成本高，数据不透明。金融风暴的发生让部分大众对中心化信用体系丧失了信心，转向以区块链技术构建去中心化的大规模信用机制。

具体来看，区块链技术的颠覆性价值至少包括以下 3 个方面：

（1）降低验证成本，进而降低信任成本。存储在区块链中的数据天然具备公开可验证、记录难以篡改的技术特性，使得原来的许多重复验证的流程和操作得以简化，甚至消除，这样，区块链网络的参与者对数据的验证成本大为降低，这种成本包括时间成本和直接的经济成本，比如银行间的对账、结算、清算等。

（2）减少中介依赖，颠覆现有的商业模式。在互联网高度发展的今天，中介是我们经济生活中不可或缺的一部分，而区块链技术的"去中心化"将会使我们对中介的依赖性大大降低，其所带来的价值是容易理解的。比如通过区块链技术实现的金融类应用，如果没有中介或减少中介，就可以少交一些中介费，基础设施复杂度也会随之降低，这样就可以降低成本。另一方面，区块链技术还能够实现实时的交易结算和清算，实现金融"脱媒"，从而提高交易效率。

（3）降低网络建立成本，加速产生"网络效应"。区块链的特点之一是每个节点可以独立验证，不依赖于其他节点来形成全网共识，即区块链系统使得每个节点本身不需要是"可信赖的"，因为在这个体系下难以作恶。无信任就可以加入网络建设，这大幅度地降低了准入门槛。传统的网络建立成本相当多地消耗在选择、审查、维护可靠的节点和网络上，而区块链平台的网络运行成本主要是计算消耗，也就是说大家对于区块链的信任其实建立在对机器和数学的信任之上。除了网络建立，另一个重要价值就是"网络效应"。网络效应

（Network Effect）又称网络外部性（Network Externality），或需求方规模经济，是指在经济学或商业中，消费者选用某项产品或服务，其所获得的效用与"使用该商品或服务的其他用户人数"具有相关性时，该商品或服务被称为具有网络外部性。以比特币系统为例，在该系统中获得比特币的规则简单，无论技术人还是经纪人都能明白，在这样的规则下，比特币用户越多，网络中的交易就越多，矿工就能收到越多的交易费，这样就会激励越多的矿工加入网络，于是，全网的算力也就大大提升，网络变得更加安全，无形中也就增加了用户的长期信心。可见，其产生的网络效应的一个重要原因就是比特币本身的激励机制，以及比特币基于区块链的特性让大众形成的对比特币的共识。

区块链被认为是同云计算、大数据、人工智能、量子计算等一样最具变革性的新兴技术，那么区块链的应用领域在哪里呢？本质上，区块链就是一种新型的信任构建模式，不再依赖于人，而是基于机器和数学来构建信任体系，从长远来看，区块链将会有非常广阔的应用场景。图 1.10 总结了区块链的应用条件，可以说，在需要以社会关系构建和需要信任的场景，都可以利用区块链来探索其应用场景。此外，由区块链的底层技术决定，在一切需要数据共建共享，解决数据孤岛，需要数据证明与历史追溯的领域，区块链都是值得被考虑的技术方案。目前，区块链已经被广泛应用于金融服务、物联网、移动边缘计算、智能化资产及共享经济等潜在可应用的领域。其中，金融领域是区块链技术应用发展最早、最快、最集中且最成熟的领域，覆盖多种金融应用场景。麦肯锡（McKinsey & Company，世界级领先的全球管理咨询公司）曾发研究报告指出区块链在金融业应用的五大场景。

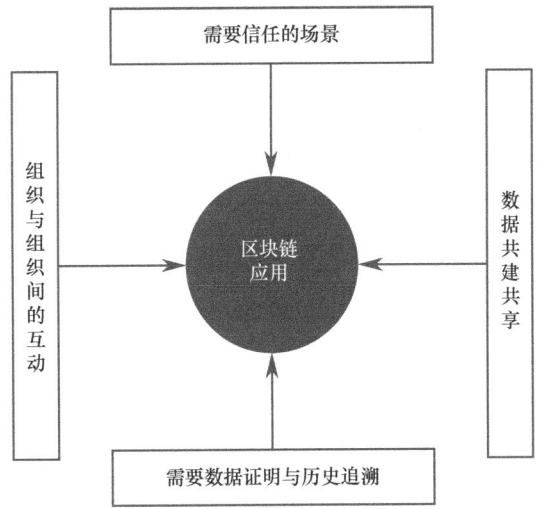

图 1.10　区块链应用条件

（1）数字货币：提高货币发行便利性。

（2）跨境支付与结算：实现点对点交易，减少中间费用。

（3）票据与供应链金融业务：减少人为介入，降低成本及操作风险。

（4）证券发行与交易：实现实时资产转移，加速交易清算速度。

（5）客户征信与反欺诈：降低法律合规成本，防止金融犯罪。

比如，在数字货币领域，摩根大通于 2019 年 2 月推出了基于区块链的加密数字货币摩根币（JPM Coin），其三大应用场景分别是：针对大型企业客户的跨境支付；证券交易；通过 JPM Coin 取代美元。同年 6 月，Facebook 旗下全球数字加密稳定币 Libra 上线，Libra 是基于一揽子货币（美元、欧元、日元等）的合成货币，致力于在全球推行普惠金融，主打支付和跨境汇款，一时间引发各国监管部门的高度紧张，但间接地推动了各国出台数字货币相关政策并促进了金融监管规则的完善。在支付领域，美国金融科技公司 Ripple 推出基于区块链的全球结算网络，以取代目前连接全球各银行的 SWIFT，其创建了加密货币 XRP，使得机构可以在 XRP 中进行跨境付款，从而提高跨境清算效率，降低支付成本。

当前，我国区块链应用场景主要包括贸易、物流、文娱、社会公共服务、金融、政务、知识产权、社交、日常消费、工业、农业、能源、教育、医疗 14 个垂直行业（数据来源于第三方研究报告）。具体应用场景综述如表 1.4 所示。

表 1.4　中国区块链应用场景综述

应用场景	场景特征	应用成熟度
贸易	应用方可分为网络加入者、构建者以及扩展者 网络构建者是贸易行业区块链网络的核心，是区块链市场的基本组成部分	50%
物流	可深度应用于物流行业中快递报价、公益快递、行业黑名单共享以及安全事件监管等业务，可保证货物安全，优化运输路径，解决物流企业融资问题	75%
文娱	帮助文娱行业建立智能合约、透明点对点交易及信誉机制，促成高效动态定价机制 为实现微计量与微变现服务提供可能	15%
社会公共服务	可有效应用于社会公共服务的身份验证、鉴证确权、信息共享以及透明政府等场景 可有效降低公共服务成本，提升其业务效率及安全性	75%
金融	可深度应用于金融行业供应链金融、贸易融资、资金管理、支付清算、数字资产、延伸领域等环节，为质押、融资、项目管理等环节提供可信平台服务	100%
政务	可深度应用于数字身份平台、政府审计平台、数据共享平台、涉公监管平台、电子票据、电子存证、出口监管等政务场景，大幅提升操作便捷度与记录安全性	75%
知识产权	时间戳、哈希算法、非对称加密等技术可有效解决版权确权问题，智能合约和共识机制可有效辅助知识产权中多人协作、共识判断等环节	50%
社交	可分为即时通讯项目与社交平台项目 即时通讯项目操作简洁且安全性强 社交平台项目奖励与审查机制较健全	0%
日常消费	结合物联网技术可实现消费品供应链端到端全程监控 基于区块链的供应链解决方案可有效增加消费品各环节造假成本，提升供应链可信度	15%
工业	可分为在企业内部应用、产业链协同以及产融协同 区块链可为工业场景提供可信安全维护及数据交换，为企业创造服务型收益	15%
农业	区块链可有效应用于农业中农场、物流、制造、零售商及消费者等场景，为农业记录产品质量数据、IoT 及 GPS 数据，辅助路径优化、AI 预测等智能化功能	15%
能源	区块链可有效提升能源行业分布共享、安全透明等指标，促进多方交易中的透明度；全球区块链企业围绕分布式交易、能源金融、碳交易等场景建立深度应用	0%
教育	区块链可有效解决教育信息分散、利益分配不均、盗版资源泛滥等痛点，为行业提供兼具适用性、可靠性、安全性等性能的应用平台	15%
医疗	区块链可有效解决医疗行业效率、共享、管理、平台及金融等环节痛点，搭建完整技术框架，高效应用于数据加密、追踪溯源、资产数字化等场景	15%

本章小结

本章从区块链的起源引入，详细介绍区块链的发展历程，包括史前元年纪要，三个发展阶段，以及介绍区块链在中国的发展现状；其次，由生活中的实例给出区块链的定义以及分类；最后，分析了区块链的应用价值，概述其应用场景。通过本章的学习，使读者对区块链技术的前世今生，以及对其未来发展有初步的认识与理解。

习题 1

1. （　　）是区块链最早的一个应用，也是最成功的、大规模使用的应用。
    A．比特币　　　　　B．以太坊　　　　　C．私有链　　　　　D．门罗币
2. 以下技术属于区块链核心技术的有（　　）。
    A．P2P 技术　　　B．分布式存储　　　C．非对称加密　　　D．共识机制
3. （　　）属于区块链在金融领域的应用。
    A．数字货币　　　B．跨境支付与结算　　C．证券发行与交易
    D．票据与供应链金融业务　　　　　E．客户征信与反欺诈
4. 区块链的应用条件包括（　　）。
    A．信任场景　　　　　　　　　　B．数据共建共享
    C．需要证明与历史追溯　　　　　D．组织与组织间的互动
5. 区块链技术的主要特点有_____、_____、_____、_____、_____、_____、_____7 个方面。
6. 根据参与者不同，区块链可分为_____、_____、_____3 类。其中，适合用于虚拟货币、共享经济、产权交易等应用场景的是_____；适合用于企业、组织内部审计场景的是_____；适合用于行业协会、高级机构组织、大型连锁企业对下属单位和分管机构的交易、监管场景的是_____。
7. 公有链常采用的共识机制有_____、_____、_____等。
8. 简述区块链技术带来的价值。
9. 简述区块链 3.0 的主要特征、优势和应用模式。

第 2 部分
技术和架构

第2章　区块链技术原理

区块链是区块（Block）和链（Chain）的直译，是现有的很多技术交叉融合在一起的集成创新，包括存储数据的数据区块及其之上的哈希算法、数字签名和时间戳等技术，还有P2P网络、共识算法、Merkle树、加密算法、工作量证明机制等技术概念。本章将从区块链数据结构的基本概念着手进行讲解，深入剖析其所采用的密码学技术及其他支撑技术。

2.1　区块链中的密码学

如图2.1所示，区块链中每个数据区块一般包含区块头和区块体两个部分，每个区块（头）通过存储上一个区块的哈希值，形成了一种链式结构[4]。比特币的交易记录就保存在区块中，每隔一段时间会产生一个新的区块链接到链上。

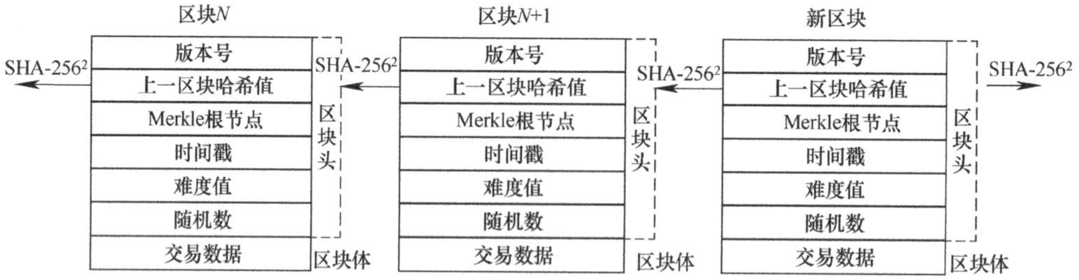

图 2.1　区块链的数据结构示意图

区块头封装了当前区块的版本号（Version）、上一区块哈希值（hashPreBlock）、当前区块中所有交易的 Merkle 根节点（hashMerkleRoot）、时间戳（Timestamp）、难度值（Bits）、随机数（Nonce）等，共80字节，如表2.1所示。

表 2.1　区块头各数据项

数据项	目的	更新时间	大小/字节
版本号（Version）	区块版本号	更新软件后，它指定了一个新的版本号	4
上一区块哈希值（hashPrevBlock）	前一区块的 256 位哈希值	新的区块上链时	32
Merkle 根节点（hashMerkleRoot）	基于一个区块中所有交易的 256 位哈希值	接受一笔交易时	32
时间戳（Timestamp）	从 1970-01-01 00:00 UTC 开始到现在，以秒为单位的当前时间戳	每几秒就更新	4
难度值（Bits）	压缩格式的当前目标哈希值	当挖矿难度调整时	4
随机数（Nonce）	从 0 开始的 32 位随机数	产生哈希（每次产生哈希随机数时都要增长）	4

区块体中主要包含了交易计数和交易详情。在比特币系统中，交易详情就是记账本，永久记录且公开透明，每笔交易平均至少250字节，且每个区块至少包含500笔交易，所有的交

易通过构建 Merkle 树产生唯一的 Merkle 根节点记入区块头。

接下来，我们从哈希函数的工作原理开始讲解，进一步解构区块链。

2.1.1 哈希算法

1. 哈希函数与哈希算法

哈希（Hash），一般也称为散列、杂凑，是把任意长度的输入（又称为预映射）通过散列算法变换成固定长度的输出，该输出就是 Hash 值。这种转换是一种压缩映射，也就是 Hash 值的空间通常远小于输入的空间，不同的输入可能会散列成相同的输出，所以不可能从 Hash 值来确定唯一的输入值。简单说，Hash 函数就是一种将任意长度的消息压缩到某一固定长度的消息摘要的函数。

Hash 函数 $H(\cdot)$ 将可变长度的数据块 M 作为输入，产生固定长度的 Hash 值 $h = H(M)$。期望的 Hash 函数具有以下特点：对于大的输入集合使用该函数，产生的输出结果均匀地分布且看起来随机。Hash 函数可以做到：对于数据块 M 任何一位或几位的改变都会影响其 Hash 值（Hash 码）。

在各种不同的安全应用和网络协议中被广泛使用的是密码学 Hash 函数。密码学 Hash 函数必须具有下列性质。

（1）单向性（抗原像攻击性）：对任意给定的 Hash 值 h，找到满足 $H(x) = h$ 的 x 在计算上是不可行的；

（2）抗碰撞性（抗弱碰撞性）：对任何给定的分组 x，找到满足 $y \neq x$ 且 $H(x) = H(y)$ 的 y 在计算上是不可行的；

（3）抗强碰撞性：找到任何一对满足 $y \neq x$ 且 $H(x) = H(y)$ 的 (x, y) 在计算上是不可行的。

在满足这些要求的情况下，没有攻击方法比穷举攻击更有效。图2.2描述了密码学 Hash 函数的操作过程。通常输入数据的长度首先被填充为某固定长度（如1024位）的整数倍，填充内容包括原始消息的位长度信息。填充长度信息能够提高攻击者修改消息而保持 Hash 值不变的难度。密码学哈希函数常被应用于消息认证和数字签名中。

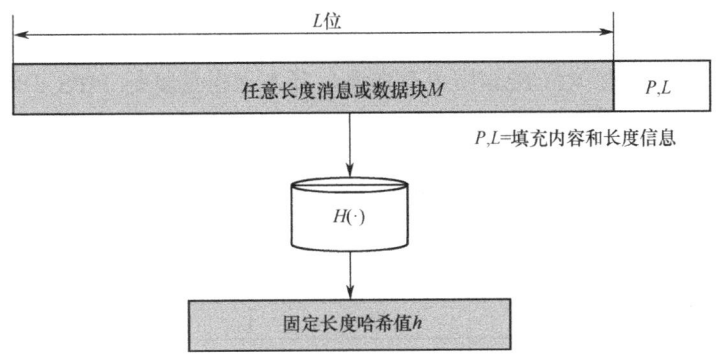

图 2.2　密码学 Hash 函数的操作过程

所有 Hash 函数都有一个基本特性：具有确定性的结果。对于同一个函数，如果两个 Hash 值是不相同的，那么这两个 Hash 值的原始输入也是不相同的。但另一方面，Hash 函数的输入和输出并不是一一对应的，如果两个 Hash 值相同，那么两个输入值很可能是相同的，但也会存在不相等的情况（可能出现 Hash 碰撞）。输入一些数据计算出 Hash 值，然后改变部分输入值，一个具有强混淆特性的 Hash 函数会产生一个完全不同的 Hash 值。

Hash 算法也被称为散列算法，它是一个广义的算法，也可以认为是一种思想，它没有一个固定的公式，只要符合散列思想的算法都可以被称为 Hash 算法。它将一个数据转换为一个标志，这个标志和源数据的每一个字节都有十分紧密的关系，但很难找到逆向规律。使用 Hash 算法可以提高存储空间的利用率和数据的查询效率，也可以做数字签名来保障数据传递的安全性。Hash 算法被广泛地应用在互联网应用中。

2. 一个简单的哈希函数

Hash 函数一般按照以下原理计算：输入（消息、文本等）都可以视为一个 n 位分组的序列，其输出是 n 位的 Hash 值；Hash 函数每次处理一个分组，重复该过程直至处理完所有的输入分组。

我们列举一个简单的不够安全的 Hash 函数，将每个分组相应的位异或（XOR），这个函数可以表示为

$$C_i = b_{i1} \oplus b_{i2} \oplus \cdots \oplus b_{im}$$

其中，C_i 表示 Hash 码的第 i 位，$1 \leqslant i \leqslant n$；$m$ 表示 n 位输入分组的个数；b_{ij} 表示第 j 个分组的第 i 位；$\oplus$ 表示异或运算。

上述运算过程，它对每一位产生一个简单的奇偶校验，我们称之为经度冗余校验，这种方法用于随机数的数据完整性检查比较有效。如果每个 n 位 Hash 值出现的概率都相同，那么数据出错而不引起 Hash 值改变的概率为 2^{-n}；若数据格式不是随机的，则会降低函数的有效性，例如，通常大多数文本文件中每个8位字节的高位总为0，若使用128位的 Hash 值，则对于这类数据，Hash 函数的有效性是 2^{-112}，而不是 2^{-128}。

3. 安全哈希算法（SHA）

SHA 由美国 NIST 设计，并于1993年作为联邦信息处理标准 FIPS 180发布。随后该版本的 SHA（被称为 SHA-0）被发现存在缺陷，修订版于1955年发布（FIPS 180-1），通常称为 SHA-1。SHA-1产生160位的 Hash 值。2002年，NIST 发布了修订版 FIPS 180-2，其中给出了3种新的 SHA 版本，Hash 值长度依次为256位、384位和512位，分别称为 SHA-256、SHA-384和 SHA-512。这些算法被统称为 SHA-2，同 SHA-1类似，都使用了同样的迭代结构和同样的模算术运算与二元逻辑操作。2008年发布的修订版 FIPS 180-3中，增加了224位版本。2012年，NIST 颁布了 FIPS 180-4，增加了两个算法 SHA-512/224和 SHA-512/256（如表2.2所示）。SHA-1和 SHA-2在 RFC6234中也有描述，基本上也是复制 FIPS 180-3中的内容，但增加了 C 代码实现。

表2.2　SHA 参数比较

版本	消息长度/bit	分组长度/bit	字长度/bit	消息摘要长度/bit
SHA-1	$<2^{64}$	512	2	160
SHA-224	$<2^{64}$	512	32	224
SHA-256	$<2^{64}$	512	32	256
SHA-384	$<2^{128}$	1024	64	384
SHA-512	$<2^{128}$	1024	64	512
SHA-512/224	$<2^{128}$	1024	64	224
SHA-512/256	$<2^{128}$	1024	64	256

2005年，NIST 宣布了逐步废除 SHA-1的意图，计划到2010年逐步转而依赖 SHA-2的其他版本。此后不久，一个研究小组给出了一种攻击，用 2^{69} 次操作可以找到两个独立的消息使它们有相同的 SHA-1值，而以前认为要找到一个 SHA-1碰撞需要 2^{80} 次操作，所需操作

次数大为减少。这一结果加速了 SHA-1向 SHA-2版本的过渡。下面我们将重点介绍 SHA-256，其他版本与之类似。

SHA-256算法的输入是最大长度小于2^{64} bit 的消息，输出为256bit 的消息摘要，输入消息以512bit 的分组为单位进行处理，图2.3显示了 SHA-256处理消息、输出消息摘要的总体过程[6]。处理过程包括以下几个步骤。

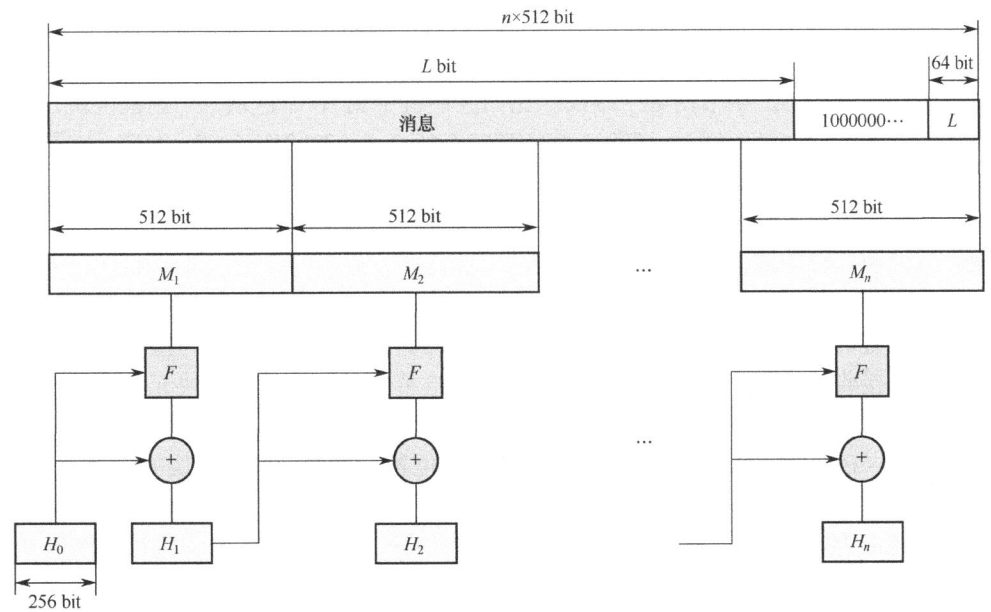

图 2.3　SHA-256 处理消息、输出信息摘要的总体过程

（1）进行消息填充。若消息的长度不是512bit 的整数倍，则首先需要对消息进行填充后再以512bit 为一个分组单位进行处理。假设消息 m 的长度为 L bit，则填充的过程：首先将比特"1"添加到消息 m 的末尾，再添加 k 个比特"0"，其中 k 为满足 $L+k+1=448 \bmod 512$ 的最小非负整数。然后再添加一个64位的比特串，该比特串为长度 L 的二进制表示。填充后的消息 M 的比特长度为512的倍数。

（2）初始化散列缓冲区。用256bit 的缓冲区保存 Hash 函数的中间和最终结果，缓冲区为8个32bit 的寄存器，初始化为8个 Hash 初值，分别为

$$a=6a09e667，b=bb67ae85，c=3c6ef372，d=a54fe53a$$
$$e=510e527f，f=9b05688c，g=1f83d9ab，h=5be0cd19$$

这些初值是对自然数中前8个质数的平方根的小数部分取前32bit 而得的。

（3）处理512bit 的数据块消息。完成填充后，将消息 M 分解成多个512bit 的块，如图2.3所示。若消息 M 可以被分解为 n 个块，那么整个SHA-256算法就需要完成 n 次迭代，n 次迭代得到的结果就是最终的 Hash 值，即256bit 的消息摘要。

迭代的过程：首先设置一个长度为256bit 的初始值 H_0，H_0即为上文所提到的 Hash 初值，H_0经过第1个数据块进行运算得到 H_1，即完成了第1次迭代，H_1经过第2个数据块运算得到 H_2，以此类推依次处理，最后得到 H_n，H_n 即为最终的256bit 消息摘要。在每轮迭代过程中，每个256bit 的 H_i 被分成8个小块，这是因为在 SHA-256算法中的最小运算单元为"字"（Word），其大小为32bit。

（4）输出。当所有 n 个512bit 的数据块都处理完毕后，从第 n 阶段输出的便是256bit 的消息摘要。

4. 哈希算法在区块链中的应用

哈希函数是保障区块链安全性的基础，其在区块链中的应用主要有以下几点。

1）标识区块

区块链需要对每个区块进行标识，其标识方式有两种：区块头哈希值和区块高度。具体而言，区块头哈希值是区块的主标识符，是一个通过 SHA-256 算法对区块头进行二次哈希计算而得到的长度为 32 字节的数字指纹。比如区块链中第 1 个区块——创世区块，其哈希值为"000000000019d6689c085ae165831e934ff763ae46a2a6c172b3f1b60a8ce26f"，它是区块链中所有区块的共同祖先。哈希函数的特性保证了区块哈希值可以唯一、明确地标识一个区块，并且任何节点通过简单地对区块头进行哈希计算都可以独立地获取该区块哈希值，哈希值不变，则说明区块中的信息未被篡改。

区块哈希值实际上并不包含在本区块的数据结构中，无论是该区块在网络上传输时，还是它作为区块链的一部分被存储在某节点的永久性存储设备上时。相反，区块哈希值是当该区块从网络被接收时由每个节点计算出来的。区块哈希值可能会作为区块元数据的一部分被存储在一个独立的数据库表中，以便更快地从磁盘检索区块。

区块高度（Block Height）标识该区块在链中的位置，比如，创世区块的高度认为是 0，其后链接的区块高度依次加 1，值得注意的是，每个区块都会有一个明确的、固定的高度，但同一高度可能存在不止一个区块，这种情况称为"分叉"，将在后面详细讨论。区块高度也不是区块数据结构的一部分，当节点接收区块时，会动态识别该区块高度，区块高度同样也可以作为元数据存储在索引数据库表中以便快速检索。

2）生成钱包地址

区块链钱包地址是用于接收和存储资产的一段字符串，就像我们用的银行卡号一样，比如比特币的一个钱包地址"3Ee6xfxnTEYRyj497HFDuJsTSNj2uceNQE"，一个以太坊地址"0x7b334ef4f1a17cb5685e495ec946ac48c47c9128"。其生成过程基本一致，包括 3 步：

- 在$(1, 2^{256})$之间选取一个 256 位随机数作为私钥，记为 k；
- 根据比特币采用的基于椭圆曲线数字签名算法（Elliptic Curve Digital Signature Algorithm，ECDSA），推导得到公钥 $K = (x, y) = kG$，其中 G 为基点，椭圆曲线的离散对数难题保证了这个过程的逆过程是非常困难的，具体见附录 A；
- 对公钥进行哈希得到钱包地址，常用的哈希算法是 SHA-256 和 RIPEMD160，即 $A =$ RIPEMD160(SHA256(K))，最终得到 20 字节的比特币地址 A。而以太坊中在这一步做了简化，直接对公钥做 Keccak-256 哈希运算，然后取最后的 40 位十六进制字符作为地址。

3）压缩交易和交易存在性验证

每一笔交易都将被记录在区块链的每个区块中，因此区块链要处理的交易数据庞大，若将每个块中所有数据直接按照序列的方式存储将会非常低效且耗时，使用哈希函数对数据进行压缩，多笔交易记录被散列，自底向上构建 Merkle 树（也称为 Hash Tree），最后输出并存储树根值。在比特币网络中，并非每个节点都有足够的资源存储完整的区块链数据，这部分节点以简单支付验证（Simplified Payment Verification，SPV）钱包接入网络，只需要通过简单支付验证即可完成在不必存储完整区块链的情况下对交易的存在性验证。Merkle 树的构建及交易存在性验证过程将在 2.1.2 节进行讨论。

4）计算工作量证明

哈希函数是计算工作量证明的重要基础。所谓"挖矿"就是生成新的有效区块并获取奖励的过程。那么如何生成有效区块呢？在比特币中，谁能最先获得区块的记账权，谁就能获得奖励，为此，矿工们不惜花费自己的电力和算力，不断尝试随机数，加上上一区块的哈希值和 10 分钟内打包的所有有效交易作为输入，经过 SHA-256 算法计算得到一个 256 位的字符串哈希值，若该值不大于目标难度值，则该区块被认证是有效的，那么最先达到条件的矿工经过其他节点验证后即可获得记账权[7]。其中的计算过程就是工作量证明，谁的工作量大，谁获得记账权的概率就越大。

2.1.2　Merkle 树

Merkle 树，也称为哈希二叉树，是一种用于有效地汇总和验证大型数据集完整性的数据结构。Merkle 树是包含密码哈希的二叉树。"树"在计算机科学中被用来描述分支数据结构。"树顶"在顶上，"叶子"在底下。二叉树的每个节点最多有 2 个子节点。

在比特币中使用 Merkle 树来汇总区块中的所有交易，为整个交易集提供全面的数字指纹，提供高效的流程来验证交易是否包含在区块中。生成一棵完整的 Merkle 树需要递归地将一对节点进行哈希，并将新生成的哈希节点插入 Merkle 树中，直到只剩一个哈希节点，该节点就是 Merkle 树的根。在比特币的 Merkle 树中两次使用到了 SHA-256 算法，因此其加密哈希算法也被称为 Double SHA-256。

当 N 个数据元素经过加密后插入 Merkle 树时，最多计算 $2\log_2 N$ 次就能检查出任意数据元素是否在该树中，这使得该数据结构非常高效。Merkle 树是自下而上构建的。如图 2.4 所示例子中，我们将从 TX A、TX B、TX C、TX D 共 4 个构成 Merkle 树树叶的交易开始。所有的交易并不存储在 Merkle 树上，而是将数据进行哈希运算，然后将哈希值存储到相应的叶子节点上。这些叶子节点分别是 H_A、H_B、H_C 和 H_D。

$$H_I = SHA256(SHA256(TX\ I)),\ I = \{A,B,C,D\}$$

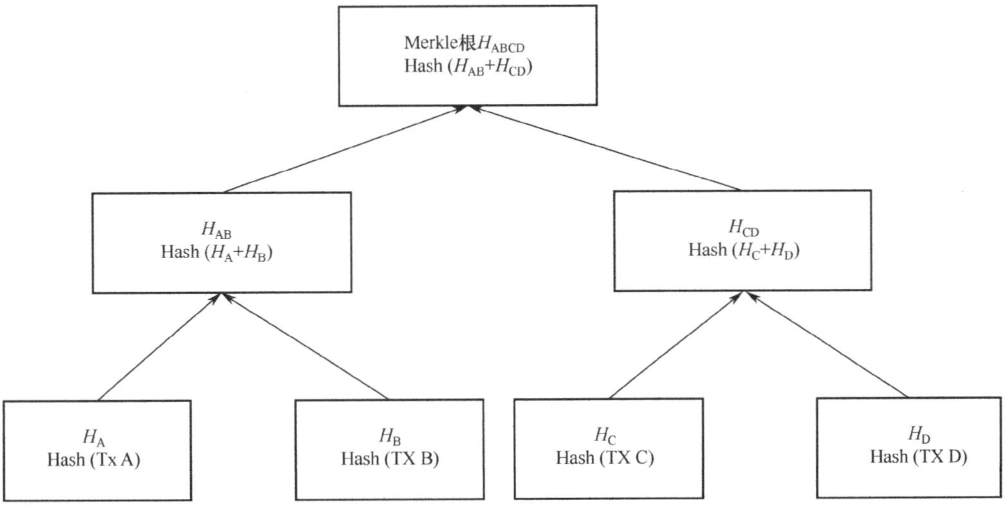

图 2.4　Merkle 根计算示例

将相邻一对叶子节点的哈希值串联在一起进行哈希运算，这对叶子节点随后被归纳为父节点。例如，为了创建父节点 H_{AB}，子节点 TX A 和子节点 TX B 的两个 32 字节的哈希值将被串联成 64 字节的字符串。随后将字符串进行两次哈希运算来产生父节点的哈希值：

$$H_{AB} = SHA256(SHA256(H_A + H_B))$$

继续类似的操作直到只剩下顶部的一个节点，即 Merkle 树根产生的 32 字节哈希值存储在区块头，同时归纳了 4 笔交易的所有数据。图 2.4 展示了如何通过成对节点的哈希值计算 Merkle 树的树根。因为 Merkle 树是二叉树，所以它需要偶数个叶子节点。如果仅有奇数笔交易需要归纳，则最后的交易就会被复制一份，以构成偶数个叶子节点，这种包含偶数个叶子节点的树也被称为平衡树。如图 2.5 所示，TX C 节点被复制了一份。

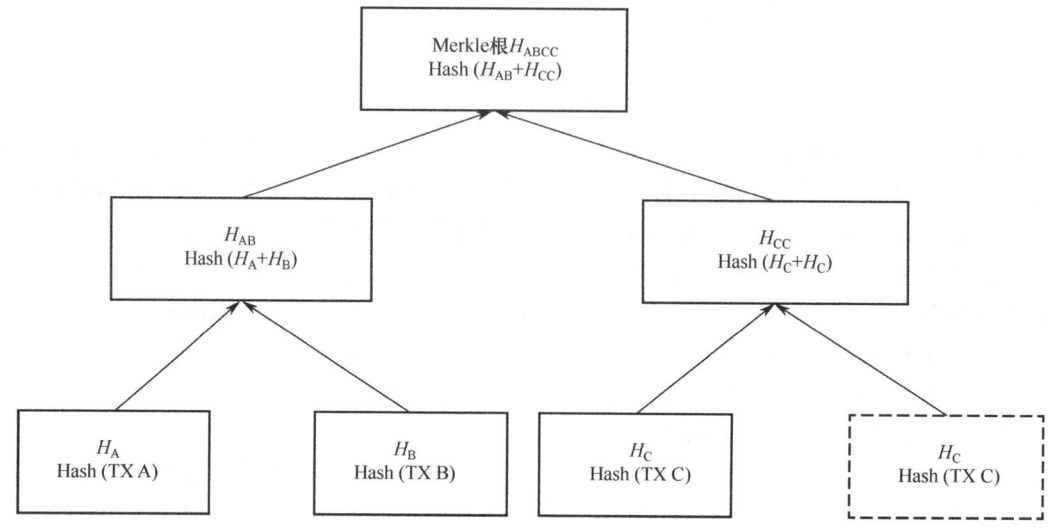

图 2.5　复制节点后的 Merkle 根计算

由 4 笔交易构造树的方法可以推广到构造任意大小的树。在比特币中，通常一个区块中有几百到几千笔交易，这些交易都会采用同样的方法来归纳，产生一个仅 32 字节的数据作为 Merkle 树的根。图 2.6 是一个由 16 笔交易形成的树，需要注意的是，尽管图中的根看上去比所有叶子节点都大，但是它们都是 32 字节，大小相同。无论区块中是有一笔交易还是有成千上万笔交易，Merkle 树的根总会把所有交易归纳为 32 个字节。

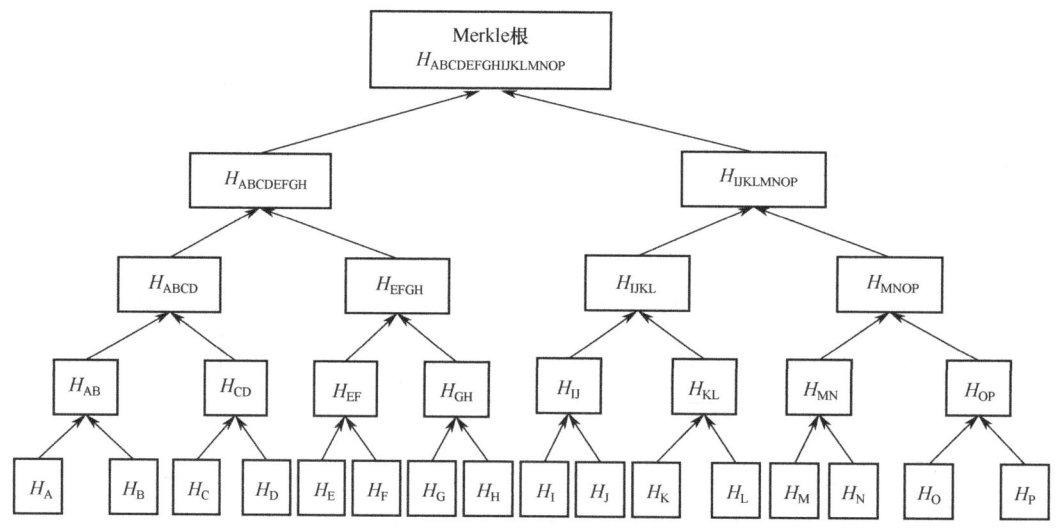

图 2.6　16 笔交易形成的 Merkle 交易树

为了证明一个块中包含了一个特定的交易，一个节点只要计算 $\log_2N$ 个 32 字节的哈希值，就可形成一条从特定交易到树根的认证路径或者 Merkle 路径。随着交易数量的增加，这样的计算就显得尤为重要，因为相对于交易数量的增长，以基数为 2 的交易数量的对数增长速度会慢很多。这使比特币节点能够高效地产生 10 或者 12 个哈希值（320～384 字节）的路径，来证明在一个很大字节数的区块中上千笔交易的具体某一笔交易的存在。

例如，在图 2.7 中，一个节点可以通过生成一条仅有 4 个 32 字节哈希值长度（总共 128 字节）的 Merkle 路径来证明区块中存在某一笔交易 K。该路径由 4 个哈希值 H_L、H_{IJ}、H_{MNOP} 和 $H_{ABCDEFGH}$ 组成，通过这 4 个哈希值产生的认证路径，任何节点都可以通过计算另外 4 对哈希值 H_{KL}、H_{IJKL}、$H_{IJKLMNOP}$ 和 Merkle 根，来证明 H_K 包含在 Merkle 根中。

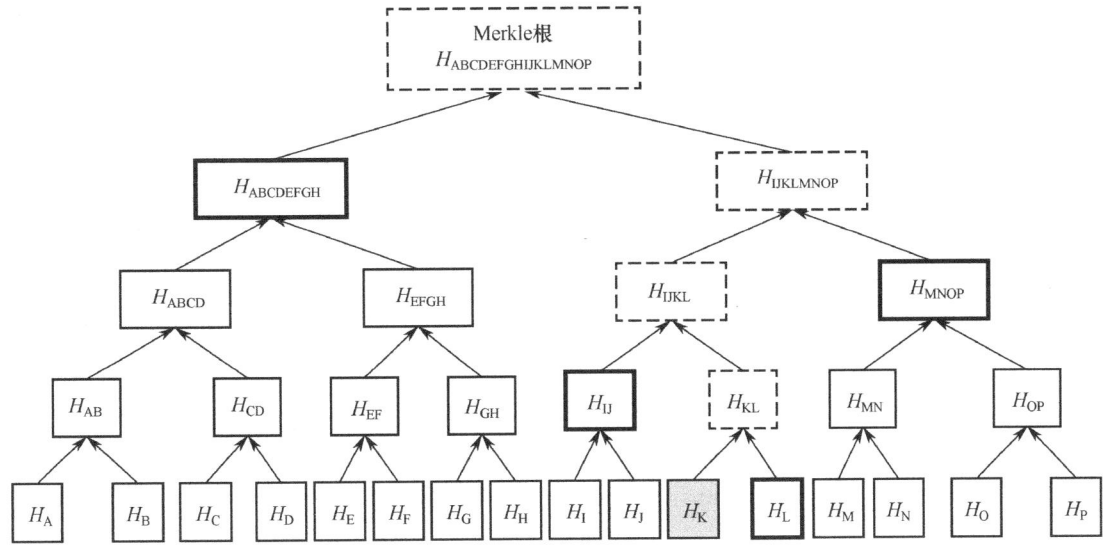

图 2.7　交易存在证明

在比特币系统中使用 Merkle 树极大地提高了区块链的运行效率和可扩展性，使得区块头只需包含根哈希值而不必封装所有底层数据，极大地节省了存储空间，甚至使得哈希运算可以高效地运行在智能手机甚至物联网设备上；并且 Merkle 树可支持 SPV，即在不运行完整区块链网络节点的情况下，也能够对交易数据进行存在性验证。网络中存在的 SPV 节点，受资源限制可以不保存所有交易，也不会下载整个区块，仅保存区块头。它们使用认证路径或者 Merkle 路径来验证交易存在于区块中，而不必下载区块中所有交易。例如，一个 SPV 节点想要知道一笔交易是否真实存在，理论上，它可以首先从区块链网络获取并保存最长链的所有区块头到本地，同时计算该笔交易的哈希值，然后与其连接的全节点（保存完整账本的节点）进行交互，定位包含该交易哈希值的区块，验证其所在区块头是否存在于已知的最长链中；其次，从区块中获取并构建 Merkle 路径，根据路径中的哈希值计算 Merkle 根值，若与区块头中的 Merkle 根值相等，则说明该笔交易是真实存在的，且根据该区块头所在位置，可以确定该笔交易已经获得了多少个确认。

而在以太坊中，SPV 的功能得到了扩展，不仅能够高效地进行支付验证，还可以快速验证账户是否存在、了解账户余额，甚至快速判断交易是否执行成功。具体地，以太坊区块链的每个区块头包含 3 棵 Merkle 树[3]——交易树、收据树、状态树。其中收据树用于保存某个地址的历史事件实例，比如一笔交易是否成功执行；状态树用于保存账户名称、账户余额等信息。

2.1.3 公钥密码算法

公钥密码学[8]的发展是整个密码学发展历史中最伟大的一次革命，也可以说是唯一的一次革命。在此之前，几乎所有的密码体制都是基于替换和置换这些初等方法，最著名的例子是 Lucifer 在 IBM 实现数据加密标准（DES）时所设计的系统转轮机。

公钥密码学与其他的密码学完全不同。首先，公钥密码算法是基于数学函数而不是基于替换和置换，更重要的是，与只使用一个密钥的对称传统密码不同，公钥密码是非对称的，它使用两个独立的密钥，分别用于加密和解密，其中加密密钥可对外公开，而解密密钥只有所有者知道，公钥密码也称为非对称密码，其在消息的保密性、密钥分配和认证领域有着重要意义。那么，公钥密码是否比传统密码更安全呢？是否说明传统密码已经过时不可用了呢？是否用公钥密码实现密钥分配更加便捷呢？

实际上，任何加密方法的安全性都依赖于密钥的长度和破译密文所需要的计算量。从抗密码分析的角度看，不能说传统密码优于公钥密码，也不能说公钥密码优于传统密码。而且，现有的公钥密码算法所需的计算量大，摒弃传统密码是不太可能的。就像公钥密码的发明者之一所说的，"公钥密码学仅限于用在密钥管理和签名这类应用中，这几乎是已被广泛接受的事实"。与传统密码中与密钥分配中心进行会话相比，用公钥密码实现密钥分配看似非常简单，但事实上，使用公钥密码也需要某种形式的协议，该协议通常包含一个中心代理，并且它所包含的处理过程既不比传统密码算法中的那些过程更简单，也不比之更有效。

下面我们具体介绍公钥密码的一些概念以及理论。

1. 公钥密码体制

公钥密码学的概念是为了解决传统密码中最困难的两个问题而提出的。第 1 个问题是密钥分配问题，用对称密码进行密钥分配要求：①通信双方已经共享一个密钥，而该密钥已通过某种方法分配给通信双方；②利用密钥分配中心（Key Distribution Center，KDC）。公钥密码的发明人之一 Whitfield Diffie 认为，第 2 个要求有悖于密码学的精髓，即应在通信过程中完全保持保密性，正如 Diffie 所说，"如果必须要求用户与 KDC 共享他们的密钥，这些密钥可能因为盗窃或索取而被泄密，那么设计不可破的密码体制究竟还有什么意义呢？"

Diffie 考虑的第 2 个问题是"数字签名"问题，该问题显然与第 1 个问题无关。如果密码学不是仅仅用于军事领域，而是广泛用于商业或个人目的，那么像手写签名一样，电子消息和文件也需要签名，也就是说能否设计一种方法，它能确保数字签名是出自某个特定的人，并且各方对此均无异议呢？

1976 年，Diffie 和 Hellman 针对上述两个问题提出了一种方法，这种方法与四千多年来密码学中的所有方法有着根本区别，它是密码学中一个惊人的成就。我们讨论公钥密码学的基本框架以及加密、解密算法应满足的一些条件，这些条件是公钥体制的核心内容，其 5 个组成部分如表 2.3 所示。

公钥密码算法依赖于一个加密密钥和一个与之相关的不同的解密密钥，这些算法都具有下述重要特点：

（1）加密和解密时使用的密钥不同，公钥加密的信息只能用相应的私钥解密，反之亦然。

（2）发送方拥有加密和解密密钥，而接收方只拥有另外一个密钥。

（3）仅根据密码算法和加密密钥以及若干密文来恢复明文在计算上是不可行的。

（4）仅根据密码算法和加密密钥来确定解密密钥在计算上是不可行的。

表 2.3　公钥密码体制的 5 个组成部分

组件	描述
明文	算法的输入。它们是可读信息或数据
加密算法	加密算法对明文进行各种转换
公钥、私钥	算法的输入。这对密钥中一个用于加密，一个用于解密。加密算法执行的变换依赖于公钥或者私钥
密文	算法的输出。它依赖于明文和密钥，对给定的消息，不同的密钥产生的密文不同
解密算法	该算法接收密文和相应的密钥，并产生原始的明文

图 2.8 展示了公钥加密的主要步骤。

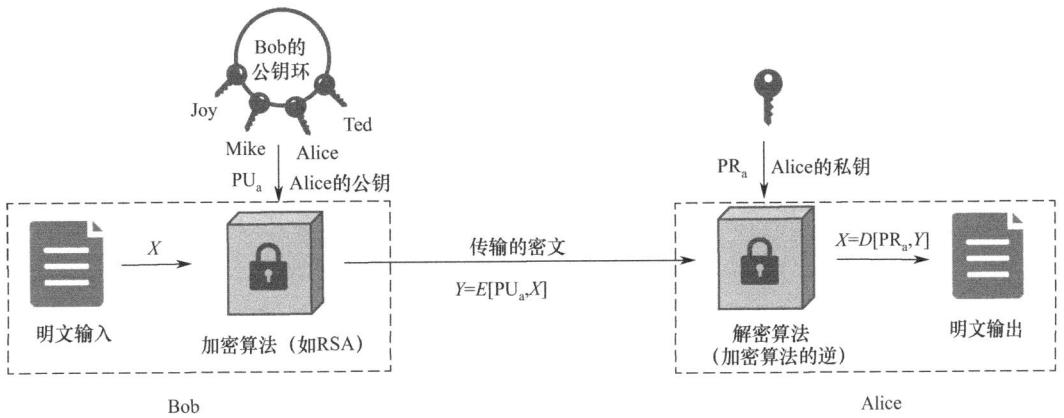

图 2.8　公钥加密的主要步骤

（1）Alice 和 Bob 分别产生自己的公私钥对，分别为 (PR_a, PU_a)，(PR_b, PU_b)，用来加密和解密消息。

（2）Alice 和 Bob 分别将公钥 PU_a 和 PU_b 存于公开的寄存器或其他可访问的文件中，每一用户可以拥有若干其他用户的公钥（比如，Bob 同时拥有 Joy、Mike、Alice 以及 Ted 的公钥），而秘密存储自己的私钥 PR_a 和 PR_b。

（3）若 Bob 要发消息 X 给 Alice，则 Bob 用 Alice 的公钥 PU_a 对消息加密得到密文 Y，即 $Y = E[PU_a, X]$，其中，$E[\cdot]$ 是某一个加密算法。

（4）Alice 收到消息后，用其私钥对密文 Y 解密，即 $X = D[PR_a, Y]$，其中 $D[\cdot]$ 是相应的解密算法。由于只有 Alice 知道其自身的私钥 PR_a，所以其他的接收者均不能解密出消息。

利用这种方法，通信各方均可访问公钥，而私钥是各通信方在本地产生的，所以无须进行分配。只要用户的私钥受到保护，那么通信就是安全的。在任何时刻，通信实体可以改变其私钥，并公布相应的公钥以替换原来的公钥。

表 2.4 总结了对称密码和公钥密码的一些重要特征。一般将对称密码中使用的密钥称为秘密钥，而公钥密码中私钥总是保密的，但是为了避免与对称密码中的密钥混淆，我们将之称为私钥而不是秘密钥。

表 2.4　对称密码和公钥密码的一些重要特征

要求	对称密码	公钥密码
一般要求	加密和解密使用相同的秘密钥和相同的算法	同一算法用于加密和解密，但加密和解密使用不同密钥
	收、发双方必须共享秘密钥	发送方拥有加密或解密密钥，而接收方拥有另一密钥
安全性要求	秘密钥必须是保密的	两个密钥之一必须是保密的
	若没有其他信息，则解密消息是不可能或至少是不可行的	若没有其他信息，则解密消息是不可能或至少是不可行的
	知道算法和若干密文不足以确定秘密钥	知道算法和其中一个密钥以及若干密文不足以确定另一密钥

下面进一步分析公钥密码体制可以实现的安全功能。如图 2.9 所示，消息源 A 产生明文消息 $X = [X_1, X_2, \cdots, X_M]$，其中 X 的 M 个元素是某有穷字母表上的字符，A 欲将消息 X 发送给 B。B 产生公钥 PU_b 和私钥 PR_b，其中只有 B 知道 PR_b，而 PU_b 则是公开可访问的，所以 A 也可访问 PU_b。

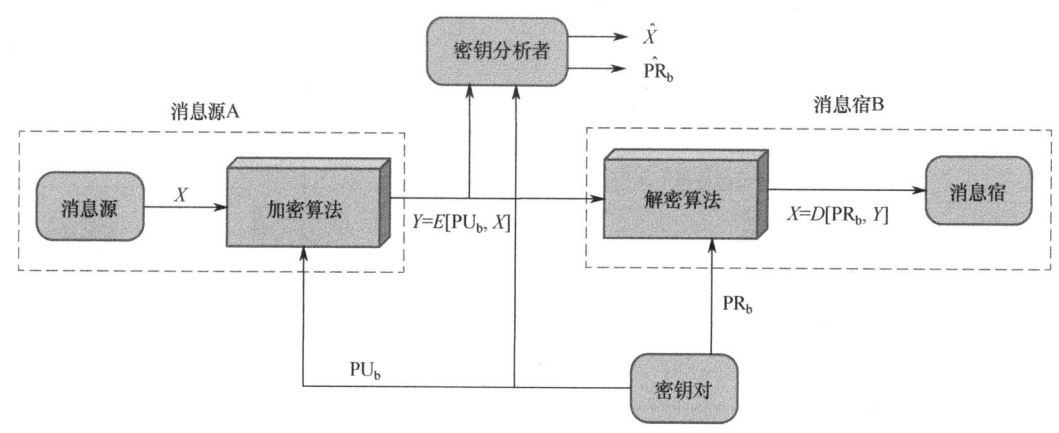

图 2.9　公钥密码体制：保密性

输入明文 X 和加密密钥 PU_b，A 生成密文 $Y = [Y_1, Y_2, \cdots, Y_N]$

$$Y = E[PU_b, X]$$

输入 B 的私钥，对密文进行逆变换

$$X = D[PR_b, Y]$$

攻击者可观察到密文 Y 并且可访问 PU_b，但是他不能访问 PR_b 或者 X，所以攻击者肯定会想方设法恢复 X 和（或）PR_b。假定攻击者知道加密（E）和解密（D）算法，如果他只关心 X 这一条消息，那么他会集中精力试图通过产生明文估计值 X 来恢复 $\hat{X}$。但是通常攻击者也希望获得其他消息，所以他会通过产生估计值 $\hat{PR}_b$，来试图恢复 PR_b。

前面曾提及，两个密钥中任何一个都可用来加密，而另一个用来解密，这样就可利用公钥密码实现其他一些功能。如图 2.9 所示的方法可提供保密性，而图 2.10 说明公钥密码可用于认证。

在如图 2.10 所示的方法中，A 向 B 发送消息前，先用 A 的私钥对消息加密，B 则用 A 的公钥对消息解密。由于是用 A 的私钥对消息加密的，所以只有 A 可以加密消息，因此，整个加密后的消息就是"数字签名"。除此之外，因为只有拥有 A 的私钥才能产生上述加密后的消息，因此该消息可用于认证源和数据完整性。但该过程不能保证消息的保密性，也就是说，它可以防止发送的消息被攻击者修改，但不能防止窃听。任何人都可以用发送方的公钥对消息解密，所以如图 2.10 所示的方法并不能保证被发送消息的保密性。

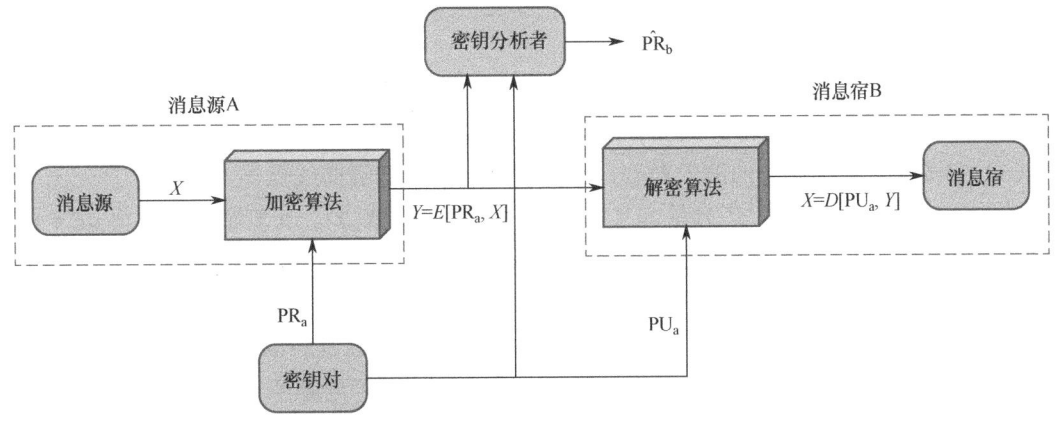

图 2.10　公钥密码体制：认证

但是，如果两次使用公钥方法，则既可提供认证功能，又可保证被发送消息的保密性（参见图 2.11）。

$$Z = E[PU_b, E[PR_a, X]]$$
$$X = D[PU_a, D[PR_b, Z]]$$

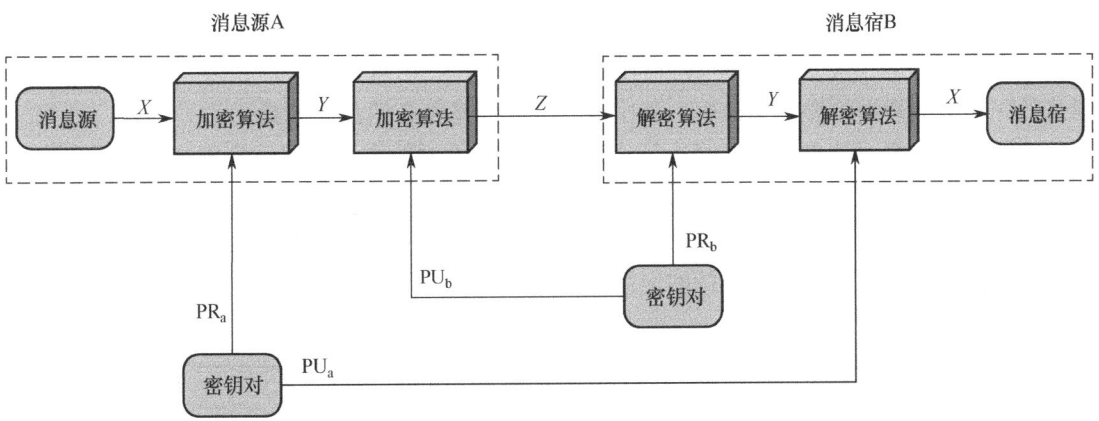

图 2.11　公钥密码体制：保密性和认证

在这种方法中，发送方首先用其私钥对消息加密，得到数字签名，然后再用接收方的公钥加密，所得的密文只能被拥有相应私钥的接收方解密，这样可保证消息的保密性，但这种方法的缺点是，在每次通信中要执行 4 次复杂的公钥算法而不是两次，计算复杂度较高。

2. 公钥密码体制的应用

公钥密码学发展至今，已有多种公钥加密算法实现并应用在实际中。前面提到，公钥密码的实现是基于数学函数的，具体而言，大多数是基于求解特定数学难题的计算困难性而设计的，主要包括三大类：大整数分解、有限域上的离散对数、椭圆曲线加法群上的离散对数。

（1）大整数分解：也称作大数因子分解，是数学界几百年来未曾解决的难题，也是公钥密码 RSA 算法（由发明者 Rivest、Shmir 和 Adleman 姓氏首字母缩写而来）的建立基础。简单来说，就是给定两个大素数，计算二者的乘积是容易的，而给定二者的乘积，找到这两个因子则是计算上不可行的。

（2）有限域上的离散对数：给定大素数 p，有限循环群的生成元 g 以及整数 a，计算 $g^a \bmod p$ 的值是容易的，而已知 $g^a \bmod p$ 的值，求 a 的值是计算上不可行的。

（3）椭圆曲线加法群上的离散对数：给定有限域上的椭圆曲线点群，生成元 $P = (x, y)$，以及整数 a，计算 $aP = Q = (X, Y)$ 是容易的，而已知点 $Q = (X, Y)$，计算整数 a 使得 $aP = Q$ 则是计算上不可行的（关于椭圆曲线的运算可见附录 A）。

所谓"容易"，是指一个问题可以在输入长度的多项式时间内得到解决，即若输入长度为 n 位，则计算函数值的时间与 n^a 成正比，其中 a 是一个固定的常数，这样的算法称为 P 类算法。"不可行"的定义比较模糊，一般而言，若解决一个问题所需的时间比输入长度的多项式时间增长更快，则称该问题是不可行的。例如，若输入长度是 n 位，计算函数的时间与 2^n 成正比，则认为是不可行的。

我们需要明确公钥密码体制使用能够产生公私钥的密码算法，比如 RSA、ElGamal、Deffie-Hellman（DH）、椭圆曲线密码（Elliptic Curve Cryptography，ECC）、数字签名算法（Digital Signature Algorithm，DSA）。根据不同的应用，发送方可使用其私钥或者接收方的公钥或同时使用二者来执行密码功能。一般地，公钥密码体制的应用可分为三大类。

（1）加密/解密：发送方用接收方的公钥对消息加密。

（2）数字签名：发送方用其私钥对消息"签名"。签名可以通过对整条消息加密或者对消息的一个小的数据块加密来产生，其中该小数据块是整条消息的函数。

（3）密钥交换：通信双方交换会话密钥。有几种不同的方法可用于密钥交换，这些方法都使用了通信一方或双方的私钥。

有些算法可用于上述应用，而其他一些算法则只适用于其中一种或两种应用，表 2.5 列出了部分公钥密码算法及其所支持的应用。

表 2.5　公钥密码算法及其所支持的应用

算法	加密/解密	数字签名	密钥交换
RSA	是	是	是
ECC	是	是	是
DH	否	否	是
ElGamal	是	是	是
DSA	否	是	否

3. 公钥密码体制在区块链中的应用

区块链中使用的非对称加密算法是椭圆曲线数字签名算法（ECDSA），其具体签名和验证算法参见 2.1.5 节，其最突出的应用就是钱包地址的创建以及交易生成和验证。

比特币系统和以太坊系统都使用的是 Secp256k1 椭圆曲线 $y^2 = x^3 + 7$，由于其特殊构造，应用中比其他曲线在性能上可以提升 30%。该曲线参数如表 2.6 所示。

表 2.6　Secp256k1 椭圆曲线参数

参数	含义	值
p	素数，用于确定有限域的范围	FFFFFFFF FFFFFFFF FFFFFFFF FFFFFFFF FFFFFFFF FFFFFFFF FFFFFFFE FFFFFC2F
a	确定方程的参数	00000000 00000000 00000000 00000000 00000000 00000000 00000000 00000000
b	确定方程的参数	00000000 00000000 00000000 00000000 00000000 00000000 00000000 00000007
G	用于生成子群的基点	04 79BE667E F9DCBBAC 55A06295 CE870B07 029BFCDB 2DCE28D9 59F2815B 16F81798, 483ADA77 26A3C465 5DA4FBFC 0E1108A8 FD17B448 A6855419 9C47D08F FB10D4B8
n	子群的阶	FFFFFFFF FFFFFFFF FFFFFFFF FFFFFFFE BAAEDCE6 AF48A03B BFD25E8C D0364141
h	子群的辅助因子	01

以比特币系统为例，地址创建过程如图 2.12 所示。首先比特币系统一般从操作系统底层的一个密码学安全的随机源中取出一个 256 位随机数作为私钥，私钥总数为 2^{256} 个，所以很难通过遍历所有可能的私钥得出与公钥相对应的私钥。用户使用的私钥还会通过 SHA-256 和 Base58 转换成易书写和识别的 50 位长度的私钥，公钥则首先由私钥和 Secp256k1 椭圆曲线算法生成 65 字节（含 1 字节前缀）长度的随机数。一般情况下，比特币钱包的地址也由公钥生成，其生成过程为：将公钥进行 SHA-256 和 RIPEMD160 双哈希运算，生成 20 字节长度的摘要结果（Hash160 结果），这个将作为比特币地址的主体（body）信息，再在前面加上版本前缀 0x00，在后面添加 4 字节的地址校验码（地址校验码通过对摘要结果进行两次 SHA-256 运算，取哈希值的前 4 位产生），最后通过 Base58 处理，把连在一起的版本前缀、主体信息和校验码转换成可以容易让人识别的比特币字符地址。

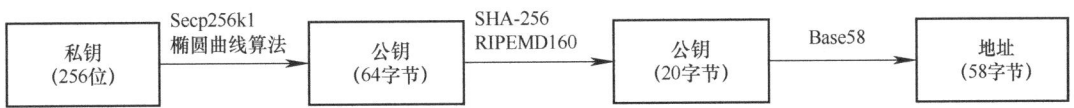

图 2.12　比特币系统中地址创建过程

由公钥生成的钱包地址用于接收比特币，而私钥则用于支付时的交易签名。在支付比特币时，比特币的所有者需要在交易中提交自己的公钥和由私钥创建的数字签名，这样，比特币网络中所有节点可以通过该公钥和签名对提交的交易进行验证，从而确定支付者对所交易的比特币的所有权。

2.1.4　消息认证码

消息认证码（Message Authentication Code，MAC），是经过特定算法后产生的一小段信息，用于确认某段消息的完整性以及用作身份认证，检查消息在传递过程中是否发生更改，也可以检查消息来源。

消息认证码的输入包括任意长度的消息和一个发送者与接收者之间共享的密钥，它可以输出固定长度的数据，这个数据称为 MAC 值。

要计算 MAC 必须持有共享密钥，没有共享密钥就无法计算 MAC 值，MAC 正是利用这一性质来完成认证的。此外，和单向散列函数的散列值一样，哪怕消息中发生 1bit 的变化，MAC 值也会产生变化，MAC 正是利用这一性质来确认消息完整性的。

假定通信双方 A 和 B 共享密钥 K。如 A 向 B 发送消息 M 时，则 A 计算 MAC，它是消息和密钥的函数，即

$$MAC = C(K, M)$$

其中，M 为输入消息；C 为 MAC 函数；K 为共享的密钥；MAC 为消息认证码。

消息和 MAC 一起被发送给接收方。接收方对收到的消息用相同的密钥 K 进行相同的计算，得出新的 MAC，并将接收到的 MAC 与其计算出的 MAC 进行比较，如果假定只有收发双方知道该密钥，且接收到的 MAC 与计算得出的 MAC 相等，则

（1）接收方可以相信消息未被修改。如果攻击者改变了消息，但他无法改变相应的 MAC，所以接收方计算出的 MAC 将不等于接收到的 MAC。由于攻击者不知道密钥，所以他不知道应如何改变 MAC 才能使其与修改后的消息相一致。

（2）接收方可以相信消息来自真正的发送方。因为其他各方均不知道密钥，他们不能产生具有正确 MAC 的消息。

（3）如果消息中含有序列号（如 HDLC、X.25 和 TCP 中使用的序列号），那么接收方可以相信消息顺序是正确的，因为攻击者无法成功修改序列号。

要注意的是，由于收、发双方需要共享密钥，因此当密钥可能在被多方同时拥有或者泄露的场景下时，不能确认消息的真实来源，因此 MAC 不能提供数字签名。

2.1.5 数字签名技术

数字签名通过对消息的摘要进行非对称加密，防止消息被篡改并认证身份。

1. 弥补消息认证码的缺陷

消息认证码可以保护信息交换双方不受第三方的攻击，但是它不能处理通信双方自身发生的攻击，这种攻击可以有多种形式。

例如，假定 Alice 使用消息认证码中的某种方法给 Bob 发送一条认证消息。考虑下面两种情形：①Bob 可以伪造一条消息并称该消息发自 Alice。Bob 只需产生一条消息，用 Alice 和 Bob 共享的密钥产生认证码，并将认证码附于消息之后即可。②Alice 可以否认曾发送过某条消息。因为 Bob 可以伪造消息，所以无法证明 Alice 确实发送过该消息。

这两种情形都是人们实际关注的。例如，对于第 1 种情形，在进行电子资金转账时，接收方可以增加转账资金，并声称这是来自发送方的转账资金额；对于第 2 种情形，股票经纪人收到有关电子邮件消息，要他进行一笔交易，而这笔交易后来赔钱了，但是发送方可以伪称从未发送过这条消息。

在收、发双方不能完全信任的情况下，就需要除认证之外的其他方法来解决这些问题。数字签名是解决这个问题的最好方法。数字签名必须具有下列特征：

- 它必须能验证签名者、签名日期和时间。
- 它必须能认证被签的消息内容。
- 签名应能由第三方仲裁，以解决争执。

2. 数字签名基本过程

图 2.13 是产生和使用数字签名过程的一般模型。假设 Bob 想要发送消息给 Alice，该消息的秘密性不需要保证，但 Bob 想要 Alice 确认该消息确实是由 Bob 发出的。为了这个目标，Bob 使用安全 Hash 函数，如 SHA-256，来产生该消息的 Hash 值。该值同 Bob 的私钥一起作为数字签名算法的输入，算法的输出短块则作为数字签名。Bob 把该签名附在发送消息的后面，当 Alice 收到消息以及签名后，她将进行：①提取消息字符串并计算该消息的 Hash 值；②使用签名验证算法，输入 Hash 值以及 Bob 的公钥。如果算法返回结果表明签名是合法的，则 Alice 确认该消息是 Bob 发出的。由于其他任何人都没有 Bob 的私钥，也就意味着其他任何人都不能冒充一个签名并使用 Bob 的公钥通过消息的验证。另外重要的一点是，不能够在不知道 Bob 私钥的前提下篡改消息而不被发现，即消息在发送源和数据完整性两个方面都得到了认证。

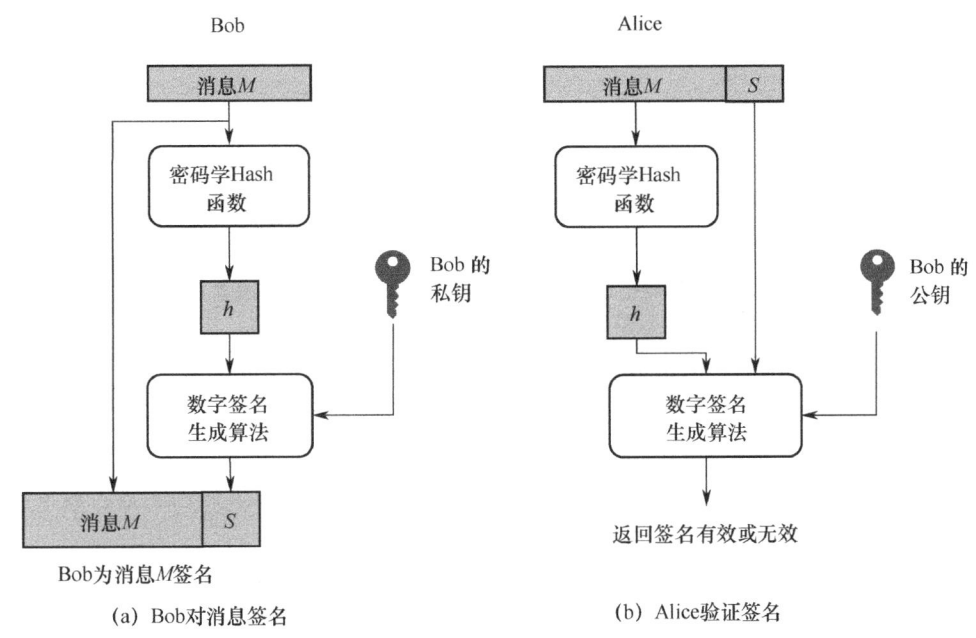

(a) Bob对消息签名　　　　　　　　　　(b) Alice验证签名

图 2.13　数字签名过程中关键问题的简单表述

常用的数字签名算法是 DSA 和安全强度更高的基于椭圆曲线算法的 DSA（ECDSA）等，除普通的数字签名应用场景外，针对一些特定的安全需求，产生了一些特殊数字签名技术，包括盲签名、多重签名、群签名、环签名等。

3. 数字签名算法

DSA 是建立在求离散对数困难性以及 ElGamal 和 Schnorr 最初提出的方法之上的。

图 2.14 归纳总结了 DSA 算法步骤，其中有 3 个公开参数为一组用户所共有。选择一个 N 位的素数 q；然后选择一个长度在 512～1024 之间且满足 q 能整除 $p-1$ 的素数 p；最后选择形为 $h^{(p-1)/q} \bmod p$ 的 g，其中 h 是 1 到 $p-1$ 之间使得 g 大于 1 的整数。DSA 的公开参数的选择与 Schnorr 签名方案完全一样。

全局公钥组成

P 为素数，其中 $2^{L-1}<p<2^L$，$512 \leq L \leq 1024$ 且 L 是 64 的倍数，即 L 的位长在 512~1024 之间并且其增量为 64 位

q 为 $(p-1)$ 的素因子，其中 $2^{N-1}<q<2^N$，即位长为 N 位

$g=\dfrac{h(p-1)}{q}\bmod p$，其中 h 是满足 $1<h<(p-1)$ 并且 $h^{(p-1)/q}\bmod p>1$ 的任何整数

用户的私钥

x 为随机或伪随机整数且，$0<x<q$

用户的公钥

$y=g^x\bmod p$

与用户每条消息相关的秘密值

k 为随机或伪随机整数，且 $0<k<q$

签名

$r=(g^k\bmod p)\bmod q$

$s=[k^{-1}(H(M)+xr)]\bmod q$

签名 $=(r,s)$

验证

$w=(s')^{-1}\bmod q$

$u_1=[H(M')w]\bmod q$

$u_2=(r')w\bmod q$

$v=[(g^{u1}y^{u2})\bmod p]\bmod q$

检验：$v=r'$

M 为要签名的消息

$H(M)$ 为使用 SHA-1 求得的 M 的 Hash 码

M'、r'、s' 为接收到的 M、r、s

图 2.14 DSA 算法步骤

选定这些参数后，每个用户选择私钥并产生公钥。私钥 x 必须是随机或伪随机选择的、位于 1 到 $q-1$ 之间的数，由 $y=g^x\bmod p$ 算出公钥。由给定的 x 计算 y 比较简单，而由给定的 y 确定 x 则在计算上是不可行的，因为这就是求 y 的以 g 为底的模 p 的离散对数。

要进行签名，用户需计算两个量 r 和 s。r 和 s 是公钥 (p,q,g)、用户私钥 (x)、消息的 Hash 码 $H(M)$ 和附加整数 k 的函数，其中 k 是随机或伪随机产生的，且 k 对每次签名是唯一的。

令 M'、r'、s' 为接收方收到的 M、r、s，接收方用如图 2.15 所示的公式进行验证。接收方计算值 v，它是公钥 (p,q,g)、发送方公钥、接收到的消息的 Hash 码的函数。若 v 与签名中的 r 相同，则签名是有效的。

图 2.15 的算法有这样一个特点，接收方的验证依赖于 r，但是 r 却根本不依赖于消息，它是 k 和全局公钥的函数。k 模 p 的乘法逆元传给函数 f，f 的输入还包含消息的 Hash 码和用户私钥，函数的这种结构使接收方可利用其收到的消息和签名、他的公钥以及全局公钥来恢复 r。从图 2.14 和图 2.15 不难看出这种方法的正确性。

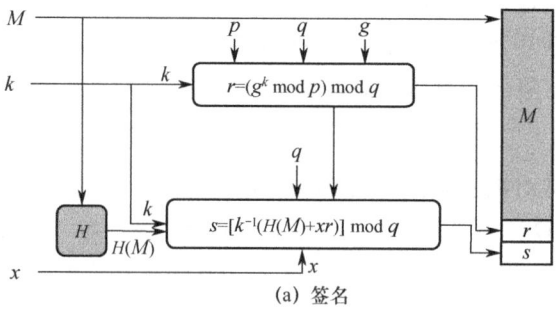

(a) 签名

图 2.15 DSA 的签名和验证函数

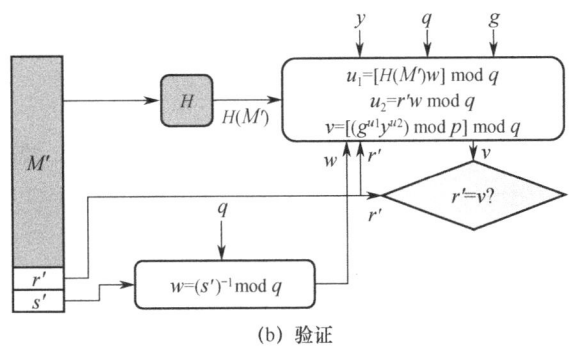

(b) 验证

图 2.15　DSA 的签名和验证函数（续）

由于求离散对数的困难性，攻击者从 r 恢复出 k 或从 s 恢复出 x 都是不可行的。

另一点需要注意的是，产生签名对指数运算 $g^x \bmod p$ 计算要求很高，但由于它不依赖于被签名的消息，因此可以预先计算。实际上，用户甚至可以根据需要预先计算许多个用于签名的 r。其他要求比较高的任务是确定乘法逆元 k^{-1}。需再次提醒注意的是，这些值中有许多是可以预先计算的。

4. 椭圆曲线数字签名算法

椭圆曲线密码（Elliptic Curve Cryptography，ECC）是一种建立在椭圆曲线数学基础上的公钥加密算法。椭圆曲线在密码学中的使用是在 1985 年由 Neal Koblitz 和 Victor Miller 分别独立提出的[9-10]。椭圆曲线密码是通过将椭圆曲线上的特定点进行特殊的乘法运算来实现的，它利用了这种乘法运算的逆运算非常困难这一特性。关于椭圆曲线密码的详细内容，请参考附录 A。

在 2009 年修订的 FIPS 186 中加入了基于椭圆曲线密码的新数字签名方法，称其为椭圆曲线数字签名算法（ECDSA）。由于椭圆曲线密码效率方面的优势，在需要使用短密钥长度的应用中逐渐得到了青睐。

首先给出 ECDSA 处理过程的简要概述。本质上，包括 4 个基本元素。

（1）参与数字签名的所有通信方都使用相同的全局参数，用于定义椭圆曲线以及曲线上的基点。

（2）签名者首先需要生成一对公钥、私钥。对于私钥，签名者通常选择一个随机数或者伪随机数作为私钥。使用随机数和基点，签名者计算出椭圆曲线上的另一解点作为公钥。

（3）对待签名的消息计算其 Hash 值。使用私钥、全局参数、Hash 值来产生签名。签名包括 r 和 s 两个整数。

（4）如果要对签名进行验证，验证者使用签名者的公钥、全局参数、整数 s 作为输入，并将计算得到的输出值 v 与收到的 r 进行比较。如果 $v = r$，则签名通过验证。

接下来依次介绍以上基本元素。

1）全局参数

对于 ECDSA 使用素数域椭圆曲线的全局参数如下。

- q：一个素数；
- a, b：E_q 上的整数，通过等式 $y^2 = x^3 + ax + b$ 定义椭圆曲线；

- G：满足椭圆曲线等式的基点，表示为 $G = (xg, yg)$；
- n：点 G 的阶，即 n 是满足 $nG = O$ 的最小正整数，O 为无穷远点。n 等于曲线上点的个数。

2）密钥产生

每个签名者需要产生一个密钥对，包括一个私钥和一个公钥。签名者，假设是 Bob，通过如下步骤产生上述两个密钥：

- 选择随机整数 d，$d \in [1, n-1]$。
- 计算 $Q = dG$。得到一个曲线 $E_q(a, b)$ 上的解点。
- Bob 的公钥是 Q，私钥是 d。

3）数字签名的产生与认证

通过使用公开的全局域参数和私钥，Bob 对于消息 m 产生 320 字节数字签名的步骤如下：

① 选择随机或伪随机整数 k，$d \in [1, n-1]$。
② 计算曲线的解点 $P = (x, y) = kG$ 以及 $r = x \bmod n$；如果 $r = 0$，则跳至步骤①。
③ 计算 $t = k \bmod n$。
④ 计算 $e = H(m)$，这里 $H(\cdot)$ 是 Hash 函数 SHA-2 或 SHA-3。
⑤ 计算 $s = k^{-1}(e+dr) \bmod n$。如果 $s = 0$，则跳至步骤①。
⑥ 消息 m 的签名是 (r, s)。

Alice 拥有公开的全局域参数以及 Bob 的公钥。Alice 收到 Bob 发送的消息以及数字签名后，对于签名的验证步骤如下：

① 检验 r 和 s 是否为 1 到 $n-1$ 内的整数。
② 计算 160 位的 Hash 值 $e = H(m)$。
③ 计算 $w = s^{-1} \bmod n$。
④ 计算 $u_1 = ew$ 和 $u_2 = rw$。
⑤ 计算解点 $X = (x_1, y_1) = u_1G + u_2G$。
⑥ 如果 $X = 0$，则拒绝该签名；否则计算 $v = x_1 \bmod n$。当且仅当 $v = r$ 时，接受 Bob 的签名。

图 2.16 展示了 ECDSA 签名和认证过程。我们可以给出该过程有效性的如下证明。如果 Alice 收到的消息确实是 Bob 签署的，那么

$$s = k^{-1}(e+dr) \bmod n$$

于是

$$k = s^{-1}(e+dr) \bmod n$$
$$k = (s^{-1}e + s^{-1}dr) \bmod n$$
$$k = (we+wdr) \bmod n$$
$$k = (u_1+u_2d) \bmod n$$

现在考虑

$$u_1G+u_2Q = u_1G+u_2dG = (u_1+u_2d)G = kG$$

在验证过程的步骤⑥中有 $v = x_1 \bmod n$，这里解点 $X = (x_1, y_1) = u_1G+u_2Q$。因为 $r = x \bmod n$ 且 x 是解点 kG 的 x 坐标，又因为已知 $u_1G+u_2G = kG$，所以可以得到 $v = r$。

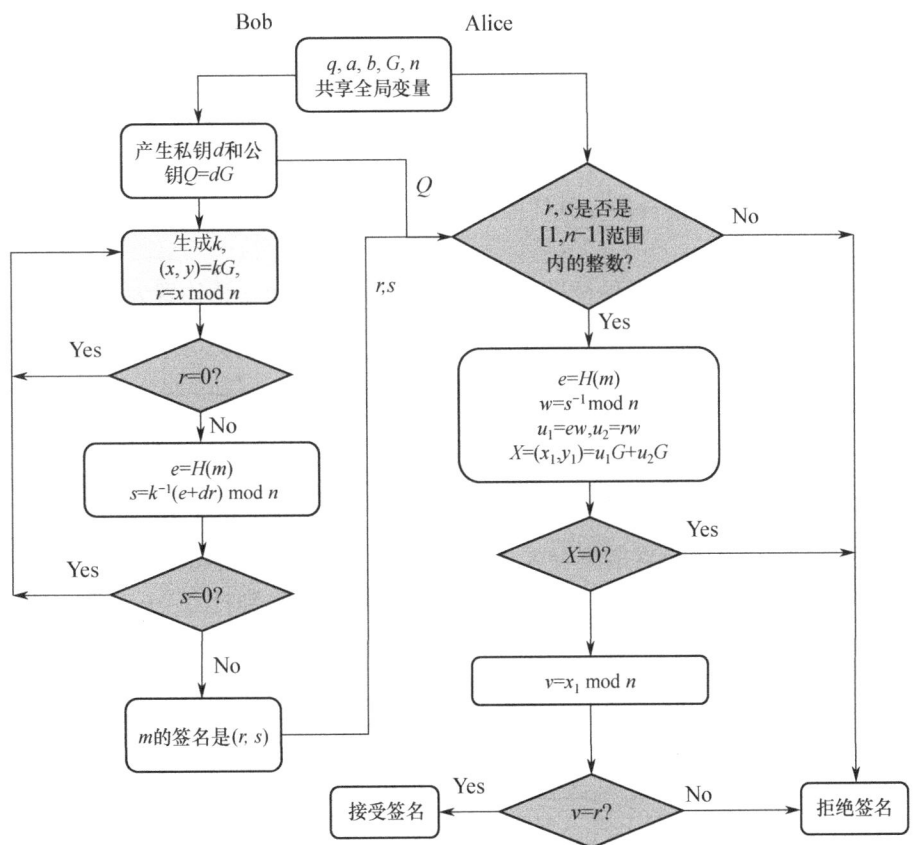

图 2.16　ECDSA 签名和验证过程

5. 应用于区块链

比特币和以太坊区块链系统都是运用椭圆曲线数字签名对交易进行验证的，一是证明该笔交易的发起人是本人，二是证明交易的信息没有被伪造。另外，一些比特币衍生的许多加密货币注重交易的隐私、分权和扩展性问题，采用环签名、多重签名等技术来保障用户的数字资产隐私。

2.1.6　Bloom Filter 算法

布隆过滤器（Bloom Filter）是 1970 年由 Burton Howard Bloom 提出的[11]，是一种巧妙的数据结构，由一系列的随机映射函数和一个很长的二进制向量构成，主要用途是检索某个元素是否在一个集合中，但这是概率性的，也就是说该元素一定存在或可能存在。

不同于链表、树、哈希表等数据结构，Bloom Filter 将集合中的所有元素保存起来，通过比较的方式来确定元素是否存在于一个集合中，这类数据结构在面临大量的元素时，会出现存储空间上的瓶颈，上述三种数据结构的检索时间复杂度分别为 $O(n)$、$O(\log_2 n)$、$O(1)$。而 Bloom Filter 利用位数组很简洁地表示一个集合，能高效地判断一个元素是否属于这个集合，空间效率很高，但需要付出一定的代价——有可能将不属于这个集合的元素误认为属于这个集合，即存在误判率（False Positive Rate），因此，Bloom Filter 不适合"零错误"的应用场景。Bloom Filter 能在容忍低误判率的情况下，通过极低的误判率换取空间上的高效，其存储空间和插入/查询的时间都是 $O(k)$。

1. 工作原理

Bloom Filter 的工作原理就是当一个元素被加入集合时，通过 k 个哈希函数将这个元素映射成一个位数组中的 k 个点，并置为 1。检索时，只需要看这些点是不是都为 1 就可知道集合中是否有该元素：如果这些点有任何一个为 0，则被检索元素一定不在集合中；如果都是 1，则该元素可能存在于集合中。具体原理如下。

1）位数组

初始状态时，设置一个 m 位的位数组，如图 2.17 所示，每一位均置为 0。

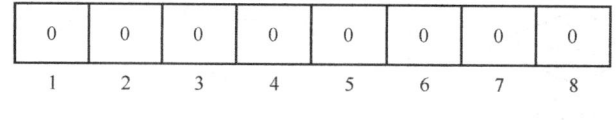

图 2.17　位数组

2）元素查询

为了表达一个包含 n 个元素的集合 $S = \{x_1, x_2, \cdots, x_n\}$，Bloom Filter 使用了 k 个相互独立的哈希函数 $h_i(\cdot)(1 \leq i \leq k)$，它们分别将集合中的每个元素映射到 $\{1, 2, \cdots, m\}$ 的范围中。对于任意一个元素 x，第 i 个哈希函数的位置 $h_i(x)$ 就会被置为 1，如图 2.18 所示。

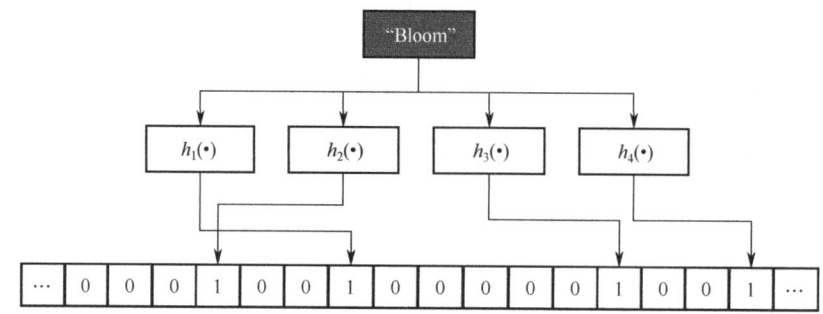

图 2.18　元素映射

在判断 y 是否属于这个集合时，我们对 y 进行 k 次哈希，如果 $h_i(y)$ 的 k 个位置均为 1，那么就可以认为 y 是集合中的元素，否则，y 一定不是这个集合中的元素。如图 2.19 所示，y_1 不是集合中的元素，而 y_2 或者属于这个集合，或者是一个误判。

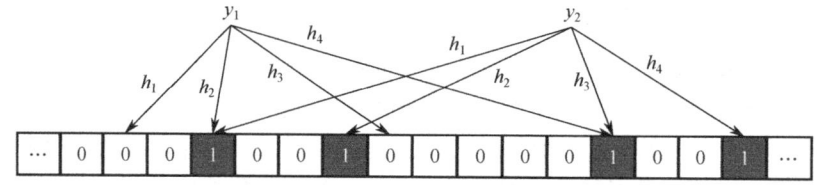

图 2.19　元素判断

举个例子，字符串"zhangsan1"经过相同的哈希函数运算后，4 个位置可能跟"zhangsan"是一样的，这就是"误算"。还有一种情况需要说明，就是有可能这 4 个位置的 1 是由 4 个不同的变量经过哈希函数运算后得到的，这种情况也不能说明"zhangsan"存在于这个集合中，如图 2.20 所示，"zhangsan"经过 h_2（"zhangsan"）运算后的 1 是由字符串"lisi"得到的。

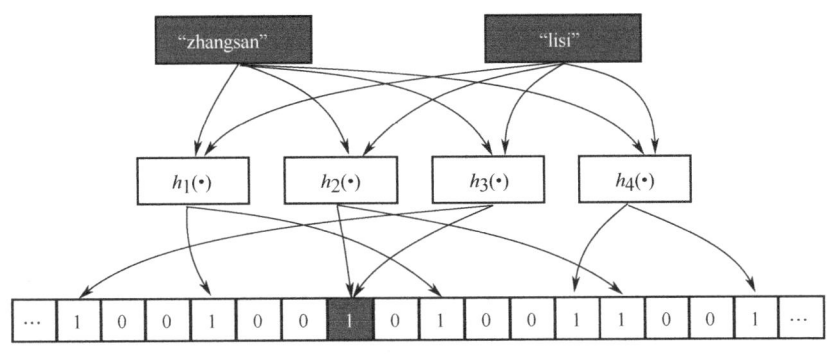

图 2.20   元素误算例子

2. 误判率估计

Bloom Filter 的误判率可以估计其大小,为了简化模型,假设 $kn < m$,且各个哈希函数是完全随机的,当集合 $S = \{x_1, x_2, \cdots, x_n\}$ 的某一个元素经过一个哈希函数映射为 1 的概率为 $1/m$,则映射为 0 的概率为 $(1-1/m)$,当所有元素都被 k 个哈希函数映射到 m 位的位数组中时,这个位数组中某一位仍为 0 的概率为:

$$p = \left(1 - \frac{1}{m}\right)^{kn}$$

那么,判定一个元素存在于 Bloom Filter 中的条件就是 k 个哈希函数的哈希值对应的位值为 1,据此,我们可以计算出误判率为

$$(1-p)^k = \left[1 - \left(1 - \frac{1}{m}\right)^{kn}\right]^k$$

由基本极限 $\lim\limits_{x \to \infty}\left(1 - \frac{1}{x}\right)^{-x} = e$ 可将上式化简为

$$\left(1 - e^{-\frac{kn}{m}}\right)^k \tag{2-1}$$

可以看出,当位数组大小 m 增大或想添加元素的数目 n 减少时,误判率均会变小。那么,哈希函数的数目和位数组的大小该如何选择呢?

式(2-1)是一个关于 k 的凸函数,即一定范围内,k 的增加可以降低误判率,k 若继续增加,误判率将会上升,所以存在一个极值点 k,使得误判率最小。

令 $a = e^{\frac{n}{m}}$,则有 $f(k) = (1 - a^{-k})^k$,对此式进行求解可以求出 k 值:

$$k = \frac{m}{n}\ln 2 \approx 0.7\frac{m}{n} \tag{2-2}$$

通过联立式(2-1)和式(2-2),可以求解位数组的大小 m,可得:

$$m = -\frac{n\ln P^k}{(\ln 2)^2}, \quad P = \left(\frac{1}{2}\right)^{\frac{m}{n}\ln 2} \approx 0.6185^{\frac{m}{n}} \tag{2-3}$$

通过 P 和 n 即可确定位数组的大小 m。

3. Bloom Filter 在区块链中的应用

Bloom Filter 是一种可以判断某个数据是否存在的数据结构，或者说是判断集合中是否包含某个成员的数据结构，即便偶尔会出错，但在面对大量数据时，我们的目的是缩小查找的范围，因此在大多数情况下，少量的误判并不会产生什么问题。Bloom Filter 广泛应用于区块链系统查询和轻节点技术中，在比特币网络中，当轻节点查找自己账户地址相关的 UTXO 时，由于轻节点没有完整的区块数据，无法直接查找，因此需要向全节点发送相关请求，全节点返回结果。如果轻节点向全节点直接发送自己的地址获取 UTXO，则其他全节点都知道该轻节点绑定的账户地址，会泄露隐私。轻节点以 Bloom Filter 的形式告诉全节点自己的地址信息，全节点返回结果可能相关的 UTXO，通过 Bloom Filter 过滤不属于该地址的 UTXO，既保护了隐私，又节省了带宽。在以太坊中用 Bloom Filter 数据结构来存储日志，以太坊的每个区块头包含当前区块中交易日志的 Bloom Filter，可以允许用户从链外高效访问日志数据，并对交易或者区块进行过滤，然后持续地获取结果。随着区块链底层技术的发展，数据越来越多，Bloom Filter 在区块链中会有更多的应用。

2.2　对等网络技术与分布式存储

从宏观的角度来讲，区块链具备的 3 个基本特征：对等网络、分布式存储和共识机制。我们知道在传统的客户端/服务端（Client/Server，C/S）模式中，数据的分发采用专门的服务器，多个客户端都要从这个专门服务器来获取资源，这种模式具有数据一致、易控制、易管理的优点，但由于中心服务器有限，系统容易出现单点失败、可扩展性差等问题，因此 C/S 模式不再满足现代互联网的需求。而对等（Peer-to-Peer，P2P）网络的出现，打破了这种主流的集中式工作模式，让一切网络成员享有自由、平等、互联的功能，不再有客户和服务器之分，任何两个网络节点之间都能共享文件、传递消息。图 2.21 展示了从 C/S 模式到 P2P 模式的转变。

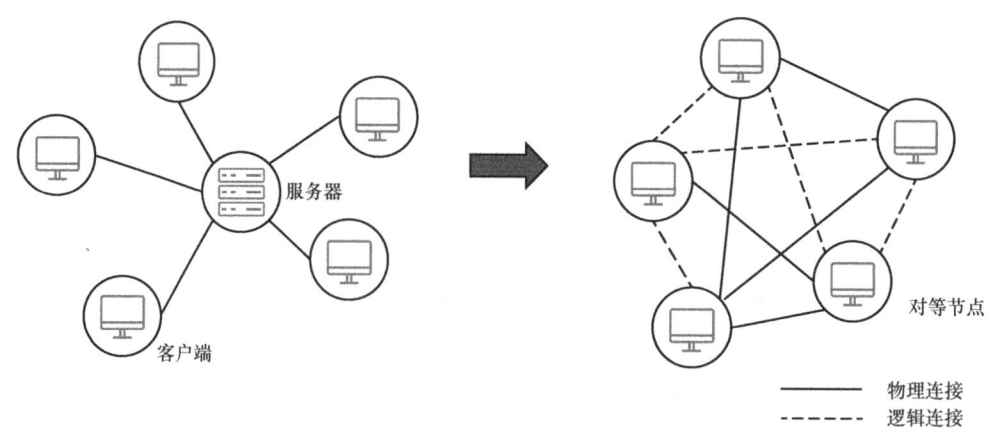

图 2.21　C/S 模式向 P2P 模式转变

P2P 并非一种新型网络，只是在 C/S 主流网络架构时期，它被人们所淡忘。直到 1999 年，美国东北大学新生肖恩·范宁发布 Napster 软件（一种 MP3 共享音乐软件，兼具聊天、在线论坛功能，可以说是如今 QQ 音乐、网易云音乐的雏形），才使得 P2P 再次引起人们的关注。如今，P2P 已经成为大多数数字货币的核心，如比特币、以太坊，占据了区块链行业的一大部分。接下来，我们就来了解一下 P2P 网络结构、技术特点、代表性应用，以及其在区块链中的应用。

2.2.1　对等网络结构及典型技术

什么是 P2P 网络呢？不同的领域对 P2P 网络有不同的理解。在计算机科学领域，P2P 网络定义为：网络的参与者共享他们所拥有的一部分硬件资源（如处理能力、存储能力、网络连接能力等），这些共享资源通过网络提供服务和内容，能被其他 P2P 节点直接访问，而无须经过中间实体[12]。在此网络中的参与者既是资源、服务和内容的提供者，又是获取者。在金融科技领域，P2P 通常指的是通过分布式网络进行数字货币或数字资产交易。一个 P2P 平台允许买卖双方在没有中间商的情况下直接进行交易。有些网站也可以为借贷双方提供 P2P 的交易环境。

1. P2P 网络拓扑结构

网络拓扑结构是指组成网络的通信节点和主机被通信线路链接的具体形状，可用于描述组成网络的主机、物理连线之间的构成及组织关系。网络拓扑可分为总线型、星形、树形、环形和不规则网状等，如图 2.22 所示。根据拓扑结构关系，P2P 包括 4 种形式：中心化拓扑、全分布式非结构化拓扑、全分布式结构化拓扑和半分布式拓扑。

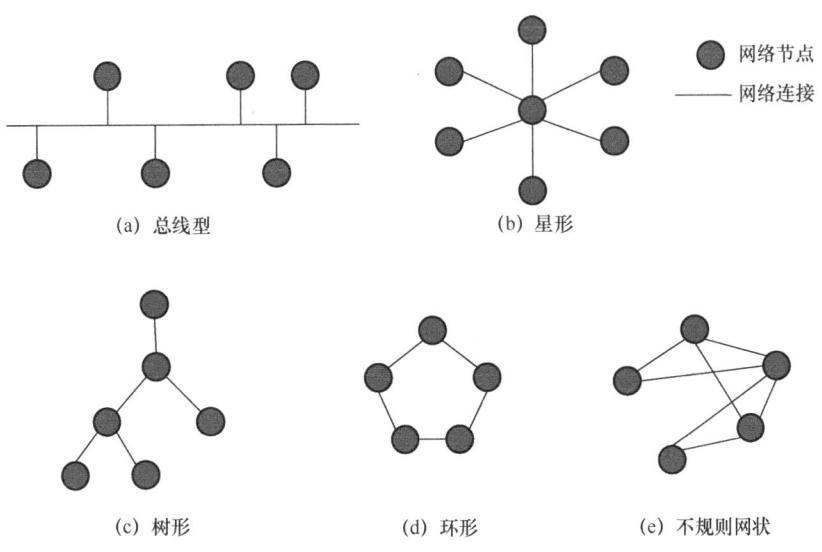

图 2.22　网络拓扑分类

1）中心化拓扑（Centralized Topology）

中心化拓扑是传统的 C/S 模式的延伸，如图 2.23 所示。在这种拓扑结构中，存在一个中心服务器，如图中的目录服务器，所有其他节点（Peer A～Peer D）和中心服务器建立相应的连接关系，并将自身的 IP 地址、共享文件等索引信息保存在中心服务器，这样，中心服务器拥有全网的资源索引信息。

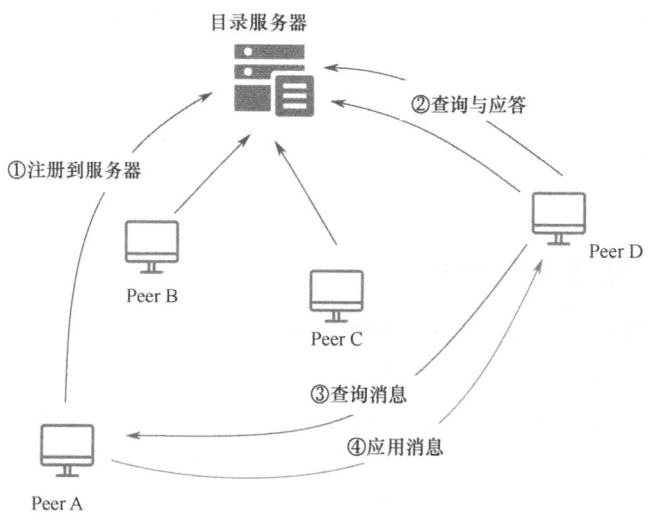

图 2.23　中心化拓扑应用例子

当节点 Peer D 想要进行路由查询时，它需要向中心服务器发起查询请求；中心服务器收到请求后遍历资源索引列表，若找到，则保存能够提供相应文件的节点 Peer A，并为 Peer A 和 Peer D 建立直接链路以传输文件。可以看到，"中心化"只是针对路由查询机制而言的，在内容传送上仍然是 P2P 服务的思想。中心化拓扑最大的优点是维护容易，资源发现效率高，实现相对简单；但缺点也是显而易见的，仍然容易造成单点故障，存在不易扩展和版权纠纷等问题。第 1 代 P2P 网络采用的就是中心化拓扑结构，代表性的系统就是 MP3 共享软件 Napster。

2）全分布式非结构化拓扑（Decentralized Unstructured Topology）

在这种网络中，不存在中心服务器节点，所有节点都是对等的，是一种扁平化、非结构化的网络。P2P 节点之间的拓扑结构是随机的，也就是说当一个新节点加入网络时，它会和 P2P 网络中某个节点随机建立邻居关系，从而接入网络，形成一个随机拓扑结构。具体路由过程为：当一个节点发起内容查询请求时，系统将该请求以泛洪（Flooding）方式传递给其他节点，每个节点收到请求后遍历资源索引列表，查看是否可以提供资源服务。若有，则向请求节点返回查询结果；否则，泛洪式查询将一直进行下去，直至查询结果的返回数量达到要求或泛洪深度达到阈值。为避免过度消耗网络资源，泛洪查询不保证一定能够查询到已有文件，取决于消息中的 TTL（Time to Live）值，如图 2.24 所示。可以看到，这种机制不需要中心服务器的存在，也没有典型的结构特征，纯分布式、拓扑随机，故称这种机制为纯分布式路由查询技术。全分布式非结构化拓扑最大的优点就是网络容错能力较强，有较好的可用性，并且能高效支持基于关键字的多目标搜索。但是这种结构比较松散，使得目标搜索主要依靠泛洪或基于泛洪的改进策略，存在大量的抵消冗余请求，网络流量开销大，限制了非结构化系统的可扩展性，尤其存在大规模节点消息响应风暴问题，当前尚不存在完善的解决机制，这也是导致其在超大规模应用方面面临着挑战。采用这种拓扑结构的 P2P 系统有 Gnutella（音译：纽特拉）和 Freenet。

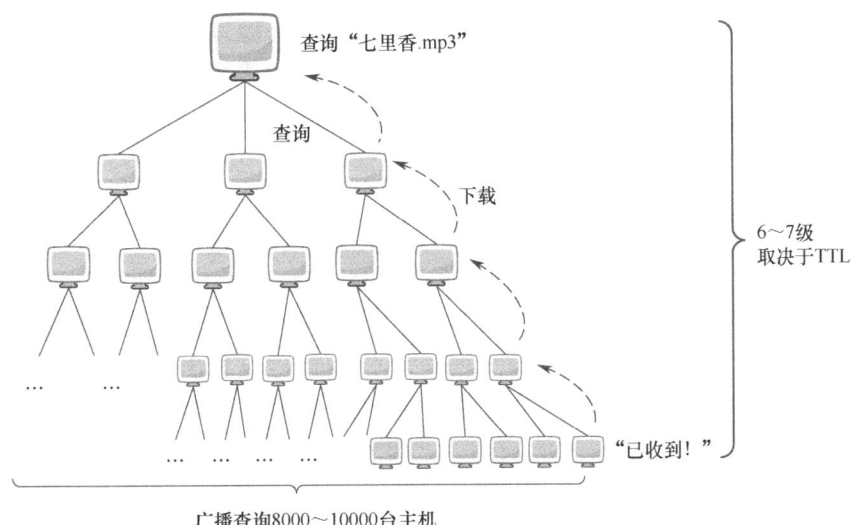

图 2.24　全分布式非结构化拓扑

3）全分布式结构化拓扑（Decentralized Structured Topology）

这类 P2P 网络主要采用分布式散列表（Distributed Hash Table，DHT）来组织网络中的各节点，因此该拓扑结构网络也称为 DHT 网络。DHT 是一种分布式存储方案，即让网络中每个节点负责特定范围内的路由并存储数据，以实现整个网络的寻址和存储功能。由于不存在中心服务器，因此也就不存在单点故障等问题。如图 2.25 所示，在 DHT 构建的网络中，每个数据对象及存储单位用键值来唯一标识，即 <key,value> 对，关键字用于标识文件名或文件描述信息，值可以表示存放文件的节点，这样，通过 <key,value> 对就构成一张路由表，通过查询 key 值就可以知道存放相应文件的节点。然后，按照一定的规则将这张路由表分割成多张局部路由表，并按照特定的协议或规则分散存储在各个节点上。不管内部搜索算法是什么，其搜索的基础应用接口由 Put(key,value) 和 Get(key) 两个函数组成，前者用于将数据保存到 DHT 路由表，后

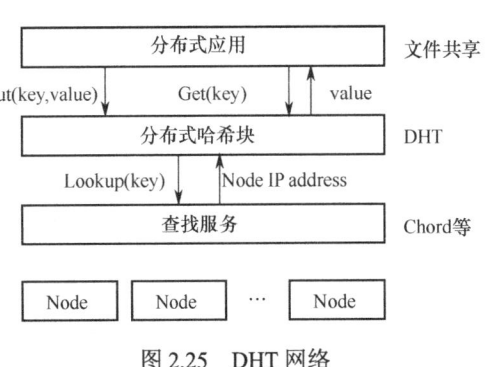

图 2.25　DHT 网络

者是从路由表中读取某个特定的 key 对应的 value 值，接口 Lookup(key) 则表示根据 key 值查询对应的 value 值。为了维护网络结构的稳定，每个节点同时也会保存其相邻节点的部分哈希表信息。这样，当有一个节点发起内容查询请求时，经过网络中节点的路由就可以找到目的节点，从而获得相应的内容服务。全分布式结构化拓扑结构具有良好的自适应性，支持节点的动态加入和退出，可扩展性好、健壮性好、节点分配均匀。此外，由于采用了确定性拓扑结构，因此这类网络可以提供较为精确的内容发现。常用的实现 DHT 的技术或算法有 Chord、Pastry、Kademilia 等，其中，Kademilia 是以太坊网络的实现算法。

4）半分布式拓扑（Partially Decentralized Topology）

半分布式拓扑结构结合了中心化拓扑和全分布式非结构化拓扑的特点，也可称为混合式拓扑，其引入了"超级节点"的概念。所谓超级节点（SuperNodes 或 Hubs），是指一些在处理、存储、带宽等方面性能优良的节点，以各个超级节点为中心，存储 P2P 网络中部

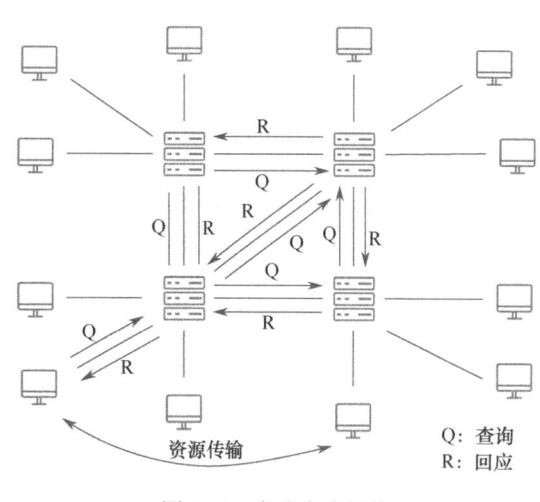

图 2.26　半分布式拓扑

分节点的资源索引信息，多个超级节点之间以全分布式非结构化拓扑的形式进行组网，如图 2.26 所示。当某一普通节点向其连接的超级节点发起内容查询请求时，超级节点先遍历本地数据库，同时将查询请求转发给其他超级节点。其他超级节点将查询结果返回该超级节点进行整理，最后，该超级节点将查询结果返回给普通节点，由此可以看出，内容发现算法仅在超级节点之间进行转发，各节点在内容交换时都是对等的。从另一个角度来讲，半分布式拓扑结构是一种层次式结构，超级节点处于高速转发层，其与普通节点又可以构成若干层次。这种结构与全分布式非结

构化拓扑结构相比，超级节点承担了主要的查询工作，提高了查询效率；与中心化拓扑结构相比，多个超级节点共同分担工作，在一定程度上避免了因中心服务器故障带来的系统瘫痪问题。采用半分布式拓扑结构最为典型的应用就是 KaZaa、Grokster 和 iMesh。

2. P2P 网络技术特点

无论是从 P2P 网络的定义还是网络拓扑结构，都可以看到 P2P 网络弱化了服务器的功能，将信息量、资源等向网络各个节点分散开来，消除单个资源模式带来的网络瓶颈，从而实现各节点的负载均衡。

P2P 网络技术特点主要表现在以下几个方面。

1）非中心化

在 P2P 网络中，资源和服务分散在所有节点上，信息的传输和服务的实现都可以直接在节点之间进行，而无须中间环节和服务器的接入，避免了可能的瓶颈。虽然在半分布式结构中，资源查找、服务定位等环节仍需要有限个超级节点，但是大部分的信息交换仍在大部分的普通节点之间直接进行，P2P 网络的非中心化基本特点，带来了其在可扩展性、健壮性等方面的优势。

2）可扩展性

无论是哪种分布式的 P2P 网络，都不存在单点性能上的瓶颈。对于用户节点组成的 P2P 网络，随着用户数量的增多，不仅服务需求增加了，系统整体的资源和服务能力也在同步的扩充，始终能较容易地满足用户的需求，理论上，其扩展性几乎可以认为是无限的。而对于服务器组成的 P2P 网络，只需向网络中增加服务器即可实现平滑扩容。P2P 网络的规模越大，意味着网络中能够提供的资源就越多，下载速度反而越快。

3）健壮性

我们知道，一旦互联网出现异常，比如网络中断、网络拥塞、节点故障等，都有可能给整个系统的稳定性和服务带来影响。然而，从前面的结构介绍中，可以知道 P2P 网络具备了天生的耐攻击、高容错的优势。在 P2P 网络中，服务分散在各个节点上，即使一部分节点遭到破坏，对其他节点的影响也很小，一般在部分节点失效时会自动调整整体的拓扑结构，以

保持其他节点的相互连通性。通常，P2P 网络都是以自组织的方式建立的，并允许节点的自由加入和退出。一些 P2P 网络还能根据网络带宽、节点数、负载等变化不断地做自适应式的调整。

4）隐私保护

在如今的互联网时代，人们越来越重视个人隐私保护问题。攻击者可以通过监控用户的流量特征获取用户的 IP 地址，甚至可以利用跟踪软件直接从 IP 地址跟踪到个人用户。在 P2P 网络中，信息的传输较为分散，不需要经过任何中心化的环节，这会大大缩小用户的隐私信息被窃听和泄露的可能性。目前，解决互联网的隐私问题主要采用中继转发技术，从而将通信的参与者隐藏在众多的网络实体中。在传统的匿名通信系统中，实现这一机制依赖于某些中继服务节点。而在 P2P 网络中，所有参与者都可以提供中继转发的功能，因而大大提高了匿名通信的灵活性和可靠性，能够为用户提供更好的隐私保护。

5）高性价比

随着硬件技术的发展，个人计算机的计算和存储能力以及网络带宽等性能依照摩尔定律高速增长。当前，互联网中存在大量信息和服务消费者身份的普通节点，而采用 P2P 结构，可以有效地利用这些普通节点，即将计算任务或资源存储分布到所有节点，从而充分利用"闲置的"计算能力和存储空间，达到高性能计算和海量存储的目的。通过利用网络中的大量空间资源，可以花费更低的成本获得更高的计算和存储能力。因此，P2P 网络之所以备受关注，其性能优势不可小觑。

6）负载均衡

P2P 网络中每个节点既是客户机，又充当着服务器，减少了对传统 C/S 结构服务器的计算能力和存储能力的要求，同时因为资源分布在多个节点，所以更好地实现了整个网络的负载均衡。

3. P2P 网络的关键技术

1）资源搜索策略

在 P2P 网络的研究中，资源搜索和定位是重要课题。现有的 P2P 网络资源搜索策略研究主要围绕非结构化系统和结构化系统展开，这里，我们主要了解其中的两种典型算法，即泛洪算法和 DHT 算法。

（1）基于泛洪算法的非结构化搜索。最初的 Gnutella 系统采用的就是泛洪算法，这是一种典型的盲目搜索。当一个节点发出资源搜索请求时，它将把搜索消息发送给邻接节点，邻接节点收到后首先查询本地资源，如果搜索到与之匹配的资源，则返回 QueryHit 信息给源节点；否则，该邻接节点转发搜索消息给自己的邻接节点，直到匹配到相应的资源，或者到达一定的搜索深度仍无法匹配到资源，这种搜索方式就是泛洪搜索，这种首先遍历自己的邻接点，然后再向下传播的搜索策略又称为宽度优先搜索（Breadth-First-Search，BFS）方法。如图 2.27 所示，源节点的初始 TTL=3，每传播一次，TTL 减 1，若搜索到资源，则返回查询命中消息；若 TTL=0 且仍未搜索到，则搜索过程终止。搜索过程通过 TTL 的减值来控制搜索的深度，因此即使搜索过程出现循环也不会永远循环下去。由于 BFS 需要把消息广播给所有的邻接点，会消耗大量的网络带宽，消息阻塞严重，效率很低，扩展性不佳，故一些研究人员在此基础上加以改进，如随机抽取一定比例的相邻节点进行传递，虽然减少了查询消息总量，但降低了消息命中率，是否能够找到相关资源也有一定的随机性。Gnutella2 则是通过建立超级节点形成一个覆盖网络（Overlay Network），每个超级节点会存储离它最近的叶子节点的文件信息。当叶子节点需要查询文件时，它首先从连接的超级节点的索引中查找，若找到，则直接连接到所查询到的 IP 地址，否则，超级节点将该查询请求发给它连接的其他超级节点，直到得到想要的资源。

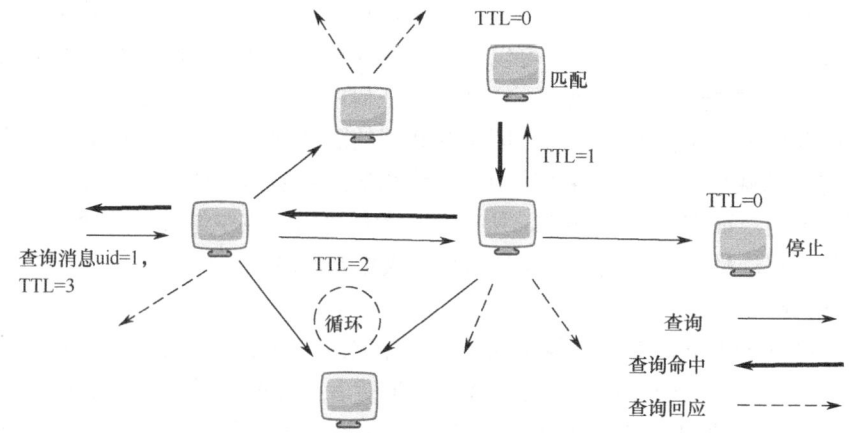

图 2.27 Gnutella 泛洪算法搜索过程

（2）基于 DHT 的结构化搜索。对于结构化 P2P 网络来说，网络资源搜索策略相对比较成熟，满足可扩展性、健壮性、负载均衡、高效查询等特性，基本上基于 DHT 技术，采用了不同的哈希分片策略，不同的消息路由方式，不同的节点定位机制，如 Chord、CAN、Pastry、Tapestry。具体原理在介绍 DHT 网络时已经说明，这里我们以 CAN 算法为例进一

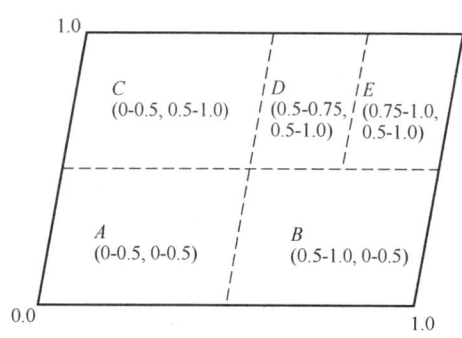

图 2.28 有 5 个节点的 CAN 网络示意图

步讲解。CAN 是一种基于 DHT 的查找和路由算法，由伯克利实验室设计。其基本算法是：在现有的网络上建立一层覆盖网络，将其中所有的节点映射到一个 n 维的笛卡儿空间中，并尽可能均匀地为每个节点分配一块区域（Zone），区域间互不相交。图 2.28 给出的一个二维的[0,1]×[0,1]笛卡儿坐标空间，该空间划分成 5 个区域，每个分区动态地分配给 CAN 中的某个节点，如坐标(0-0.5, 0.5-1.0)被分配给了节点 C。对<key,value>对中的 key 进行哈希运算，得到笛卡儿空间的一个点，并将<key, value>对存储在拥有该点所在区域的节点内。当查询资源时，节点知道目标点的坐标后，就会将查询请求转发给当前节点最接近目标点的邻居节点。对于 N 节点 d 维度的 CAN 网络，其路由路径长度为 $O(N^{\frac{1}{d}})$，每个节点维护的路由表信息和网络规模为 $O(d)$。当有新的节点加入时，首先对新节点进行哈希运算，映射到笛卡儿空间中的一点，图 2.29 中新节点 F 加入 CAN 网络，映射得到点(x, y)，然后将 F 点所在区域沿某一维度拆分成两部分，其中一半的区域由新节点 F 负责。这样，通过区域重分配就可以实现 CAN 网络的负载均衡。由此可以看到，DHT 类结构支持节点动态加入或退出，具有良好的可扩展性、健壮性、节点 ID 分配的均匀性和自组织能力，但最大的问题是维护机制较为复杂，尤其是节点频繁加入或退出造成的网络波动会极大增加 DHT 的维护代价，另一个问题是 DHT 仅支持精确关键词匹配查询，无法支持内容/语义等复杂查询。

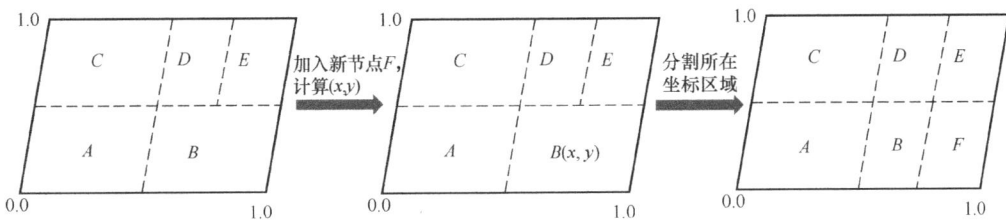

图 2.29　新节点 F 加入 CAN 网络示例

2）多源传输

传统的 C/S 模式中，大多使用传统的文件传输协议（File Transfer Protocol，FTP）让两台有物理介质连接的计算机进行文件传输，从而自由享用网络中的资源，但是当面临热点资源时，由于服务端的带宽限制，会导致很多用户的请求得不到满足，下载效率很低，此外数据通信的安全性也得不到保障。为了提高文件传输速率，P2P 网络普遍采用多源文件传输协议（Multisource File Transfer Protocol，MFTP），该协议定义了一系列传输、压缩和打包的标准，甚至还定义了一套积分标准，上传的数据量越大，积分越高，下载的速度也越快。该协议支持用户之间多点下载文件，当多用户同时下载一个文件资源时，会将该文件进行分段，每个用户下载其中的一段，客户端软件在 P2P 网络上搜索下载同一个文件的用户，并将这些用户下载的文件段通过 MD4 算法检验是否完整，从而保证传输的正确性和完整性，最后将所有的段组合，恢复出完整的源文件。MFTP 充分利用了下载用户之间的带宽进行数据传输，从而减轻了服务器的负担，提高了下载速度，保证传输安全，并使得系统具有可扩展性。多源文件传输使得 P2P 技术在信息传输方面拥有传统文件传输无法比拟的优势，正是由于 P2P 网络可以获取应用层的信息，使得点对点可以通过增加连接的方式提高业务的应用层传输性能。使用多源传输方式的 P2P 下载软件有 BitTorrent（BT）、eMule（电骡）、迅雷等。

3）网络监控技术

P2P 网络的大规模应用在为人们提供便利的同时，也使得一些色情、暴力等不良资源在网络上横行其道，严重制约国家网络信息安全管理，因此，有效地实施 P2P 网络监控越来越受到人们的关注。目前，P2P 网络实施监控主要依靠被动检测，通过在网络的不同位置部署监控点，使用特定的软、硬件设备检测 P2P 流量信息以获得协议特征，而后进行识别和监控。监控点通常会设置在骨干网络的核心路由器或信息服务提供商（Information Service Provision，ISP）的边缘出口，被动监控是非侵扰性行为，不会给网络增加负载，也不会对 P2P 网络节点本身造成影响。该方法的通用性比较好，通过控制监控点的位置，可以给出 P2P 流量对特定网络区域的影响。它的主要缺点在于对 P2P 网络行为的监控不够深入，且对监控设备的软、硬件要求比较高。P2P 网络监控还可以进行主动探测，适用于对 P2P 网络中有害信息的主动发现和资源定位。该方法通过使用爬虫技术主动加入网络，并与网络中相关节点主动交互，获取相关的传播文件信息和网络节点信息，这些信息一般包括对等节点的 IP 地址、端口号以及所有可以通过 P2P 协议获取的元数据（Metadata）信息。主动探测技术主要用于发现 P2P 网络的拓扑、延迟、内容可用性、上传/下载比率等微观行为特性，具有可信度高、准确性好、针对性强的特点，使用很低的成本即可实现对 P2P 网络的监控。它的缺点在于需要相当的先验知识，必须针对特定的 P2P 应用开发专门的伪客户端来实施监测，具有极大的挑战性。

4. 区块链网络

1）比特币网络

比特币发展至今，采用的其实就是混合式 P2P 网络。比特币网络中的节点主要有四大功能：钱包、挖矿、区块链数据库、网络路由。其中，钱包指的是钱包软件，负责转账相关的事务，如管理钱包地址和私钥、查看账户余额、发起交易等；挖矿是指挖矿节点通过计算PoW 生成新的区块获取奖励的过程；区块链数据库中的数据庞大，并非所有节点都会维护完整的区块链；网络路由是每一个节点都具备的功能，所有节点都会参与校验和广播交易及区块信息，且会发现和维持与其他节点的连接，从而共同维持整个网络的连接。

可以看到，不同的比特币节点有着不同的分工，如图 2.30 所示，其分类及相应的分工如下。

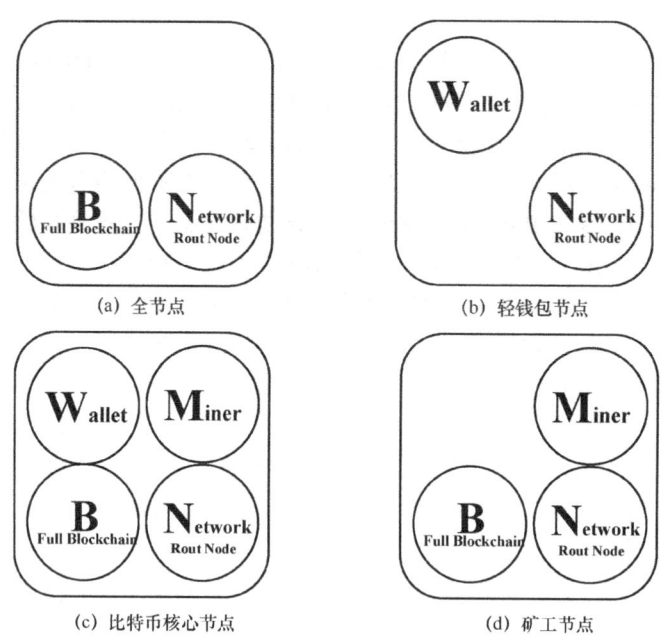

图 2.30 比特币节点分类及相应的分工

全节点（Full Node Client）：除了网络路由，还有完整的区块链数据库，包括所有交易数据，能够自己完成交易的验证。

轻钱包节点（Thin Client Wallets）：也称为轻节点，通常安装在资源受限的移动设备或者 PC 上，具有网络路由和钱包功能，只存储与自己钱包地址相关的交易，而不下载完整的区块链，验证交易时需要向全节点请求相关数据，且校验方式通过 SPV 即可完成。

比特币核心节点（Bitcoin Core Client）：也是一种全节点，具有钱包、挖矿、网络路由和区块链数据库功能。Bitcoin Core 是比特币网络中最流行的客户端软件，该软件可以验证整个区块链曾做过的所有交易，并默认可以用于转接资金。

矿工节点（Miners）：一类是独立矿工（Solo Miner），需要存储完整的区块链数据库，因此也是全节点；另一类是矿池矿工（Pool Miner），即和其他节点一起连接矿池服务器，集体挖矿，但为了节约存储成本，这类节点并不会保存完整的区块链，另外，这类矿工和矿池服务器之间通信采用矿池挖矿协议，而矿池服务器则作为一个全节点与其他比特币节点使用主网络的比特币协议进行通信。

在整个比特币网络中，除了不同节点间使用比特币协议作为通信协议的主网络，也存在很多扩展网络，包括上面提到的矿池网络。不同的矿池网络可能还会使用不同的矿池挖矿协议，目前主流的矿池协议应该是 Stratum 协议。一个包含了比特币协议主网络各种节点、Stratum 网络以及其他矿池网络的扩展比特币网络如图 2.31 所示。

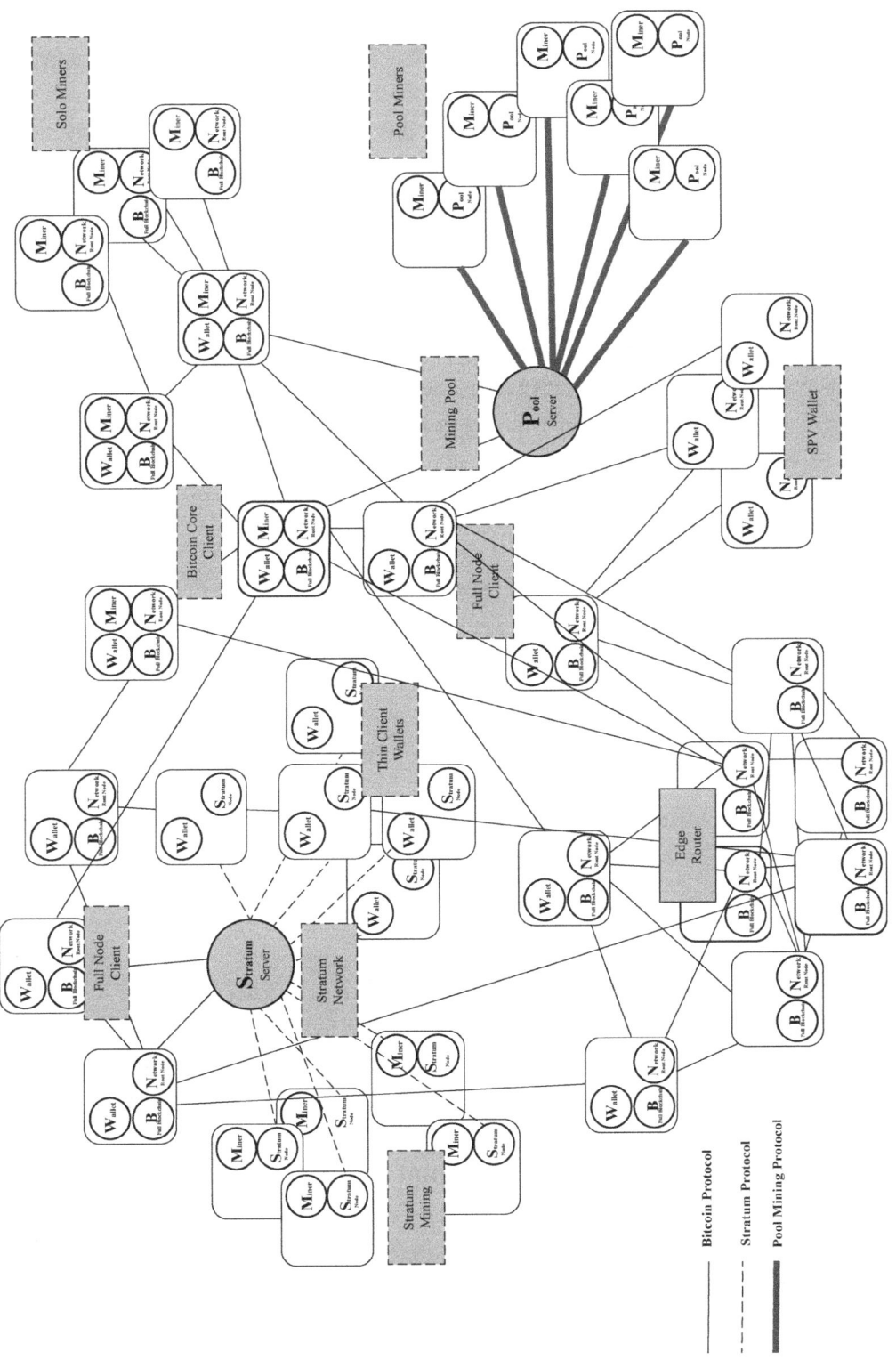

图 2.31　扩展比特币网络

2）以太坊网络

前面我们提到以太坊网络是结构化的，P2P 网络的实现算法是 Kademilia（简称 Kad），因其简单、灵活、安全而成为主流实现方式，接下来，我们详细分析这个应用于以太坊网络的 Kad 算法。

在以太坊的 Kad 网络中，每个节点具有的基本属性为 nodeID、IP 地址、端口号，其中 nodeID 用于唯一标记一个节点，对于每个加入 Kad 网络的新节点都会随机分配一个 ID 值，而<key,value>对的资源就存放在 nodeID 距离 key 最近的节点上。注意，这里所说的"距离"指的是异或距离，即 $D(\text{nodeID}_A, \text{nodeID}_B) = \text{nodeID}_A \oplus \text{nodeID}_B$ 或 $D(\text{nodeID}_A, \text{key}_i) = \text{nodeID}_A \oplus \text{key}_i$。我们知道，异或运算中对应位相同时，结果为 0，不同时，结果一定大于 0，如果已知一个节点的 nodeID_i 和距离 d，那么一定会确定唯一的 nodeID_j，使得 $D(\text{nodeID}_i, \text{nodeID}_j) = d$，这样我们就可以实现节点或资源定位。

由于每个节点的 nodeID 都是一串二进制串，因此可以根据 nodeID 的最短前缀将整个网络拓扑组织成一个二叉前缀树，从而每个节点最终都会映射成二叉树的某个叶子。以图 2.32 中节点 0011 为例，第 1 位对应二叉树的第 1 层，值为 0 则进入右子树；第 2 位对应第 2 层，值为 0 仍进入右子树；第 3 位对应第 3 层，值为 1 则进入左子树；第 4 位对应第 4 层，值为 1 则进入左子树，最终的叶子节点为 0011。

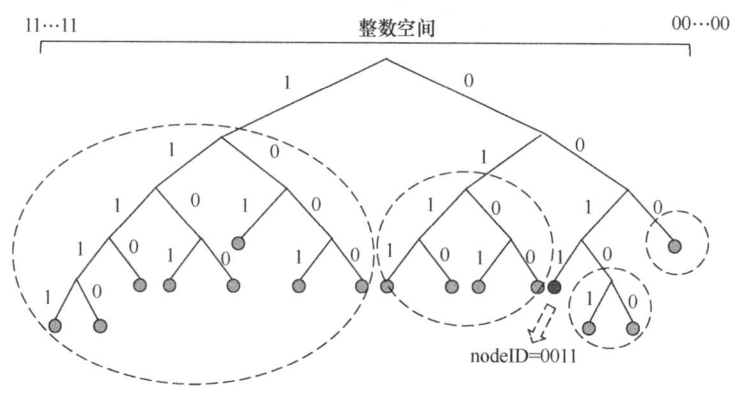

图 2.32　节点 0011 的子树划分

在二叉树中，任意一个节点都可以根据异或距离对整个二叉树进行子树划分（不包含自己所在的子树），具体划分方法是：从根节点开始，将不包括自己的那棵子树划分出来，然后在剩下的子树中将不包含自己的子树再划分出来，以此类推，直到划分完整棵树。同样以节点 0011 为例，从根节点开始，该节点在右子树，因此将左子树划分出来，即包含(11111,11110,1110,1101,1100,101,1001,1000)这几个节点的子树；接着，对于右子树的第 2 层，将不包含 0011 的子树再划分出来，即包含(0111,0110,0101,0100)这几个节点的子树；接着，到第 3 层将不包含自己的子树再划分出来，即 000 节点所在的子树；最后，到第 4 层再把不包含自己的子树划分出来，即包含(00101,00100)的节点所在的子树。最终，对于 0011 节点，整个二叉树划分出 4 棵子树。

完成子树划分后，每个节点至少需要知道各子树的一个节点，就可以通过递归路由找到任意一个节点。Kad 的路由表是通过 K-桶（K-Bucket）建立的，每个桶就是一张数据列表，每个节点都会维护 m 个 K-桶，其中 m 即为对应的子树数量，每个 K-桶记录距离该节点$[2^i, 2^{i+1})$范围内的节点信息(nodeID, IP, UDP port, D)。例如，以 0011 节点为例，如果一个节点所有位除了最后 1 位均与之相同，这样的节点只有 0010，二者的距离为 0001，即为 1，若二叉树中存在该节点，则该节点归为 K-Bucket[0]中，但如图 2.32 所示，并不存在 0010 节点，因此 K-Bucket[0]=null。每个 K-桶的覆盖距离的范围呈指数关系增长，因此，离自己近的节点信息多，而离自己远的节点信息少，最终保证路由查询过程收敛。对于一个 N-节点的 Kad 网络，最多只需要经过 $\log_2 N$ 步查询即可定位到节点。

以太坊 K-桶按照与目标节点（维护 K-桶的节点）的距离进行排序，每个节点需要维护 256 个 K-桶，每个 K-桶包含 16 个节点。节点与节点之间基于 UDP 进行通信，另外设置了 4 个主要的通信协议：

- PING：验证一个远程节点是否在线；
- PONG：响应 PING 命令；
- FIND_NODE：查询某个与目标节点距离最近的节点；
- NEIGHBORS：响应 FIND_NODE，发送与目标节点距离最近的 K-桶中的一个或多个节点。

通过上述 4 种协议就可以实现新节点的加入、K-桶的更新等操作，其实现流程在此不进行详细讲述，感兴趣的读者可以查询资料深入了解。

2.2.2　基于区块链的分布式存储

当前，人类生产的数据大多是存储在大型数据中心、一些分散的服务器上的，或者作为冷存备份的存储介质上，比如亚马逊、阿里云等。这种集中式存储既然仍是主流方法，必然有其优越之处：

- 部署结构简单：只需要部署一个服务节点，维护简单且成本低；
- 性能和稳定性较好：虽然大型主机的价格比较高昂，但性能方面卓越；
- 可控性强：由于数据只存于一台或几台主机上，所以对数据操作十分方便。

但当人类进入移动互联时代，数据呈现爆炸性增长，主机计算量越来越大，这无疑为传统的数据存储带来了极大的挑战：单机服务器的存储容量有限，无法满足大文件的存储需求；数据集中在某台服务器上，容易产生"单点失效"问题，一旦该服务器出现故障，那么整个系统将处于不可用的状态，所以为了解决这些问题，许多互联网巨头要备多台存储设备，但这无疑又增加了成本，同时也给用户带来了额外开销。可见，存储系统的存储能力、性能以及可扩展性受到了极大的考验。

在 5G 大数据时代，物联网和人工智能快速发展，视频采集系统生产的数以亿计的摄像头拍摄的高清视频、现代医疗或科研仪器产生的多维影像等数据不仅在大小上有量级的增加，而且在结构上更是显示出复杂多样。传统的集中式存储已然无法满足大数据时代的存储需求，因此，众多学者考虑采用"分而治之"的思想，将数据存储方式逐步进化为分布式存储。

分布式存储是一种数据存储技术，简单来说，就是将存储设备分布在不同的地理位置，数据就近存储在多个节点上，各个节点通过网络连接，然后对这些节点的资源进行统一的管理，如图 2.33 所示。与传统的集中式存储相比，分布式存储方式有着很强的优越性，主要体现在：

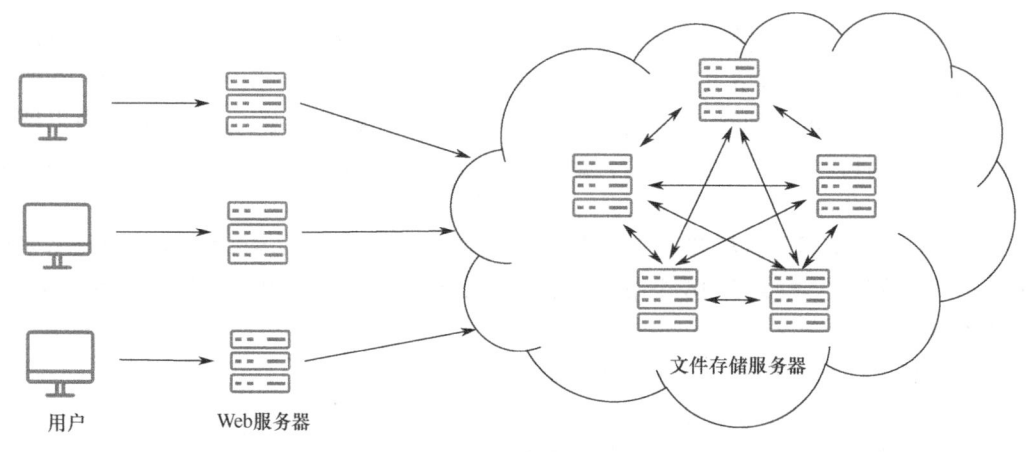

图 2.33　分布式存储

（1）可靠性高。能够有效避免单点失败问题，当系统中某一主机宕机时，系统服务不受影响。

（2）扩展性能高。每个节点服务器有着单独的处理数据请求的能力，集群服务器可以并行处理不同的请求，添加新节点不但扩充了资源池，还使得系统整体性能得以提升。

（3）成本低。由于驱动器和网络所花费的成本很低，这种存储方式能够极大地提高服务器的使用效率，数据中心执行数据分析、计算等所花费的电力费用减少，故能够极大地降低基础设施成本。

目前，代表性的分布式存储系统有 GFS（Google File System）、HDFS（Hadoop Distributed File System）、TFS（Taobao File System）、IPFS（Inter-Planetary File System）等。虽然分布式存储已经实现了工业化，但由于现有的分布式存储系统的集中管控方式，因此系统的安全性、稳定性等方面仍需要进一步研究，比如在组件不可靠的环境中保证可靠的服务、在高并发环境中不同类型的数据访问等。

举个例子来说，互联网是由分布在世界各个角落数以万计的服务器组成的，一旦服务器关闭，则无法访问该服务器托管的内容，如果遭遇黑客攻击，普通用户不但无法访问，其重要数据还有可能被黑客掌握，后果不堪设想。DDoS 攻击就是利用多台计算机对服务器发起大量服务请求，占据服务资源，导致正常用户无法访问网站，出现我们经常看到的 502 情况。显而易见，现有的 HTTP 协议存在很多问题。

（1）效率低下，服务器成本昂贵：基于 HTTP 协议，从一台计算机服务器上一次只能下载一个文件，而不能同时从多台服务器中获取文件。

（2）历史文件被删除：网页的平均使用寿命为 100 天，大量的网站文件不能得以长期保存，有些重要的文件因操作不当，也有可能永远在互联网中消失。

（3）中心化的网络限制了机会：互联网一直是人类进步的催化器，但中心化的网络容易被控制，是对互联网良性发展的威胁。

（4）网络应用太依赖骨干网：为了保证数据的可靠性，开发的应用程序太依赖大型的中心服务器，并通过大量的备份来保证数据的安全。

上述系统中，IPFS 是一项国际呼声极高的互联网技术，是星际文件系统的英文缩写，是第 1 个无中心化控制中心的分布式存储网络，其组成构件主要有分布式哈希表（DHT）、块交换（BitSwap）、默克尔有向无环图（Merkle DAG）。IPFS 将不同的设备连接并建立一个分布式文件系统，基于内容寻址将大文件拆分为数据块对象来提高存储效率，每个文件块通过对应块内容的哈希值索引，建立全局 DHT，通过 Merkle DAG 树数据结构组织这些分散的文件块哈希索引，将存储在树根节点位置的索引作为文件寻址哈希值。可见，IPFS 与 HTTP 不同，它所提供的是一个高吞吐量、按内容寻址的块存储模型，本地文件可添加至 IPFS 系统面向全世界使用。虽然在一定程度上 IPFS 保证了控制中心的安全性，但它无法激励更多的用户积极贡献存储，使得需要更多的节点维护存储网络。同时，IPFS 也不支持用存储相关数据实现业务逻辑。代币 Filecoin 的出现就是为了激励矿工贡献存储和数据检索服务，通过将比特币的 PoW 机制迁移至这个数据分布式存储服务场景下，Filecoin 创建了基于有效存储证明的复制证明（Poof of Replication，PoRp）和时空证明（Proof of Spacetime，PoSt）来激励矿工在 IPFS 网络中贡献存储资源，矿工提供的有效存储空间及存储的有效数据量越大，最后获得奖励的概率也就越大，相比之下，Filecoin 的挖矿模式更加环保节能。总的来说，面对未来海量高并发的数据存储和计算需求，基于区块链的分布式存储在可靠性、可用性、成本以及数据安全方面都具有较为客观的优势。

2.3 区块链其他支撑技术

2.3.1 区块链其他概念

除了上一节中学到的有关区块链的基本概念，如区块头哈希、区块高度、Merkle 树、挖矿、分布式存储等，这一小节将继续讨论区块链的一些其他概念。

1. 挖矿与区块分叉问题

比特币的区块是在挖矿中产生的，我们知道，"挖矿"就是找到一个随机数，使得最终计算的哈希值不大于目标难度值的过程。实际上，同时满足这一条件的哈希结果可能不止一个，也就意味着可能存在两个几乎同时生成的新区块，这些新区块将会链接在区块链同一高度，由此产生了区块链的分叉现象，这种分叉本质是由区块链的共识机制引起的常见现象。正常情况下，新区块经过广播后，后续多个区块将链接到其中一个区块，直到一条链增长至超出其他块或链一定高度后成为主链，而其他块或短链上的块将会成为孤块，被网络忽略甚至抛弃，这样比特币系统就可以继续正常运行。比特币系统中的孤块是不被认可的，生成孤块的矿工因而拿不到挖矿的奖励，而以太坊则认为孤块也是存在价值的，并且会给发现七代以内孤块的矿工相应的奖励，以太坊中的孤块被称为"叔块"，越近的叔块，奖励越多，叔块可以为主链安全做出贡献。

还存在另外两种分叉，它们是由于共识规则的变化造成的，比如区块扩容、生成区块的格式以及其他新特性等，这一过程可以视为软件代码的升级。对于节点而言，它可以选择升级成为新节点，也可以选择不升级，继续运行旧版本的区块链代码而成为旧节点，这样，共识过程将面临"软分叉"和"硬分叉"问题。

软分叉支持新、旧节点共存，具备向前兼容性，即旧节点可以验证并接受新节点生成的区块，因而并不会意识到规则的变化，但新节点不支持向后兼容，即对于旧节点生成的区块将会被新节点判定为无效，这样，若全网新节点的算力超过 51%，那么网络自动完成软分叉；若全网旧节点的算力超过 51%，那么将会引起区块链的分裂。2015 年 7 月，Bitcoin Core 实施软分叉，升级至 Bitcoin Core 0.12.1，其共识规则增加了 BIP66 信令（一种由矿工激活并表达对新共识规则的支持），但由于有一个矿池拒绝了升级，因此最终导致比特币区块链在区块高度为363731处发生了一次硬分叉。

硬分叉与软分叉相反，不支持向前兼容性，当发布新的共识规则时，旧节点无法验证新节点生成的区块，仍然按照旧规则继续挖矿，区块链因此永久分裂成两条链。与软分叉不同的是，旧节点会马上发现这个问题并选择是否升级。历史上最大的硬分叉事件就是2016年6月TheDao被黑客攻击事件，最终通过硬分叉得以解决，但当时一部分矿工不认同修改方案，于是继续在旧链上挖矿，因此分离出以太经典（ETC）和以太坊（ETH）两条链。

那么软分叉和硬分叉哪个更具优势呢？实际上，硬分叉一直饱受争议，正如上述所言，硬分叉将会导致区块链分链，甚至分裂整个区块链生态，但是从用户的角度而言，因硬分叉而生成的新币种可以让用户有更多的投资选择；软分叉引起的争议较小，因为它的兼容性较好，新、旧节点可以友好共存，但软分叉只能在原有规则上进行修改，代码复杂，升级空间有限，不利于区块链的长期维护。

2. 时间戳与不可篡改性

区块链不可篡改性实现的重要条件之一就是时间戳。所谓时间戳，指的是一个能表示一份数据在某个特定时间之前已经存在的、完整的、可验证的数据。它通常是一个字符序列。在当前绝大部分计算机系统中，时间戳具体是指从格林尼治时间1970年01月01日00时00分00秒（北京时间1970年01月01日08时00分00秒）起至现在的秒数。举个例子，北京时间"2019-11-20 00:00:00"转换为时间戳就是"1574179200"。时间戳就是服务器给数据块加上时间标记，把当前数据块的哈希值打上时间戳后，发布到网络中。这就证明了在标识的时间刻度下，这个数据是存在的。

时间戳从创世区块起就存在于区块链中，而区块链中已经生成的区块不可篡改，因为一旦篡改，生成的哈希值就会变化，从而变成一个无效的数据。具体工作流程如下：

用户通过哈希算法对区块中的交易信息进行加密，生成一个散列字符串；

用户发出时间戳请求，时间戳服务器从项目区块中提取哈希值；

时间戳服务器对提取到的哈希值和时间记录进行签名，生成时间戳；

生成的时间戳数据和交易信息绑定之后再返回系统，加入哈希中。

时间戳可以作为存在性证明（Proof of Existence，PoE）的重要参数，它能够证实特定数据必然在某特定时刻是的确存在的，这保证了区块链数据库是不可篡改和不可伪造的，这也为区块链技术应用于公证、知识产权注册等时间敏感领域提供了可能。

3. UTXO 交易模型与 Account 模型

现实世界的银行、证券交易系统以及互联网第三方支付系统，其核心都是基于账户的设计，由关系数据库支撑。这种基于账户的设计，简单直观，并在信息系统里持续应用，有统一的中心数据库管理验证。但区块链没有中心机构，比特币应用了UTXO（Unspent Transaction Output，未消费的交易输出）模型，而以太坊使用了Account模型，分别实现了"去中心化"的设计。在讨论这两种模型之前，首先认识下"交易"。

对于比特币系统，比特币账本里记录了一笔一笔的交易。每笔交易都有若干交易输入，也就是资金来源，也都有若干笔交易输出，也就是资金去向，未消费的交易输出就是UTXO，反之，交易消费的UTXO就是交易输入，交易创建的UTXO就是交易输出。由此来看，一笔比特币交易是描述了一个含有输入值和输出值的数据结构，显性或隐性地包含了交易的来源和去向、交易金额、收款地址等信息，表 2.7 展示了比特币交易的所有字段构成，其中输入和输出包含了嵌套数据结构。

表 2.7　比特币交易结构解析

字段名称	数据类型	描述	字节数
协议版本号（version）	uint32	交易参照的规则协议的版本号，没有重大升级，一般是固定值	4
交易输入数量（tx_in_count）	var_int	被包含的输入交易的数量	1～9
交易输入列表（tx_in）	tx_in[]	一笔或多笔交易输入组成的数组	不定
交易输出数量（in_out_count）	var_int	被包含的输出交易的数量	1～9
交易输出列表（tx_out）	tx_out[]	一笔或多笔交易输出组成的数组	不定
锁定时间（lock_time）	uint32	交易被加到区块的最早时间，0：通常值，表示立即执行；1～5 亿：区块号（区块高度），表示在达到这个高度前该交易不会上链；5 亿以上：一个 UNIX 时间戳，表示在这个时间点前该交易不会上链	4

由表 2.7 可以看到，一个原始交易除包括交易所需要的数据之外，由于交易的输入和输出可能出现多个，所以还需要输入数量和输出数量这两个字段。交易的输入和输出数据结构解析如表 2.8 所示。

表 2.8　交易的输入和输出结构解析

交易	字段名称	数据类型	描述	字节数
输入	前交易哈希	char[32]	指向待花费 UTXO 的前交易的哈希指针	32
	前交易输出索引	uint32	前一交易的输出编号，从 0 开始	4
	解锁脚本大小	var_int	表示解锁脚本所占的字节数	1～9
	解锁脚本	/	通常是一个签名，用于证明锁定脚本中比特币地址的拥有权	变长
	序列号	uint32	目前未被使用的交易替换，默认为 0xFFFFFFFF	4
输出	交易输出总量	uint64	比特币币值，单位为"聪（Satoshi）"，即 10^{-8} BTC	8
	锁定脚本大小	var_int	表示锁定脚本所占字节数	1～9
	锁定脚本	char[]	定义了支付输出所需的条件脚本	变长

表 2.8 中的解锁脚本和锁定脚本是相对的，前者是为了给每个被选中的 UTXO 生成有效的签名，以使其满足锁定脚本被消费；后者是将输出锁定在一个特定的地址，使满足条件的比特币的所有权转移到该地址。举个例子，Alice 在 Bob 的咖啡店订了一杯咖啡，该交易创建了一个 0.015 BTC 的输出，由锁定脚本锁定到 Bob 的比特币地址，这样，0.015 BTC 的输出记录在区块链上，成为 Bob 的 UTXO 的一部分，Bob 拥有了这 0.015 BTC 的使用权，当 Bob 要花费这笔钱时，通过提供包含私钥签名的解锁脚本解开对这笔输出的限制。从数据结构的角度来看，在比特币交易间存在着以下数据关联，如图 2.34 所示。

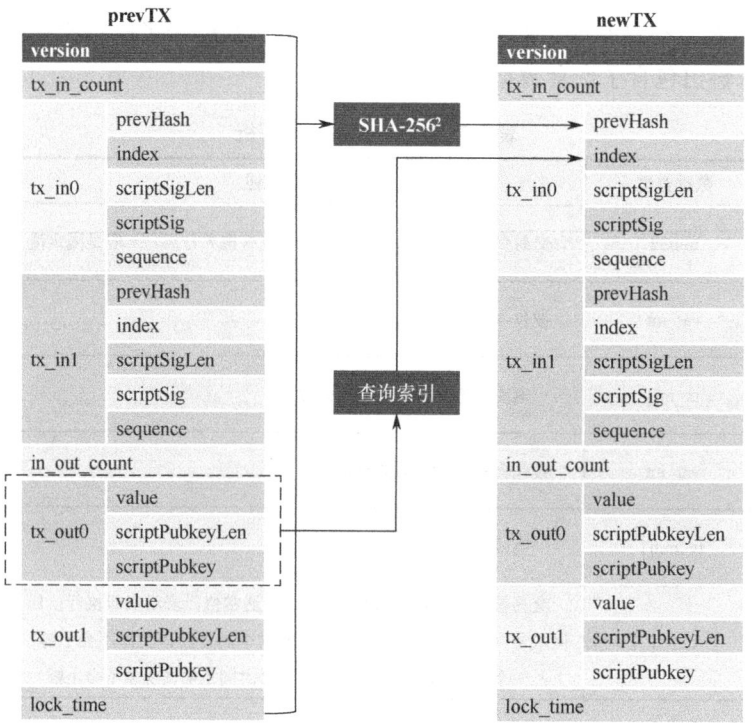

图 2.34　交易数据关联 UTXO 数据模型

　　UTXO 是比特币交易的基本结构单元，不可拆分，一旦锁定某个特定地址，将会记录在区块链上，可被全网识别跟踪，也可被新的拥有者在将来的交易中消费。UTXO 可以为任意金额，但即使一次交易实际所需金额小得多，UTXO 也要一次性消费完，超过的部分以交易的形式返回原地址，类似于传统交易中的"找零"。通俗一点说，假设 Alice 有 20 BTC 的UTXO，其要支付 1 BTC 给 Bob，在创建的交易中，UTXO 全部被消费，消费的输出包括：支付 1 BTC 给 Bob 的地址和剩余 19 BTC 返回 Alice 的钱包地址。在比特币系统中，全节点客户端会维护一个 UTXO 数据库，包含整个网络中所有有效的 UTXO，称为"UTXO 池"，新交易将从 UTXO 池中消费一个或多个输出。那么从用户的角度来看，用户的资金可能会以 UTXO 的形式分散在数百笔交易和区块上，用户的钱包软件会通过扫描区块链收集所有属于这个用户的 UTXO，来计算我们传统意义上的"账户余额"。比特币系统内不断发生着价值转移，从一个所有者转移到另一个所有者，且允许同时生成多个相关交易，如此，形成一笔笔消费和创建 UTXO 交易链条，如图 2.35 所示，交易链条包含了 1 个输入和 1 个输出的交易过程，以及 1 个输入和多个输出的交易过程。交易链上第 1 笔交易为父交易，其输入为区块链中已确认的 UTXO，如图 2.35 中的 John 所收到的前一笔交易 0.1005 BTC，而输出则作为子交易的输入，如图 2.35 中 Alice 将交易 1 中接收到的 0.1000 BTC 作为交易 2 的输入。当交易链条在比特币网络中广播时，不同节点可能会以不同的顺序接收到各笔交易，比如子交易或孙交易最先到达，这样，在验证交易的时候，由于其父交易尚未到达，因此无法确认子交易或孙交易的输入，这类交易将暂时被视为孤儿交易存储在孤儿交易池中等待父交易的到达，一旦节点接收到父交易，孤儿交易池的子交易就会被提取出来，递归重新验证。为了防止拒绝服务攻击，即恶意发布大量虚假交易，孤儿交易池存储的交易数量是有限度的，一旦超过该限值，将随机选取一个或多个孤儿交易丢弃。

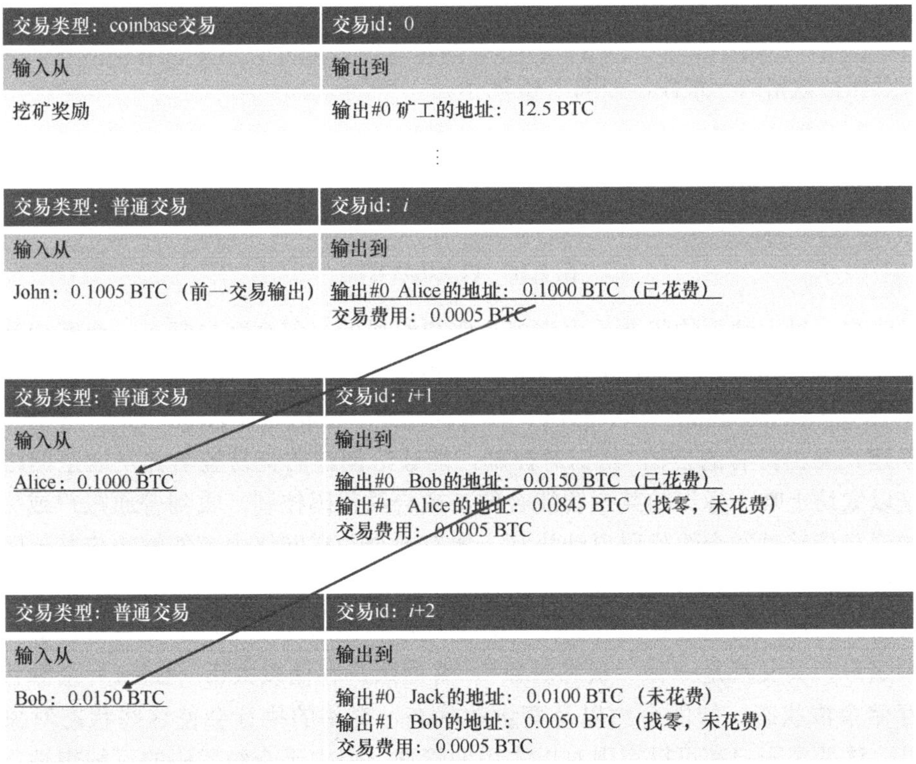

交易类型：coinbase交易	交易id：0
输入从	输出到
挖矿奖励	输出#0 矿工的地址：12.5 BTC

交易类型：普通交易	交易id：i
输入从	输出到
John：0.1005 BTC（前一交易输出）	输出#0 Alice的地址：0.1000 BTC（已花费） 交易费用：0.0005 BTC

交易类型：普通交易	交易id：i+1
输入从	输出到
Alice：0.1000 BTC	输出#0 Bob的地址：0.0150 BTC（已花费） 输出#1 Alice的地址：0.0845 BTC（找零，未花费） 交易费用：0.0005 BTC

交易类型：普通交易	交易id：i+2
输入从	输出到
Bob：0.0150 BTC	输出#0 Jack的地址：0.0100 BTC（未花费） 输出#1 Bob的地址：0.0050 BTC（找零，未花费） 交易费用：0.0005 BTC

图 2.35　比特币交易链条

　　UTXO 模型包含了两类交易，一类就是上述的普通交易，始终遵循着输入总量等于输出总量的规则；另一类则是特殊的交易，即 coinbase 交易，也叫铸币交易，是由矿工创建的，主要是为了奖励矿工挖出新块所付出的努力，目前的固定奖励值是 12.5 BTC（比特币总发行量为 2100 万，每 4 年减半一次）。coinbase 交易是每个区块的第 1 笔交易，换句话说，每个区块必须包含至少一笔交易，而 coinbase 交易只有矿工有权写入并排在第 1 个，该笔交易没有前交易的输出，只有系统生成的 coinbase 输入，还有一个输出包含了挖矿和本区块所包含的所有交易的手续费锁定的矿工的比特币地址。所谓手续费，参见图 2.35 中的交易费用，用户为了让自己的交易完成并上链，会向矿工支付手续费，手续费的多少没有人有权利去指定，而是由经济市场自然形成的，但手续费的高、低会影响交易被处理的优先级，手续费越高，交易越被优先处理，因为矿工都想获得更高的奖励。另外，coinbase 输入包含一个可选字段，可以存储任意数据，比如中本聪在创世区块中的留言——"The Times 03/Jan/2009 Chancellor on brink of second bailout for banks."。

　　交易一旦成功创建，并被发送到任意一个连接至比特币网络的节点后，节点将独立地对交易进行正确性检验，包括判断交易的数据结构和语法是否正确、大小是否在区间内、输入列表和输出列表是否为空、输入和输出是否配平、每一个输入所引用的输出是否存在且未被消费、是否通过解锁和锁定脚本验证等，只有验证成功的交易才有可能最终上链。

　　相比于 UTXO 模型，以太坊所采用的 Account 模型更加符合现实世界的认知，其与传统银行账户类似，有"账户"和"余额"的概念，更加容易理解。忽略以太坊的具体实现细节，该模型由 3 个对象构成，即账户、交易和区块。

不同于比特币系统，以太坊是一个基于交易的状态机，每个区块对应一个状态，每10～20 秒产生一个新的区块，以太坊的状态就会转换到下一个状态，状态的转换使得以太坊中的节点保持数据的一致性，如图 2.36 所示。

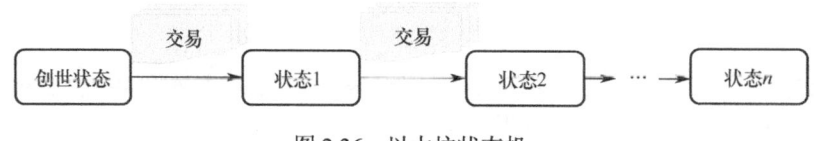

图 2.36　以太坊状态机

（1）账户。以太坊中的状态是由许多个账户组成的，每个账户都有一个账户状态和一个 20 字节的地址标识符。在以太坊中，存在两类账户：普通账户（也称外部账户，Externally Owned Accounts，简称 EOA）和合约账户（Contracts Accounts）。普通账户由用户自主创建，并由持有的公钥–私钥对控制，能够给创建的交易签名并发送至网络；合约账户则是以太坊上唯一标识的某个智能合约，被合约代码控制，收到普通账户或另一个合约账户的消息能够触发合约代码自动执行，所有的合约在网络中都能够响应其他账户的请求并提供服务。普通账户的地址是由公钥进行二次哈希并将结果的最后 20 个字节导出而得到的，而合约账户的地址是由合约创建者的地址和该地址发出过的交易量计算得到的。无论哪种账户，其又都是一种"状态对象"，普通账户存储以太币（Ether）余额状态，合约账户存储余额状态、智能合约以及变量的状态，交易的执行会使这些状态对象发生改变。可见，这两类账户都可以实现对以太币的管理，但由于合约代码的可编辑性，因此还可以通过合约账户实现一些个性化的管理，比如在合约账户下查看账户的接收记录，将多签名的钱包设置每日限额等。

除了上述不同之处，这两类账户都包含以下 4 个字段：

- nonce：如果是普通账户，则该值表示从账户地址发送的交易数量；如果是合约账户，则该值表示账户创建的合约数量。
- balance：该地址拥有的 Wei（以太币的最小单位）的数量，1 Ether=1018 Wei。
- storageRoot：一个 Merkle Patricia 树（一种融合 Merkle Tree 和前缀树优点的数据结构）根节点的哈希值，对账户数据、交易集合等哈希进行编码。
- codeHash：以太坊虚拟机（智能合约代码的执行器，简称 EVM）的哈希值代码。对于普通账户，该字段为空字符串的哈希；对于合约账户，该值为哈希后的代码。

（2）交易。以太坊中，"交易"是指从普通账户发出的消息签名数据包。不同于比特币复杂的 UTXO 模型，它没有输入和输出数据结构，也无须通过隐含的输入和输出的差值获取手续费，以太坊的交易更容易理解，其数据结构如图 2.37 所示。

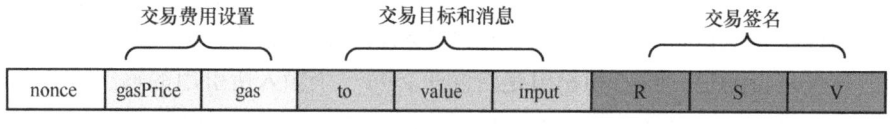

图 2.37　以太坊交易数据结构

- nonce：交易相关的字段，用于防止交易重放。
- gasPrice：执行交易所需的燃料 gas 单价。

- gas：提供给 EVM 运行合约代码的 gas 的最大值。
- to：目标账户地址。
- value：指定转移的以太币数量。
- input：EVM 运行时入参，当 to 为空时，EVM 将利用该字段内容部署新合约。
- R，S，V：交易发送方基于椭圆曲线加密对交易的签名结果，可以反向推导出交易发送方的地址。

不同于比特币直接支付比特币作为交易手续费，以太坊为每笔交易的处理都设置了燃料费（gas）以限制交易执行所需的工作量，同时也为交易的执行支付相关的费用。gas 的价格由交易的创建者设置，gas 给得越高，那么该交易被验证打包的速度一般就会更快一些。如果 gas 被耗尽，那么交易将会被回滚；如果执行结束后，gas 有剩余，剩余的 gas 将会被返还到发送者的账户，而消耗的 gas 将会被当作奖励，发送到矿工账户。

除了上述重要字段，由于一些运算或值使用频次高且计算量大，以太坊交易还定义了 3 个缓存项：交易哈希值（hash）、交易大小（size）和交易发送方（from）。但这 3 个缓存项在使用时有一个前提条件就是交易对象一旦创建，交易内容将不得修改。

每一笔交易成功执行后，from 和 to 两个账户的以太币余额就会相应改变，当交易成功上链后，意味着以太坊中的状态转换到一个新的状态。

（3）区块。与比特币区块链一样，以太坊区块链也可以简单看作一个数据库，将一笔一笔的有效交易打包进区块，经过全网验证后才可以提交到数据库中。但不同的是，以太坊在比特币的基础上对区块结构进行了扩展，包含了更加丰富的信息，比如交易执行信息、矿工工作信息、叔块信息等。这里我们主要讨论区块头和区块体中的几个重要字段。

以太坊区块头保留了上一区块哈希、挖矿难度值、时间戳、随机数等，增加了引用的叔块头哈希（sha3Uncles）、3 个 Merkle 树根（stateRoot、transactionsRoot、receiptRoot）、矿工地址（miner）、gas 消费相关字段（gasLimit、gasUsed）等。前面我们提到，叔块在比特币中是不能成为主链的一部分区块的，是被丢弃的孤块，而它在以太坊中被认为是有效的，且能够为矿工带来额外的收益，叔块奖励可以有效降低以太坊软分叉和平衡矿工利益，因此，sha3Uncles 字段值记录了该区块所引用的多个叔块的信息，是叔块头集合经过哈希后得到的值，而这些引用的叔块头信息将被包含在该区块的区块体中；在比特币中，区块体收集的交易经过组织形成一棵交易树，以太坊保留了这棵树，并在此基础上扩展了状态树和收据树，虽然都使用了 Merkle Tree，但从数据结构上有所区别的是，以太坊这 3 棵树都使用了 Merkle Patricia Tree，这是一种压缩前缀树，也简称 MPT（其原理将在第 3 章中具体讨论），其中，状态树保存了全球所有以太坊账户的状态，每个叶子节点就是一个账户，如图 2.38 所示，通过层层哈希最终得到 stateRoot 并存储在区块头中。收据树是由每笔交易执行完成后生成的收据组成的，就像我们去超市买东西付款后的收据小票，记录了交易的执行信息，比如交易状态、交易真实花费、交易日志等，如图 2.39 所示，因此，交易树和收据树的节点是一一对应的，二者的树根值同样经过自底向上哈希得到 transactionsRoot 和 receiptRoot 并存储在区块头中。区块头中的 gasLimit 表示了该区块所允许消耗的 gas 燃料量，该数值会根据上一区块进行调整以确定该区块所能包含的交易数量，而 gasUsed 则表示了该区块所有交易执行的 gas 实际消耗值。

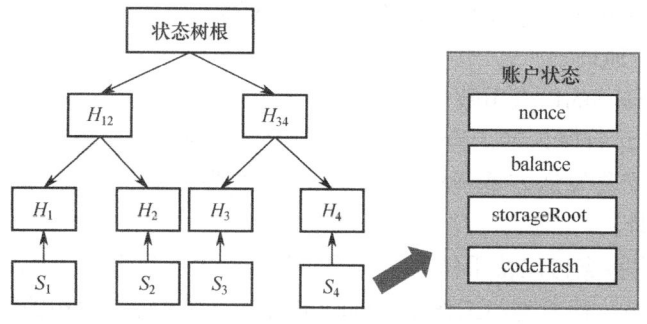

图 2.38　以太坊状态树

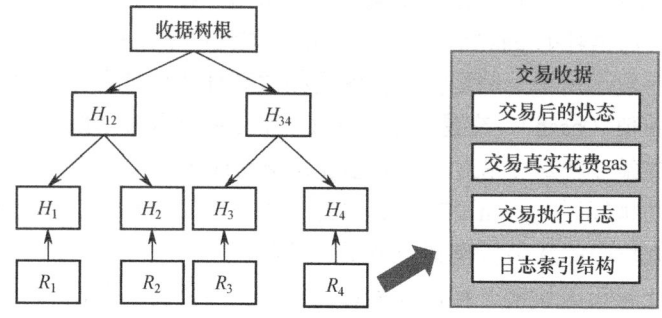

图 2.39　以太坊收据树

以太坊区块体只包含两项数据：交易集合和叔块区块头集合，交易促使以太坊状态不断改变，状态改变的过程中产生的变量数据和结果数据都将记录在区块头的 3 棵树中。

4．双重支付

双重支付问题又称为"双花"问题，即利用货币的数字特性，用"同一笔钱"完成两次或者两次以上支付。在传统的金融和货币体系中，由于金钱货币是物理实体，具有客观唯一存在的属性，所以可以避免双重支付的情况。在现有的电子货币系统中，需要可信的第三方管理机构提供保证。区块链技术在去中心化的系统中，不借助任何第三方机构而只通过分布式节点之间的相互验证和共识机制，有效地解决了双重支付问题，在信息传输的同时完成了价值转移。

假设一个不诚实节点发起了双花交易，根据区块链的共识机制，网络节点只接受收到的第 1 笔交易，第 2 笔交易将被拒绝。但由于区块链网络是多点连接的，有可能出现这种情况：一些节点接受了第一笔交易，另外一些节点接受了第二笔交易，那么如何避免双花交易？利用区块分叉解决办法，矿工在挖矿过程中，会将交易打包到区块中，接受了第一笔交易的矿工和接受了第 2 笔交易的矿工的节点数量肯定会有所不同，所以在后续的挖矿过程中，两笔交易将处于不同的临时分叉链上，最终只有最长链上的交易能够保存下来。在比特币系统中要求一笔交易的确认必须要等待 6 个及以上的区块确定之后才可以认可（双重支付的定性分析参见附录 B）。按照中本聪在比特币白皮书中的计算，6 个确认后双花的概率大概在 0.024%。比特币一般要求小额交易需要 1 个区块的确认，大额交易需要 6 个区块的确认。

在区块链中还采用了时间戳、UTXO 验证、数字签名等技术来进一步确保不会发生双花支付。需要注意的是 51%算力攻击，即攻击者如果控制了整个网络 51%以上的算力，就可以在控制算力的期间，发起双花攻击。攻击者在此期间，把一定数量的虚拟币发送给自己在交易所的钱包，然后，又发起一笔交易，把这些虚拟币再发送给另外一个自己控制的钱包，由于区块链在默认的情况下只会承认第 1 笔交易，所以与交易所的交易有很大的概率会得到确认，在这笔交易确认后，攻击者立刻卖掉虚拟币，并且从交易所套现。但是，攻击者在挖矿的过程中，故意只打包了第 2 笔交易，并且在第 1 笔交易之前的区块之后开始挖矿，由于攻击者控制着 51%以上的算力，因此在后续的挖矿过程中，攻击者所在区块链的长度会超过另外一条链，从而成为区块链中的主链。所以第 1 笔交易所在的链就成为临时分叉，从而被抛弃掉，同时原来确认的交易也会被回滚掉。这样，攻击者之前花掉的虚拟币又回到了自己的手中，从而实现了一次双花攻击。

5. 比特币隐私模型

在比特币中，所有的交易不需要第三方的操控，也不需要提供任何身份信息，只需要提供比特币的地址就可以跟任何人完成一次准匿名的交易。在一定程度上，交易不可追溯到交易者本身，因此比特币上的交易可以在一定程度上摆脱监管。但通过对区块链上交易的地址以及交易额做关联分析，也可以获得有关交易者的隐匿信息。因此，比特币的交易还不是纯粹的匿名交易机制，而是伪匿名（Pseudo-Anonymous）交易机制。

2.3.2　框架及特点

从技术角度来讲，区块链是一种底层基础架构，对于这个问题，业界已经讨论很多年并达成了共识。区块链的基础架构如图 2.40 所示，共有 6 层，自底向上分别是数据层、网络层、共识层、激励层、合约层以及应用层，每一层均有对应的核心功能，且层与层之间相互协作。

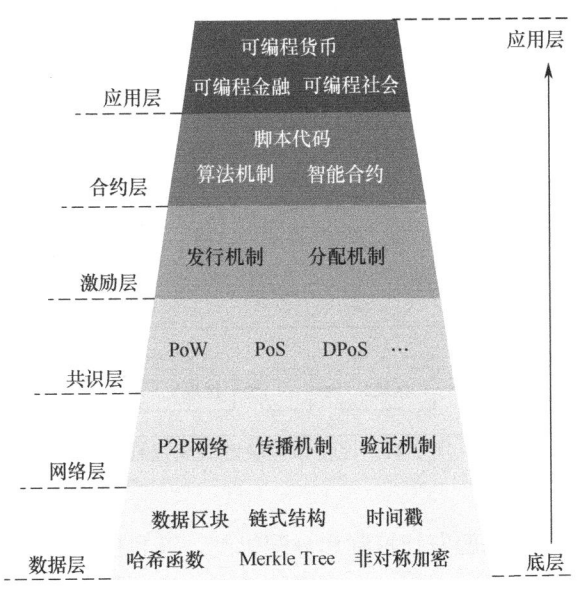

图 2.40　区块链的基础架构

1）数据层

数据层描述了区块链的物理形式，是区块链技术中底层的数据结构。具体地，数据层通过数据区块存储数据，涵盖了哈希函数、时间戳、非对称加密、**Merkle Tree** 等技术。每个区块包括区块头和区块体，区块头记录版本号、父区块哈希、时间戳、随机数等信息，区块体存储一定时间内打包的具体交易，区块与区块之间以时间戳构成了以创世区块为起点的顺序链式结构。从这个层面上看，区块链就是一个分布式数据库，不可篡改、透明且可追溯。

2）网络层

网络层封装了区块链系统的分布式组网方式、消息传播机制和数据验证机制等要素。区块链本质上是一个 P2P 网络，它比传统网络更加安全，因为它不具有中心化服务器节点，不存在任何层级结构，各节点均可以平等地进行网络路由、验证和传播数据，发现新节点等。一个节点或部分节点被攻击并不会对全网造成威胁，因为每个节点都保存了整个系统的相关状态信息。消息传播机制在区块链系统中是指任一区块数据生成后，将由生成该区块的节点广播至全网，由全网节点进行验证，目前，区块链系统一般根据实际应用需求设计比特币数据传播机制的变种，比如以太坊设计的幽灵（Ghost）协议。对于数据验证机制，是指当节点监听到邻近节点发来的数据后，首先验证其有效性，若有效，则建立存储池暂存尚未计入区块的有效数据，同时向邻近节点转发；否则，丢弃该数据，以阻止无效数据的继续传播。

3）共识层

共识层主要封装各类共识机制，共识机制是区块链技术的基础和核心，它决定了参与节点以何种方式对某些数据达成共识，这将会影响整个系统的安全性和可靠性。简单来说，共识就是全网节点根据一套大家都认可的数据更新规则，来维护系统的总账本，当然，考虑到存在某些不可用的节点或部分数据丢失，设计的共识算法具有一定的容错能力，从而提高网络运作的效率。目前已有十余种共识算法，比如工作量证明（Proof of Work，PoW）、股份权益证明（Proof of Stake，PoS）、委托权益证明（Delegated Proof of Stake，DPoS）等。如图 2.41 所示，以比特币区块链为例，节点随时加入和退出，数量动态变化而不可预知，通过 PoW 机制选出记账人，记账人有权利将新生成的区块打包上链，进而完成区块链的更新。

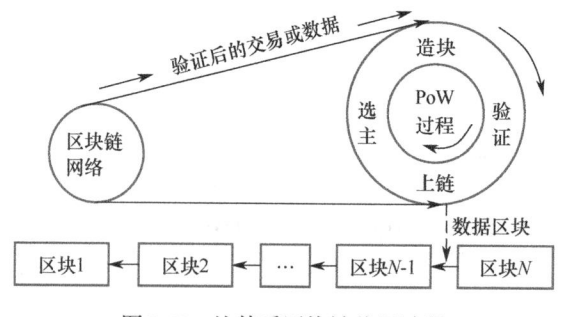

图 2.41　比特币区块链共识过程

4）激励层

激励层主要包括经济激励的发行机制和分配机制，其目的是通过激励措施来鼓励节点参与区块链的安全验证并惩罚系统中不遵守规则的节点。这一层主要存在于公有链，比如比特币中的经济激励是由新发行比特币奖励和交易流通过程中的手续费两部分组成的，奖励给共识中成功挖到区块并记录的节点，从而保证系统的安全可靠。而在私有链和联盟链中，激励制度不一定能够起到作用，因为参与节点往往已在链外完成了博弈，通过强制力或自愿来参与记账。

5）合约层

合约层主要包括各类脚本代码、智能合约和算法机制，这一层能够实现对区块数据的灵活操作，是区块链具有可编程性的基础。比如，使用编程语言 Solidity 编写智能合约以实现商业逻辑，并将其发布至区块链中。合约在被调用时将自动执行其中的代码，代码一旦运行，将无法修改或强制停止，这样，外部应用就可以通过智能合约来访问区块链或交换数据，过程公正透明。智能合约在区块链系统中充当可信代理的角色，具有仲裁和执行合约的功能。

6）应用层

应用层封装了各种应用场景和实际案例，如可编程货币、可编程金融及可编程社会。在区块链 1.0 阶段，区块链支持构建各种去中心化电子货币用于转账、支付等，支持跨国交易和快捷支付等；在区块链 2.0 阶段，智能合约成为金融领域的公正基石，在债券、股票、产权等方面得到了广泛应用；在区块链 3.0 阶段，区块链的应用范围不再局限于金融，更多地，将支持政府选举、社会公正、健康医疗等社会层面的应用。

随着区块链技术的研究越来越深入，区块链架构也逐渐发生了变化，例如，由于联盟链和私有链的准入机制以及封闭性，激励层的作用被弱化甚至被替代，并不像公有链中基础设施需构建不同的区块链架构，图 2.42 和图 2.43 分别展示了区块链+金融交易架构、区块链+数据管理架构。随着区块链技术的不断发展和应用，基于区块链实现的场景将会越来越丰富。

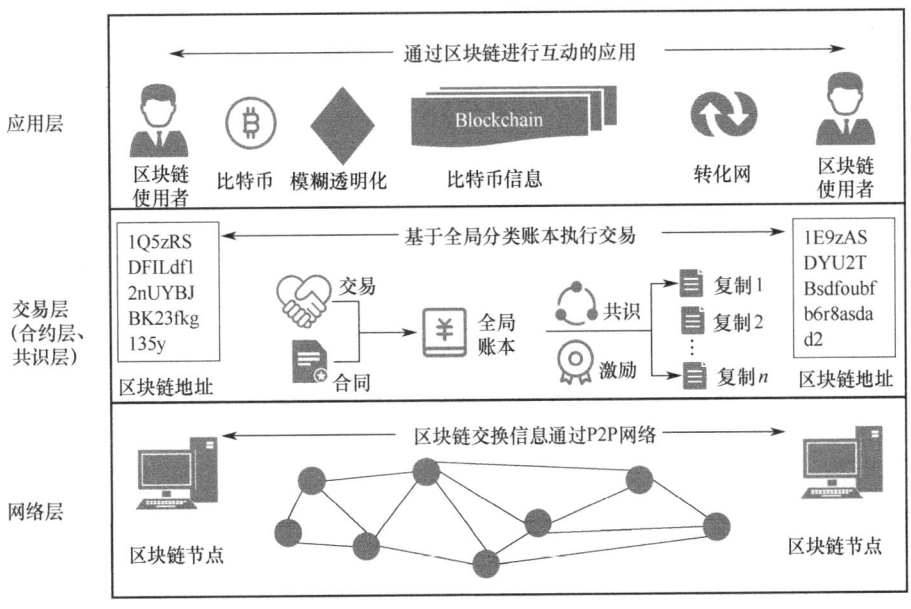

图 2.42　区块链+金融交易架构

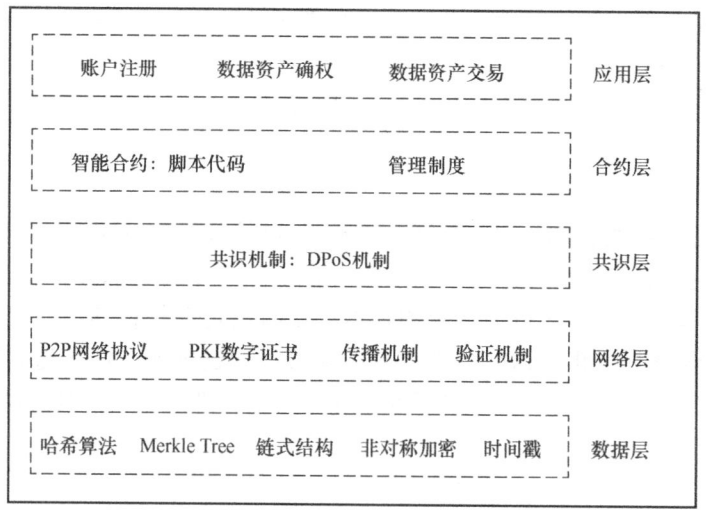

图 2.43　区块链+数据管理架构

在第 1 章中已经介绍了区块链的几个特点：去中心化、不可篡改、可追溯、匿名性、讲求共识、安全可信以及可编程，这些都是通过区块链的基础架构外围所表现出来的。通过本节的学习，相信大家对区块链的特点有了进一步的认识，这里不再赘述。

2.3.3　运作原理

比特币是区块链的第 1 个最为成熟的应用，也是体现区块链系统基本运作机制和核心概念的典型应用。为了便于理解，首先以比特币为例进行介绍，进而阐述区块链系统是如何运作的。

1. 比特币的运作机制

前面我们已经学习了比特币区块链的数据结构，并将其比作"账本"，用于记录交易，可对账、验证。比特币的运作机制本质就是完成记账过程。

其整个运作机制可以简述如下：

- 客户端发起一笔交易，然后将该笔交易发送至比特币网络中任意节点；
- 某节点接收到该笔交易后，首先验证交易是否正确，如果验证通过，则将交易放入自己的交易池中，并继续传播给网络中其他节点；否则，拒绝该交易，并向发送者返回交易被拒绝的消息；
- 各节点打包交易池中的交易，加入随机数进行计算，最先计算出符合目标值的节点打包的区块有效，则该节点获得了记账权，并获取一定的数字货币奖励；
- 该节点将该区块广播至全网，由其他节点接收后验证区块的正确性，若验证成功，则新区块成功被写入区块链，同时，各节点开始新一轮的生产区块过程。

交易验证包含很多内容，重点包括两点：交易发起方是否确实拥有交易中描述的比特币，并且他并未在别处花费这些比特币。如果满足以上条件，该交易可认为是正确的，这也是数字货币中的双花问题。

以上交易过程如图 2.44 所示。

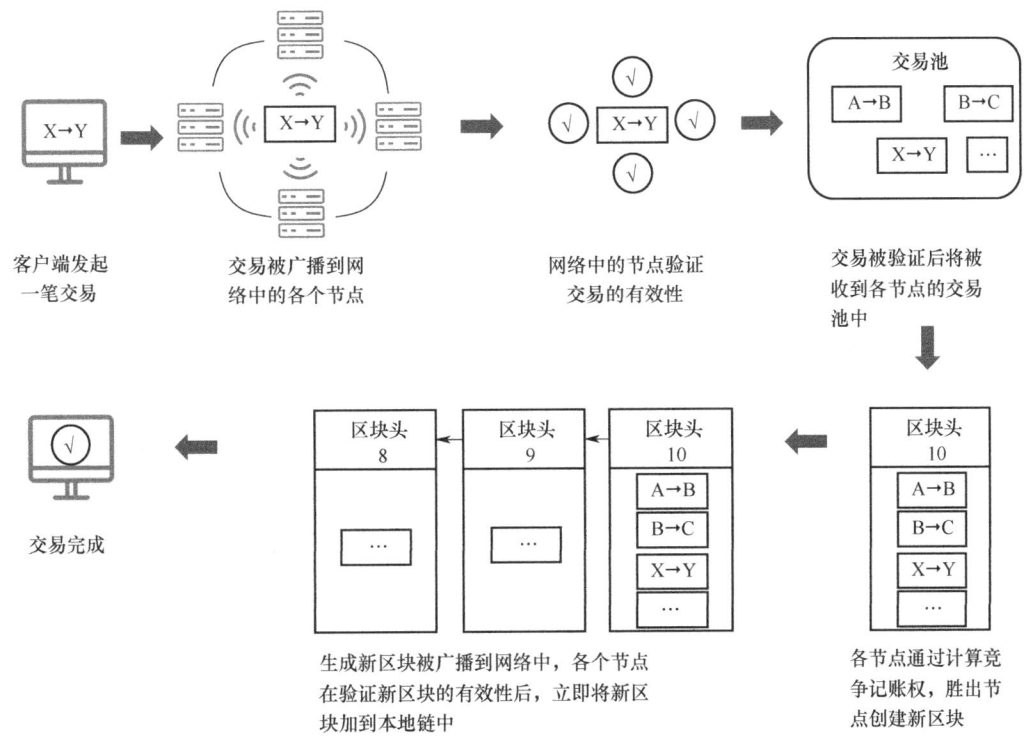

图 2.44　交易过程

2. 区块链的拓展链结构

最初的区块链系统大多沿袭了比特币系统中的链式结构,但随着研究的深入,人们基于在吞吐量、可伸缩性、安全性等方面的考虑,提出了新的区块链数据结构,如有向无环图(Directed Acyclic Graph,DAG)结构、树状结构等。

1) DAG 结构

DAG 结构是一个有向的、具有拓扑顺序的图数据结构,是计算机领域中常用的数据结构,常用于动态规划、寻求最短路径、数据压缩等算法。对于分布式账本技术,DAG 结构无疑也是适用的,因为分布式账本技术要求记录的交易保持全局有序。最初,将 DAG 结构应用到区块链的想法是由 NXT 社区的一个用户于 2013 年提出的,意图将比特币的链式存储结构变成 DAG 结构的图存储,以提高比特币系统的可拓展性;2015 年,DAG-Chain 的概念被提出,极大地促进了 DAG 结构在区块链系统中的应用;2016 年,IOTA 系统以及 Byteball 项目诞生,使得 DAG 结构区块链得以真正落地。在 DAG 结构中,每笔交易作为基本存储单位,相当于细粒度的区块,在执行过程中,由每笔交易对它之前的两笔或两笔以上的交易进行验证,如图 2.45 所示,图中每个节点只保存一笔交易和该单元先前验证过的区块哈希值,交易间组成有向无环图。相比于链式结构,DAG 结构区块链无须考虑扩容的问题,而且处理速度快,省去了矿工挖矿的过程,大大提升了交易吞吐量,也可以避免矿池优势,因而很大程度上提升了区块链网络的效率。但是,DAG 结构负载复杂度高,对编码要求高,需要更大的存储空间进行管理和备份。

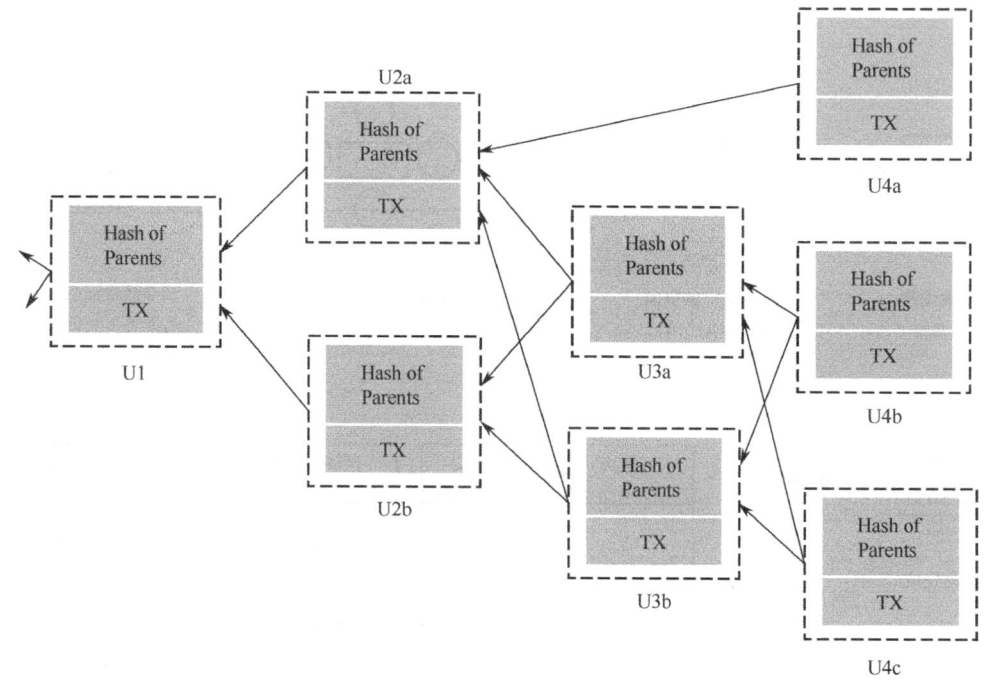

图 2.45　DAG 区块链数据结构

2）树状结构

树状结构与一般的链式结构的主要区别在于区块的组织形式，而区块内容是类似的。在链式结构中，每个区块（创世区块除外）均有一个前驱区块和一个后继区块，不存在分

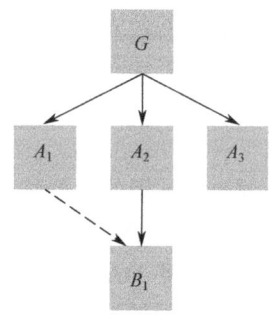

图 2.46　树状结构示意图

叉链，而在树状结构中，创世区块同样只有后继区块，但其余区块可能有多个后继区块，一个父前驱，若干个叔前驱，如　图 2.46 所示，假设 G 为创世区块，$A_1 \sim A_3$ 均为 G 的子区块，B_1 为 A_2 的子区块（A_2 是 B_1 的父前驱），而 A_1 和 A_3 是 B_1 的叔前驱。也就是说，树状结构一定程度上认可了叔块的合理性，但需要设计相关协议（如 Ghost 协议）对叔块进行选择，防止分叉攻击。这样，区块链的区块结构中，除了父区块的哈希值，还可能包含了叔块的哈希值。树状结构包含分叉区块，降低了孤块率，并有效提升了系统的吞吐量，但是，树状结构对整个区块链系统性能的提升较为有限。

区块链系统中的节点分工明确，一个节点可能承担着多种功能，比如记账、数据存储、交易提交、路由等。根据功能分类，可以将区块链的节点分为维护节点和参与节点。维护节点主要存在于区块链网络之内，负责维护系统数据记录、用于验证用户交易请求、创建区块、生成区块链等，这些节点之间通过 P2P 网络连接，地位平等，相互作用，共同维护系统的稳定运行。而参与节点主要存在于区块链网络之外，与区块链网络的内部节点进行通信，实现相关功能，比如用户通过交易客户端进行账户间转账、提交智能合约等。

对于区块链系统，它的运作机制可以简单叙述如下：

- 某用户节点发起一笔交易，并广播至相邻节点；

- 当一个节点收到该笔交易时进行验证，包括双花验证、输出额不超过输入额、对交易运行核验脚本，若验证通过，则接受该交易，放入交易池中，并转发该交易；
- 根据特定的共识算法，如 PoW、PoS、PBFT 等，选取记账人，将特定时间内打包的交易所生成的区块进行广播；
- 当一个节点收到一个新区块时，也会进行相应的验证，从而决定是否接受并转发这个区块。

2.3.4　常见问题

区块链在数字货币领域发展得如火如荼，虽然采用了先进的密码学技术和算法，有着广阔的应用前景，但也同时面临着安全和隐私方面的严峻挑战。可以说，其他网络信息系统遇到的安全问题同样可能在区块链系统中发生，没有绝对安全的网络，只要信息在网络上传输，就可能存在被攻击者监听、窃取、篡改和伪造的风险；只要计算机接入网络，就可能遭到攻击者攻击，如拒绝服务攻击、网络监听等。网络上的数据和内容具有极大的价值，一旦被躲在暗处的网络犯罪分子窃取并非法利用，后果将不堪设想。现有的大部分区块链应用都涉及金融，必然是攻击者重点觊觎的对象。

根据专业机构的数据分析，至 2020 年，全球共发生 122 起关于区块链生态安全的事件，其中包括智能合约和代币安全事件 54 起，交易所安全事件 29 起，公有链攻击事件 12 起，钱包攻击 12 起，其他事件 15 起，数字货币诈骗、敲诈、洗钱等屡见不鲜。可见，安全形势不容乐观，当前区块链技术还未达到成熟的阶段，行业缺少有效的、完善的安全评估体系，因此最大的不安全其实是安全的不可预测性。本节将阐述几种区块链系统中常见的安全问题。

1. 钱包安全

区块链钱包是一种密钥管理工具，它只包含密钥而不是确切的某个代币。与一般意义上的银行卡不同，银行卡是由中心化的银行发放的，并进行集中的资产管理，一旦忘记密码，可以通过相关证明让银行帮忙找回，银行卡丢失，可以通过银行冻结个人银行账户，重新办理新的银行卡，这样别人拿到了银行卡没有密码也取不走卡里的资产。而对于区块链钱包而言，打开钱包的钥匙一旦丢失，谁也没有办法找回钱包。

以比特币系统为例，用户的账号（地址）是由椭圆曲线数字签名算法的公钥，经过哈希变换，再加上校验码而生成的一串数字，用于用户接收或发送比特币，也就是说，这个比特币账号就相当于是具有门牌号的信箱，任何知道这个门牌号的人都可以往这个信箱中转入比特币。而用户可以用公钥对应的私钥打开信箱，取走存放在里面的比特币。用户如果忘记了自己的私钥，就再也打不开信箱了，因为比特币的去中心化机制，不存在任何人可以做担保帮助他找回私钥。

获得了用户的私钥就意味着得到了有价值的资产。因此，攻击者会采取措施来攻破密钥，比如"正向匹配"的穷举破解。从私钥计算得到公钥的计算量很小，所以，攻击者只需尝试不同的随机数作为私钥，而后生成对应的公钥和私钥，形成密钥对数据库。借助此数据库去匹配区块链上交易中的公钥或地址，如果命中，就能破解得到用户的私钥。但是，比特币中的私钥编码空间巨大，攻击者命中的概率很低，至少目前来说比特币系统还是安全的。

2. 51%攻击

51%攻击是指单个或多个单位/组织能够控制全网 51%的算力，从而改变区块链中区块的交易次序的攻击问题[10]。在比特币等区块链中，交易需要网络中大部分节点都认同后，才会被记录下来，矿工节点也会主动验证其他节点是否遵循区块链协议，从而确保每笔交易的诚实可信。而这种能力都是通过工作量证明得到的，算力越强，获得记账权的概率就越大，如果掌握了全网 51%以上的算力，那么整个区块链网络就会被垄断。拥有 51%的算力是怎样控制区块链数据的呢？

一种方法就是通过分叉攻击（Forking Attack），如图 2.47 所示，当一个矿工打包好一个区块时，它本该广播给其他矿工进行检查并添加到后续区块链上。但是攻击者矿工不广播，而是继续在它打包好的区块后面挖矿，创建一个别人不知道的分支链，这样，就会同时存在两条链，一条是攻击者挖矿的链，暂且称它为虚假链，虚假链现在对其他矿工是不可见的，另一条则是其他矿工挖的链，称为诚实链。当攻击者矿工不断挖矿时，它可以在诚实链上花掉它所有的比特币，同时，不在虚假链上记账，也就是说，攻击者矿工利用虚假链排除了自己的交易，它仍然拥有着刚花出去的那些币。区块链的设计原理遵从最长链原则，当攻击者矿工拥有了更多的哈希算力时，那么他在虚假链上挖矿的速度会更快，一旦虚假链比诚实链长，攻击者便会立即向全网广播这条虚假链，而其他矿工检测到这条虚假链比当前挖矿的诚实链还要长，根据协议，他们必须丢弃诚实链，而继续在虚假链上挖矿。这样，由攻击者矿工创造的虚假链便成了受信任的"诚实链"，攻击者在原来诚实链上的交易数据全部被丢弃，这样，攻击者再次拥有了他曾经花掉的货币，达到了同一货币双重花费的目的。

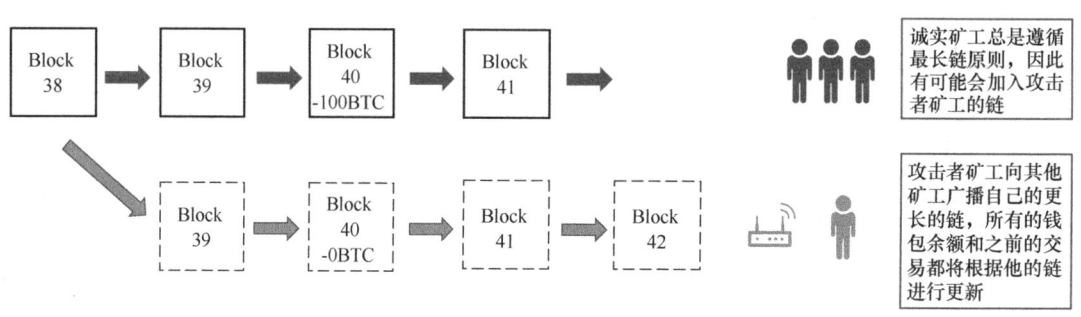

图 2.47　分叉攻击示例

还有一种情况就是自私挖矿。从以上过程可以发现，攻击者想要更改账本，需要一条比其他人更长的链，但是要实现这个目的，不一定要拥有超过 50%的算力。正常情况下，诚实的矿工挖出新块后会立即添加到链上，但可能会有某个矿工在挖出新块后进行了保留，如图 2.48 所示，更幸运的是，他还连续在其他人之前挖出了两个块，如果运气一直持续下去，则他的链总能比其他链多出两个区块，当其他人追赶上来，并仅相隔一个区块时，他就可以广播自己的那条链，从而使得其他人挖到的区块失效，这样其他矿工的算力就会白白浪费，而自私的矿工获得了更多的收益。相比于其他矿工，占据了战略性的优势，因此，很可能会吸引其他矿工加入，导致矿池的算力提升，一旦某单一矿池获得了大部分的算力，那么就很可能会发起 51%攻击，对于整个区块链网络将是严重的威胁。

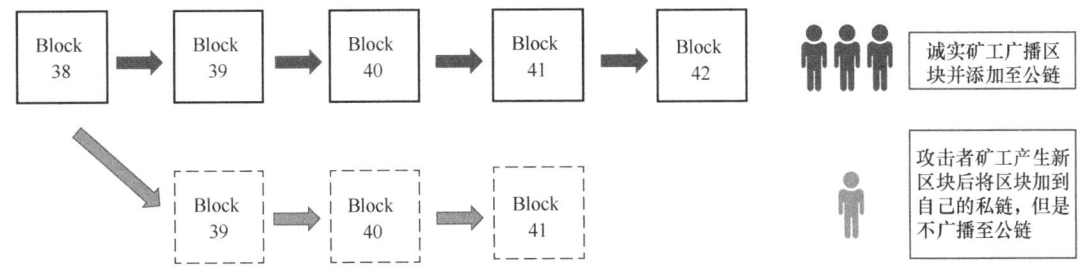

图 2.48　自私挖矿示例

历史上也发生过矿池连续挖到多个区块的事件。2014 年，矿池 Ghash.io 挖到 6 个连续的区块，具备了逆转之前交易的可能，引发了社区对比特币安全性的担忧，该矿池当时的算力在 50%左右，挖到 6 个连续区块的概率约为 1.5%。概率虽小，但不停地挖，小概率事件也是很有可能发生的，因此，Ghash.io 最后承诺把矿池的规模控制在 39.99%以下。

3. 匿名性和隐私性

匿名性是区块链的特征之一，但其实这是相对的。相对于现有的金融体系和一些机制而言，它是匿名的，实际上，任何人的任何交易最后都会通过互联网、大数据查找到。大众对于比特币等加密货币的认知也存在错误，比特币更准确地说应该是伪匿名。为什么这么说呢？用户是通过地址来进行比特币交易的，账本中的交易只记录了地址和比特币的数量，从交易中确实无法直接获得用户的真实信息，从而保护了用户的隐私，但当用户用比特币与现实世界的事物产生联系，那么用户的信息必会关联到某个地址，比如，某用户用比特币在某网站购买商品，那么该用户的姓名、地址、电话等信息就会透露给卖家，这样卖家就可以将支付地址和该用户的个人信息做关联。在 2014 年，宾夕法尼亚州立大学的研究人员通过分析比特币网络的数据流，从单一 IP 地址查找单独交易，成功绘制出 1000 多个比特币钱包的地址。除了匿名性，每个地址的隐私性几乎是无法保证的。由于比特币区块链的公开性，基于某些地址和交易的使用模式有可能识别个人身份，另外，节点在广播交易时也会泄露自己的 IP 地址，比如下面这个例子。

甲和乙之间有一笔交易，即甲支付乙 3 个比特币，而甲有两个地址，各有 2 个比特币，该交易如图 2.49 所示。交易确认后最终会广播至比特币网络中的所有节点，其他节点均可以查询到该交易记录，根据记录有可能推断出这笔交易的两个输入地址是属于同一个人的，然后开始追踪这两个地址发生的其他交易，从而发现更多的地址相关性。

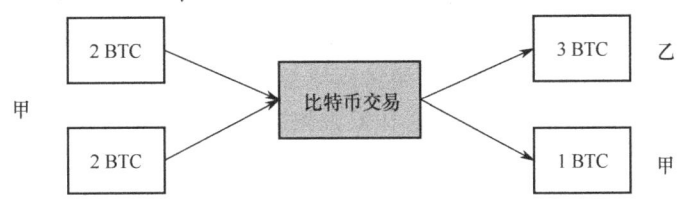

图 2.49　比特币交易的输入和输出

通过大数据分析等手段，发现比特币区块链中的多地址相关性是能够实现的。一些国家政府的监管机构可以通过发现地址间的关系来追溯实施洗钱、行贿等犯罪行为的用户，但同时用户的隐私却得不到有效保障。为了解决比特币隐私性问题，混币（CoinJoin）等服务应运而生，其交易原理如图 2.50 所示。

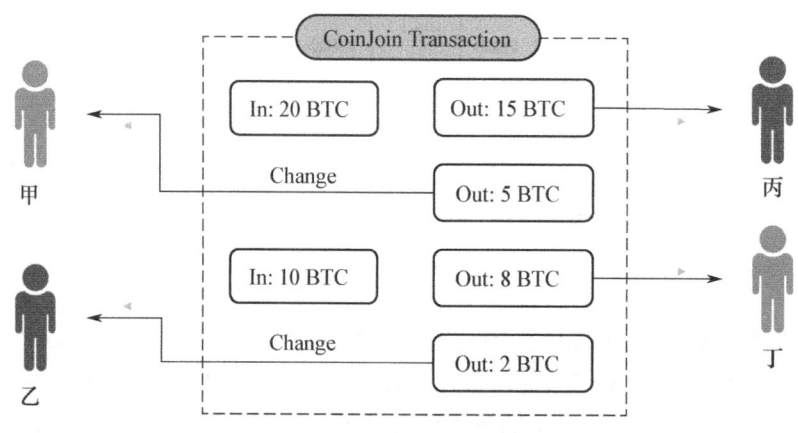

图 2.50　CoinJoin 交易原理

　　CoinJoin 通过多个用户共同创建交易来变更代币的所有权，从而赋予集合中每个用户匿名性，随着不同的用户不断重复这个过程，这个匿名集不断扩大，进一步隐藏交易的关系。

　　CoinJoin 的实现很简单，不需要改变比特币的协议。已经实现的方式较多采用了中间服务器，需要参与混币的用户先在服务器上登记，由服务器来聚合多个用户的请求，生成一个聚合交易，但缺点也是显而易见的，中心服务器掌握了所有用户的输入、输出地址，一旦服务器被攻破，用户的隐私将无从保障。目前的研究方案中，有的用户对服务器加密，使交易细节对服务器不可见，也有的采用去中心的方式来组织用户交易。随着 CoinJoin 的改进，出现了诸如 Tumblebit 等服务，但是 TumbleBit 也存在局限性。加密数字货币的匿名性和隐私性一直是区块链行业的重要研究领域，目前，著名的注重隐私保护的数字货币有达世币（Dash）、门罗币（XMP Monero）等。

4. 矿池算力集中

　　区块链是建立在密码学基础上的，在 PoW 机制中，算力是获得比特币的唯一筹码，这意味着当系统足够大、节点足够多的时候，单个节点获得比特币的概率会非常小。于是，矿工们选择"抱团取暖"是非常合理且有利可图的。从硬件上看，最开始，矿工们使用 CPU和 GPU 也很难挖到比特币，而 ASIC，一种专门为挖矿而设计的集成电路芯片的应用成为挖矿行业的主流，其大规模的应用渐渐与比特币的设计初衷相违背。全网的算力不断提升，矿工单打独斗没有规模优势，不停地挖矿，可能几年才能挖到一个币，而矿工加入矿池，由矿池管理者统一分派挖矿的计算任务，挖到的币由矿池管理者根据矿工贡献的算力比例定期分配挖矿的收入，因此矿池是加密货币区块链网络算力的主要来源。矿池可以增加矿工的收入，但是矿池的集中化与比特币的去中心化原则相违背，所谓绝对开放和民主的比特币社区渐渐被拥有大量矿机和算力的矿池所垄断。

　　当前，比特币尚处于疯涨的状态，矿池的集中化现象已经非常严重。如图 2.51 和图 2.52所示，比特币和以太坊 50%以上的算力分别在前两大矿工和前三大矿池手中，一旦联合，将占据系统中 50%以上的算力，会对比特币/以太坊造成毁灭性的影响，这样，信用体系也将彻底崩塌，加密货币体系将不复存在。

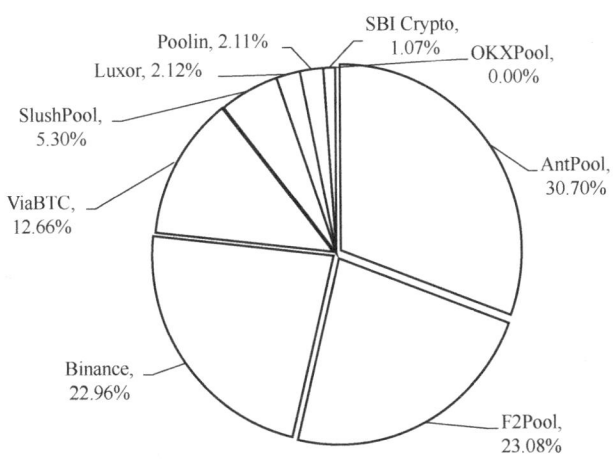

图 2.51　比特币矿池实时算力分布（截至 2022 年 11 月 5 日）

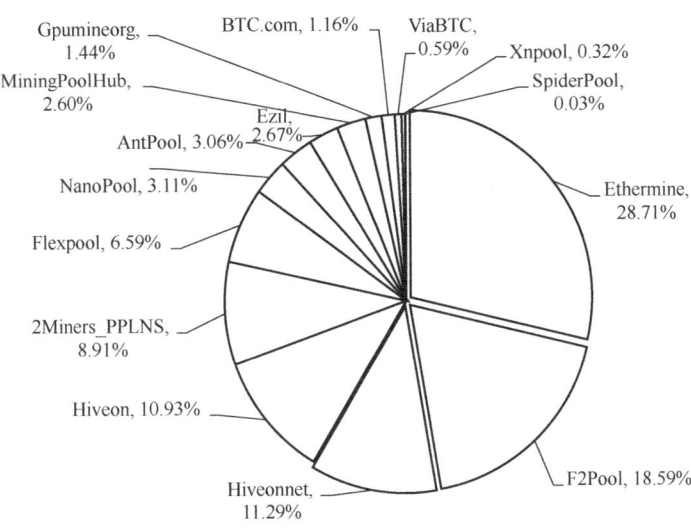

图 2.52　以太坊矿池实时算力分布（截至 2022 年 11 月 5 日）

前面我们也说到，51%攻击一直是加密货币体系中的重点研究问题，包括矿池在内都会尽量规避这种问题的出现，因此，一些规模很大的矿池，通常会自觉地停止收纳新用户的加入，以避免与系统"玉石俱焚"，而加入矿池的矿工也会尽量选择分散算力的矿池，以避免"一家独大"的情形出现。

本章小结

本章介绍了区块链的技术原理。首先详细介绍了区块链中所使用的密码学知识，包含哈希算法、Merkle 树、公钥密码算法、消息认证码、数字签名技术以及 Bloom Filter 算法；其次介绍对等网络技术与分布式存储，包括对等网络结构、典型技术，以及分布式存储的概念及案例；最后详细介绍了区块链的基本概念、框架及特点、运作原理以及常见的问题，包括钱包安全性、51%攻击、匿名性和隐私性、矿池算力集中。帮助读者深入理解区块链的技术原理和运算机制，为进一步学习和应用打下基础。

习题 2

1. 下面（　　）不是 Hash 函数具有的特性。

    A. 单向性　　　　B. 抗碰撞性　　　C. 可逆性　　　　　D. 抗强碰撞性

2. 下面（　　）不是 Hash 函数在区块链中的主要应用。

    A. 标识区块　　　B. 数据加密　　　C. 生成钱包地址　　D. 计算工作量证明

3. 区块链中的区块通过（　　）链接。

    A. 时间戳　　　　B. 哈希指针　　　C. 随机数　　　　　D. 难度值

4. （　　）不是时间戳赋予区块链的特点。

    A. 防篡改　　　　B. 高透明　　　　C. 可追溯　　　　　D. 快捷支付

5. 数字签名技术通过对消息的摘要进行非对称加密，以防止消息被篡改并认证身份，在区块链中具有广泛应用。请简述数字签名技术具有的特征。

6. 简述对等网络的 4 种形式。

7. 简述对等网络技术的主要特点。

8. 自底向上列举区块链基础架构的六层结构。

第3章　区块链典型架构

前几章介绍了区块链的背景以及技术原理，本章将为读者介绍区块链的3种典型架构[4]。区块链起源于 Bitcoin 虚拟货币系统底层基础架构，以其独特的去中心特性吸引了一大批开发者。本章将对区块链基础架构（区块链1.0）展开深入讲解，同时对于从基础架构延伸出的区块链2.0和区块链3.0也进行了详细分析。

3.1　区块链 1.0 架构——比特币区块链

区块链 1.0 的典型应用形式之一便是比特币。在中本聪发表白皮书的第 2 年，比特币实施系统上线。从首次发布的比特币源码来看，其中没有明确的模块划分，所有的功能都依靠一个 5000 多行的 main 程序实现。

随着后续越来越多的开发者参与该开源项目，一个清晰的架构逐渐在人们的眼前浮现。

正如前文提到的，比特币是一种基于 P2P 架构的虚拟货币系统，不存在中心的概念，所有节点共同承担网络服务的责任，正因如此，P2P 网络天然具备弹性、去中心化和开放的特点。依据现有的比特币源码，比特币架构总体上可分为两部分：比特币前端和后端，如图 3.1 所示。

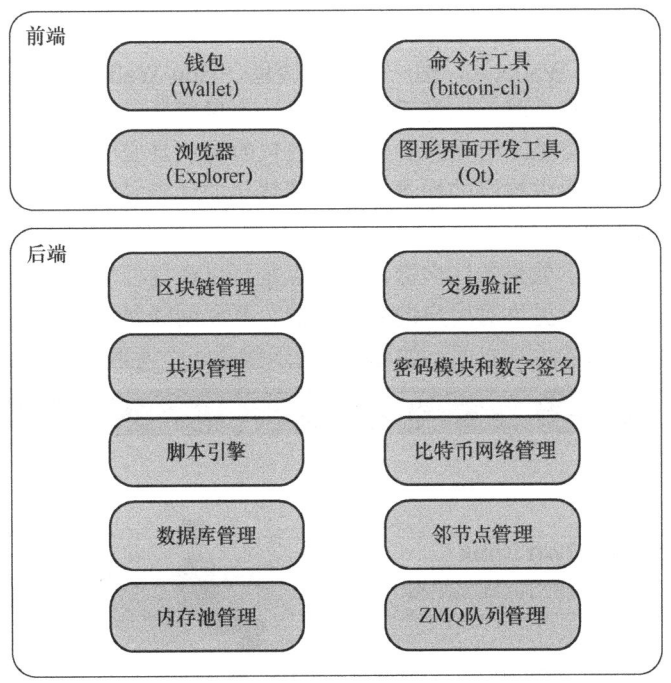

图 3.1　比特币架构

3.1.1　比特币前端

1. 钱包

比特币钱包不同于实体钱包，实体钱包装的是钱，但比特币钱包装的不是比特币，而是密钥。这里，钱包特指密钥管理软件，是面向普通用户的，包括密钥的生成、存储、调用、验证等功能。

钱包分为两种：非确定性钱包和确定性钱包。

（1）非确定性钱包：每个密钥都是从随机数独立生成的，彼此之间无关联，就是简单的一堆私钥集合（Just a Bunch of Keys，JBOK），简称 JBOK 钱包。非确定性钱包的安全性不高，因为一旦私钥失窃，钱包里的比特币就会存在被盗的风险，因而需要私密存储密钥。此外，如果私钥数目较多，比特币钱包则会很难管理、备份和导入。由于比特币钱包随时可能出现错误，所以比特币用户必须随时备份新生成的密钥，过程是十分烦琐的。

（2）确定性钱包：所有私钥均由一个主密钥派生，这个主密钥即为种子（Seed），因此钱包中的所有私钥都是相互关联的。这意味着比特币用户可以通过一个主密钥去生成一连串的密钥，因此备份该类钱包非常容易，只要备份这个主密钥，就可以利用种子一次性恢复所有私钥。

根据部署的场景可以将比特币钱包分为 4 种，分别是：移动钱包、桌面钱包、互联网钱包以及纸钱包。

移动钱包即运行在智能手机、移动终端的轻量级钱包。该类钱包一般不会下载整个区块链，而是采用 SPV 验证交易，即不需要保存所有交易也不会下载整个区块，通过认证路径来验证交易是否存在于区块中。移动钱包具有灵活、方便的优点，缺点是由于其不保存整个区块链，不做交易的全验证，因此安全性不佳。

桌面钱包即运行在桌面操作系统（Windows、macOS、Linux 等）的钱包软件。分为两种，一种是厚钱包（Thick Wallet），另一种是薄钱包（Thin Wallet）。厚钱包需要下载整条区块链，并进行完整的交易校验，比特币核心就是一个厚钱包。薄钱包不需要下载整条区块链，而是采用 SPV 等方式验证相关的交易。厚钱包的优点是安全，缺点是交易验证的开销非常大，适合资金安全性要求较高的场景使用。薄钱包的优点是灵活、方便，但不做交易的全验证，所以安全性较弱。

互联网钱包也不需要下载整条区块链。其优点是可以在任何地方、任何设备管理钱包，互联网钱包依托第三方平台提供对用户的隐私保护。互联网钱包和移动钱包一样存在安全性不高的问题，但使用起来灵活、方便。如图 3.2 所示就是一个互联网钱包。

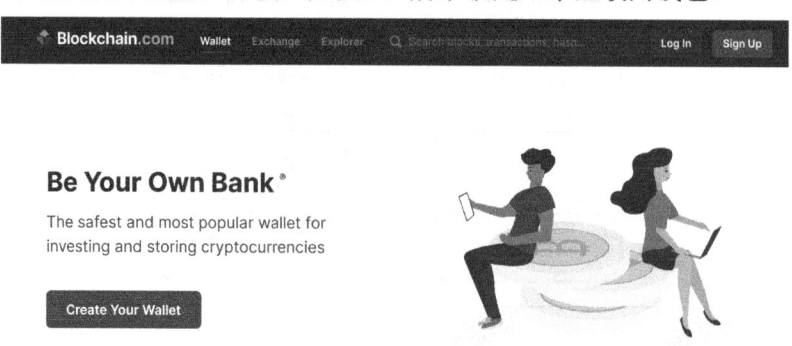

图 3.2　互联网钱包

　　纸钱包是一个非常高效的创建备份或离线比特币的存储手段，也被称为"冷存储"。作为一种备份手段，纸钱包可以提供足够的安全手段，防止因为计算机硬盘失效、被盗或者意外删除造成的私钥丢失。作为一种"冷存储"机制，如果纸钱包的密钥是离线生成的，且从未在计算机系统上存储过，那么它们在对抗黑客、键盘记录以及其他在线威胁方面具有更高的安全性。比如 bitaddress.org 上客户栏的 JavaScript 生成器，可以简便地生成纸钱包，如图 3.3 所示，左侧的二维码显示比特币的地址信息，右侧的二维码则是用户的私钥。

图 3.3　纸钱包

2. 命令行工具（bitcoin-cli）

　　bitcoin-cli 提供一个控制比特币节点的命令行工具。该工具可以通过"JSON RPC API"接口访问比特币后台 bitcoind。用户可以通过输入指令来完成比特币的各项功能，例如，余额查询、支付、转账等功能。

3. 浏览器

　　比特币浏览器是一个独立的、跨平台的比特币命令行工具。比特币浏览器几乎包含了钱包应该具备的所有功能，它是跨平台的，在 Windows、macOS 等主流平台上均可运行；也提供了与 bitcoin-cli 基本一样的功能，还可提供 bitcoin-cli 没有的一些密钥管理功能和处理工具，性能更加强大。

4. 图形界面开发工具（Qt）

　　Qt 是一个应用程序和 UI 开发框架，也是一个跨平台的 C++图形用户界面应用程序框架。使用 Qt 只需一次性开发应用程序，无须重新编写源代码，便可跨不同桌面和嵌入式操作系统部署这些应用程序。比特币核心是比特币使用最广的客户端，它使用的就是图形界面开发工具 Qt 所开发的桌面客户端。

3.1.2　比特币后端

　　比特币后端主要用于实现比特币网络基础的互联通信，维护区块链的正常运行，验证区块链中的相关交易，以及广播、传递交易信息。下面将对比特币后端组件的功能进行简单介绍。

1. 区块链管理

区块链管理涉及初始区块下载、接收并校验区块、区块断链及交易回退等流程。

1）初始区块下载

当比特币全节点第 1 次加入区块链网络时，需要下载整条区块链。我们知道，完全同步是非常耗时的，如果区块链中区块过多，有时甚至需要下载几天的时间。2014 年，比特币 0.10.0 版本发布了一个初始区块的下载方式，称为"header first"（区块头先行）。在该方式下，新节点先从邻节点下载所有区块的头信息，新节点可以快速同步而不需要创世区块。区块头信息只有 80 字节，相对来说规模较小，其下载速度比下载整个区块快很多，同时也达到了节点瘦身的效果，去除了无用的信息。

2）接收并验证区块

对接收到的区块进行格式校验，区块头的哈希值要小于规定难度目标，区块大小要在规定范围内，区块中所有交易要按照交易验证规则进行校验。判断当前区块中记录的前一个 Hash 值与节点当前顶端区块的 Hash 值是否相同，如果相同，则该节点就链接上这个新接收的区块，并将其作为顶端区块。

3）区块断链及交易回退

当不同矿工几乎同时挖到合法区块时，不同网络节点会接收到不同的区块信息，然后在不同的区块基础上继续挖矿，这就造成区块链临时分叉。临时分叉后不久，会随着新区块的诞生而产生最长链，那么不在最长链上的分叉区块会断开区块链。区块断链涉及 UTXO 更改，被断开区块中的交易则会回退到交易内存池中，等待重新打包挂链。

2. 交易验证

每个节点在校验每笔接收到的交易时，都遵循如下标准：

（1）交易的语法和数据结构必须正确。

（2）交易的字节大小必须在限制的范围内。

（3）交易的输入、输出都不能为空。

（4）每笔交易的输出以及所有输出的合计，必须在 0 到 2100 万比特币之间。

（5）交易中的签名不大于签名操作的上限。

（6）解锁脚本（Unlocking Script，也称为脚本签名，即 scriptSig）和锁定脚本（Locking Script，也称为脚本公钥，即 scriptPubkey）必须格式规范。

（7）对于每一笔交易的输入，如果其对应的 UTXO 输出能在当前交易池中找到，则该交易不成立，因为当前交易池里的信息是还未记录在区块链中的交易，而对于交易而言，其每一笔输入应该来自确认的 UTXO，如果能够在当前交易池中找到，那就说明这是双花交易，是不能被接受的。

（8）对于每一笔交易输入，如果其对应的 UTXO 输出不能在区块链或者当前交易池中找到，则该交易将会成为孤儿交易。如果与其匹配的交易还没有出现在池中，那么它将被加入孤儿交易池中。

（9）对于每一笔交易输入，其对应的输出必须是 UTXO，即未被花费的交易输出。

（10）不可能存在一笔交易的输入值的总和小于输出值的总和。

（11）如果交易费用太低，那么该交易将不会被打包。

（12）每一个输入的解锁脚本必须和相应输出的锁定脚本共同验证交易的合规性。

3. 共识管理

由于比特币是基于 P2P 网络构建的，那么如何在分散的网络中建立共识机制，是至关重要的。什么是共识机制呢？区块链技术的核心是由系统中的节点竞争进行记账，这个竞争的评判标准就称为"共识机制"，不同的区块链会采用不同的共识机制，比如前面我们提到的工作量证明就是比特币系统的共识机制，设计一道计算困难但易于验证的证明题，任何人都可以通过大量计算得到结果，其他人通过验证这个结果确定其是否正确。计算能力越强的人越容易更快完成证明，第 1 个计算出来的人能够获得系统对应的奖励，这个过程就称为"挖矿"。

目前，由于共识机制的重要性，比特币开源社区开始对共识机制进行管理，未来共识模块将单独作为一个独立的模块，这样既能实现共识模块的复用，也能使共识模块不再依赖于其他模块，降低了系统的耦合性。由此可见，未来的共识管理将实现一种可插拔的共识模块，便于使用。

4. 密码模块和数字签名

密码模块主要用来处理比特币地址，采用 SHA-256、RIPEMD160 以及 Base58 编码等来生成比特币地址，Base58 的校验码对地址信息进行双重 SHA-256 哈希处理，并取前 4 位作为校验码，加在比特币地址的后面，因此比特币地址带有校验信息，可以防止人为错误。比特币的公钥是通过私钥产生的，然后采用 SHA-256 和 RIPEMD160 对公钥进行处理，最后通过 Base58 编码实现比特币地址。比特币采用的签名算法是椭圆曲线数字签名算法（ECDSA），一种基于椭圆曲线离散对数问题的计算困难性的公钥密码方法。

5. 脚本引擎

比特币专门设计了一种脚本语言，该脚本语言的底层是基于堆栈来实现的。脚本引擎是一个校验交易的运算平台，它可以对解锁脚本和锁定脚本进行自动校验；另外脚本引擎还可以用来实现合约。基于堆栈的语言指令只按照顺序执行一次，没有循环或跳转指令，是图灵不完备的脚本语言。比特币脚本语言的规模非常小，只有 256 个指令，每个指令长度为 1 字节。这 256 个指令中的 75 个是保留指令，15 个已经废弃，可用指令有 160 多个。比特币常用脚本指令如表 3.1 所示。

表 3.1　比特币常用脚本指令

关键字	操作码	十六进制数	描述
OP_DUP	118	0x76	复制栈顶元素
OP_HASH160	169	0xa9	弹出栈顶内容，先用 SHA-256 哈希一次，再用 RIPEMD160 哈希第 2 次，将结果压入堆栈
OP_EQUALVERIFY	136	0x88	弹出栈顶两个内容，如果两个内容一样，则返回 1，否则返回 0
OP_CHECKSIG	172	0xac	用输入的公钥检查输入的签名，如果签名符合，则返回 1，否则返回 0
OP_CHECKMULTISIG	174	0xae	用提供的多个公钥检查多重签名的正确性。所有的签名要与公钥匹配，如果所有签名都有效，则返回 1，否则返回 0
OP_RETURN	106	0x6a	标记交易无效

6. 比特币网络管理

比特币的网络管理是为了实现邻节点之间的相互通信。这些通信功能包括：发现邻接点、连接并管理与邻节点的 Socket 连接、与邻节点交换不同的消息、特殊情况下禁止异常行为的邻节点连接。比特币节点的默认配置是主动连接 8 个邻节点，同时允许最多 125 个其他节点发起的连接请求。比特币网络主要通过禁止具有异常行为的邻节点连接，来防止节点受到 DDoS 攻击。如果邻节点传送明显的错误信息，那么该连接将被断开，且其 IP 地址会被禁止，其重新连接申请也会被拒绝。

7. 数据库管理

比特币使用 Berkeley DB 作为钱包数据库。Berkeley DB 是一个开源、轻巧且高性能的嵌入式文件数据库。Berkeley DB 提供了一系列应用程序的接口（API）来访问数据库，其不支持 SQL 语言，对数据的管理也很简单。Berkeley DB 数据库包含若干条记录，每条记录由关键字和数据（Key-Value）两部分构成。数据可以是简单的数据类型，也可以是复杂的数据类型。

LevelDB 是 Google 实现的键值对数据库，目前支持几十亿级别的数据量。LevelDB 是单进程的服务，性能非常高，在一台 4 核 Q6600 的 CPU 机器上，每秒钟写数据超过 40 万条，而随机读的数据每秒钟超过 10 万条。LevelDB 只是一个用 C/C++编程语言开发的库，不包含网络服务封装，所以无法像一般意义的存储服务器（如 MySQL）那样，用客户端来连接它。LevelDB 自己也声明，使用者应该封装自己的网络服务器。LevelDB 在 blocks/index 目录下的*.idb 文件中存放着已知区块的元数据（即其索引），正是通过这些索引文件，才能够实现区块的快速查找；LevelDB 在 chainstate 目录下的*.idb 文件中存放着 UTXO 记录，交易验证便是依靠这些数据进行的。

8. 邻节点管理

在每一个新节点出现之后，新节点为了可以和整个区块链网络中的节点进行协作，该节点必须主动去和已经存在的节点产生联系，即该节点至少与比特币网络中的一个节点相连接，这个过程被称为网络发现。那么新节点又是如何发现邻节点的呢？首先，作为一个新节点，想要直接找到自己的邻节点是很难的，所以在区块链网络中存在一类特殊的节点，这类节点称为种子节点，比特币网络中提供 5 种不同的"种子"，这些种子节点可提供稳定的比特币节点地址。其次，作为新节点，还可以向其邻节点发送请求，获取该邻节点所知道的其他邻节点，这样就可以知道更多的节点地址，其他节点也会知道自己的地址。一般情况下，新节点一般维持与 8 个邻节点相连接。

每个节点会定期发送一些信息去维护与对应邻节点的连接。如果发现与邻节点连接超过 90 分钟还没有联系上，则会认为该邻节点下线了，原节点会寻找一个新的邻节点进行连接。因此，比特币网络能够动态调节节点的连接问题，以保证比特币网络正常运行，不会出错。

9. 内存池管理

比特币内存池管理即为交易池管理。在被添加到区块链分类账之前，每一个区块都必须经过一个挖矿过程，在挖矿之前节点将会把交易放置在交易池中，每次挖矿的时候按一定的优先级次序从交易池中选出交易打包进区块，一旦挖矿成功，则会将该区块添加到比特币网络的主链上。这里的优先级是按交易中输入所对应的 UTXO 的"块龄"和交易金额计算的，UTXO 的"块龄"是指以已经在链上记录该 UTXO 的区块为起点，计算该区块后面有多少个区块，即该 UTXO 在区块链中的"深度"。"块龄"大的交易比那些新的、输入值小的交易拥有更高的优先级。交易的优先级计算方式如下：

优先级=(交易输入值×UTXO 块龄)/交易的总长度

其中，交易输入值由比特币单位"聪"来表示，交易总长度由字节来表示。区块中用来存储交易的前 50KB 是保留给较高优先级交易的，然后优先选择矿工费高的交易来填充剩下的区块。区块的大小上限为 MAX_BLOCK_SIZE，若区块还剩余空间，挖矿节点则可以选择或者忽略包含那些不含矿工费的交易。新的区块形成后，内存池中的剩余交易会成为下一个区块的候选交易，由于这些交易的块龄会增大，相应地，优先级也会增大。

其实，在一些比特币节点的实现中还会维护一个孤儿交易池，对于每一个交易输入，如果不能在区块链或者当前交易池中找到其对应的 UTXO 输出，则该交易将会成为一个孤儿交易并被加入孤儿交易池中。

10. ZMQ 队列管理

ZMQ 即 Zero Message Queue（零消息队列）。与传统意义上的消息队列服务器不同，ZQM 更像是一个底层的网络通信库，可以在进程内、内核中以消息为单位传输数据。ZMQ 使 Socket 套接字编程更加简洁，并且具有更高的性能。ZMQ 提供 3 种基本的通信模型，分别是"Request-Reply""Publisher-Subscriber""Parallel Pipeline"。比特币采用 ZMQ 作为消息队列管理和消息分发的工具。

3.2　区块链 2.0 架构——以太坊区块链

在区块链 2.0 架构出现之前，以比特币为代表的区块链开发难度非常大，这就导致开发产品形式单一，主要的产品都是数字货币。在那时，除比特币以外，还逐渐涌现出一些"山寨币"。因为"山寨币"的源代码与比特币基本一致，所以"山寨币"同样具有比特币资源消耗严重、无法处理复杂逻辑的弊端，这就导致区块链技术并没有发生实质性飞跃，区块链也没能跳出货币这一单一应用。在比特币等货币逐渐暴露出各种弊端后，业界开始关注比特币底层支撑技术——区块链，编写了具有模块化、可重用、自动执行等功能的脚本，该脚本在区块链（智能合约）上运行，大大拓展了区块链的应用范围，由此区块链进入了 2.0 时代。

区块链 2.0 时代的典型代表就是以太坊平台。以太坊是一个灵活的、可编程的区块链平台，提供了图灵完备的智能系统。在以太坊网络中，开发者可以创建符合自己需要的、具备不同复杂度的去中心化应用（DAPP）。以太坊之所以能成为区块链 2.0 时代的代表，一个重要原因在于它提出并运用了"智能合约"。智能合约是用代码的方式定义一套交易规则，因为以太坊同样具备区块链技术的"去中心化"特征，所以需要通过代码来维持系统的正常运转。在交易过程中，一旦触发"智能合约"的条款，相关代码便会自动执行。随着区块链 2.0 时代的到来，许多新的区块链应用场景逐渐涌现，如金融交易、保险、身份认证、档案登记等。

3.2.1　以太坊发展历史

2013 年年末，以太坊创始人 Vitalik Buterin 发布了以太坊初版白皮书，在全球的密码学货币社区陆续召集到一批认可以太坊理念的开发者，正式启动了以太坊项目。

2014 年 2 月，以太坊的各个方面都发生了突飞猛进。同月，Vitalik Buterin 于迈阿密比特币会议第 1 次公布了以太坊项目，并在 Reddit 上举办"问我们任何事儿"活动，核心开发团队由此成为世界级的密码学货币团队。同年 3 月，第 3 版测试网络（POC3）发布。4 月，

Gavin Wood 发布了以太坊黄皮书，这是以太坊的技术核心，该黄皮书将以太坊虚拟机（EVM）等重要技术规格化。6 月，以太坊团队发布了 POC4，并快速向 POC5 前进。在这期间，团队还决定将以太坊发展成一个非营利性组织。同年 7 月，以太坊进行了为期 42 天的以太币预售，这次 ICO 共募集到 31531 个比特币，根据当时的比特币价格，可折合 1843 万美元，是当时排名第二大的众筹项目。

2015 年 7 月，以太坊团队正式发布了以太坊最初的网络版本，即 Frontier 版本。Frontier 的主要用途是进行以太坊挖矿，这样开发者就可以在该网络中测试去中心化的应用。由于 Frontier 阶段以太坊客户端只有命令行界面，没有图形界面，所以该阶段的使用者主要是开发者和研究人员，该版本只能算作以太坊的雏形。

2016 年 3 月，以太坊发布了 Homestead。Homestead 与 Frontier 相比，在技术方面没有太大的突破，只是表明以太坊网络已经能够平稳运行，不再是不安全、不可靠的网络。在此阶段，以太坊提供了具有图形界面的钱包，使得以太坊不再专属于开发者，普通用户同样可以体验和使用以太坊。

2017 年 3 月，企业以太坊联盟（Enterprise Ethereum Alliance，EEA）宣布成立，该联盟旨在创建一个企业级区块链解决方案，共同开发产业标准。同年 5 月，以太坊上线 OKCoin 和火币网。10 月，Metropolis 版本正式出现，表明了以太坊来到了第 3 个阶段。

2018 年，区块链和加密货币开始进入大众视野，Vitalik Buterin 作为以太坊的缔造者自然成为最炙手可热的"明星"，因为频频来中国参加活动，他甚至学会了用汉语做分享和演讲。但随着大量的资金和人员涌入，泡沫逐渐破裂，区块链风口也归于沉寂。最直观的表现就是币价的暴跌，从 2018 年年初至年底，比特币暴跌超 80%，以太坊暴跌 90% 左右，并且市值一度跌落到第 3 名。

总结看，以太坊的发布分为 4 个阶段，即 Frontier（前沿）、Homestead（家园）、Metropolis（大都会）和 Serenity（宁静），前 3 个阶段以太坊的共识算法采用的是工作量证明（PoW）机制，而在第 4 个阶段则切换到权益证明（PoS）机制。如今前 3 个阶段的升级目标已经于 2020 年前完成并公布于众，而第 4 个阶段的升级目标至今都还未完全落地，正处于合并过程（即 PoW 到 PoS 的转换，以及主链与信标链的合并），该过程需要数月长的持续测试和推进。

3.2.2 以太坊客户端

自以太坊发布以来，出现了多种语言版本的客户端[13]。

1）go-ethereum

go-ethereum（简称 geth）客户端是一个命令行界面，在 Go 上实现完整的以太坊节点。在安装和运行 geth 后，用户可以参与挖货真价实的以太币，还能在不同地址间转移资金和创建合约，发送交易等。

2）Parity

Parity 声称是世界上最快速、最轻便的客户端，它由 Rust 语言写成，具有比较完善的可靠性和性能。

3）Ethereum（J）

Ethereum（J）由 Roman Mandeleil 开发，基于以太坊协议的纯 Java 语言实现。该客户端可以嵌入任何 Java/Scala 项目，并为以太坊协议及服务提供完全支持。Ethereum（J）支持

CPU 挖矿。目前它由纯 Java 实现，可用于私人和测试网络。

在以太坊进入 Homestead 阶段后，Go 语言的客户端占据了主导地位，所以这里着重讲解主流的以太坊客户端 geth。geth 是一个完全的命令行界面，同时也是一个以太坊节点。通过安装和运行 geth，可以实现搭建私有链、挖矿、账户管理等常用功能。安装完 geth 后，可以通过在控制台输入 geth version 命令，查看 geth 的当前版本信息，如果输出了 geth 的版本信息，则表示 geth 已经安装成功。

geth 控制台是一个交互式的 JavaScript 执行环境，可以通过 JavaScript 控制台和 JavaScript 代码访问以太坊，那么如何启动 JavaScript 控制台呢？其实很简单，在命令窗格执行 geth console 命令，就可以成功启动了，后面就可以输入 JavaScript 代码了。

geth 控制台内置了一些用来操作以太坊的 JavaScript 对象，可以直接调用这些对象来获取区块链上的相关信息。这些对象主要包括：

- eth：包含对区块链进行访问和交互的相关方法；
- net：包含查看 P2P 网络状态的方法；
- admin：包含管理节点的相关方法；
- miner：包含挖矿相关的一些方法；
- personal：包含账户管理的方法；
- txpool：包含查看交易内存池的方法；
- web3：包含以上所有对象，还包含一些通用方法。

下面就来看看如何搭建一条以太坊私链和一些简单的操作命令。通过以下学习，我们可以创建一个私有区块链，自己动手挖矿，通过完成这些操作来更加深入地理解以太坊的相关概念。需要注意的是，这些命令都是基于 macOS X 完成的，在 Windows 下可能会稍有不同，读者可以自行测试。

1. 配置创世区块文件 genesis.json

在正式搭建一条私有区块链之前，需要为区块链创建一个创世区块。通过自行配置创世区块文件，从而告诉以太坊如何创建，该文件一般是 json 格式的，这里我们就将其命名为 genesis.json，代码如下：

```
{
  "config":
    {
      "chainId":15,
      "homesteadBlock":0
    },
  "difficulty":"10",
  "gasLimit":"2100000",
  "timestamp":"0x00",
  "alloc":{}
}
```

一个完整的创世区块文件的配置是非常复杂的，本例中只对创世区块中的重要参数进行了相关配置，使读者能够更加清晰地了解以太坊的知识点。

创世区块的基本设置描述如下。

chainId：指定该私有区块链的网络 ID。网络 ID 在连接到其他节点时需要用到，所以必须指定其网络 ID。需要注意的是，因为以太坊的公网 ID 为 1，为了保证不与公网冲突，设置的网络 ID 不能为 1。

homesteadBlock：以太坊官方一般建议设置成第 2 个发行版本 homesteadBlock，其中设置 0 表示有效。

difficulty：指挖矿难度，和比特币中的挖矿难度一样，该数值越小，说明挖矿越容易，所需要的算力也就越小。所以在搭建私链进行测试时，建议设置一个比较小的值，否则挖矿时间会非常长，不利于测试。

gasLimit：挖一个区块需要消耗的 gas 上限。gas 和以太币一样，都是以太坊中的单位。之所以将 gas 和以太币分开，就是为了防止以太币的波动对挖每个区块消耗资源的影响。

timestamp：创世区块的时间戳。

alloc：存放预设账户以及账户的余额，可以设置为空，后面自己创建即可，也可以预先设计几个账户，这都是允许的。

2. 初始化区块链

代码如下：

```
geth init genesis.json --datadir test
```

这里的 test 是初始化区块链后区块链相关数据保存的目录。执行该命令后，会在当前 genesis.json 文件所在的目录生成一个 test 文件夹。

在生成的 test 目录下面有两个子目录，分别是 geth 和 keystore。其中，geth 目录用来保存区块链的相关数据，而 keystore 目录用来保存账户文件。

3. 启动以太坊客户端 geth

代码如下：

```
geth --datadir test console
```

执行该命令后会进入以太坊控制台。

如表 3.2 所示是以太坊账户的常用操作命令。

表 3.2　以太坊账户常用操作命令

命令	描述
personal.newAccount(" 密码 ")	创建新账户
personal.listAccounts	查看账户列表
personal.unlockAccount(" 以太坊账户 ")	解锁账户
eth.accounts	列出账户列表
eth.getBalance(" 以太坊账户 ")	查询账户余额，返回单位是 Wei
eth.blockNumber	获取当前区块高度
eth.getTransaction()	获取交易信息
eth.getBlock()	获取区块信息
eth.sendTransaction({from: " 以太坊账户 1 " ,to: " 以太坊账户 2 " ,value:100})	转账（从账户 1 转到账户 2）
eth.coinbase	查看当前的矿工
miner.setEtherbase(" 以太坊账户 ")	将当前账户设置为矿工
miner.start()	开始挖矿
miner.stop()	停止挖矿
web3.fromWei()	换算成以太币
web3.toWei()	以太币换算成 Wei

需要注意的是，很多初学者在进行转账后，习惯性地会立即去查询当前账户的余额，但是会发现账户并没有任何变化。其实，这是因为还没有进行挖矿所导致的，没有挖矿，相应的交易也就没有打包，相关信息也就没有上传到区块链上，所以无法查询到转账信息，我们只需要在命令控制台输入 miner.start() 即可解决这一问题。

3.2.3   以太坊钱包

以太坊钱包有 Mist，Mist 是一个全节点钱包，打开钱包后，计算机会自动同步全部的以太坊区块信息，同步需要花费很长时间，因而对网络要求较高。其次就是 MyEtherWallet，MyEtherWallet 是一个轻钱包，无须下载，直接在网页上就可以完成所有的操作。在 MyEtherWallet 上生成的私钥由用户自我保管，平台方并无备份。最后还有 MetaMask，MetaMask 是一款在谷歌浏览器 Chrome 上使用的插件类型的以太坊钱包。本节中我们将重点介绍 MetaMask[14]。

安装 MetaMask 后，我们就可以在谷歌浏览器的工具栏上看见一个"狐狸头"图标，单击它，系统会要求接受相应的条款和条约，接受后输入密码即可创建新的以太坊钱包。

设置密码后，MetaMask 将生成一个钱包，并显示由 12 个英文单词组成的助记词，如果 MetaMask 或计算机出现问题，导致无法打开钱包，我们可以在任何兼容的钱包中使用这些助记词来恢复对资金的访问。所以这 12 个助记词是非常重要的，必须妥善保管，如果有必要，最好是记录在纸上以作备份。

图 3.4 是 MetaMask 的登录界面，输入用户名和密码即可登录；第 1 次注册的时候，我们会进入一个显示 12 个助记词的界面。

进入 MetaMask 后，单击界面右上角的按钮，切换对应的网络，如图 3.5 所示。

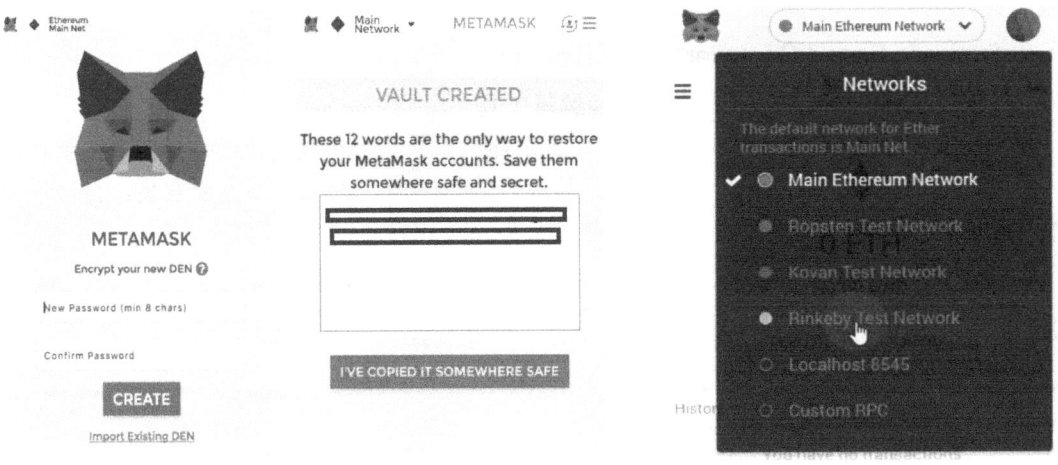

图 3.4   MetaMask 的登录界面   图 3.5   MetaMask 切换网络

Main Ethereum Network（NetworkID:1）：以太坊主网络，也就是以太坊公网，这是真正的以太坊网络。

Ropsten Test Network（NetworkID:3）：以太坊公共测试区块链网络，使用 PoW 共识机制，该测试网络上的以太币是没有任何价值的，仅供测试使用，所以 Ropsten 测试网络上的挖矿难度较低，一方面使得普通的计算机也能够快速挖出区块，另一方面方便开发人员测试使用。

Kovan Test Network（NetworkID:42）：以太坊公共测试区块链网络，使用 Aura 协议进行权威 PoA 共识，该测试网络上的以太币也是没有任何价值的。该测试网络的出现是为了解决 Ropsten 测试网络中的 PoW 共识问题。PoW 是依靠工作量来获得生成区块的权利的，浪费了许多的算力，而 PoA 共识算法是由若干个权威节点生成区块的，其他节点无权生成，这样便不存在竞争挖矿的问题。由于测试网络中的以太币没有任何价值，权威节点仅仅用来防止随意生成区块，完全是义务劳动，不存在作恶动机，因此在测试网络上使用这种共识算法是完全可行的。

Rinkeby Test Network（NetworkID:4）：以太坊公共测试区块链网络，使用 Clique 协议进行权威 PoA 共识，该测试网络上的以太币也没有任何价值。与 Kovan 不同的是，以太坊团队提供 Rinkeby 的 PoA 共识机制的说明文档，从而使开发者更好地了解测试网络中的工作原理。

Localhost 8545：连接到与浏览器在同一台计算机上运行的节点。该节点可以是任何公共区块链（main 或者 testnet）的一部分，也可以是私有 testnet。

Custom RPC：允许将 MetaMask 连接到任意兼容 geth 的 RPC 接口的节点。该节点可以是任何公共或私有区块链的一部分。

3.2.4　Solidity 开发工具

Solidity 语言是以太坊官方推荐使用的一种高级编程语言，用于编写智能合约，与 JavaScript 有些类似。Solidity 语言支持继承、库和复杂的用户定义类型等。所以如果想要创建自己的合约代码，Solidity 是必不可少的工具，本小节将简单介绍一些 Solidity 语言的集成开发工具。

1. Browser-Based Compiler（又称 Remix）

Remix 是 Solidity 官方强烈推荐的在线编辑工具。

Remix 是一个开源的 Solidity 智能合约开发环境，是一个在线浏览器编译器，主要使用 C++开发，它能够提供基本的编译、部署、执行合约等功能。Remix 不需要安装，打开浏览器输入对应的网址就可以使用。图 3.6 是中文版 Remix 的界面。

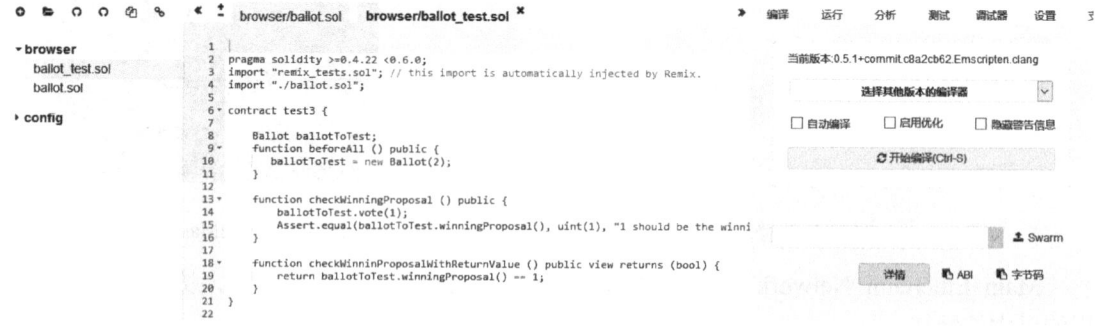

图 3.6　Remix 的界面

2. Atom

Atom 是 GitHub 专门为程序员推出的一个跨平台的文本编辑器，具有直观的图形用户界面，支持 CSS、HTML、JavaScript 等语言。可以通过 Atom Ethereum Interface 编辑器的插件，提供 Solidity 语法高亮、编译和显示实时的运行环境等功能。

3. Visual Studio

Visual Studio 提供了一款名为 Visual Studio Extension 的插件，安装完该插件后，就可以提供对 Solidity 的支持。

4. Vim Solidity/Vim Syntastic

Vim Solidity 是 Vim 编辑器的插件，提供语法高亮显示的功能。

Vim Syntastic 是 Vim 编辑器的插件，提供编译检查功能。

5. Mix IDE

Mix IDE 是一个基于 Qt 的 Solidity 集成开发环境，可以用来设计、调试和测试 Solidity 的智能合约，但目前已经不再更新维护，也不推荐在开发中使用。

3.2.5　以太坊核心

1. 以太坊虚拟机

虚拟机是指通过软件模拟的、具备完整硬件系统功能并运行在隔离环境下的完整计算机系统，比如虚拟化物理机 VMware、Java 虚拟机（JVM）等。而以太坊虚拟机（Ethereum Virtual Machine，EVM）则是建立在以太坊区块链上的智能合约的运行环境，是以太坊平台最核心的组件。EVM 是一个完全独立的沙盒，合约代码可对外完全隔离并在 EVM 内部运行。

和 JVM 一样，EVM 也是基于栈的虚拟机，执行的也是字节码。以太坊提供了 3 种编写智能合约的语言，分别是 Solidity（以太坊官方最推荐使用的编写智能合约的语言）、Serpent 和 LLL，这 3 种语言将源代码编译成 EVM 中执行的 EVM 字节码，然后部署到以太坊区块链上。

2. 以太坊共识算法

当前，我们正处于以太坊发展的第 3 个阶段，也就是说如今的以太坊共识算法采用的是 PoW 共识算法。比特币中出块的速度大约是 10 分钟，而以太坊通过动态调整难度达到平均每 15 秒在全网中生成一个新的区块，出块速度要比比特币快很多。另外，以太坊还提出了"叔块"的概念，由于以太坊的出块速度快，分叉的可能性相应较高，通过鼓励引用叔块，使矿工同样获得一定的报酬，由此激发矿工挖矿的积极性，同时一定程度上使主链更加安全。

下面来讨论以太坊的收益问题。每当一个矿工挖到一个区块时，他将获得 5 个以太币作为静态收益，同时获得燃料费。另外，矿工也将获得一个"叔块"，包含进区块链的额外奖励，相当于每包含一个父区块将获得 1/32×5 的以太币收益。而产生叔块的矿工将按下面的公式获得奖励：

挖到叔块矿工奖励=(叔块 ID + 8 −当前块 ID)× 5/8

例如，当前块 ID 是 1600，如果叔块 ID 是 1599，那么挖到叔块 1599 的矿工将获得 7×5/8，即 4.375 以太币的奖励。

在以太坊的第 4 个阶段，即 Serenity（宁静），以太坊共识算法将会切换到 PoS，简单来说，就是根据持有人持有的货币量和时间来分发利息的一个制度，在这种模式下，有一个"币龄"的概念。每个币每天产生 1 币龄，比如有 100 个币，总共持有了 20 天，那么币龄就是 2000，这时，如果要打包一个区块，币龄就会清空，每清空 365 个币龄，就会获得 0.05 个币的利息（可以理解为年利率 5%）。在这个例子中，利息=2000×5%/365=0.274 个币。PoS 模式下的年利率一般都是不同的，此处仅仅是举例。

3. 以太坊数据存储

以太坊中存储的数据结构是 Merkle Patricia Tree。以太坊结合了 Merkle 树和 Patricia 树并进行了优化[15]。

在第 2 章中，我们已经知道 Merkle 树的一个非常明显的优势就是在验证过程中能够快速定位到篡改的数据，只要数据出现一点差异，那么所计算出来的 Hash 值就不一样。因此通过比较两棵 Merkle 树，就可以很容易地找到出现问题的路径和数据。

Patricia 树，又称压缩前缀树，其是在前缀树的基础上进行了压缩，从而更加节约空间，对于每个节点，如果该节点是唯一的儿子，就和父节点合并，如图 3.7 所示。

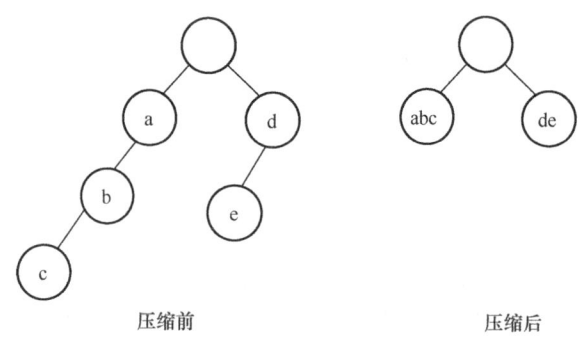

压缩前   压缩后

图 3.7 Merkle Patricia Tree

Merkle Patricia Tree 结合了 Merkle 树和 Patricia 树的优点，在 Patricia 树中根节点为空，而 Merkle Patricia Tree 可以在根节点保存整棵树的 Hash 值，校验和生成与 Merkle 树一样。以太坊采用 Merkle Patricia Tree 保存交易的状态，压缩了树的高度，降低了操作的复杂度。

4. 以太坊远程过程调用

远程过程调用（Remote Procedure Calls，RPC）是一种通过网络从远程计算机程序上请求服务，而不需要了解底层网络技术的协议，是从一台机器上通过参数传递的方式调用另一台机器的一个函数或一个方法，在这我们可以统称为服务并得到返回的结果。

相比较全功能的客户端，远程过程调用以太坊的客户端只提供了一部分核心功能，这些客户端不会保存完整的区块数据，不会占用大量的磁盘空间，启动也非常的快。远程过程调用以太坊客户端提供管理钱包中的私钥和以太坊地址、创建并广播交易、与智能合约进行交互、浏览并使用 DAPP、向浏览器注入一个 Web3 实例等功能。

5. 以太坊智能合约

1995 年，智能合约由法律学者尼克萨博（Nick Szabo）首次提出，当时定义如下：一个智能合约是一套数字形式定义的承诺，包括合约参与方可以在上面执行这些承诺的协议。如今智能合约是一种旨在以信息化方式传播、验证或者执行合同的计算机协议。智能合约允许在没有第三方的情况下进行可信交易，这些交易可追踪且不可逆转。

以太坊智能合约是一段部署在以太坊区块链上的程序，运行在 EVM 上。这段程序可以按照事先约定好的规则自动执行相应的操作，执行对应的代码逻辑。同时，该合约还能对接收到的信息进行相应的处理，它既可以接收信息，也可以向外发送信息，支持回滚，如果执行某个方法发生异常，则该方法已经执行的操作都将会回滚，但如果错误的交易已经执行完毕，则没有办法纠正。此外，智能合约也是一个以太坊账户，并且一个智能合约可以调用其他的智能合约。

基于以上叙述，勾画出以太坊架构图如图 3.8 所示。

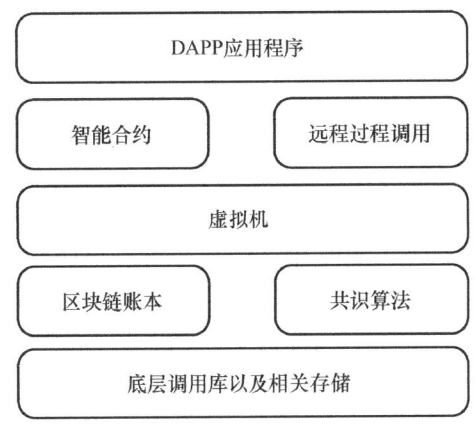

图 3.8　以太坊架构

3.2.6　以太坊重大事件

虽然以太坊拥有极大的发展潜力及价值，但是，随着新事物的发展，相关问题必然会出现。在以太坊发展过程中，一个非常重要的事件就是以太坊分叉。自成立以来，以太坊网络进行了数次硬分叉。

第 1 次分叉是为了调整未来挖矿的难度，确保未来的用户会有转换值权益证明的动机。

第 2 次分叉是在 2016 年春季进行的，此分叉的目的是发布第 1 个稳定的版本，也就是我们前面提到的 Homestead，即家园阶段。

2016 年 6 月，以太坊出现了第 3 次分叉，这次分叉与前两次不同，这次分叉是由于以太坊中一个去中心化的自治组织 The DAO 被黑客攻击，造成了市值五千万美元的以太币被转移。由于以太坊程序不允许黑客立即提取这些以太币，因此留给了以太坊团队一些时间解决该问题。最后在该年 7 月，以太坊进行了硬分叉，使所有的以太币都回归到了原处，但是出现了一个争议性的问题：以太坊是一个去中心化的平台，不应该有机构能够干预以太坊，更不可能出现硬分叉。由于这个问题，现在的以太坊分为两派，分别是以太坊和以太坊经典（不接受此改变的区块链）。这次分叉后，在两个区块链之间进行重放攻击变为可能，加上其他的网络攻击，让以太坊和以太坊经典又各自进行了数次分叉来避免攻击。

第 4 次分叉是在 2016 年年底进行的。这次分叉的目的是为区块链减重，并加入一些避免网络攻击的设计，但由于当时沟通的疏忽，这次分叉后导致以太坊的两个主要客户端 geth 和 Parity 失去共识而产生意外的分叉，但还好以太坊官方及时发现问题，并在数小时内找到并修正。

2017 年，ICO 的盛行使得以太币的价格水涨船高，最高曾达到 1400 美元。2018 年，以太坊网络上的一款 DAPP——养猫游戏引爆市场，见证了以太坊网络上 DAPP 的发展，但同时人们也关注到以太坊网络拥堵的问题。

2019 年，以太坊夯实基础进行升级，升级的目标之一就是确保以太坊区块链与匿名 Zcash 加密货币的兼容，并通过零知识证明协议提高网络的可扩展性。之后，以太坊与三星等巨头达成合作，生态越来越繁荣，基于以太坊网络上开发的 DAPP 也越来越多。

自 2020 年以来，DeFi 的兴起，以太坊网络的持续升级给以太坊带来了更多的拓展机会。2022 年 9 月，以太坊迎来里程碑式的合并升级，自此其共识机制由 PoW 切换至 PoS，减少了能源消耗。

◥ 3.3　区块链 3.0 架构——超越货币、金融范围的区块链应用

区块链的发展首先经历了 1.0 比特币独领风骚的时代，让世界见证了比特币的汹涌势头；接着到来的 2.0 时代是以以太坊为代表的智能合约时代，暗示着不需要第三方的、去中心化的、公开透明的技术开始逐渐成熟；随着区块链技术的不断发展，区块链以其分布式、公开透明以及防篡改等特点逐渐受到社会的关注和支持，在物联网、医疗、供应链等各个领域都不断有新的应用出现，由此区块链发展开始进入区块链 3.0 阶段。

支持行业的应用意味着区块链平台必须具有企业级的属性，一般来说企业级的区块链部署模式一般是联盟链或是私有链，在联盟链应用中，企业只有经过授权才能进入该联盟链，也就是说有相应的权限控制。在私有链中，就有点类似于中心化管理了，虽然在感觉上与区块链的初衷相违背，持反对意见的人也不在少数，但它仍有相应的应用价值。

目前，业界还没有一个成熟的区块链 3.0 平台，Hyperledger 中的 Fabric 项目是基于 IBM 开源的 Open Blockchain 平台[16]，该平台的设计已接近区块链 3.0 架构。即便如此，区块链 3.0 平台的发展尚未成熟，仍需大家共同探索。

区块链 3.0 的应用场景非常多，下面将简单介绍一些典型的应用场景。

1）物联网应用领域

区块链与物联网可以说一直是科技领域的热门话题，二者结合的可能性也一直备受关注，区块链的去中心化架构颠覆了物联网的中心架构，减轻了中心计算的压力。区块链的准确性和不可篡改性使物联网的隐私安全问题得到了保障。区块链与物联网的结合，解决了物联网的三大顽疾：首先，物联网架构中数据总要汇总到集中的控制中心，导致中心服务器承受着巨大的压力；其次，物联网的中心化管理模式容易产生泄露隐私、偷窥隐私等问题，此类隐私安全问题一直是人们所顾忌的；最后，一旦进入物联网，就有可能面临病毒、黑客的攻击，从而使设备遭受不同程度的瘫痪。

2015 年年初，IBM 与三星宣布合作研发"去中心化的 P2P 自动遥测系统"，使用区块链作为物联网设备的共享账本，打造去中心化的物联网。

2017 年，IEEE 成立了可信物联网数据管理工作组，参与企业包括思科、博世、ConsenSys、物缘科技、0xSenses、华为、海尔、小米等。

2）医疗应用领域

医疗与区块链的结合也是热点研究领域之一，然而医疗数据共享的痛点在于患者的敏感信息和隐私保护。区块链作为一种多方维护、信息存储安全的分布式记账技术，为医疗数据共享带来了突破点。如今，区块链在医疗领域的应用场景主要有以下两种：

① 患者历史医疗数据之间的流通与共享，但考虑到医疗数据的敏感性，所以只有在满足数据访问权的基础上，才能够获取患者相应的医疗数据信息。

② 患者的医疗数据用于研究机构的建模和研究，这也是如今医疗领域需要考虑的一个应用场景。

区块链技术的日益普及和发展，给医疗领域带来了显而易见的革新，医疗机构、制药厂、政府等都可以从中获利，有关健康的医疗数据能够以一种更为安全、快捷的方式在全网共享，更好地助力智慧医疗的发展。

3）供应链应用领域

区块链的核心优势在于点对点的可靠信任，保证信息的不可篡改与公开透明。区块链与供应链的融合，使供应链提高了端到端的数据透明度，降低了成本和风险，同时有效解决了信息孤岛现象，打通采购、生产、物流、销售、监管等一系列环节。

联想公司就将区块链和供应链相结合，在原有信息化基础上构建出一个可信的供应链信息共享通道，实现联想与上下游供应商、经销商、代工厂、金融机构的可信链接和共享，形成可信数据，进而开展协同业务，不仅增强了整体供应链协同流程的透明度，还降低了各参与方发生业务纠纷的风险，提高了运营效率。联想区块链负责人表示"各参与方通过账本共享的方式，将需要参与方确认和核对的信息记录在区块链上，增加多方交互过程中的信息透明化程度，同时可利用智能合约触发业务流程的自动化处理。"

4）虚拟资产的兑换、转移

在游戏或某些行业中，消费者会积累很多的虚拟资产（点数、积分、奖励、装备等虚拟资产）。使用者希望能够方便地实现虚拟资产的兑换和转移。比如将游戏中的虚拟资产从一个游戏转移到另一个游戏中，或者直接提现到自己的账户中。由于当前很多中心化的兑换平台很容易被运营商操纵，因此如何建立一个自动化、可信任的去中心化系统来实现资产的监管和转移是需要考虑的问题。采用区块链有可能成为解决该问题的最好方案，在不受第三方的影响下，区块链可以实现虚拟资产的公开透明、公正转移和自动到账等。

5）其他应用领域

除上面列举的一些应用领域外，区块链还可以应用在云存储、知识产权、征信管理、公益、电子商务、游戏等领域中。

但是，区块链仍存在以下问题有待解决[17]。

1）区块链安全问题日益凸显，安全防护是未来发展的前提

在数学原理上，区块链系统具有公开透明、难以篡改、可靠加密、防 DDoS 攻击等优点，与现有技术相比是完美的。然而，交易所的安全问题一直是区块链安全问题的"重灾

区"，如钱包盗窃、交易所信息泄露、矿池盗窃等。因此，使用者应提高对计算机、加密原理、网络安全技术等的认知。另一方面，未来需要从基础设施、系统设计、操作管理、隐私保护和技术更新迭代等多方面的技术和管理上全局考虑，确保应用安全。

2）隐私安全问题日益凸显

随着数字货币的普及，具有天然匿名属性的现金已经逐渐退出交易舞台，取而代之的是逐步崛起的电子支付和数字货币。数字货币为我们带来了极大便利的同时，也存在着一定的隐私风险。在当前区块链网络中，一旦将数字钱包地址和其拥有者的个人信息对应起来，该钱包拥有者的所有账户信息、交易细节都将在整个网络中一览无余。比特币作为区块链技术的典型代表，就存在着较大的隐私安全问题。

3）区块链的跨链需求增多，互联互通的重要性凸显

随着区块链应用深化，支付结算、物流追溯、医疗病历、身份验证等领域的企业或行业都将各自建立区块链系统。在支付领域，区块链技术的应用有助于降低金融机构间的对账成本，从而显著提高支付业务的处理速度及效率，这一点在跨境支付领域的作用尤其明显。在众多行业系统中，跨链协作与互通成为必然趋势。可以说，跨链技术是区块链实现价值互联网的关键，区块链的互联互通将成为越来越重要的议题。

虽然区块链的应用仍有问题需要解决，但我们相信，随着人工智能、物联网的快速发展，区块链的应用场景会更加广泛。不久的将来，区块链有望成为下一代互联网的重要组成部分，扮演着举足轻重的角色。

▽ 本章小结

作为区块链研究人员，有必要了解区块链的发展历程和技术架构。本章深度剖析了区块链 1.0 架构、区块链 2.0 架构，同时也介绍了如今兴起的区块链 3.0 架构的一些应用场景。学习本章内容后，读者可以深入地了解比特币架构以及一些比特币的相关原理和知识，同时还可以了解以以太坊为代表的区块链 2.0 架构，并且可以自己动手创建一个以太坊私链，实现简单的转账和挖矿功能。最后，我们还列举了区块链 3.0 架构在现实生活中的应用案例，这更有利于加深读者对区块链的理解。

▽ 习题 3

1. 区块链 1.0 的典型代表是_____。

2. 区块链 2.0 的典型代表是_____。

3. 目前业界还没有一个成熟的区块链 3.0 平台，_____平台的设计已接近区块链 3.0 架构。

4. 比特币架构总体上分两部分：_____和_____。

5. 比特币钱包不同于实体钱包，实体钱包装的是钱，但比特币钱包装的不是比特币，而是_____。

6. 比特币节点后端主要用于实现_____。

7．以太坊之所以能成为区块链 2.0 的代表，一个重要原因在于它提出并运用了_____。

8．以太坊的发布分为哪 4 个阶段？

9．我们正处于以太坊发展的第 3 个阶段，也就是说如今的以太坊共识算法采用的是_____。

10．区块链仍存在哪些问题有待解决？

11．主流的以太坊客户端 go-ethereum 是一个完全的命令行界面，同时也是一个以太坊节点。通过安装和运行 go-ethereum，可以实现搭建私有链、挖矿、账户管理等常用功能。简述创建一个私有区块链的流程。

12．简述以太坊私有区块链创建完成后，操作以太坊账户常用的一些命令。

第 4 章　共识算法与智能合约详解

区块链诸多特性中一个重要的特点就是其使用分布式架构来存储数据。与集中式架构相比，去中心化的分布式系统运行在不可靠的环境中，可能出现网络丢包、时钟漂移、节点宕机、节点作恶等故障情况，要保持系统的一致性、完整性、安全性是十分困难的，因而需要定义容错协议以确保各个主机之间达成共识。

自20世纪80年代起，各种分布式系统的共识机制相继出现。所谓"共识机制"，是通过特殊节点的投票，在很短的时间内完成对交易的验证和确认；对一笔交易，如果利益不相干的若干个节点能够达成共识，就可以认为全网对此也能够达成共识。而区块链的出现也让共识算法有了更好的发展。

本章将从最基本的拜占庭容错机制开始，逐一介绍现阶段在区块链中比较常见的几种共识算法。另外在最后，也将简要介绍区块链领域独有的智能合约。

4.1　拜占庭容错技术

4.1.1　拜占庭容错（BFT）算法

在开始讲拜占庭容错算法前，先给大家讲一个故事，这个故事能为大家理解共识协议以及拜占庭容错算法提供很大的帮助。

拜占庭位于如今的土耳其的伊斯坦布尔，是东罗马帝国的首都。由于当时拜占庭罗马帝国国土辽阔，为了达到防御目的，每个军队都分隔很远，将军与将军之间只能靠信使传递消息。在战争的时候，拜占庭军队内所有将军和副官必须达成一致的共识，判断有赢的机会才去攻打敌人的阵营。但是，在军队内可能存在叛徒和敌军的间谍，左右将军们的决定。这时候，在已知有成员谋反的情况下，其余忠诚的将军在不受叛徒的影响下如何达成一致的协议呢？由此就形成了拜占庭将军问题。

但是，"达成一致"就可以解决问题了吗？显然不是。每个将军的判断可能都不相同，需要让每个忠诚的将军正确地表达自己的判断，而不因叛徒的存在让其他将军认为自己是叛徒而不采用其传达的消息。所以，拜占庭将军问题形式化的要求就是需要满足一致性和正确性，其形式化描述如下。

- 一致性：每个忠诚的将军必须接收到相同的命令值 V_i；
- 正确性：若第 i 个将军是忠诚的，那么他发送的命令值和每个忠诚的将军接收到的 V_i 是相同的。

上述拜占庭将军问题是用来描述分布式系统一致性问题的典型例子，由 Leslie Lamport 等人于 1982 年提出[18]，被称为"The Byzantine Generals Problem"或者"Byzantine Failure"。对于拜占庭将军问题的研究表明，假设叛徒的个数为 n，将军的总数为 m，当 $m>3n$ 时，才能确保将军们可以达成一致的命令。

类比到区块链网络中，参与共识记账的每一个节点相当于将军，节点之间的消息传递相当于信使，某些节点可能由于各种原因而产生错误的信息并传递给其他节点。通常这些发生故障的节点被称为拜占庭节点，而正常的节点即为非拜占庭节点。

拜占庭容错算法要解决的正是当分布式系统中存在拜占庭节点时，系统的一致性、正确性等问题。假设一个分布式系统共拥有 n 个节点，其中拜占庭节点不超过 f 个，且满足 $n \geq 3f+1$，拜占庭容错算法需要满足以下两个条件：

（1）所有非拜占庭节点使用相同的输入信息，计算产生的结果相同。对区块链系统而言，如果输入的随机数、区块算法、原账本均相同，那么需要满足计算输出的结果也相同。

（2）如果输入的信息正确，那么所有非拜占庭节点必须接收这个消息，并计算相应的结果。在区块链系统中，可以理解为，非拜占庭节点需要对用户的请求进行计算并生成区块。

另外，拜占庭容错算法还需要达成以下两个指标：

（1）安全性（Safety）：任何已经完成的请求都不会被更改，且可以在之后请求时被看到。对于区块链系统，已生成的账本不可篡改，并且可以被节点随时查看。

（2）活性（Liveness）：可以接受并且执行非拜占庭节点的请求，不会因被任何因素影响而导致非拜占庭节点的请求不能执行。在区块链系统中，活性可以理解为系统需要持续生成区块，为用户记账，这主要靠挖矿的激励机制来保证。

上述故事就是著名的拜占庭将军问题，而区块链中的共识算法解决了这一类难题，促使了共识的达成。

4.1.2　实用拜占庭容错（PBFT）算法

基于 4.1.1 节的问题，拜占庭容错算法是面向拜占庭将军问题的容错算法，解决的是在可靠网络通信中节点可能故障的情况下如何达成共识这一问题。但长期以来，拜占庭将军问题的解决方案大多存在运行过慢、复杂度过高的问题，直到 1999 年，Miguel Castro 和 Barbara Liskov 提出了实用拜占庭容错（Practical Byzantine Fault Tolerance，PBFT）算法[19]，首次将拜占庭容错算法的复杂度从指数级降到了多项式级，从而得到广泛应用。在 PBFT 算法中，至多可以容忍不超过系统全部节点数量的 1/3 的拜占庭节点"背叛"，即如果超过 2/3 的节点正常，整个系统就可以正常工作。PBFT 算法采用密码学相关技术，如 RSA 签名算法、消息验证编码和摘要等，确保了消息传递过程中无法被篡改和破坏。

PBFT 算法的基本流程如下：

（1）通过轮换或随机算法选择某个节点作为主节点。

（2）在当前视图中，客户端发送请求给主节点，主节点将收到的请求广播给所有其他从节点并完成共识。

（3）所有节点完成请求处理，将处理结果返回给客户端。

（4）客户端收到至少 $f+1$ 个来自不同节点的相同结果后，共识完成。

每一轮共识中，主节点广播过程包括 3 个阶段：预准备（Pre-Prepare）阶段、准备（Prepare）阶段和确认（Commit）阶段。在 Pre-Prepare 阶段，由主节点发布包含待验证记录的预准备消息<<PRE-PREPARE, v, n, d>, m>，其中 v 为视图编号，n 为主节点分配给请求的序号，d 为消息摘要，m 为客户端的请求消息。从节点接收到预准备消息后，检查消息的合法性，包括签名、视图、编号等，若消息合法，则向其他节点发送准备消息<PREPARE, v, n, d, i>，这里的 i 是该节点的标识，该节点还要对准备消息进行签名，收到准备消息的节点同样需要对消息进行合法性验证，若节点收到至少 $2f$ 个已验证的消息，则认为验证通过，而后将准备消息写入本地提交消息日志中，该节点准备进入确认阶段。在确认阶段，每个节点广播确认消息<COMMIT, v, n, d, i>并签名，直到每个诚实节点接收到$(2f+1)$个确认消息（包括自己的），协议终止，各节点对该记录达成一致。

以如图 4.1 所示情况为例，其中 C 为发送请求的客户端，0、1、2、3 为服务端节点的编号，且 3 为宕机的服务端，具体步骤如下。

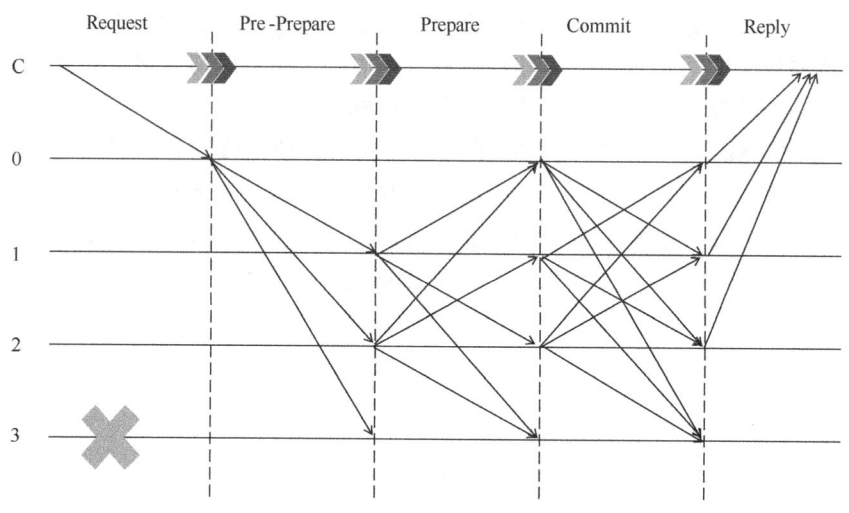

图 4.1 实用拜占庭容错流程图

（1）Request：客户端 C 发送请求到任意一个节点，这里是 0，假设请求的内容为"1"。

（2）Pre-Prepare：服务端 0 收到 C 的请求后进行广播，将"1"扩散至 1、2、3。

（3）Prepare：1、2、3 收到"1"后进行记录并再次广播，1→0、2、3，2→0、1、3，3 因为宕机无法广播。

（4）Commit：0、1、2 节点在 Prepare 阶段均收到了 3 个"1"，则进入 Commit 阶段，广播 Commit 请求。

（5）Reply：0、1、2、3 节点在 Commit 阶段，若任意一个节点收到 3 条相同的 Commit 消息，则对 C 进行反馈。

根据上述流程，在 $n \geq 3f+1$ 的情况下一致性是可能解决的，n 为总计算机数，f 为有问题的计算机总数。

由表 4.1～表 4.3 可以看出，PBFT 算法能够容纳将近 1/3 的错误节点误差，Hyperledger 就使用了该算法作为共识算法。

表 4.1 $n = 4$, $f = 0$

节点编号	得到的数据	最终数据
0	1111	1
1	1111	1
2	1111	1
3	1111	1

表 4.2　$n = 4, f = 1$

节点编号	得到的数据	最终数据
0	1110	1
1	1101	1
2	1011	1
3	0111	1

表 4.3　$n = 4, f = 2$

节点编号	得到的数据	最终数据
0	1100	NA
1	1001	NA
2	0011	NA
3	0110	NA

4.2　PoW 机制

4.2.1　PoW 简介

本节将以一个例子简单回顾比特币系统中 PoW 机制的工作原理。假设打包一个区块，该区块的区块头为"blockheadone…"（此处为举例，实际区块头结构见第 2 章表 2.1），所谓的工作量证明即在这个区块头字符串后设计一个随机整数串 nonce，对整个字符串进行 SHA-256 哈希运算，如果得到的哈希值满足提前设置的困难系数 c，也就是说这个哈希值以若干个 0 为开头，并且 0 的个数大于困难系数 c 要求的 0 的个数，则验证通过，工作量证明成功。如果并没有达到要求，则需要不断地更改随机数 nonce 的值，直到成功为止。

PoW 机制所选取的计算难题要满足如下性质：

（1）伪随机性。尽量确保节点完成工作量证明的成功率仅受该节点的计算资源影响，从而相对确保了该工作机制的公平性。

（2）难度可控。一般来说所选取的计算问题是可以适当调控的，以保证系统有效运行。问题难度过高或者是过低都会对系统存在影响，具体而言，计算问题难度过高，则生成区块的时间间隔过长，影响系统效率；难度过低，则完成工作量证明过于容易，从而容易导致分叉，影响系统一致性。

（3）可公开验证。由于去中心化的性质，要求计算问题的求解结果可通过简洁的操作公开验证。

采用 PoW 机制可以实现区块链的一致性。当区块链很长时，除了结尾的几个区块，其余已得到全网确认，实现了一致性。节点可自由加入区块链，节点的加入或撤离不会影响区块链的一致性和安全性。每个节点完成工作量证明的概率由它所拥有的计算资源决定，攻击者无法通过创建多个公钥地址来提高自己完成工作量证明的概率，这样可以有效抵御女巫攻击。同时在诚实方拥有的计算资源占多数的情况下，可有效抵御双花，保证系统的安全性。

4.2.2 PoW 实现过程

根据图 4.2 的 PoW 流程图，可以将 PoW 的流程形式化为以下 3 步。

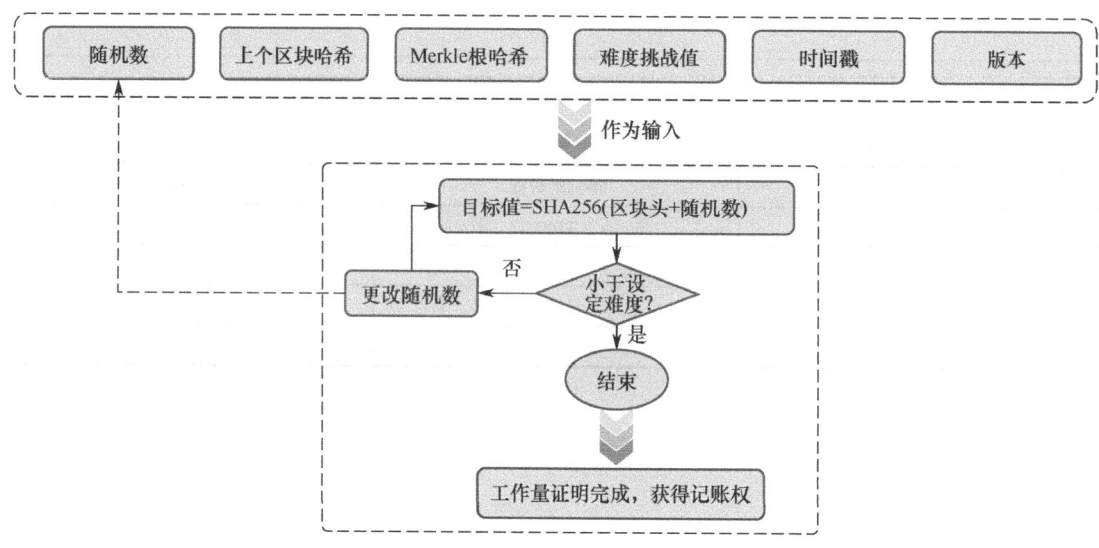

图 4.2 PoW 流程图

（1）生成 Merkle 根哈希：节点自己生成一笔筹币交易，并且与其他所有即将打包的交易通过 Merkle 树算法生成 Merkle 根哈希。

（2）组装区块头：区块头将被作为计算出工作量证明输出的一个输入参数，因此第 1 步计算出来的 Merkle 根哈希和区块头的其他组成部分组装成区块头 block_header。

（3）计算出工作量证明输出：找到一个随机数 nonce，计算 $H = \text{SHA256(block\_header} + \text{nonce)}$，如果 $H < T$，则证明工作量完成，这里 T 为目标值；若 $H \geq T$，则变更随机数，递归逻辑，继续与目标值比对。

这里需要说明的是，目标值 T 与挖矿难度 D 相关，T 越小，挖矿难度 D 就越大。为了方便直观地估算难度，比特币协议将 T 压缩为一个浮点数记录在区块头的 bits 字段，该字段以十六进制数表示，共 8 位，其中前 2 位为指数，后 6 位为系数。T 的值可由如下公式计算得到：

$$T = 系数 \times 256^{(指数-3)}$$

例如，一个区块的目标值是 0x1b0404cb，则转化为 T 的值为 $0\text{x}0404\text{cb} \times 256^{(0\text{x}1\text{b}-3)}$。

比特币系统平均每 10 分钟出一个块，随着挖矿设备的升级，系统总体算力提升，挖矿难度必须根据这些变化进行动态调整。每过 2016 个区块（约 2 周时间）所有节点会检查并调整一次挖矿难度，调整的公式为：

$$T_{新} = T_{旧} \times (前\ 2016\ 个区块的实际时间\ /\ 前\ 2016\ 个区块的预期时间)$$

简单而言，各节点将最近 2016 个区块的总出块时间与 20160 分钟进行比较，如果大于 20160 分钟，则降低难度；反之，则提升难度。为了防止难度变化过大，每个周期的调整幅度不超过 4 倍；若超出 4 倍，则按 4 倍调整。

4.2.3　PoW 机制分析

PoW 机制的优点如下：

（1）完全去中心化，任何人都可以随意加入或退出，节点自由进出，容易实现。

（2）机制本身很复杂，有很多细节，如挖矿难度自动调整、区块奖励逐步减半等，这些因素都基于经济学原理，能吸引和鼓励更多人参与。

（3）系统安全性强，破坏系统的花费成本巨大。掌握 51%的算力对系统进行攻击所付出的代价远远大于作为一个系统的维护者和诚实参与者所得到的。

PoW 机制也存在如下一些问题：

（1）严重的效率问题。每个区块的产生需要耗费时间，同时新产生的区块需要后续区块的确认才能保证有效，这需要更长的时间，严重影响系统效率。例如，比特币系统平均 10 分钟产生一个区块，需等 6 个后续区块进行确认，这样对于一笔交易，需等待近 60 分钟才能保证被确认。

（2）安全隐患。其安全性要求攻击者所占的计算资源不超过全网的 50%，然而从目前比特币矿池挖矿算力情况来看，算力排名前 5 的矿池的总算力所占比例已经过半，对系统的安全性和公平性造成严重威胁。

（3）巨大的能源消耗。PoW 需要投入大量的算力，而算力的维持需要消耗巨额的电量，据统计，截至 2018 年 11 月 11 日，仅比特币挖矿造成的每年电量消耗为 73.12 TW·h（TW·h 是太千瓦时），相当于整个澳大利亚消耗的电力。而且，PoW 过程本身是无意义的，这就导致了大量计算资源、能源的浪费。

4.3　PoS 机制

4.3.1　PoS 简介

股份权益证明（Proof of Stake，PoS）机制最早出现在点点币（Peercoin）的创始人 Sunny King 的白皮书中，它的目的就是解决使用 PoW 挖矿出现大量资源浪费的问题。明确的 PoS 机制由 Quantum Mechanic 于 2011 年在 Bitcointalk（Bitcointalk 是全球大型比特币和其他加密货币的交流论坛，讨论关于比特币生态系统的所有问题。学有余力或感兴趣的同学可以去看一看这个论坛）中首先提出，后经 Peercoin 和未来币（NXT）以不同思路实现。不同于 PoW，PoS 的加入门槛更高，要求参与者预先放一些代币（股份）在区块链上，类似将财产存储在银行，这种模式会根据持有数字货币的量和时间，分配相应的利息。同时，PoS 中还加入了奖惩机制，如果矿工挖矿成功，那么就会获得矿工费；反之，则会从已有的代币中扣除一定的费用。PoS 的运作机制大致如下：

（1）当节点加入采用 PoS 机制的区块链网络时，系统会给节点分发一定的股份，同时该节点成为候选矿工。

（2）每个节点向全网广播自身产生的交易。

（3）矿工节点收集接收到的交易以打包新区块。

（4）根据 PoS 机制，系统选出一个矿工并给予其生成新区块的权益，区块内容就是上述收集到的交易。其中选择打包区块的矿工的依据是根据全网各矿工持有股份权益的多少和股份持有的时间共同决定的。

（5）如果被选出的矿工没有在系统规定的时间内产生区块，那么 PoS 算法会以同样的规则选择下一个矿工来生成新区块。

（6）重复上述流程，遵循最长区块链原则。

4.3.2　PoS 实现过程

想要了解 PoS 的工作原理必须要理解"币龄"这个概念，它的英文是 CoinAge，定义为币的数量与币所拥有的天数的乘积。举个例子，某用户的地址有 100 个币，持有了 9 天，那么产生的币龄就是 900，如果将这个地址上的 100 个币转移到任意地址（包括自己的地址），那么 900 个币龄就在转移过程中被花费了，虽然币数量还是 100 个，但是币龄变更为 0。币龄在区块链上就可以获取，任何人都可以验证。在比特币系统中，PoW 是通过算力来选择记账权的，算力越大，矿工获得记账权的概率就越大，而 PoS 则将此处的算力更换为股份权益证明，即节点所拥有的币龄越长，则其在网络中的权益就越多，获得记账权的概率就越大，同时，币持有人还会根据币龄获取一定的收益。这有点像公司的股权结构，股权占比大的合伙人话语权越重。

在前述 Peercoin 的设计中，本质上并没有完全脱离 PoW，PoS 机制中记账权的获得仍需要进行简单的哈希计算。此外，也有许多代币使用了 PoS 机制，但在记账权的分配上有着不同的方法，例如，NXT 和 Black Coin 均结合了节点所拥有的权益，使用随机算法来分配记账权。

在 PoS 系统中，共识算法的核心公式为

$$Hash(block\_header) < Target \times CoinAge$$

变量 CoinAge 会使得每个矿工看到的目标值不一样，币龄越大，意味着越容易找到答案。这里的 Target 与 PoW 机制中的目标值一致，用来控制出块速度。

例如，当前全网的目标是 4369，矿工 A 输入的币龄是 15，那么矿工 A 的目标值为 65535，换算成十六进制数就是 0xFFFF，完整的哈希长度假设是 8 位，也就是 0x0000FFFF。而矿工 B 输入的币龄是 240，则矿工 B 的目标值就是 0x000FFFFF。可以发现，相比矿工 A 的目标值，矿工 B 直接少了一个零，因此，矿工 B 获得记账权的概率要大于矿工 A 的概率。

接下来以 Peercoin 为例，进一步分析 PoS 的工作机制。Peercoin 还引入了"币天"的概念，即 CoinDay。所谓 CoinDay，就是币的数量乘以币持有的天数。假设某矿工有 100 个币，总共持有 30 天（Peercoin 中未使用至少 30 天的币可以参与竞争下一区块），那么币龄就是 100×30=3000，作为币的持有人参与下一轮竞争，过程如下：

（1）在竞争开始前，该矿工将 3000 币龄作为筹码下注，并成为候选记账验证者。

（2）根据 PoS 机制，随机选出一个记账人，假设这个记账人就是该矿工，那么该矿工获得记账权并完成记账。

（3）该矿工的 3000 币龄被清 0。

（4）该矿工可以获得利息=3000×0.05/365=0.41 个币（每被清空 365 币龄，将会从区块中获得 0.05 个币的利息）。

4.3.3　PoS 机制分析

综合以上对 PoS 的讲解，可以总结出 PoS 有如下特点：

- PoS 需要一定量的权益作为出块的竞争资本；
- PoS 不需要进行大量的"无用"的哈希计算；
- PoS 偏向"权利"集中制，但又做了均衡（出块即清 0）；
- PoS 通过股权质押对作恶者进行惩罚；
- PoS 提供激励机制。

相比于 PoW，可以看到 PoS 有如下优势：

- 节能环保，不需要消耗大量的电力来保证区块链的安全；
- 性能较 PoW 更高，PoS 在一定程度上缩短了共识的达成时间；
- 人人可挖矿（获得利息），不用担心算力集中导致出现中心化；
- 更加安全。

为什么说 PoS 更加安全呢？其主要原因在于在指定时间内，在 PoS 体系中，即使你拥有了系统 51% 的算力，也未必能够进行 51% 攻击，因为有一部分货币并不是挖矿产生的，而是由利息产生的（利息存放在 PoS 区块中），这要求攻击者还需要持有系统超过 51% 的货币量，这大大提高了 51% 攻击的成本。在 PoS 机制下，持有的币越多，越容易获得记账权，但持有的币越多，越接近于一个诚实的节点，因此破坏整个网络带来的损失也越大。即使成功实施了 51% 攻击，也意味着作为全网最大的持币大户，损失也会最大。

- 从 PoS 的实现原理和实现算法公式上分析，PoS 很完美地解决了 PoW 的算力以及 51% 攻击问题，然而 PoS 衍生出了一些新的问题与缺陷：

再看 PoS 的实现算法公式，币龄的计算公式中，假如一开始挖矿，只有创世区块中有币，也就是说其他矿工是没法参与挖矿的，因为币的数量对他们来说永远是 0，这就是 PoS 机制的缺陷之一——"币无法发行"。

同样是从 PoS 的实现算法公式可以分析出，币龄其实就是时间，一旦挖矿者囤积一定的币，很久之后才发起攻击，他将很容易拿到记账权，所以每个币应设计一个时间上限。

设计时间上限后，虽然解决掉了部分挖矿者囤积币的缺陷，但仍然面临一个问题，就是币的数量这个因素还是会影响记账权的分配，很多挖矿者仍然会囤积代币，给代币造成流通上的缺陷。目前，有些平台引入了币龄按时间衰减的方案来解决这一缺陷，如瑞迪币。

4.4　DPoS 机制

4.4.1　DPoS 简介

委托权益证明（Delegated Proof of Stake，DPoS）最早于 2013 年由比特股 Bitshares 的创始人 Daniel Larimer 提出[20]，截至 2017 年 DPoS 技术白皮书发布，该算法已被相继应用于比特股、Steemit、EOS 3 个项目中。提出 DPoS 算法的提出目的是解决 PoW 算法的性能问题和 PoS 算法后期可能出现的少数节点持有大量股份带来的风险问题。在 DPoS 算法中，保留了 PoS 的股份制，采用了类似于现代企业中的董事会投票机制，持有股份的节点投票选出少量节点，作为"见证人"（Witness），这些见证人节点会代理其余节点完成区块的生成和验证。这样的好处是使其他普通权益节点不必耗费额外的资源去校验每一笔交易。当系统选定好见证人节点后，如果有节点对见证人节点持有怀疑态度，则可以选择退场。DPoS 通过投票选举见证人而不是随机选择见证人是因为系统有很多节点并不是随时在线的，通过选举可以保证见证人节点尽量在线。如果见证人节点错过了生产区块，就有可能会在后续的投票中被踢出序列。通过选择少部分节点作为见证人进行区块的生产和验证，大大缩短了交易时间和确认时延，使得区块链吞吐量大大提高。

4.4.2 DPoS 实现过程

从名称上可以看出，DPoS 与 PoS 机制是直接关联的。在 PoS 机制中，节点使用权益证明来"挖矿"，只要持有币，任何人都可以参与挖矿。但实际上，PoS 并没有有效解决性能问题，这里我们直接认为提高性能就是提高交易吞吐量（Transactions Per Second，TPS），如以下等式：

$$TPS = transactions / block\_time$$

其中，TPS 表示区块链每秒确认的交易数，transactions 是由区块大小 block_size 和平均每笔交易的大小决定的，而区块大小受全网网络状态限制，也由记账节点之间的物理带宽决定。记账节点的个数直接决定了物理带宽的上限，因为记账节点数量越多，则对物理带宽要求越高，对网络的稳定性要求也越高。在 DPoS 中，这个公式变为：

$$TPS = (block\_size, network\_bandwidth, witness\_performance) /$$
$$(block\_time \times witness\_count)$$

可以看到，要提高 TPS，可以增大区块大小 block_size、提升记账节点网络带宽 network_bandwidth、提升记账节点处理性能 witness_performance，减小区块时间 block_time、减小记账节点数量 witness_count。从分子项可以看到，它基本受限于物理资源的上限，以目前工业水平制造的物理资源的使用上限来说，可操作性不大。而分母项是由共识算法决定的，所以 DPoS 算法就是从区块时间以及记账节点数着手的。

首先是限制记账节点的数量，也就是见证人的数量。在 PoW 和 PoS 中，用户可以随时参与挖矿，随时退出，无须门槛。那这会带来什么问题呢？一是无法确定记账节点的数量，二是无法确定记账节点之间的网络环境。记账节点数越多，网络环境越复杂，这些不确定性会增大网络分区的概率，从而导致区块链分叉。如果事先规定好记账节点的数量，然后让全网所有节点投票决定哪些节点可以成为记账节点，这样就限制并减小了分母项 witness_count，这个过程就是投票选举。由于记账节点数量不多，故可以在共识算法中规定出块时间为一个固定值，这个值可以很小，通过轮流出块的方式来进行记账。通常，见证人的数量由系统决定，比如 Bitshares 为 101 个、Asch 为 51 个，EOS 为 21 个。

与现实生活中的股东代表选举不同，DPoS 机制中的股民（节点）根据自己持有的加密货币数量占总量的百分比（占股比例）来投票，而不是一人一票；选举出的股东代表（可信节点）完全对等，可理解为具有同等算力的矿池；股东代表一旦无能或不作为（提供的算力不稳定、宕机或试图作恶），将立刻被股民踢出整个系统，然后由其他备用代表接任；完成决策后（记完账、出完块），系统将根据占股比例划分奖励。

为了尽快确定交易顺序，过滤无效交易，DPoS 规定在正常情况下，区块生产者轮流每 3 秒生成一个区块。如图 4.3 所示，假设有 3 个区块生成者 A、B 和 C，每次轮流后都正常生产区块，那么将会产生最长链（区块生产者在非指定的任何时间间隙产生的区块都被认为是无效的）。

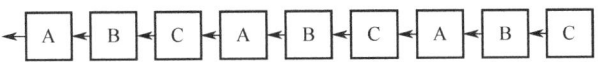

图 4.3　正常轮流记账状态

系统最多容忍 1/3 的节点是恶意的或存在故障的，创造了一个少数者分支状态，如图 4.4 所示，假设 B 为恶意节点，B 节点只能在 9 秒内生产 1 个块，而大多数分支可以在 9 秒内生产 2 个块，这样，即便少数者尝试产生多个分支，诚实的 2/3 节点将永远比少数者分支的链要长，因此，系统仍然只有一个最长链。

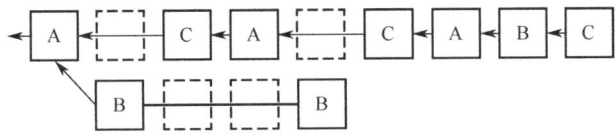

图 4.4　少数者分支状态

DPoS 技术白皮书还分析了当网络分区时重复出块、少数者重复出块、记账节点数量不足、多数记账节点联合腐败等情况，感兴趣的读者可以自行下载学习。还需要提到的是，新生成的区块至少需要 2/3 的记账节点确认才不可逆转，以 EOS 系统为例，该系统中存在 21 个见证人，因此需要 15 个确认，也就是 45 秒确认一笔交易。目前，EOS 2.0 版本结合了 BFT 机制和 DPoS 机制，使得新块的生产速度被提高到 0.5 秒，每一轮每个节点可以一次打包 6 个块，所选节点的打包顺序由 15 个或更多的节点共识后决定，极大地提升了交易速度。

4.4.3　DPoS 机制分析

不得不说，DPoS 机制确实有着很大的优势。一方面，DPoS 机制将节点数量进一步减少，在保证网络安全的前提下，整个网络的能耗进一步降低，网络运行成本也随之降低。另一方面，DPoS 拥有更快的确认速度。EOS 生产每个块的时间为 3 秒，一笔交易 45 秒可得到确认，而比特币产生一个区块需要 10 分钟，一笔交易的确认需要 1 小时，点点币确认一笔交易大概也需要 1 小时。同时，选出的见证人之间是协作关系，而不是竞争关系，见证人相互配合顺次产生新区块的过程中，见证人的参与率越高，主链越长，系统就越稳定，安全性也有很大的提升。

然而，DPoS 机制也存在以下缺点：

（1）DPoS 选举部分见证人节点代为生产区块，从而获得系统给予的奖励，这样会使得出块的权力在大部分时间里只集中于少数节点手中，从而使得这部分见证人获得的奖励累积过多，远远多于其余节点，产生财富累积。当节点拥有的权益过多时，就拥有了控制见证节点选举的能力进而破坏选举的民主性。

（2）DPoS 选举出来的见证人节点不一定都是诚实节点，当其中出现错误节点导致该节点不能正常生产区块时，DPoS 算法只是选择跳过该节点由下一节点继续生产区块，并且只是在后续通过投票的方式将其从见证人节点序列中淘汰。没有对错误节点采取惩罚措施，该节点依然会参与后续的共识过程和见证人节点竞选，影响区块链系统的安全性。

（3）见证人节点生产的区块，是交由该节点后续的见证人节点验证的，当一个区块累积得到 2/3+1 个见证人的验证后，该区块才会被加入区块链。这样的验证方式使得原本在 3 秒中就能生产的区块，产生了远高于生产时间的验证时延。

4.5　Ripple 共识算法

4.5.1　Ripple 简介

瑞波（Ripple）是由 Ripple Labs 于 2013 年推出的一种基于互联网的开源支付协议[21]，可以实现去中心化的货币兑换、支付与清算功能。而瑞波币（Ripple，简写为 XRP）是瑞波系统内的流动性原生货币，主要用于作为货币相互兑换的中间品。如图 4.5 所示，在 Ripple 网络中，客户端发起交易后，经追踪节点（Tracking Node）或验证节点（Validating Node）把交易广播到整个网络中。追踪节点的主要功能是分发交易信息以及响应客户端的账本请求；验证节点除包含追踪节点的所有功能外，还能够通过共识协议，在账本中增加新的账本数据。

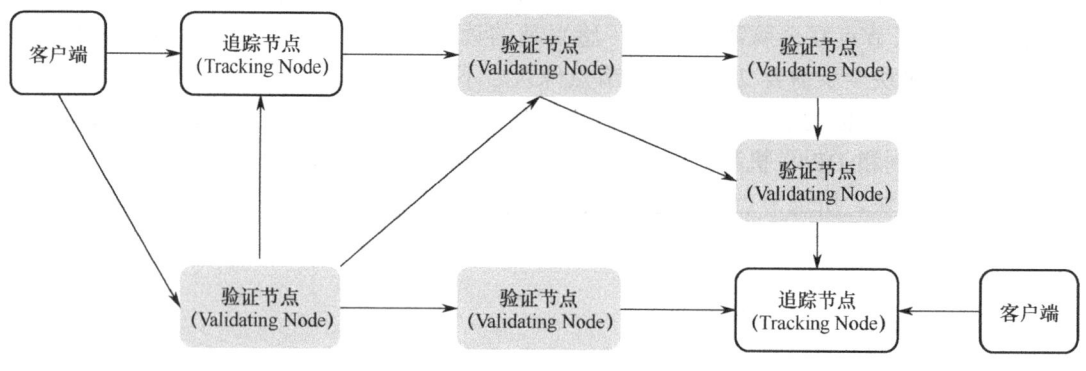

图 4.5　Ripple 网络节点交互过程

与比特币一直陷于洗钱、贩毒的丑闻泥潭中不同的是，瑞波积极与监管机构、银行、外汇交易商等机构合作。瑞波公司并不推广瑞波币，其真正的价值是互联网金融交易协议，所以它无须人们接受瑞波币支付。基于互联网的瑞波协议，让不同货币的资金转账就如发送电子邮件一样，方便快捷且成本低。由于交易的零延时和近乎零成本的支付模式，瑞波甚至被称为 SWIFT 的加强版（SWIFT 是国际间广泛使用的清算机构，称为环球同业银行金融电讯协会，拥有约 50 年的历史）。

4.5.2　Ripple 实现过程

Ripple 的共识达成发生在验证节点之间，每个验证节点都预先配置了一份可信节点名单，称为 UNL（Unique Node List）。名单上的节点可对交易达成进行投票。每隔几秒，Ripple 网络将进行如下共识过程（如图 4.6 所示）。

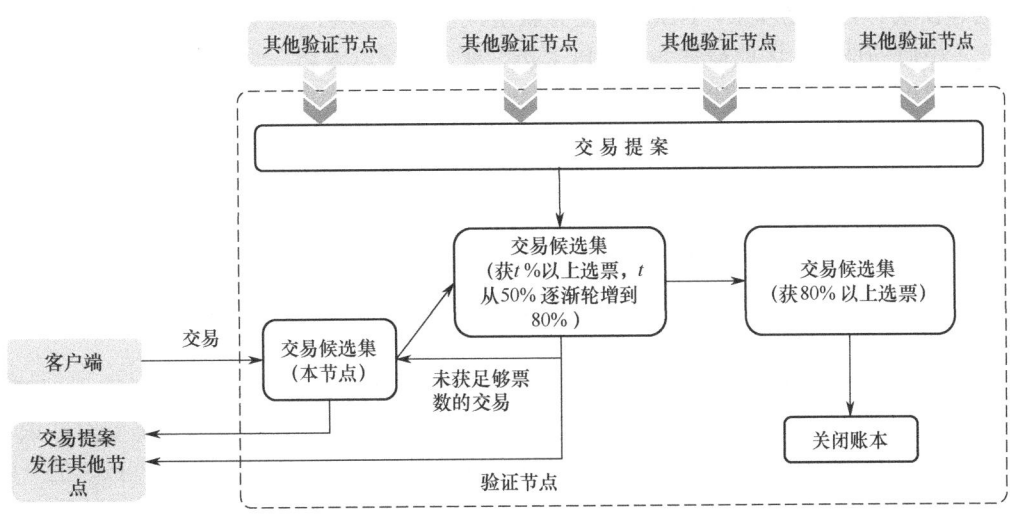

图 4.6　共识过程

（1）每个验证节点不断收到从网络发送过来的交易，本地账本数据验证后，不合法的交易直接丢弃，合法的交易将汇总成交易候选集。交易候选集里还包括之前因共识过程无法确认而遗留下来的交易。

（2）每个验证节点把自己的交易候选集作为提案发送给其他验证节点。

（3）验证节点在收到其他节点发来的提案后，如果不是 UNL 上的节点，则忽略该提案；如果是 UNL 上的节点，就会对比提案中的交易和本地的交易候选集，如果有相同的交易，则该交易就获得一票。在一定时间内，当交易获得超过 50% 的票数时，则该交易进入下一轮。没有超过 50% 的交易，将留待下一次共识过程去确认。

（4）验证节点把超过 50% 票数的交易作为提案发给其他节点，同时将所需票数的阈值提高到 60%，重复步骤（3）和步骤（4），直到阈值达到 80%。

（5）验证节点把经过 80% 的 UNL 节点确认的交易正式写入本地的账本数据中，称为"最后关闭账本"，即账本最后（最新）的状态。

在 Ripple 的共识算法中，参与投票节点的身份是事先知道的，因此，算法的效率比 PoW 等匿名共识算法要高效，交易的确认时间只需几秒。当然，这点也决定了该共识算法只适合于许可链（Permissioned Chain）的场景。Ripple 的拜占庭容错能力为 $(n-1)/5$，即可以容忍整个网络中 20% 的节点出现拜占庭错误，而不影响正确的共识。

4.6　拜小蚁共识算法

4.6.1　小蚁币简介

拜小蚁共识算法，是基于小蚁币（NEO）开发的一个改进的共识算法，因此想要了解该共识算法，得先从小蚁币讲起。

NEO，原名小蚁（Antshares），由达鸿飞和张铮文于 2014 年推出，是国内首个开源公有链项目和智能资产平台[22]。根据 NEO 发展"智能经济"的设计目标，可以将 NEO 简单概括为：NEO = 数字资产+智能合约+数字身份，可用于股权众筹、股权交易、债权转让、供应链金融等领域。自成立以来，NEO 的任务就是改善和改革电子商务模式，由于它与以太坊有着许多相似的地方，因此被称为"新以太坊"或"中国以太坊"。

从技术上来说，NEO 有以下两大特点。

（1）智能合约：NeoContract 智能合约体系的最大特点是可无缝对接现有的开发者生态。开发者无须学习新的编程语言，就能用 C#、Java 等主流编程语言在熟悉的 IDE 环境（如 Visual Studio、Eclipse 等）中进行智能合约的开发、调试和编译。NEO 的通用轻量级虚拟机 NeoVM 具有高确定性、高并发性、高扩展性等优点。NeoContract 智能合约体系让全球百万级的开发者能够快速进行智能合约的开发。NeoContract 有独立的白皮书描述实现细节。

（2）共识机制：NEO 使用委托拜占庭容错（Delegated Byzantine Fault Tolerant, dBFT）机制[23]作为其运作的共识机制，它借鉴了 PoS 的一些特点，如 NEO 持有人需要对共识节点进行投票，利用最小的资源来保障网络免受拜占庭错误的影响，同时也弥补了 PoS 的一些问题。该方案解决了当前区块链相关的性能和可扩展性问题，而不会对容错产生重大影响。在后面的章节中将做具体的介绍。

4.6.2　拜小蚁共识算法简介

拜小蚁共识算法是基于区块链技术，将实体世界的资产和权益进行数字化，通过对等网络进行登记发行、转让交易、清算交割等金融业务的去中心化网络协议。拜小蚁共识算法使得运行拜小蚁协议的各节点能够对当前的区块链状态达成一致意见。通过 NEO 持有人投票选举，来决定记账人及其数量；被选出的记账人完成每个区块内容的共识，决定其中所应包含的交易。拜小蚁的记账机制被称为"中性记账"。PoW、PoS 和 DPoS 解决谁有记账权的问题，而中性记账则侧重于解决如何限制记账人权力的问题。在中性记账的共识机制下，记账人只有选择是否参与的权力，而不能改变交易数据，不能人为排除某笔交易，也不能人为对交易进行排序。

4.6.3　拜小蚁共识算法实现过程

在 dBFT 的共识过程中，选出的共识节点轮流担任议长（一人）和议员（多人）的角色。其中，议长负责向系统发送新区块的提案，议员则负责对新提案进行投票，获得大于或等于 2/3 投票的提案可以通过。为了描述 dBFT 的工作原理，首先讨论以下情况。

在图 4.7（a）中，有一个诚实的议员（50%），两个议员从议长那里收到相同的消息 M，然而，由于其中一个议员是不诚实的，诚实的议员只能确定有不诚实的节点，但无法识别它是议长还是议员。因此议员必须弃票，改变视图。

在图 4.7（b）中，有两个诚实的议员（66%），所有的议员从议长那里收到相同的消息 M，然后向其他议员发送消息和自己的验证结果（M 或 M'）。根据两个诚实议员的共识，可以确定议长或者右边的议员在系统中是不诚实的。

在图 4.7（c）中，议长是不诚实的，这和图 4.7（a）中描述的案例有同样的结论。议员无法确定哪个节点是不诚实的。

在图 4.7（d）中，中间的议员和右边的议员接收的区块不可验证（均收到 M 和 M'），由于他们占到多数（66%），导致更换视图选举新议长。在这个例子中，如果诚实的议长向 3 个议员中的两个发送了诚实的数据，那么它将被验证而不需要改变视图。

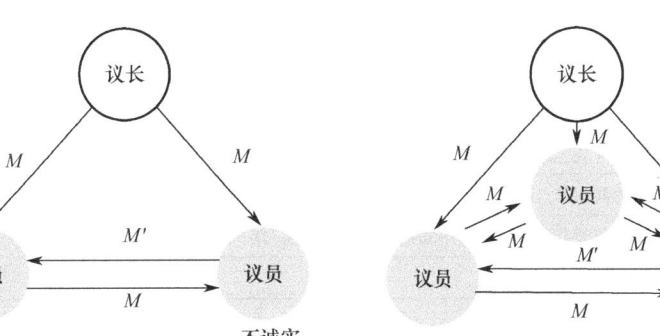

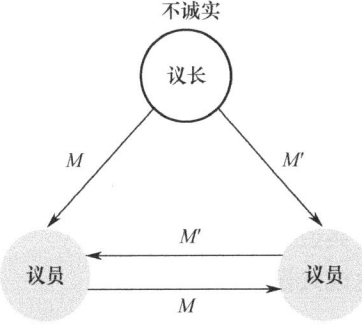

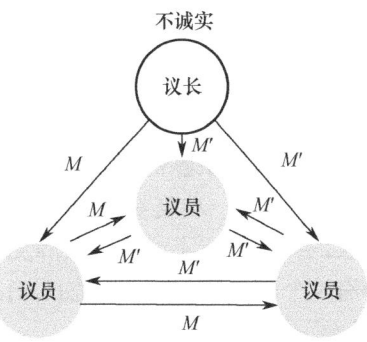

（a）*n*=3且存在一个不诚实的议员实例　　　　（b）*n*=4且存在一个不诚实的议员实例

（c）*n*=3且存在一个不诚实的议长实例　　　　（d）*n*=4且存在一个不诚实的议长实例

图 4.7　存在不诚实节点参与共识情况：*n* 为参与共识节点数，

M 表示可靠的消息，M'表示恶意的消息

dBFT 在 NEO 中的实际实现过程中使用了迭代共识方法来保证达成共识。算法的性能取决于系统中诚实节点的分数。图 4.8 描绘了不诚实节点函数的期望迭代。图 4.8 没有低于66.66%的共识节点诚信。在这个临界点和 33.33%的共识节点诚信之间，有一个无人地带，那里无法达成共识。低于 33.33%的共识节点诚信，不诚实的节点（假设它们达成共识）能够自己达成共识，并成为系统中新的真理点。

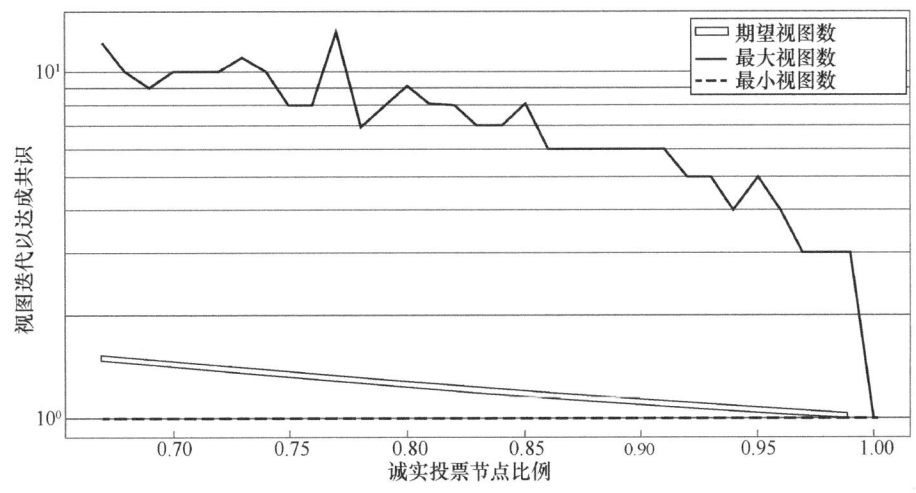

图 4.8　算法的 Monto-Carlo 模拟

接下来，在介绍 dBFT 算法流程之前，首先定义表 4.4 中参数。

表 4.4　dBFT 算法参数定义

符号	说明
t	分配给区块生成的时间总量，以秒为单位
n	有效的共识节点数量
f	系统中故障共识节点的最小阈值，其中，$f=(n-1)/3$
h	共识期间的当前块高度
i	共识节点索引
v	共识节点视图，包含一轮共识的汇总信息，如所有议员的投票（prepareResponse 或 ChangeView）
k	视图 v 的索引。新一轮共识开始时，k 值增加
p	选为议长的共识节点索引。$p=(h-k)\bmod n$
s	安全共识的阈值。低于这个阈值，则网络故障，其中，$s=(n-1)-f$

此外，NEO 中的共识容错有 3 项主要要求：

- s 个议员必须就一项交易达成共识，然后区块才可以实施；
- 不诚实的共识节点不能说服故障交易的诚实共识节点；
- 至少有 s 个议员处于同一状态 (h, k)，开始达成共识。

接下来介绍 dBFT 的工作流程。

步骤 1：共识节点使用发送者的签名向全网广播一笔交易，如图 4.9 所示，节点 D 将交易广播给节点 A、B 和 C。

步骤 2：如图 4.10 所示，共识节点将交易数据记录到本地存储器中。

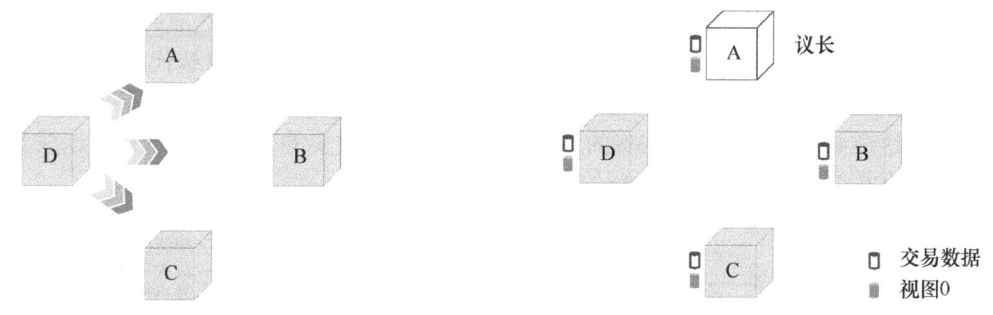

图 4.9　步骤 1 模型图　　　　　　　　图 4.10　步骤 2～4 模型图

步骤 3：共识活动的第 1 个视图 v 被初始化为 0。

步骤 4：确定议长（假设为节点 A）并等待 t 秒。

步骤 5：议长 A 广播提案 $<\text{prepareRequest}, h, k, p, \text{block}, [\text{block}]_{\text{sig}_p}>$，如图 4.11 所示。

步骤 6：议员收到提案并验证，验证内容包括数据格式与系统规则是否一致；交易是否已经在链上；合约脚本是否正确执行以及交易是否避免了双重支付等。如图 4.12 所示，若提案有效，则广播$<\text{prepareResponse}, h, k, i, [\text{block}]_{\text{sig}_i}>$；若提案无效，则广播$<\text{ChangeView}, h, k, i, k+1>$。

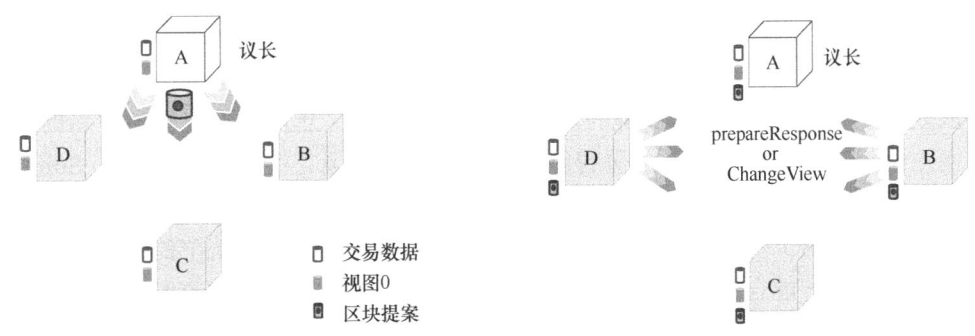

图 4.11　步骤 5 模型图　　　　　图 4.12　步骤 6 模型图

步骤 7：如图 4.13 所示，在收到 s 个 prepareResponse 广播后，众议员达成共识并发布一个区块，对该区块进行签名。

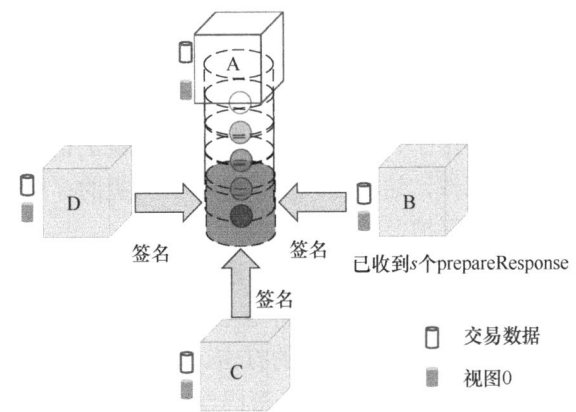

图 4.13　步骤 7 模型图

步骤 8：当一个共识节点收到一个完整区块时，当前的视图数据被清除，并广播 <ChangeView, h, k, i, $k+1$>，一旦接收到至少 s 个相同视图改变的广播，就会增加视图 v，并开始新一轮的共识。

4.6.4　拜小蚁共识算法分析

相较于传统共识算法，拜小蚁共识算法出现得较晚，它解决了大部分共识算法存在的问题。NEO 采用 dBFT 共识机制，在牺牲去中心化和安全性的前提下，旨在提升公有链性能。在 NEO 的 dBFT 共识机制下，每 15～20 秒生成一个区块，TPS 实测可达到约 1000。根据白皮书，经过适当的性能优化，NEO 有能力达到 10000，可以支持大规模的商业应用。这是个什么概念呢？比特币 TPS 仅仅为 7，升级后的以太坊 TPS 也只有 30～40，而 EOS 实际测出的 TPS 也仅有 1000+。因此，NEO 作为底层公有链，其性能可以说是优秀的。

当然，dBFT 共识机制也有其缺陷，表现如下：

（1）当有 1/3 或以上记账人停止工作后，系统将无法提供服务。

（2）当有 1/3 或以上记账人联合作恶，且其他所有记账人被恰好分割为两个网络孤岛时，恶意记账人可以使系统出现分叉，但是会留下密码学证据。

上述两条缺陷都将导致较高的网络攻击风险。

因此，可以说 NEO 的 dBFT 共识机制在牺牲了去中心化和安全性的前提下，提升了公有链的性能，交易处理速度和吞吐量都有较大的提升。

与以太坊相比，NEO 对于智能合约开发者更为友好，开发者不需要学习新的编程语言，可操作性极高。在以太坊上部署智能合约，开发者必须花很长时间来学习 Solidity 语言。而在 NEO 虚拟机上，开发者几乎可以直接使用任何他们擅长的高级语言而无须学习新的语言来进行 NEO 智能合约的开发工作，甚至可将现有业务系统中的代码直接移植到区块链上。因此，智能合约 2.0 可以对接全球百万级的开发者社区，有利于快速形成庞大的智能合约生态。

此外，NEO 智能合约 2.0 具有更强的可扩展性。以太坊的扩展性一直是其设计上的一大弊病，其目前的架构设计难以支撑以太坊成为"全球计算平台"的远大愿景。同时以太坊的区块链智能合约系统都会要求将智能合约代码发布到链上，然后再从链上加载代码执行。有些合约代码可能只被使用一次就废弃了，但会在区块链中永久性地存在，占用节点的存储资源，久而久之，这些废弃代码会成为区块链的巨大负担，影响扩展性。NEO 则通过将智能合约的 Hash 值记录在链上，用 IPFS 等新型分布式存储网络来存储完整合约代码。在执行合约的时候，再从链外加载代码。由于合约的 Hash 值已经在链上记录，因此即使从链外加载代码也不用担心合约的内容被篡改，这样可以为节点节省大量的存储空间。同时也能对智能合约的内容进行一定程度的隐私保护。

理论上，NEO 还具备抗量子计算机的能力。量子计算机对于比特币和以太坊所使用的加密算法可以说是降维打击。一旦量子计算机落地应用，比特币和以太坊如果没有相应的抗量子计算机的算法更新，那么对两者都是致命的打击。因此，在设计之初，引入抗量子计算机的加密算法是至关重要的。NEO 引入基于格密码学的签名和加密技术，将加密和解密问题归约到量子计算机尚无法解决的最短向量问题（Shortest Vector Problem，SVP），理论上可以抵御量子危机。

4.7 HoneyBadgerBFT 共识算法

4.7.1 HoneyBadgerBFT 简介

HoneyBadgerBFT 共识算法是 2016 年由 Andrew Miller 等人针对异步网络提出的 BFT 一致性算法[24]。传统的 PBFT 是一种弱同步性质的共识协议，它的可靠性对网络中的时间处理时延依赖非常大，而 HoneyBadgerBFT 声称不依赖网络中的时间条件，吞吐性能和延迟性能有着显著优势。如果你看过动物世界，那么你可能听说过"蜜獾"，俗称平头哥，HoneyBadgerBFT 算法也称"蜜獾算法"。目前，POA Network（以太坊侧链）正在开发和修改这种用于区块链网络的共识协议。

HoneyBadgerBFT 共识算法更适用于具有少量已知验证节点的网络中，包括上述 POA Network、私有区块链以及基于 PBFT 运行的联盟链，如 Hyperledger Fabric、Stellar 和 Ripple。

4.7.2　HoneyBadgerBFT 实现过程

拜占庭共识协议的设计和工程实现很大程度上依赖于底层网络的假设。异步网络假设：只要保证消息最终能到达，没有到达时间的限制，该假设几乎涵盖了所有的网络情况，可见，异步拜占庭共识协议具有最强的健壮性，即使在极端网络情况下也不会丧失活性。

一般而言，异步拜占庭共识协议通常比较复杂，具有较高的通信复杂度，难以应用在现实中。为此，HoneyBadgerBFT 巧妙地采用模块化的设计将整体的通信复杂度降到了接近于最优的 $O(|B|)$，这里 $|B|$ 是区块所占的带宽。拜占庭情况中的核心问题就是原子广播（Atomic Broadcast，ABC）问题，也就是如何保证在异步和拜占庭环境中，各个节点按照相同的顺序接收到相同的消息。HoneyBadgerBFT 将 ABC 分解成一个核心模块，即异步共同子集（Asynchronous Common Subset，ACS），然后将 ACS 分解成可靠广播协议（Reliable Broadcast，RBC）和异步二进制协议（Asynchronous Binary Agreement，ABA）两个子模块，并分别针对这两个子模块做了优化。

接下来，讨论 HoneyBadgerBFT 共识算法是如何利用 ACS 来解决 ABC 问题的。假设网络中有 N 个节点，通常网络中批量交易（总数为 n）需要由共识发起方打包发给其他节点，那么在这个过程中，共识发起方需要发送 $(N-1)$ 份交易，如图 4.14 所示。然而在 HoneyBadgerBFT 共识算法中，n 笔交易被随机分割成 $(N-1)$ 份并作为自己的提案，即每份交易包含 $n/(N-1)$ 笔交易，交易被分成 3 份，每份发给了不同的节点 A、B 和 C，这样，共识发起方 D 总共只需要发送 n 笔交易，当其他节点接收到分块的交易后，分别再从其他节点处获取缺失的交易块，如图 4.15 所示，这样，充分利用了其他节点间的带宽，同时降低了通信复杂度，整个系统的性能不会受限于单节点的带宽瓶颈。

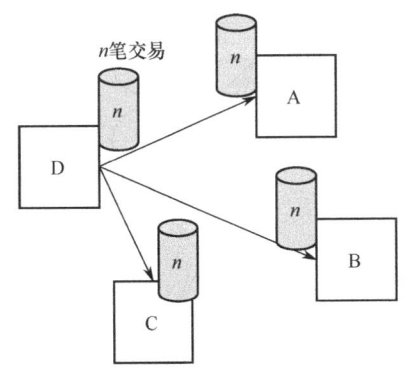

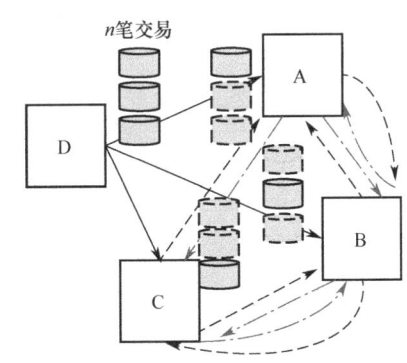

图 4.14　传统交易传输方案　　　　图 4.15　HoneyBadgerBFT 交易传输改进方案

提案发起者将使用一个共享公钥（阈值签名）将提案进行加密，交易的内容直到有 $(f+1)$ 个诚实节点共同合作恢复解密密钥才可以被解密，以防止审查攻击。每个节点将加密后的提案作为 ACS 模块的输入，输出得到一个"名单"，记录了有哪些节点提交的提案成功得到共识，之后通过解密密钥获得最终确认的区块。

在进一步分析 ACS 模块的运行机理之前，首先认识一下它的两个子模块，即 RBC 和 ABA。RBC 模块确保源节点可以可靠地将消息发送给网络中的所有节点，主要有以下 3 个性质：

* 一致性，即任意两个诚实节点都能收到源节点的相同消息；

- 全局性，即只要有一个节点收到了源节点的消息，那么所有的诚实节点最终都能收到该消息；
- 可信性，即若源节点是诚实的，则所有诚实节点收到的消息一定与源节点发送的消息相同。

2005 年，Cachin 等人提出一种基于纠删码的 RBC 实现，HoneyBadgerBFT 共识算法采用的就是这种 RBC，因为该方案相比于传统的抗拜占庭的 RBC 而言具有较低的通信复杂度，可以达到渐近于理论最优，即 $O(|B|)$。具体而言，HoneyBadgerBFT 共识算法采用的是基于$(N-2f, N)$的纠删码模式，即将一个数据块进行编码后，将其分成 N 份，只要其中任意$(N-2f)$份组合就可以恢复整个数据块。

ABA 模块是为了让所有节点在异步环境中对其他节点的 RBC 是否成功进行一次 0 或 1 共识，这里 0 或 1 表示是否所有诚实节点都认为该提案最终可以成为区块的一部分。也就是说，HoneyBadgerBFT 共识算法的每一轮共识都要并行地执行 N 个 ABA 实例。同样地，ABA 模块可以保证所有节点都有相同的输出，如果所有诚实节点都收到了输入，那么相应地都会得到最终输出。

接下来分析如何通过 RBC 和 ABA 两个子模块来得到 ACS。每个节点首先将本地的提案 TX_i 通过 RBC 模块发送到其他节点，之后每个节点针对每个 RBC 的实例成功与否（0 或 1）执行一次 ABA 模块，最后共识出一个 0/1 序列 $b=\{b_0, b_1, \cdots, b_N\}$，$b_i \in [0,1]$。ACS 的运行流程如图 4.16 所示。假设网络中有 $N=10$ 个节点，则最多容忍 $f=3$ 个拜占庭节点。以节点 P_1 为例，若 P_1 收到来自 P_2 的提案 TX_2，即 RBC_2 执行成功，则 P_1 将 ABA_2 的输入置为 1。当 P_1 收到$(N-f)$个节点的提案时，将其他所有节点的 ABA 输入置为 0，直到所有的 ABA 执行结束，将所有输出为 1 的 ABA 汇总成一个集合作为 ACS 的最终输出。

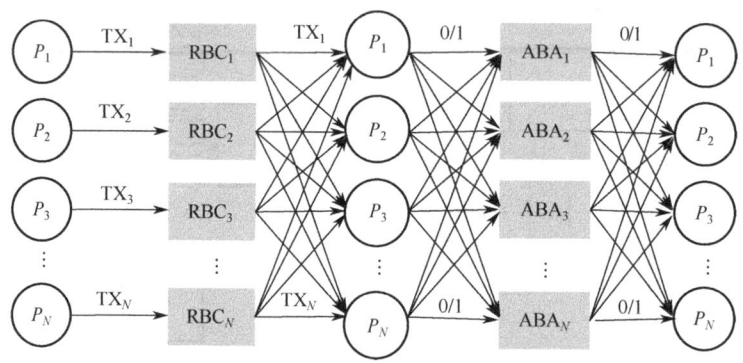

图 4.16　ACS 的运行流程

例如，节点 P_1、P_3、P_4、P_6、P_7、P_9、P_{10} 的提案对应的 ABA 结果都是 1，即 $b=\{1,0,1,1,0,1,1,0,1,1\}$，则 ACS 的最终输出为(1,3,4,6,7,9,10)，ACS 可以确保所有的诚实节点都得到相同的输出。

ACS 在执行过程中可能出现以下 3 种情况：

（1）正常情况下，RBC_1 结束得比较早，相对应地 ABA_1 输入为 1，输出也为 1。

（2）当 RBC_2 结束得比较晚时，相对应地 ABA_2 开始的时候 RBC_2 还未结束，ABA_2 的输入为 0，但由于其他$(N-f)$个节点对于 ABA_2 的输入为 1，因此最终 ABA_2 的输出也为 1，同时保证节点能够最终收到 RBC_2 的提案。

（3）如果 RBC_3 失败，当其他 $(N–f)$ 个 RBC 成功时，节点对于 ABA_3 的输入为 0，输出也为 0。

4.7.3　HoneyBadgerBFT 分析

HoneyBadgerBFT 共识算法没有角色的区分，每个节点都公平地接收交易，各自维护交易池，在每轮共识开始时，所选择出来的交易都是随机的，这里随机选取的好处有两方面：一是可以防止攻击者知道策略后进行干扰或攻击，二是随机选取可以很大程度上避免各节点提交的交易出现大量重复。

另外，异步是 HoneyBadgerBFT 共识算法的一个重要特性。在传统的 PBFT 共识协议中，网络传输的延迟在一个可预计的范围内，通常这类协议会设定一个计时器，在等待一个设定好的时间后，触发超时动作。而 HoneyBadgerBFT 共识算法没有超时的概念，不依赖于时序假设或强加超时以接收和处理消息，主要原因在于 ABA 维护的 0/1 序列保证了直到存在 $(N–f)$ 个 1，即 $(N–f)$ 个节点发出的交易被共识之后，一轮共识才会结束，否则，将一直重试请求未收到的数据。

HoneyBadgerBFT 提供了一种新的异步拜占庭共识方法，这是一个重要的进步，未来，网络将需要强大的共识机制，可以在各种不同的条件下执行并承受复杂的攻击。对比传统的 PBFT 共识协议，HoneyBadgerBFT 的效率有显著提高。

4.8　DumboBFT 共识算法

4.8.1　DumboBFT 简介

小飞象拜占庭共识协议[25]（DumboBFT）是在 HoneyBadgerBFT 共识算法的基础上，由原任职于美国新泽西理工学院（现任职于悉尼大学）的唐强教授联合中国科学院软件研究所和京东创新实验室共同完成的首个完全实用的异步共识算法。经过对 HoneyBadgerBFT 共识算法性能的详细分析，DumboBFT 的作者们发现影响该算法性能的一个瓶颈正是 ABA 模块，每轮共识中每个节点都要执行 N 个 ABA 实例，每个实例都要验证 $O(N^2)$ 个阈值签名，这对 CPU 的消耗很大。RBC 模块的运行时间相比 ABA 几乎可以忽略不计，更严重的是，ABA 实例不可能真正地完全并发，随着 N 值的增大且当网络不稳定时，一些 ABA 实例可能终止得很慢，由最慢的 ABA 实例确定该算法 ACS 的运行时间。

因此，如何减少每轮共识中需要运行的 ABA 实例个数就是提高异步共识效率的关键。沿着这个思路，DumboBFT 给出了两种解决方案，分别是 Dumbo1 和 Dumbo2，其中 Dumbo1 的 ACS 模块只需要运行很小的 k 个 ABA 实例（独立于 N 个），Dumbo2 的 ACS 进一步将其降低为常数。接下来讨论 Dumbo1 和 Dumbo2 的设计思路。

4.8.2　DumboBFT 实现过程

Dumbo1 的改进思路就是减少 ABA 实例数量（如图 4.17 所示）：既然目标是选取一个共同子集，那么为什么不选取一个由 $k(k<N)$ 个成员组成的委员会，每个成员提议一个子

集，这样只需要对每个提议进行一次二元共识，运行时间即可达到 $O(\log_2 k)$，而其他复杂度指标保持不变，这里 k 是独立于 N 的安全参数。可见，Dumbo1 的关键问题就转化成了如何随机选举一个 k 个成员组成的委员会，并且大概率能保证 k 个成员中至少有一个是诚实的。

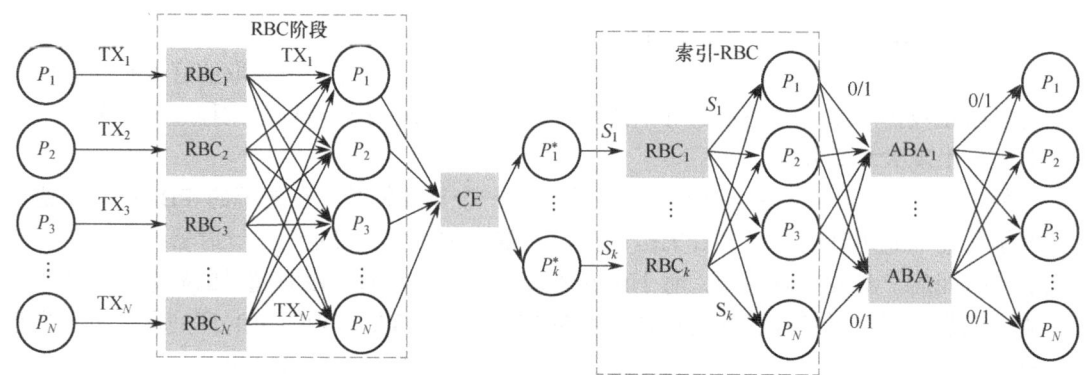

图 4.17　Dumbo1 结构图

从图 4.17 中可以看到，第 1 阶段保持不变，每个节点都通过 RBC 模块广播其输入，然后，经过委员会选举模块（Committee Election，CE）选择少量的 k 个节点作为"领导者"，以使其中至少有一个诚实节点，这样，诚实节点可以先完成(N–f)个 RBC 实例，然后通知其他节点输出这些 RBC 实例的结果。但需要考虑的是，存在两个诚实节点可能会从不同的领导者收到不同的值，那么需要诚实节点能够确定要选择的 k 个选定节点中的哪个，这就类似于 HoneyBadgerBFT 共识算法中通过调用 ABA 实例来确认要包含的子集，一旦一些 ABA 实例输出为 1，就可以识别并输出相应的消息，这样，N 个节点只需要通过这 k 个节点就可以达成共识。另外，图中似乎引入了额外的 RBC 实例，但 Dumbo1 为每个节点的输入设置一个很小的索引集$\{S_1, S_2, \cdots, S_k\}$，当诚实节点收到与 S_i 相对应的所有消息时，那么第 i 个 ABA 的输入即为 1，因此这部分的开销并不明显。

Dumbo2 的目标更为激进，就是将 ABA 的个数直接降到常数级别。Dumbo2 使用多值验证拜占庭共识（Multi-Value Validated Byzantine Agreement，MVBA）协议[26]，该协议允许就任意值达成协议而不限于二进制值，其基本思想是每一方提出一个包含一定验证信息的（不同）值作为输入，并输出一个满足谓词 Q 的值作为决策值，同时该协议保证决策值至少有一方可以提出。也就是说，让每个节点都提议一个子集（前提是这些提议要满足某个前提条件），然后从 N 个子集中选取 1 个作为共识结果（如图 4.18 所示）。而问题在于，已有的 MVBA 方案的通信复杂度较高，为 $O(N^2|m|+\lambda N^2+N^3)$，其中$|m|$为 MVBA 的输入值大小，而影响 MVBA 通信复杂度的关键在于$|m|$的大小。如果$|m|$的值足够小，那么使用 MVBA（只包含常数级的 ABA 运行个数）实现 ACS 的效果就要远好于 HoneyBadgerBFT 使用的 RBC 和 ABA 的组合。Dumbo2 的解决办法就是尽可能缩小$|m|$，图中 PRBC 是一种新的可证明可靠广播协议，增强了 RBC，能够输出一个简单的证明 W_i 来证明至少有一个诚实节点已经收到了输入；CBC 是一致性广播，与 RBC 类似，但不具备全局性；π 是 MVBA 中定义的一个随机排列组合。关于 Dumbo2 的具体细节和证明过程，感兴趣的读者可以下载文献深入学习，在此不做赘述。

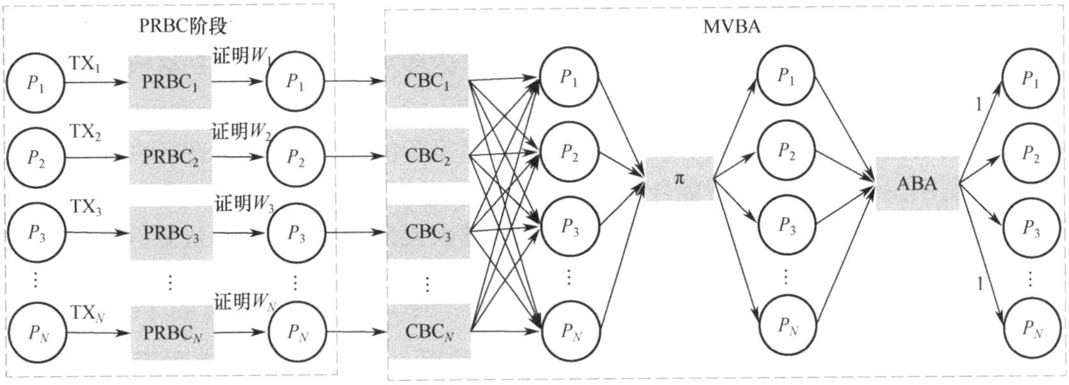

图 4.18　Dumbo2 结构图

在遍布全球四大洲的 100 个共识节点的测试网络中，DumboBFT 的确认延迟时间为 24 秒，不到 HoneyBadgerBFT 共识算法的 1/20；交易吞吐量为每秒近 1.8 万笔，是 HoneyBadgerBFT 算法的 9 倍多。目前，"小飞象"正计划在国内一些主流区块链平台上进行部署。

4.8.3　DumboBFT 分析

DumboBFT 共识算法的创造性突破，不仅解决了异步共识算法设计的理论难题，而且在性能上大幅提升并全面超越了当前工业界采用的 HoneyBadgerBFT，成为国际首个完全实用的异步共识算法。该算法拥有以下优越的特性。

（1）完全异步：DumboBFT 基于消息驱动，不需要采取针对节点的超时机制，保证了协议在复杂网络环境下的活性和安全性，拓展了协议的适应范围。

（2）性能卓越：Dumbo2 采用了 PRBC 和 MVBA 协议将 ABA 模块的调用从线性减少到常数，大大降低了随机共识算法的运行时间，同时也提高了节点的扩展能力，在保证处理能力的前提下，提升了共识节点组网规模。Dumbo1 中还采用纠删码技术，有效地平衡了各个节点的带宽利用率，进一步提升了协议性能。

（3）非选主共识：DumboBFT 采用了无"出块节点"的设计，网络中的每一个共识节点的地位平等。在每一轮的出块中，每个共识节点都随机地从本地选取若干交易参与出块，实现了交易选择的公平性，有效地避免了主观选择交易的问题。

（4）抗审查攻击：DumboBFT 采用了阈值加密的算法，保证了交易集合在传输的过程中无法提前了解交易的内容，有效抵御了恶意投票的审查攻击。

4.9　智能合约

4.9.1　智能合约简介

智能合约（Smart Contract）是一种计算机协议，在协议制定和部署后，不需要外加人为干预，即可实现自我执行和自我验证。从技术角度来说，智能合约可以视为一种计算机程序，这种程序可以自主地执行全部或部分与合约相关的操作，并产生相应的可以被验证的证据，来说明执行合约操作的有效性。在部署智能合约之前，与合约相关的所有条款的逻辑流程就已经被制定好了。智能合约通常具有一个用户接口，以供用户与合约进行交互，这些交互行为都严格遵守制定的逻辑。得益于密码学技术，这些交互行为能够被严格地验证，以确保合约能够按照规则顺利执行，防止出现违约行为。

智能合约分为广义智能合约和狭义智能合约。广义智能合约是指运行在区块链上的计算机程序，适用范围较广。狭义智能合约是指运行在区块链基础架构上，基于约定规则，由事件驱动，具有状态，能够保存账本上资产，利用程序代码来封装和验证复杂交易行为，实现信息交换、价值转移和资产管理，可自动执行的计算机程序。

1）脚本型智能合约

比特币中的智能合约称为脚本型智能合约，它使用一种称为"Script"的脚本编程语言构造，并非图灵完备的。比特币中的脚本仅包含指令和数据两部分，其中涉及的脚本指令只需要完成有限的交易逻辑，不需要复杂的循环、条件判断和跳转操作，功能有限但编写较为容易，支持的指令不到 200 条。

2）图灵完备型智能合约

运行在以太坊和超级账本中的智能合约称为图灵完备型智能合约。图灵完备是指机器执行任何其他可编程计算机能够执行计算的能力。脚本语言编写的交易指令无法适应以太坊平台的开发需求，因此，目前以太坊主要使用 Solidity 和 Serpent 两种智能合约开发语言。

3）可验证合约型智能合约

正在研发中的 Kadena 项目中的智能合约称为可验证合约型智能合约。可验证语言的语法类似于 LISP 语言，用于编写运行在区块链 Kadena 上的智能合约，可实现合约的数据存储和授权验证等功能。为防止在复杂合约的编程过程中可能存在的安全漏洞以及带来的风险，可验证合约型语言采用非图灵完备设计，不支持循环和递归。该语言编写的智能合约代码可以直接嵌入到区块链上运行，不需要事先编译成运行在特定环境（如以太坊 EVM）的机器代码。

4.9.2 智能合约语言

1）Solidity

Solidity 可以用来开发合约并编译成以太坊虚拟机字节代码，运行在 EVM 上，是静态类型语言，支持继承、库和复杂的用户定义类型等。虽然 Solidity 语法与 JavaScript 较为接近，是一种面向对象的语言，但是两者又有许多不同，具体表现为：

- 由于语言内嵌框架是支持支付的，所以可以提供如 payable 之类的关键词，实现在语言层面的直接支付，更为简便；
- 由于以太坊底层是基于账户而非 UTXO 的，故存在特殊类型 Address，可以用于定位用户和合约，并定位合约的代码；
- 由于智能合约是将原来的一个简单函数调用变成了网络节点中的代码执行，故在去中心化的网络运行环境中，会更加强调合约或函数执行的调用方式；
- 为了保证合约执行的原子性，以避免中间状态出现的数据不一致，Solidity 的异常机制一旦出现异常，所有执行都会被回撤；
- 常用的 Solidity 集成有 Remix、Visual Studio Extension 等。在第 3 章的 3.2.4 节已做了简单的介绍。

2）Serpent

Serpent 和 Python 类似，使用 Lisp Like Language（LLL）编译，最终会被编译为 EVM 字节代码，可用于开发合约并编译成以太坊虚拟机字节代码。Serpent 是一种分组加密算法，更加简洁，将低级语言在效率方面的优点和操作简易的编程风格相结合，同时合约编程增加了独特的领域特定功能。

3）Lisp Like Language

Lisp Like Language 是和 Assembly 类似的低级语言，更为简单，本质上只是直接对以太坊虚拟机的一点包装，是一门 LISP 风格的底层编程语言，持续更新，并且与 Solidity 同属于一个资源库。

4.9.3　智能合约运行机制

如图 4.19 所示，我们以以太坊开发平台为例，智能合约运行机制主要包含以下阶段。

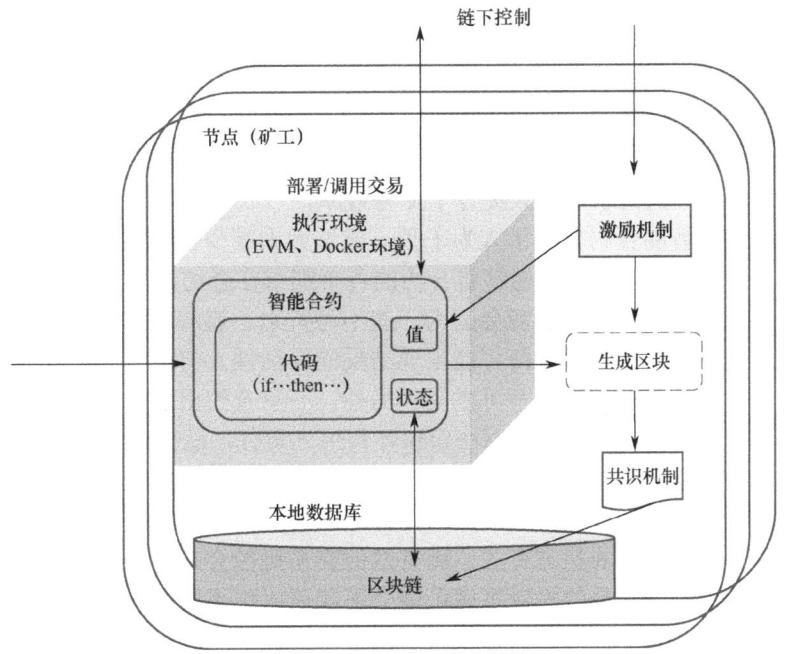

图 4.19　智能合约运行机制

1）生成代码

智能合约一般具有"值"和"状态"两个属性，代码中用 if-then 和 what-if 语句预置合约条款的相应触发场景和响应规则，在合约各方面内容都达成一致的基础上，评估确定该合同是否可以通过智能合约实现，即"可编程"，然后由程序员用合适的开发语言将以自然语言描述的合同内容翻译成可执行的机器语言。

2）编译

利用开发语言编写的智能合约代码一般不能直接在区块链上运行，而需要在特定环境（如以太坊为 EVM、超级账本为 Docker 容器）中执行，所以在将合约文件上传到区块链之前，需要利用编译器对源代码进行编译，生成符合环境运行要求的字节代码。

3）提交

智能合约的提交和调用是通过"交易"完成的，当用户以交易形式发起提交合约文件后，通过 P2P 网络进行全网广播，各节点在进行验证后将其存储在区块中。

4）确认

验证后的有效交易被打包进新区块，通过共识机制达成一致后，新区块被添加到区块链的主链。此后，根据交易生成智能合约的账户地址，可以利用该账户地址通过发起交易来调用合约，节点对经验证有效的交易进行处理，被调用的合约在环境中执行。

4.9.4 智能合约分析

就像其他的系统协议一样，智能合约并不完美，也有优点和缺点。其优点表现如下。

（1）可信性：智能合约的承诺包含两个方面，一是自动，即无须信任和公正地执行合约；二是直接，在合约执行的各个环节中取消中间人这一角色。智能合约的所有条款和执行过程是提前制定好的，并由计算机绝对执行。因此所有执行的结果都是准确无误的，不会出现不可预料的结果。

（2）去中心化自动性：智能合约不需要中心化的权威来仲裁合约是否按规定执行，合约的监督和仲裁都由计算机来完成。一个区块链网络中一般不存在一个绝对的权威来监督合约的执行，而是由共识机制来判断合约是否按规定执行。由于智能合约的数字化特点，数据被存储在区块链中，使用加密代码强制执行协议，保证交易可追踪和不可逆转。

（3）高效的实时更新：没有了人为的第三方权威或中心化代理服务的参与，智能合约能够在任何时候响应用户的请求，大大提升了交易效率。

（4）更低成本：智能合约去除了人为干预，能够大大减少合约履行、裁决和强制执行所产生的人力成本，要求合约制定人能够将合约的各个细节在合约建立之初就确定下来。

然而，在现实生活中，合同可能会因为一些不可抗力、违法等原因解除。合同法中，对于合同的要求是避免律师预测和协商可能出现结果的灵活性。但由于区块链的不可修改性，智能合约一旦触发就会自动履行，不可撤销。另外，一旦合约出现问题，若判定是第三方计算机程序员的责任，那么对于错误的算法应该如何追究责任，法律管辖权尚未明确。

还需要考虑的是智能合约可能存在的安全漏洞问题。智能合约的漏洞分为交易顺序依赖漏洞、时间戳依赖漏洞、处理异常漏洞和可重入缺陷漏洞。交易顺序依赖漏洞是由于智能合约的执行正确与否与以太坊的状态有关，而有效的交易可能会影响以太坊的状态。当一个新的区块含有两笔交易时，交易的先后顺序可能会引起以太坊不同的最终状态，而交易的顺序取决于矿工，从而导致智能合约的执行依赖于矿工的操作。时间戳依赖漏洞是由于某些智能合约是根据区块中的时间戳执行的，而时间戳是由矿工根据自身的时间所设置的，若时间戳被攻击者修改，可能会产生一定风险。在不同的智能合约相互调用时可能出现处理异常漏洞，若被调用的合约产生错误返回值却没有被正确验证，则可能会遭受到攻击。若一个函数在执行完成前被调用了数次，导致发生意料不到的行为，则可重入缺陷漏洞就可能出现，可重入缺陷漏洞是指攻击者可以利用智能合约未改变的中间状态对合约进行反复的调用。

▽ 本章小结

本章主要对区块链常见的共识算法进行了研究，包括目前常见的 PBFT、PoW、PoS，比较热门的 DPoS、Ripple、dBFT，以及最新的 HoneyBadgerBFT、DumboBFT。对于每种算法，本章都从工作原理、优缺点几个方面进行了全面的分析。通过本章学习，读者可对现阶段区块链中的共识算法有一个初步的了解。本章最后还对区块链中常见的智能合约进行了介绍。

习题 4

1．在 PBFT 算法中，设全部节点数量为 m，要使整个系统正常工作，至多可以忍受（　　）个拜占庭节点"背叛"。

  A．$\dfrac{m-1}{3}$ B．$\dfrac{m}{3}$ C．$\dfrac{2(m-1)}{3}$ D．$\dfrac{2m}{3}$

2．在比特币系统中，一个区块的 bits 字段为 0x1c0404bc，则目标值 T 为（　　）。

  A．$0x0404cb \times 256^{(0x1b-3)}$ B．$0x1c0404 \times 256^{(0x1b-3)}$

  C．$0x0404bc \times 256^{(0x1c-3)}$ D．$0x1c0404 \times 256^{(0xbc-3)}$

3．在 PoS 机制中，假设全网目标为 4369，矿工 A 的币龄为 3840，则矿工 A 的目标值为（　　）。

  A．0x0000FFFF   B．0x000FFFFF

  C．0x000FFFF0   D．0x00FFFF00

4．以以太坊开发平台为例，智能合约运行机制主要包括＿＿＿＿、＿＿＿＿、＿＿＿＿、＿＿＿＿ 4 个阶段。

5．简述 PBFT 算法的基本流程。

6．描述 PoW、PoS、DPoS 机制的思想，并对比分析其优、缺点。

7．简述 Ripple 共识算法的实现过程。

8．在拜小蚁共识算法中，分别讨论如图 4.20 所示的 4 种情况能否达成共识。

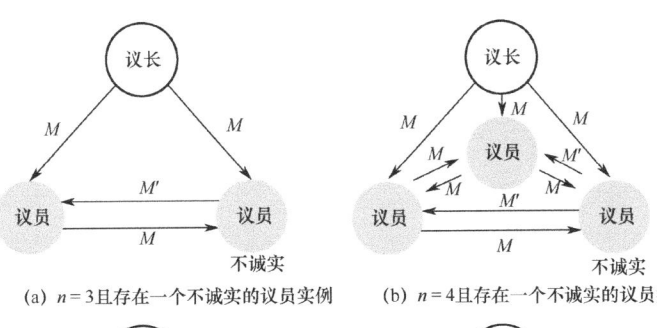

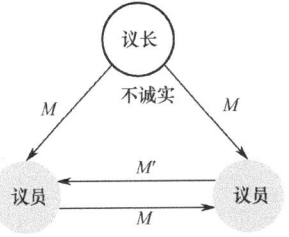
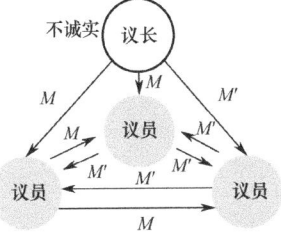

图 4.20　存在不诚实节点参与共识情况：n 为参与共识节点数，
M 表示可靠的消息，M' 表示恶意的消息

9．简述 HoneyBadgerBFT 中采用的 RBC、ABA 模块的概念及作用。

10．简述 DumboBFT 对于 HoneyBadgerBFT 的改进思路。

第 3 部分
实际应用

第 5 章　区块链驱动金融

▽ 5.1　区块链+金融服务

金融领域是区块链技术的重要应用领域，区块链技术给传统的金融服务行业带来创新机遇的同时，也对传统的金融服务行业造成了冲击。本章从区块链技术给金融服务行业带来的冲击以及区块链技术如何助力金融服务这两个方面切入，结合区块链的应用场景，全面阐述区块链技术在金融服务领域的广泛应用以及实际的应用案例。

5.1.1　区块链技术给金融服务行业带来的冲击

金融在现代经济中处于核心地位，对国民经济走向有着极大的推动和导向作用。在科技迅速发展的今天，区块链的技术优势和应用前景已引起金融行业的广泛关注。如果说比特币的诞生动摇了人们心中传统货币的地位，那么区块链的诞生则是向现行的银行体系提出了更加严峻的考验[27]。一些学者认为，区块链技术很可能会成为继互联网之后，能够颠覆金融行业底层架构的又一次技术革命。

金融的核心价值在于信用，可以说没有信用就没有金融，就没有经营风险创造利润的机会，也就不能在不同时间和地点配置资源，最终也不能加速价值的流通。在当前商业模式和社会组织架构下，价值创造和交换活动都需要一个集中的制度体系和机构体系来建立信用，进而发生交易，否则陌生人之间无法取得信任。而区块链技术从根本上改变了这种中心化的信用创造方式，运用一套基于共识的数学算法，在机器之间建立"信任"网络，从而通过技术背书而非中心化信用机构来进行信用创造，降低了信用创造成本，有助于重建社会的信任体系。

区块链技术的崛起，虽然给传统银行带来了威胁，但同时也给传统银行的转型指明了新的方向，带来了动力。很多人认为区块链技术会颠覆传统银行业，但实际上，银行才是科技在金融中的拥抱者。所以，区块链技术不是银行的终结者，反而是金融创新的助力剂。区块链的崛起可以为金融服务行业提供更多创新的可能，并且让金融科技更好、更快地发展。

5.1.2　区块链技术助力金融服务

在现代经济条件下，金融始终处于核心地位，对国民经济的走向起着巨大的推动作用。区块链技术作为支撑金融业的关键底层基础技术，由于其具有安全可靠、不可篡改等特性，因此备受金融企业的青睐。首先，区块链的高安全性使得交易中的数据信息一旦加密，就不得进行修改或篡改。其次，区块链技术的去中心化，大大缩短了交易周期。基于区块链技术的交易能够直接在汇款银行和收款银行之间进行，使得区块链技术的数据交易无须再通过第三方信任机构，而是在可信环境下直接进行数据信息交换，有效减少了处理时间。

区块链技术给金融服务行业注入了新的活力，有利于提升金融服务的效率和质量，加速银行传统业务的转型升级，具体来说其对金融服务的助力主要体现在以下几个方面。

1）有利于商业银行提高经营效率，降低成本

在当代金融体系中，商业银行作为传统的信用中介机构，可以在一定程度上解决支付双方的信息不对称问题，但是这种中心化的支付系统，需要各银行投入大量的人力和财力维护信息系统，以保证端口的适配性，实现和其他银行、企业之间的数据信息对接。随着金融科技时代的到来，各种支付手段层出不穷，使得商业银行 IT 系统的维护日趋复杂，需要消耗大量的人工资本和运营成本[28]。相比之下，借助区块链技术可以在各家银行、企业之间实现分布式记账，使各节点共享同一账本，实现数据的集体性维护。如在传统的银行对账工作中，需要银行与银行之间、银行与企业之间各自记账且要定期校对，以确保往来账务记录的一致性。这种方法不仅效率低下，而且存在着大量的重复工作，在实际应用过程中极容易产生误差。而采用区块链技术，则可以在银行之间、银行与企业之间建立统一账本，最大限度地实现信息共享，同时用加密算法确保数据的存储安全与不可篡改，保证记账的实时同步，大大降低了商业银行的人工成本和运营成本，提高了经营的效率。

2）重塑商业银行职能定位，加快金融产品和服务的创新

在传统的金融体系中，商业银行一直发挥着信用中介和支付中介的职能。然而，以比特币为代表的数字货币的出现，意味着支付清算可以不再通过银行账户，而是通过更快捷的区块链技术来实现。由此可见，区块链技术去中心化的特征将在一定程度上弱化传统商业银行的中介职能，迫使商业银行重塑职能定位。但同时，区块链上的数据信息又可以在不增加成本的前提下实现对数据的深度加工和清洗，这些数据的整理对商业银行金融产品和服务的创新有着重要意义。如银行与企业之间私有链和联盟链的建立可以帮助银行更好地得到企业的相关信息，形成对中小企业的资信评估，从而开发出更多适合中小企业融资需求的金融产品。显然，应用区块链技术不会让银行变得多余，而是让银行做得更好，区块链技术的出现将重塑商业银行的职能定位，拓宽传统银行的经营范围，加快产品和服务的创新升级，从而更好地适应互联网金融时代的要求。

3）稀释商业银行信用风险，实现实时监管

区块链技术具有透明度高、抗攻击性强、可追溯等特性，因此，银行与企业之间的区块链一旦建立，其中的客户信息和交易数据便永久地写入区块且不可篡改，并能最大限度地实现信息的自动化关联共享，减少欺诈行为的发生，从而稀释商业银行的信用风险。如银行可以通过区块链上的交易记录建立客户档案，筛选出优质客户和风险客户，并对不良记录较多的风险客户进行单独标记或者剔除，或者通过分布式账本实时监测异常交易行为，减少洗钱、违规转移资金等非法行为的发生。另外，链中还可以引入监管机构作为单独的节点，基于区块链的共识机制，监管者能在交易的各个环节实时洞悉资产状态，掌握资金流向，真正实现实时监管。

所以，区块链技术的出现，虽然给金融界带来了很大的冲击，但是在某种程度上，区块链技术其实是在助力金融服务的创新，促使传统交易模式做出突破性的改变。

5.1.3　区块链在金融服务中的应用场景

目前，我国金融服务中使用区块链技术的主要原则为：涉及多方参与的场景均可以使用区块链技术来提高效率。区块链在我国商业银行中落地的场景有在以下几个方面：跨境支付业务场景、证券发行与交易业务场景、票据交易业务场景、供应链金融业务场景等。

1）跨境支付业务场景

当前传统金融服务业在跨境支付领域存在多个痛点，如结算流程冗杂、支付成本高昂、安全性低等。传统的跨境支付流程如图 5.1 所示。

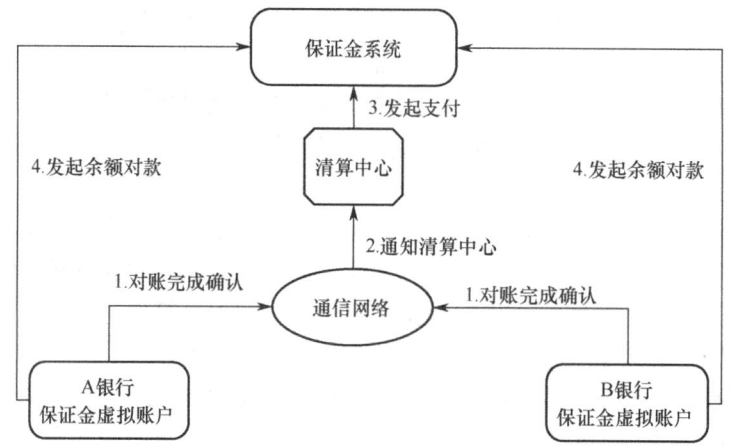

图 5.1　传统的跨境支付流程

区块链技术可以解决跨境支付业务上的这些问题：首先，区块链使得银行业减少了很多中间的人工处理环节，过去跨境交易一般至少花费 2 个工作日才能完成，而运用区块链技术后这些业务至多需要 8 秒；其次，区块链还显著降低了交易成本；最后，区块链技术下的跨境支付的交易透明、数据可靠、可追溯的特点也极大地保障了整个交易过程的安全性。基于区块链的去中心化、共享账本的数据存储、加密算法及自动执行智能合约等技术特征，区块链技术在跨境支付领域有着天然的优势，应用前景非常广阔。

2）证券发行与交易业务场景

证券的发行与交易流程复杂且效率低下，而且存在安全隐患问题。相比传统的证券操作模式，区块链能够解决证券领域业务链条偏长、管理成本高、底层资产不透明等痛点；区块链还可以实现资产所有权"份额化"与智能合约执行，在扩大募资范畴的同时降低资产交易价值链上的摩擦与成本。此外，区块链可以省去中介机构，让繁杂的业务简单化，从而缩短交易期限，让交易变得更加便捷，也使得金融市场中的参与者能享有平等的数据来源，从而让交易变得更公开、透明。

3）票据交易业务场景

从 20 世纪 80 年代初开始，我国票据业务发展大致经历了 4 个阶段：市场试点阶段、市场培育阶段、快速发展阶段和规范转型阶段。直到 2016 年年末，为了提升票据市场的安全性和规范性，我国央行发布了《票据交易管理办法》，规定了票据集中统一的电子化交易，电子票据开始大规模应用。从整体上看，纸质交易仍主导着我国现行的票据业务，传统票据模式仍是我国票据市场的主要部分，其设计环节多，中介多，大部分仍需人工操作，管控漏洞大，导致多家商业银行各种票据业务风险事件频频爆发，因此传统票据业务的发展面临存在票据造假行为、操作风险管控难度较大、票据信用违约风险激增、票据业务合规风险无法避免、票据市场不统一导致市场风险、电子票据带来中心化风险等几大挑战。从总体上看，传统票据市场仍面临着欺诈、信用风险比较高、操作风险和合规风险比较大、电子票据中心化风险不可预测以及市场监管不完善等问题。传统票据市场分类如图 5.2 所示。

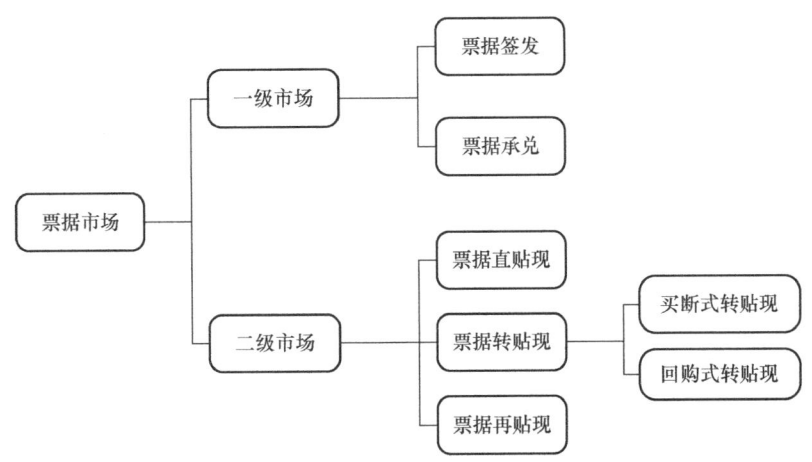

图 5.2　传统票据市场分类

传统票据模式对信任要求高，区块链中的各种技术优势使得传统票据业务模式中的问题得以有效缓解，例如，可以减少传统模式中票据造假行为，降低传统模式中存在的信用风险、操作风险、合规风险以及市场风险等，另外，电子票据所导致的中心化风险也能够得到有效应对，充分保障票据交易过程的规范化、透明化以及标准化，完善我国票据市场体系。基于区块链技术的数字票据的应用模式如图 5.3 所示。

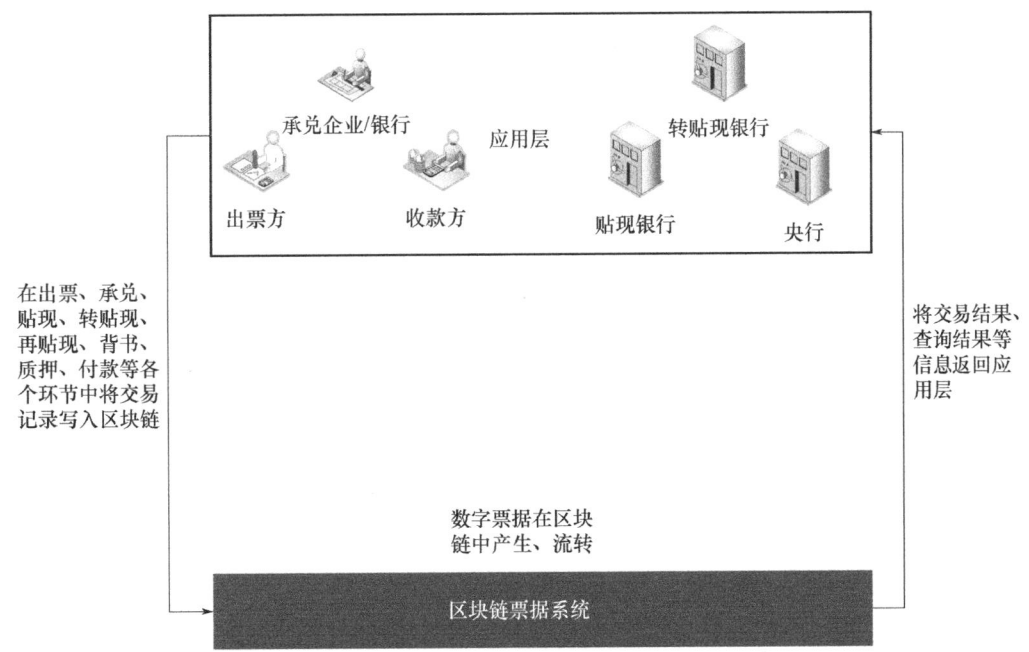

图 5.3　区块链数字票据模型

4）供应链金融业务场景

供应链金融是商业银行信贷业务的一个新兴领域。传统模式下的供应链金融参与主体众多，不同的主体之间存在大量的交互和协作，导致业务操作流程复杂，而且在整个供应链运行期间出现的商流信息、物流信息、信息流信息、资金流信息等在对应主体系统内保存，而且各个环节之间彼此依赖，导致供应链金融存在诸多的风险，具体表现在 6 个方面：风险评估与控制成本居高不下；信用无法传递，授信对象的数量受限；信息不对称，效率低且浪费资源；中小企业信用评价体系不健全；资金价值传递受限；物流环节的溯源难度较大，再加上较大的地域跨度以及时间跨度，容易引发假货问题等。

以上问题反而使供应链金融能够与区块链技术达到一种较好的融合，使供应链上所有环节的信息不对称问题以及信用机制问题得到有效缓解，对于银行经营痛点问题能够起到一定的帮助作用，从而使"区块链技术+供应链金融"的模式成为可能。区块链技术中信息的公开透明、可追溯以及不可篡改等优势，能够使各方数据处于及时更新的状态，并且能够为及时对账清算提供一定的保障。同时商业银行、核心企业以及上、下游两端的中小企业等所有参与方都能使用同一个区块链供应链金融系统共同分享所有信息，并利用区块链技术中智能合约技术在预先设定好的时间和条件下进行自动支付，从而极大地减少人工交易中可能造成的失误，降低成本的同时还提高了效率。区块链供应链金融业务模式的具体流程见图 5.4。

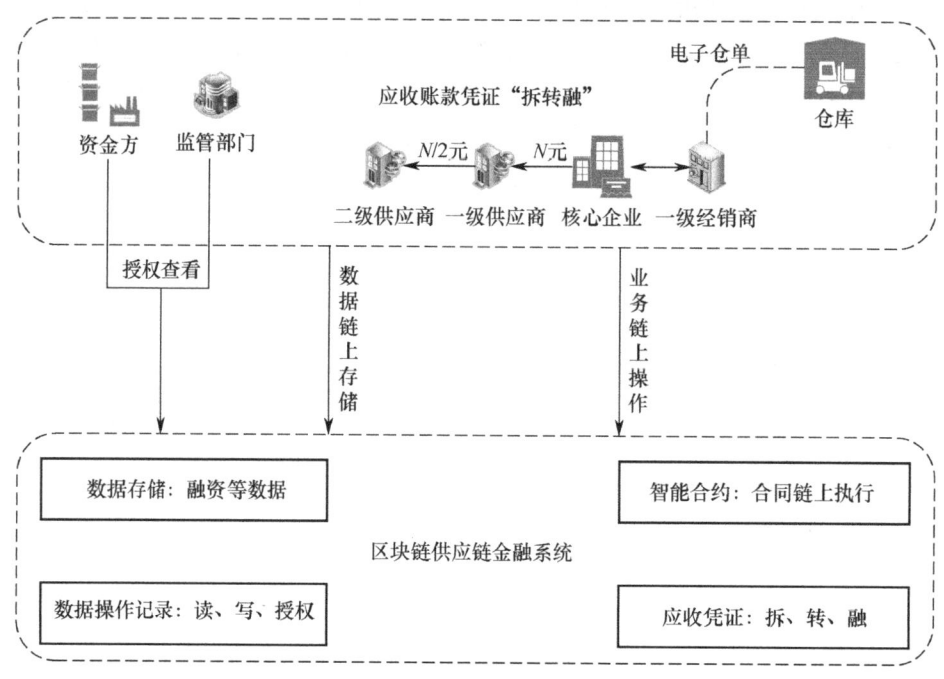

图 5.4　区块链供应链金融业务模式

5.1.4 "区块链+金融服务"的应用案例

1）纳斯达克市场和澳洲交易所

纳斯达克市场和澳洲交易所发现了区块链的价值所在，因此走在了区块链技术应用的前列。2015 年年末，纳斯达克市场（全球最大的证券交易所之一，是为全球提供交易、结算、交换技术、上市、信息和公共服务的机构）为金融基础设施建设提出了一个统一的框架，该框架提供了各种解决方案，其中就包括区块链服务。这也是纳斯达克市场首次利用区块链技术交易平台，完成和记录私人证券交易。澳洲交易所也利用区块链技术与用户相连接，实现了股期方资金及时到账。

2）花旗银行

银行业巨头花旗银行，已开发了 3 条区块链，并在上面测试运行了一种名为"花旗币"（Citicoin）的加密货币。据花旗银行创新实验室的负责人 Ken Moor 说，在过去几年中，花旗银行一直在观察区块链技术，并且已经在自己的实验室里创建了"一个相当于比特币"的技术项目，同时也在挖掘一种自己的代币"花旗币"。在金融科技迅速发展的时代，花旗银行没有被动地看待其发展，而是主动积极地领导变革，将区块链技术运用到金融服务中。目前，除了花旗银行，许多银行也都在尝试使用区块链技术来提高交易效率。未来将有更多的银行加入区块链技术领域，区块链也将在银行或者其他金融服务领域得到更多的应用。

3）中国农业银行

中国农业银行（以下简称"农业银行"）深入分析了自身的优势所在，提出将区块链技术用在电商金融平台中，这是第 1 次有银行提出这样的想法。农业银行和趣链科技合作，将区块链技术的优势与供应链业务特点进行深度融合，共同开发了基于区块链的电商融资系统，同时开发了"E 贷链"产品，这个平台和产品都与农业相关，农业银行将这项技术很好地用在了供应链金融领域，将涉农电子商务、供应链融资和网络支付等系统打造成联盟链，并完成了国内银行业第 1 笔线上订单支付贷款。2019 年年底，农业银行发布了国内首款转口贸易区块链产品"跨境 E 链"，该产品将区块链技术应用在痛点深刻的转口贸易业务，使得业务链上的各个参与方能共享并验证货物流、单据流和资金流，实现转口贸易业务真实性的协同审验，从而促进跨境贸易的健康快速发展，深化我国对外开放合作的战略。

4）招商银行

招商银行是全世界第 1 家在现金管理方面应用区块链技术的银行，为现金管理提供了新的方法和研究的方向。2016 年，招商银行在银行的核心系统中应用了区块链技术，这是一次非常大的突破。2019 年，招商银行成功推出了资管 ABS 区块链系统，在该系统的支持下，云南信托能够将基层消费金融资产入链，让一些"小额债权"业务得到升级和优化。

5）交通银行

交通银行"链交融"系统于 2018 年 9 月 28 日成功发行了个人住房抵押贷款资产支持证券项目，这是我国第 1 个基于区块链的信贷资产证券化项目。在此项目中，由交通银行上链基础资产，中介机构负责在链上开展尽职调查，并及时将调查报告信息上链，随后系统会自动生成现金流测算、贷款服务报告、受托服务报告和信托收益分配表等信息并达到实时上链的目的。资产证券化市场业务的参与机构也纷纷加入共享、透明和高效的"链交融"联盟链。"链交融"将原始权益人、信托、券商、会计、投资人、律师、基金、托管、监管等参与方组成联盟链，如图 5.5 所示。

6）中国人民银行

2018 年 1 月，中国人民银行创建并投放了"基于区块链技术的数字票据交易平台"，该平台系统是由中国人民银行主导，上海票据交易所和数字货币研究所共同牵头组织的，参与主体还包括中国工商银行、杭州银行以及浦发银行等。

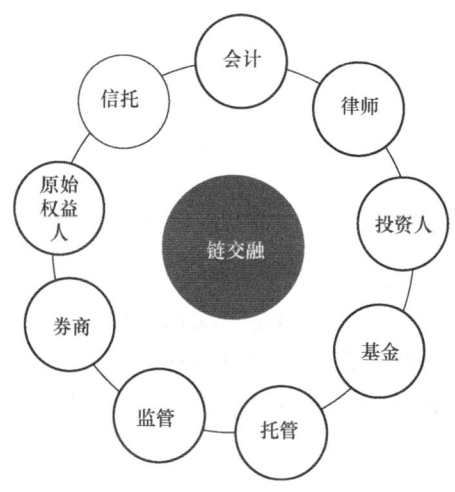

图5.5 交通银行"链交融"联盟链

5.2 区块链+数字货币

货币是一种价值存储和交换的载体，过去是由中央法定机构集中发行的，数字货币的出现为全球范围内货币的统一带了来新希望。在某种意义上，数字货币能够完全避免纸币的弊端。因为数字货币是在特定的算法中产生的，以互联网为渠道流通，因此它的价值完全取决于生产它时使用的算力。许多在区块链技术上产生的加密数字货币，拥有安全系数极高的信任机制。这些加密数字货币即使在没有法律约束的条件下，也能够使人与人之间产生信任。因此，区块链技术成为数字货币中的主流技术。

区块链技术最先应用于"比特币"，在对区块链技术后期的研究与开发中，研发者大多数都会沿袭之前的方式，把区块链技术运用到开发新的数字货币中。因此，在区块链 1.0 的时代，涌现出大量不同的数字货币。到现在，在互联网上流通的主流数字货币，加上大多数流通性不大的冷门数字货币，全世界已经有上百种数字货币。以比特币为例，虽然先后经历了多次交易所倒闭、"虚拟货币非法使用"被查抄、多个政府禁止使用等危机，但比特币经受住了所有这些考验，目前仍能稳定运行，可以说完全颠覆了人们对于货币的认识。相信区块链技术未来会在数字货币技术体系中占据重要地位。

5.2.1 常见的几种数字货币

区块链技术对全球开源，任何人都可以下载它的源代码，并在其基础上进行修改，因此在比特币诞生后，陆续出现了许多与比特币类似的数字货币，这类数字货币统称为竞争币。至今为止竞争币的种类已经超过 600 种。但是，能真正产生较大影响力的也只有很少的一部分。加密货币市值结构如图 5.6 所示。

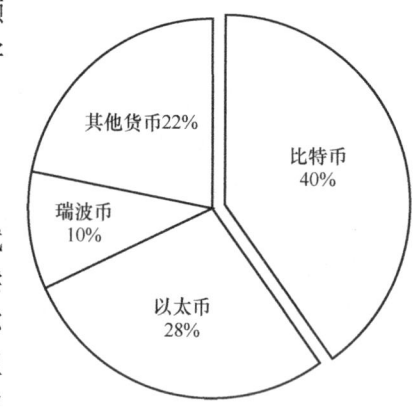

图5.6 加密货币市值结构

1. 比特币（Bitcoin）

比特币是目前为止世界范围内影响力最大的数字货币。因为它把握了数字货币的先机，是区块链技术的第 1 个应用，也是区块链技术目前为止最主要的应用。前面的章节已经从比特币的发展史、技术原理等各方面进行了详尽的介绍，在此不再赘述。

2. 莱特币（Litecoin）

莱特币是 2011 年发售的一种基于区块链技术的数字货币。要介绍莱特币，就不得不提 Tenebrix，它是第 1 个应用不同工作量证明算法的加密货币，使用的算法被称为 scrypt，是专门为预防暴力破解密码而设计的。Tenebrix 并没有成功，却为莱特币的诞生奠定了基础。作为主要的成功代币，莱特币的核心继承了 scrypt 算法，修改了块产生时间，使之从比特币的 10 分钟缩短到 2.5 分钟，成为一种轻型代币。拥护者们认为，相对于比特币，莱特币更适合零售业的交易。更重要的是，以莱特币为基础，后来延伸出了上百种类似的代币。

3. 以太币（Ether）

与所有基于区块链技术的去中心化系统一样，以太坊也有一套激励机制，以鼓励矿工花费计算资源进行挖矿，从而维持以太坊的运行，这一机制就是以太币。以太坊上所有的账户管理操作和智能合约的部署都需要支付以太币才能正常运行，因此每个以太坊用户都需要获得并花费以太币，以促使矿工努力挖矿。

4. 狗狗币（Dogecoin）

作为莱特币的变种，狗狗币发行于 2013 年 12 月，从名字上看，狗狗币带着强烈的搞笑色彩。狗狗币的标识也是一只可爱的柴犬。但是，狗狗币一经发行，就获得了许多人的支持。狗狗币最初是由一位澳大利亚的品牌营销专家和一位美国俄勒冈州的程序员共同创立的"山寨币"。在狗狗币上市之后，社交新闻网站 Reddit 就开始大力推广狗狗币，在极短的时间内就为狗狗币吸引了大量的人气。随后 Facebook、游戏直播平台 Twitch 都宣布接受狗狗币。

5. Libra

Libra 是 Facebook 推出的虚拟加密货币[29]，现称 Diem。Libra 是一种不追求对美元汇率稳定，而追求实际购买力相对稳定的加密数字货币。最初由美元、英镑、欧元和日元这 4 种法币计价的一篮子低波动性资产作为抵押物。

自 2019 年 7 月开始，全球多个国家的央行、财政部长、立法人员以及多家隐私保护机构对 Libra 提出质疑，并列出了与 Libra 相关的多个问题，包括洗钱、恐怖主义融资和金融稳定等。为了应对严苛的政府监管，Facebook 只能被迫变更思路，不再塑造商业联盟对抗央行，而是构建以稳定币为核心的生态。2020 年 4 月，Libra 发布了 2.0 版本的白皮书。Libra 协会表示，为解决监管问题，项目进行了 4 项关键更改：①除提供锚定一篮子法币的币种外，还将提供锚定单一法币的稳定币；②通过强大的合规性框架提高 Libra 支付系统的安全性；③在保持其主要经济特性的同时，放弃向无许可公有链系统的过渡计划；④为 Libra 的资产储备建立强大的保护措施。

5.2.2　数字货币的不足

货币的主要特性是能够充当"一般等价物"。目前市面上流行的纸币，也正是因为在法律的强制之下，达到了能够充当"一般等价物"的目的。因此，数字货币作为流通于市场中的"货币"，也必须拥有能够充当"一般等价物"的性质。然而，目前全球范围内影响最大的数字货币——比特币还没有足够的条件替换纸币。由于它数量有限、挖掘成本高、价值不稳定等缺点，比特币只能被大多数业内人士当作一种拥有升值空间的商品。因此，比特币主要被用来投资、存储等。而且比特币也没有一般货币在市场中的调节作用，因为比特币不能依据市场的供求关系来调整单位价值或者发行数量。因此，即使是比特币这种影响世界的数字货币，也不能称为真正意义上的数字货币。

实际上，其他数字货币也都无一例外无法实行真正货币的功能。图 5.7 列举了目前数字货币面临的问题。区块链技术作为底层技术尚不完善，导致了这些数字货币也存在许多缺陷。再加上这些数字货币较一般意义上的货币对于政府来说很难监管，故在货币发行对市场的调整方面存在诸多不利。这些数字货币在实用、流通等方面与纸币也存在一定的差距。这些缺点与差距都成为数字货币发展的痛点。

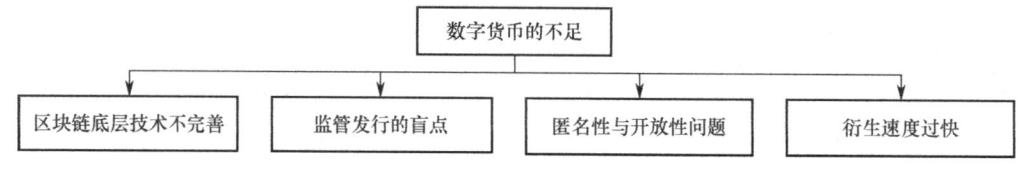

图 5.7　数字货币的不足

1. 区块链底层技术不完善

区块链技术是大部分数字货币的底层技术，而区块链技术在金融中的运用存在着大量的挑战：区块链技术在普通人的认知中"暧昧不清"，阻碍了数字货币的正常流通；区块链技术的高延迟性，导致了它在交易、支付的过程中需要花费大量时间去等待；区块链作为底层技术给商业模式带来颠覆性的冲击，让许多人无法真正地相信数字货币，比如，现在网络上流传的"比特币是传销"的言论；运用区块链技术造成的资源浪费问题，导致了数字货币在价值上波动过大，因此数字货币很难在商品交易的过程中充当"一般等价物"。

从技术角度而言，区块链技术本身就是一个不完善的技术。由于底层技术的不完善，导致数字货币出现各式各样的问题。因此，只有通过不断完善区块链技术，直到区块链技术能够真正融入人们的生活中，数字货币才会被所有人接受。

2. 监管发行的盲点

以区块链技术为底层的数字货币，需要一套自身的监管体系。这套监管体系无须依赖中心机构就能直接进行内部监控。然而，数字货币的监管仅限于自身，对外界环境的监管是数字货币监管体系中的最大盲点。

目前，一般意义上的货币只有在政府的操控下，才能针对市场的变化进行一定的调整。政府作为中心机构，通过调控货币发放，让市场在变化中维持一个相对稳定的状态。而去中心化的数字货币，到现在为止还难以做到这一点。这些数字货币大部分都有固定的数量、固定的产生规律等，这些固定化的模式，在目前的状况下无法通过调整货币的发放，来应对变化无常的市场需求。

因此，对外界的监管是数字货币目前存在的最大盲点。正因为数字货币去中心化的结构，导致了它自身的调节机构对外界环境变化感应的缺陷，所以它不能针对外界市场的供求变化进行相应的发行调整。

3. 匿名性与开放性问题

大多数的数字货币在交易、支付的过程中同时存在匿名性和开放性的特点。虽然匿名性和开放性在某种程度上保护了数字货币钱包用户的账户身份，但是也为企业间谍、网络犯罪提供了方便。间谍和犯罪者可以利用数字货币开放性的特点，套取他们想要的信息，再利用匿名性的特点隐藏他们的身份。他们将资源诈骗到手后，让其他人在调查中无从下手。

甚至，当黑客们发动网络战争的时候，他们可能利用匿名性和开放性窃取相应的资源。而网络战争往往发生在国家之间，涉及军事、国家安全等各个方面。

数字货币的匿名性和开放性，为黑客的入侵提供了绝佳的机会。一旦目前的数字货币成为正常的流通货币，并遭到黑客的攻击，那么国家的经济命脉就会遭到巨大的打击，甚至整个国家的经济体系都会随之崩溃。因此，匿名性和开放性的问题成为数字货币发展中较为严重的问题。

4. 衍生速度过快

从区块链技术诞生开始，到 2020 年，国内流通的数字货币大约有 1600 多种。一方面，如此大量的数字货币种类，让数字货币之间形成了竞争关系。优胜劣汰成为筛选不同数字货币的重要法则。大多数数字货币只是昙花一现，最后只有很少一部分数字货币拥有了固定的玩家。但是，这些拥有固定玩家的数字货币，依然存在着许多无法解决的问题。因此，它们只能在固定的圈子内流通。另一方面，在底层技术还不够完善的情况下，上层的数字货币发展得太快，在往后的应用中就会出现许多不稳定的现象。任何事物的发展都必须有一个循序渐进的过程，只有牢固的基础，才能够站稳脚跟。但是作为数字货币底层的区块链技术，其自身的缺陷也引起了很多争议。即便是对区块链技术给予了极大厚望的相关人士，也在重点监视着它的缺陷，以便在区块链技术未来的发展中逐步修正这些缺陷。只有区块链技术稳定了，才能支撑起上层庞大的数字货币。

将这些数字货币的痛点进行整合，就可以看出大多数的痛点其实都来源于区块链技术。虽然研究者不能否认区块链技术为数字货币提供了发展机会，但是也不能因为区块链技术在数字货币的发展中利大于弊，而忽视了底层的漏洞。只有从底层抓起，一步步地建立牢靠的根基，数字货币才能成为真正的"货币"。

5.2.3　数字货币的未来

未来数字货币要达到的目标是，在互联网中合法流通。如图 5.8 所示，数字货币大致经历了 3 个发展阶段，但仍存在许多不稳定的因素，大多数国家对于数字货币的正式发行都持保守的态度。站在国家的角度综观目前的数字货币市场，虽然比特币、莱特币等数字货币都在一定程度上获得了成功，但这些数字货币无一例外都没有获得法律上的承认。因此，法定数字货币是未来数字货币的最终形态。只有法律上承认了数字货币的"货币"属性，数字货币才能在人群中发挥真正的作用。否则，这些数字货币只不过是一串数字。虽然比特币和竞争币都没有获得法律上的承认，但是不少有前瞻性的国家都开始着手准备相应的数字货币体系。

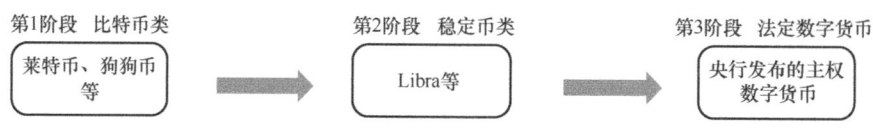

图 5.8　数字货币发展的 3 个阶段

在 2016 年 6 月 24 日召开的首届大数据金融论坛上，央行调查统计司司长对于中国的数字货币给出了相应的解释：首先，数字货币由央行发行，不是去中心化的；其次，与现有电子形式的本位币（主币，由国家发行）不同，未来的央行数字货币将可能是基于区块链技术、具有分布式账本特点的本位币；最后，未来的央行数字货币可实现"点对点"支付结算，不需要借助第三方中心化机构。

数字人民币，字母缩写按照国际使用惯例暂定为"e-CNY"，是由中国人民银行发行的数字形式的法定货币，由指定运营机构参与运营并向公众兑换，以广义账户体系为基础，支持银行账户松耦合功能，与纸钞、硬币等价，具有价值特征和法偿性，支持可控匿名。概念中有两个重点，一是数字人民币是数字形式的法定货币；二是与纸钞、硬币等价。数字人民币主要定位于现金类支付凭证，也就是流通中的纸钞和硬币，将与实物人民币长期并存，主要用于满足公众对数字形态现金的需求，助力普惠金融。目前，其研发试验已基本完成顶层设计、功能研发、系统调试等工作，正遵循稳步、安全、可控、创新、实用的原则，选择部分有代表性的地区开展试点测试。

由数字人民币的发行可以看出，即使是去中心化、拥有自治功能的数字货币，也不能离开法律体系的约束。法律与数字货币的结合，是未来数字货币进化的必然选择。

5.3　区块链+共享金融

共享经济的发展已经势不可挡，作为经济内容的重要组成部分，共享金融应运而生，但共享金融还有很长的路要走，它需要依靠金融科技等各方面的支持。区块链技术的诞生为共享金融提供了有力的技术基础，让基于共享经济之上的共享金融框架得到了初步的发展，在金融领域的未来，"区块链+共享金融"必定会成为热门话题[30]。为了不被"区块链+共享金融"的潮流淘汰，首先要了解共享经济下的共享金融；其次分清共享金融与目前主流互联网金融的关系；最后深入了解共享金融的发展动力与内容。在对共享金融初步了解之后，才能真正明白"区块链+共享金融"的意义以及它的创新实践。

5.3.1　共享经济下的共享金融

随着物联网与移动支付的兴起壮大，共享经济已经发展成为一种新型的经济模式。其商业模式改变了我国传统的一对一买卖经营模式，已经影响了人们的日常生活，如共享单车、共享汽车、共享篮球、共享雨伞、共享健身仓、共享住宿等。共享经济已经成为全球创新发展的新趋势。

共享金融的核心就是整合优化金融资源，实现供求直接交易。原中国银行副行长、乐视金融前 CEO 王永利认为：共享金融概念深入揭示了互联网时代正在带来的长期、深层的金融模式变化与互联网金融、金融市场化、普惠金融、金融服务实体等金融功能变革。稳步发展的金融生态圈，可以由此实现去中介化，拉近价值创造者和价值需求者的距离，使资源拥有者与需求者实现无障碍接触，提高了生产效率和资源利用效率。而这也催生了大量互联网金融平台。

去中心化作为共享金融的基准，能够避免依靠第三方中间机构带来的资源浪费，做到把社会上多余的资源全部再利用，实现真正的"共享"目标。随着互联网上的交易越来越多，每天都有大量的人在线上进行购物、转账、支付等活动，每一笔交易都会产生或大或小的中间费用。这些中间费用被第三方中间机构收取，主要用来维持自身的运营。毕竟，互联网线上交易量增多，第三方中间机构也要随之一起扩大，这样才能更好地维护信用安全。而第三方中间机构不能只靠自己的力量进行衍生，需要在交易环节中获得必需的资源。因此，想要做到真正的共享金融，还需要进一步探索。

目前实现的共享经济还没有达到完全的"共享"，至少现在的共享经济模式还不够成熟，还没有实现在去中心化的前提下建立用户之间的信任。但是区块链技术的出现，为实现真正的共享金融带来了一次巨大的机会。区块链技术的去中心化、分布式结构，与真正的共享金融模式高度契合。虽然目前大多数研究者对于区块链技术在共享金融中的应用还不确定能获得绝对的成功，但是至少这些研究者对区块链技术的前景寄托了一定的期望。

未来的世界是共享的世界。在互联网的连接下，不只信息能实现共享，地球上的任何资源都可以共享。共享经济目前已经有了初步的框架，而共享经济下的共享金融则作为核心目标，世界正在利用去中心化的技术逐步靠近这个目标。

5.3.2　共享金融与互联网金融

人类的科学技术手段不断向前发展，使得互联网和金融已经不再是互相隔绝的两个领域，它们的一些边界已经开始接触并融合。互联网金融的概念应运而生，并逐渐成为中国金融界和 IT 界最热门的词汇之一，也越来越多地得到人们的认可并影响着人们的生活。

互联网金融是指传统金融机构与互联网企业利用互联网技术和信息通信技术实现资金融通、支付、投资和信息中介服务的新型金融业务模式。这是一个大范围的整体概念，关系到人们生活中的方方面面，针对不同的领域有所对应的金融服务种类，主要分为 P2P 类的互联网金融平台、众筹融资类的互联网金融平台、网络金融服务类的互联网金融平台、第三方支付类的互联网金融平台等几种类型。图 5.9 为传统金融中介和市场情形，图 5.10 为无金融中介市场情形。

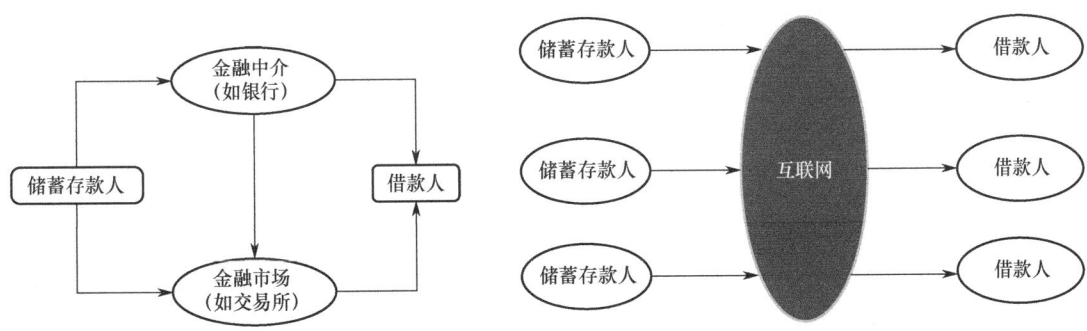

图 5.9　传统金融中介和市场情形　　　　图 5.10　无金融中介市场情形

目前在社会上引起热潮的互联网金融只是共享金融的一个重要分支，是共享经济时代的产物。人类处在金融业的长期可持续发展中，还是要把共享金融当作"终极目标"，实现真正的资源共享。目前，移动支付、电子商务等项目在互联网金融中都获得了一定的成就。而这些项目都需要建立在身份信息验证、测评信用度以及维护信用度等工作基础上。大数据、云计算技术的日渐成熟，为互联网实现这些工作提供了技术基础，让互联网金融可以运用到很多场合，但是互联网金融在本质上依然摆脱不了中心化的结构。只要没有实现去中心化，就无法达到真正"共享"的目的。互联网金融的中心化结构是目前技术水平有限导致的结果，并不是互联网金融本身的缺陷。因此，伴随着技术的发展，必须以去中心化的技术为目标实现最终的共享金融。只有实现去中心化，使得在交易者中间获取利益的第三方机构彻底消失，才是真正的资源共享。区块链作为一种去中心化的技术可为其提供解决方案。区块链技术带来的去中心化影响，已对未来技术的创新方向起到一定的指导作用。

5.3.3 共享金融的发展动力

1. 技术动力

新技术总会以成熟的技术为基础，经过研究者的不断探索，不断地涌现出来。从目前的情况来看，拥有最大可能性实现共享金融这个终极目标的技术动力有两个——互联网技术与区块链技术。

1）互联网技术

互联网技术是共享金融的基础。在数字化时代，网络是传递数字信息的必要载体，它不仅可以传递信息，还能传递资金与实物资源。这是互联网技术经过漫长发展的必然结果，其他技术都难以在数字化与信息传递方面代替互联网技术。即使是大数据、云计算等热门技术，也是在互联网技术的基础上进行的拓展创新。而站在未来发展的角度，虽然互联网技术经过长期发展已经变得非常成熟可靠，但是依然存在着许多未知的可能性。这些未知的可能性，让研究者在互联网技术的基础上能够进行无限的创新。因此，互联网技术能够成为支撑世界发展的基础，而未来共享金融的终极目标也必定会依靠互联网技术来实现。

2）区块链技术

如果说互联网技术是实现共享金融的基础动力，那么区块链技术就是实现共享金融的潜在动力。

从 2008 年区块链技术诞生开始，它的发展历程远远不如互联网技术。目前的区块链技术主要还是建立在分布式网络基础上的，可以说，区块链技术是互联网技术创新的产物，但它的真正实力在现实中并没有发挥出来，学术界和产业界仍需进一步探索实践。

区块链技术的创新优势——去中心化、共识机制等，让区块链技术成为实现共享金融的最大潜在动力。即使区块链技术目前还没有在全球范围内普及，甚至在应用上还存在许多瑕疵，但是也不能阻止世界各国研究者对区块链技术抱有期望。

2. 制度动力

完善的制度为人类带来强烈的安全感，而安全感是人类信任的基础。既然共享金融需要技术创新，那么它也必定伴随着制度改革，只有这样才能让共享金融里的新技术在全球范围内被信任。因此，只有在法律、监管方面对共享金融进行制度方面的完善，才能让共享金融被所有人接受，实现可持续发展。

1）法律规范

创新技术需要有相应的法律来规范其用途，以确保新技术能为人类造福、促进人类的发展。即使新技术不能被真正使用，也要用法律规范来保证新技术不会危害人类社会。

2）监管体系

共享金融必须在一个完整的监管体系下才能实现。监管体系不仅起到约束、惩罚的作用，还起到"捉虫"的作用。完善的监管体系能够在新技术的应用中及时找出"虫洞"进行填补，不仅为人类使用新技术带来了便利，还杜绝了未来发生犯罪的可能性。监管的预测作用，还能进一步提升信任机制，为去中心化的共享金融奠定一定的信任基础。

5.3.4　区块链助力实现共享金融

在目前所有的技术中，区块链技术是共享金融发展和全球范围内金融模式改革的最大技术助力，为共享经济下的互联网金融模式过渡到共享金融模式提供巨大的技术支持，让整个金融产业链能够进一步实现真正的共享、共赢。而区块链助力实现共享金融主要体现在以下3个方面：

1. 共享资源与服务

利用区块链技术的特性打破传统金融的中心化规则。在区块链技术的帮助下，共享金融的模式能够提高客户在金融业中的地位，让客户的资金能够直接流向企业内部；客户个人的建议也能通过区块链技术直接传达到企业内部，让金融企业根据客户的需求直接提供相应的服务。这种金融"共享"方式，让客户能够进一步参与到企业的管理中，不仅提高了客户的权益，还最大化发挥了客户的个人能力，金融企业也因此节省了调查客户需求所花费的时间与资源。

2. 追踪交易物品来源

交易中物品来源的共享，在奢侈品、二手物品、药品、化妆品等领域尤为重要。来源共享可以预防伪造的产品在市场上流通，可以防止贵重物品被人为盗取转卖，可以防止货品信息在交易过程中被人任意篡改，可以避免交易过程中客户信息的泄露，这些物品来源共享的好处，都需要建立在区块链技术基础之上才能得以实现。

3. 约束风险

区块链技术的出现改变了小微金融和普惠金融机构作为风险主要承担者的局面，可以让小微金融和普惠金融服务所承担的风险平分到享受服务的个人或者企业。因此，区块链技术降低了金融服务的风险性，提高了金融服务的积极性，进而真正"分享"小微金融和普惠金融的服务。同时，区块链技术可以通过固定的程序，强制提供服务的人与享受服务的人完成已经签订的合约，约束双方必须按照合约的流程来执行，降低了服务过程中因为双方的变量因素导致的风险问题。

5.3.5　"区块链＋共享金融"的应用案例

目前，区块链技术主要的实践就是数字货币，不少区块链初创公司已经创立了自己的数字货币交易平台，为数字货币的交易提供了金融领域的相关服务。

1. 数字票据

票据是传统金融交易中可以用来支付、融资等的有价证券，是信任实体化的体现。由于受到互联网的影响，数字票据正在逐步取代纸质票据。但是目前的数字票据与纸质票据依然存在类似的缺陷，即都需要第三方机构在背后进行担保，交易才能正常进行，从而导致了票据在本质上并没有产生大的改革。而区块链技术就能够让数字票据在交易的过程中实现完全的去中心化，进而改变金融业票据系统的结构，生产出颠覆传统纸质票据的真正"数字票据"[31]，图 5.11 展示了区块链之于数字票据所能提供的解决方案。

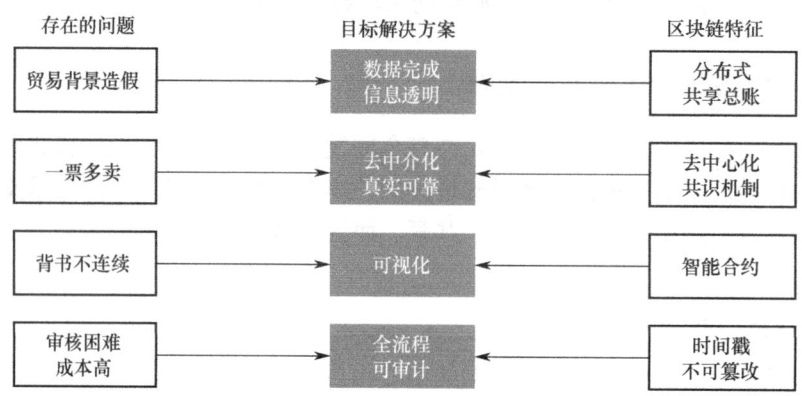

图 5.11　区块链技术与数字票据的融合

区块链技术还能防范票据中隐藏的风险问题。首先，区块链技术可在一定程度上预防票据的二次消费。其次，一般意义上的数字票据需要靠中心来维护，一旦中心服务器崩溃就会在整个金融业引发巨大的灾难，造成全民损失，而区块链技术的去中心化避免了中心结构的隐患。最后，区块链技术能够自主评估每位客户的信任度，再根据信任度对金融市场的资源进行合理分配，减少了票据交易过程中的资源损失。区块链技术是数字票据实现的技术条件，共享金融则是数字票据实现的大环境。同时，共享金融也是数字票据应用的大环境，只有在共享金融的条件下，数字票据才能被人们信赖，才能发挥出它最大的价值。

2. 资产证明

在未来共享金融的环境下，个人和企业将资产分享出去后，如何证明资产拥有者的身份成为一项重要环节。在区块链 3.0 的时代，"区块链+共享金融"能够完美解决资产证明的问题。

当前，如果想申请一份资产的拥有权证明，可能需要政府部门、银行、征信公司等第三方机构依次开具相关证明，才能确定资产的真实拥有者，必须经过大量复杂的手续和漫长的等待时间，才能获得最终的结果。在共享金融的前提下，区块链技术的分布式特性，让每个终端都拥有了对网络的监控权，特别是数字资产在网络上流通的时候，区块链技术为数字资产加上了时间戳与密钥，能让每个终端上的个人根据这些内容共享资产的来源，并且能与其他相关终端进行核对。在有超过 51% 相关终端的同意下，就可以判定这份资产的拥有权。这种资产证明方法，避免了现今需要第三方机构证明的复杂步骤。

3. 金融审计

金融审计在金融业风险防范中起到了重要作用，涉及银行、保险、贷款、证券等金融机构，甚至与金融监管方面直接相关。即使在未来共享金融的大环境下，金融审计也是必要的资产安全防范方式，而区块链技术能够在共享金融下创造全新的金融审计方式[32]。

首先，"区块链+共享金融"已经创造出一个相对安全的金融环境，并且每个人的共享记录都会被存储于透明化的网络中。其次，区块链的分布式清算机制，让每笔资金都可以轻易搜寻到它的来源以及最终去向，简化了审计中的调查过程。最后，区块链技术实现的"全民记账模式"已经颠覆了传统金融业的审计模式，排除了传统金融业的第三方审计机构，让区块链上每个终端的操作者都可以通过网络进行金融审计。

4. 征信市场

传统金融业征信方面存在着许多问题：客户不愿意分享自己的资料，却要向第三方提供资料；由于技术条件、人力资源等限制，征信数据库并不全面，目前银行征信数据库主要包含信用卡还贷情况、贷款是否逾期等，日常消费（如水电费、话费等）都没有纳入征信范围；随着金融业的发展，征信的标准不能与之同步；企业和个人信息的权益与安全方面还存在着挑战。这些问题都会影响企业和个人的征信过程，当企业或者个人因为这些问题而产生较为严重的后果时，没有相关的措施进行保护，进而会影响整个征信市场的发展。

"区块链+共享金融"为征信市场带来了转机。首先，区块链技术改变了征信中心化的结构、强化了信任度，为企业和个人的征信带来了极大的便利；其次，在共享金融之下，信息分享会变得更加简单，而区块链的分布式与匿名性又保护了共享信息的安全，让客户愿意在区块链网络上分享自己的信用信息；最后，由于区块链技术拥有自我更新的特点，可以让征信数据库不断地自我完善，从而最终让社会的征信体系能够与金融业的发展同步进行。

"区块链+共享金融"的创新除了以上 4 个方面之外，未来还会出现更多实践内容。在共享金融的背景下，只要区块链技术还在延长进化，就会有源源不断的新金融创意诞生，并且每个新创意都会拥有与世界"共享"的机会。

5.4　区块链+加密数字资产

数字资产是个人可以拥有和传输的电子文件，包括数字化文档、图片、音视频等。区块链技术使得数字资产发生了深刻变化，使得这些数据可以用作进行网络交易的货币或存储非物质内容（如电子艺术品或视频），其中最主要的数字资产包括比特币等加密货币以及各种稳定币，如 Tether，还有代币 NFT 等。

5.4.1　加密数字资产和区块链

那么如何定义加密数字资产呢？加密数字资产指的是与区块链技术相关的一种新型资产类别，没有第三方中介，可以在网络用户之间自由转移价值，一般多指以区块链为载体发行的数字资产，通过区块链浏览器，用户可以查询到这些加密资产交易的全部流程。

目前，根据国际标准制定机构使用的简化分类，将基于区块链的加密资产分为以下三大类。

1）证券代币（Security Tokens）

证券代币指符合联邦证券法的数字资产。通俗地说，证券代币必须与资产挂钩，如现金、股份、固定收益资产等，是数字资产与传统金融产品交融的新结果。如果说加密货币是"可编程货币"，那么证券代币就是"可编程所有权"。证券代币发行（STO）要求将区块链技术与受监管的证券市场相结合，支持资产流动和更广泛的融资渠道，也就是说，进行 STO 必须首先获得监管机构的许可，STO 更加符合法律规范的 ICO，如美国纽约州金融服务局要求从事虚拟货币商业活动的个人或公司需获取其颁发的 BitLicenses。证券代币可以用来支付股息、分享利润、支付利息或投资其他代币等，为代币持有人创造利润。

2）实用代币（Utility Tokens）

实用代币是指由企业针对自己提供的服务或产品为项目募资而发行的加密数字资产。一般来说，这类代币发行活动在某种程度上类似于产品或服务预售。通常，其总量是固定的，从长远来说，代币的价值会随着产品或服务需求的增加而逐渐增值。实用代币的一个例子是 Filecoin，它的作用是可以提供给代币持有人一种存储数据的可用空间。

3）支付/兑换/货币代币（Payment/Exchange/Currency Tokens）

这类代币通常被称为虚拟货币或加密货币，是交换手段，如代币发行者以外的其他人可以购买或销售商品/服务。他们也可以投资为目的持有，即使这不是他们的预期功能。支付代币的例子有 Bitcoin 或 Litecoin。"稳定币"具有旨在稳定其价值的特定功能，通常由实物资产、基金（如短期政府债券、法定货币）或其他加密资产支持，也可以采用算法"稳定币"的形式。在很多地区（不包括中国），像比特币这样的代币是可以用来直接购买商品的。

5.4.2 加密数字资产的五大应用方向

加密数字资产蕴藏了巨大的潜能，并足以产生众多革命性的应用。目前，加密数字资产已经产生了五大应用方向（如图 5.12 所示），分别是流通交易、资产分配与转移、知识产权及物权证明、智能交易和智能合约、物联网技术。

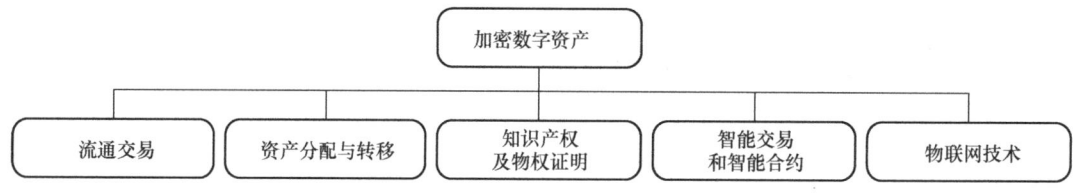

图 5.12　加密数字资产应用分类

1. 流通交易

加密数字资产本身具备受世界认可的市场价值，因此能够进行现实世界和网络世界的各种交易。和传统的虚拟货币相比，加密数字资产具备更高的信任度和泛用性。它不受任何机构的控制，每一笔加密数字资产都具备真实价值。在此特性之上，加密数字资产能够实现全球范围内的交易，因为全网络的加密数字资产在固定时间点的市场价值是完全一致的。

不过，这种流通交易功能必须建立在买卖双方共同认可的基础上。在比特币等加密数字资产诞生之初，其创新化的概念要想立刻获得人们的理解是一件很难的事情。但是，随着多年来不断地交易尝试，比特币交易的可靠性和安全性得到了验证，并且已经能够购买现实生活中的物品。越来越多的知名企业、知名购物网站开始接受比特币支付，甚至在 2013 年，美国政府也承认了比特币的合法地位，这更为其流通交易职能打上了一针"强心剂"。

2. 资产分配与转移

相比流通交易职能，资产属性更贴合加密数字资产的本质。由于加密数字资产的价值受到市场供求的影响较强，其交易价值极不稳定，对于买卖双方来说都要承受一定的增值或贬值的风险。而作为一种资产，加密数字资产从长远来看具备稳定的保值、增值功能，而且不会出现折旧和损耗，受短期供求影响的加密数字资产市场价格并不会影响其长远的总体价值积累。

3. 知识产权及物权证明

每一份加密数字资产都是一串代码，而这串代码是全世界唯一且不可复制的，这种唯一性可以用于知识产权及物权证明。

在知识产权及物权的权属转移中，难免会出现归属混乱、所属不明的状况。在区块链的交易模式下，所有的交易数据都能够被记录下来，且形成的记录是不可被篡改的。这样，每一笔交易都可以被追踪和查询到，并可以对每一笔交易涉及的时间、终端等具体信息进行追溯，保证了交易的透明性，避免了网络中的用户非法使用具有知识产权保护的内容，从而明确了每笔交易的合法性和具体权属。借助区块链技术的分布式网络和交互式验证，可以对房屋、汽车等有形资产和专利、电子商品等无形资产赋予唯一数字产权，从而以一种更清晰、更牢固的方式证明资产所有权。

4. 智能交易和智能合约

智能交易和智能合约的概念早于 1990 年左右就被密码学家 Nicko Szabo 提出[33]，但是由于当时的技术条件限制，智能交易和智能合约并不能有效执行。直至近 20 年后，区块链技术的出现才让智能交易和智能合约真正成为可能。

简单来说，智能合约由一些 if-else 语句构成，以这种方式与真实世界中的资产进行交互。在区块链技术的保障下，当预先编好的智能合约条件被触发时，智能合约就会自动执行相应的条款并完成智能交易，而且这一交易可以通过区块链被全世界所认可。

5. 物联网技术

互联网正逐渐从线上向线下转移，从软件向硬件转移。截至目前，物联网已经在许多领域形成了一些较为成熟的初级应用，为人们提供更便捷的服务。比如，如今计算机、手机、游戏都联网了，甚至汽车、住房也能够实现联网，这种线上、线下对接的智能化过程，正是物联网技术追寻的方向。

而在区块链技术的驱动下，将产生一种全新的、开放的网络接入方式，设备与设备之间以云分布形式的网络相连接，包括加密数字资产在内的智能物体可以直接连接到互联网中，并进一步连接到现实中的物品。此时，这种智能物品也就成为一种智能化财产。比如，你想买一辆汽车，那么这辆汽车就是区块链网络中的一部分，通过去中心化市场和智能合约，你可以在网络中购买到心仪品牌与型号的汽车。同时，只要在区块链中拥有私钥，即可掌握汽车的控制权，从而解锁汽车的各项功能。

5.4.3 "区块链+加密数字资产"的应用案例

1. 未来商城

未来商城是与香港主板上市金融公司合作的全球首家以加密数字资产为媒介的综合性网

上购物商城，是最受消费者欢迎和最具影响力的电子商务平台之一，也是首个使用区块链技术进军香港主板交易市场的电子商务平台。未来商城也被称为未来世界生活时尚馆（Future Word LifeStyle），主要定位于提供世界各地知名的时尚品牌，它通过和香港金融上市公司合作，整合了世界知名品牌入驻。商城里的产品种类繁多，能够最大限度地满足顾客的需求，基本上可以概括为：个人护理、医药保健、居家生活、家用电器、珠宝饰品、3C 数码、文艺品、地产等。

为了确保未来商城的品质，未来商城拥有专业的团队严格审核入驻的商家，并且制定了一套严格的审核标准，包括商家的声誉、财务背景、商品的品质等。只有通过一系列严谨审核程序的商家才能入驻商城，以此来提高未来商城的商品和服务品质。在商城的电子商务平台上，凡持有商品卡的会员，都可以在未来商城里向代理商家与加盟商家兑换商品与服务。未来商城的定位是以各种加密数字资产为媒介来推广全球各地知名品牌，为全球新一代的网民提供更加便捷的服务和更加全面优质的品牌商品。除此之外，还会陆续开放采购窗口给全球优质加密数字资产，通过共赢经济模式，将世界各国知名品牌的产品推广给全球。

2. 某直销企业

某直销企业通过跨界合作，打造在各个行业里都有绝对优势同时又可实现消费免费的事业平台。该平台的运作核心就是借助区块链技术以及加密数字资产的核心理念打造一个共享、共赢的平台。

该直销企业运用区块链技术创造了行业里独具革命性意义的"1234 成功系统"。"1234 成功系统"分为买一推二免费消费模式、进三招四创业回本模式。例如，会员 A 申购任何套餐，只需要分享给两个朋友，而他的两个朋友也消费了该套餐，他就可以实现消费免费。会员 A 对于自己喜欢的产品都可以重复进行类似的申购与分享，从而让自己所有的消费都实现免费。

5.5　区块链+共享经济

伴随着互联网在全球范围内的覆盖，世界一体化的格局已经初步形成。在世界一体化的推动下，许多生产生活中剩余的资源都被再次利用起来。因此，共享经济的理念伴随资源的再利用初步形成。

5.5.1　物联网与共享经济

在传统的经济模式下，租赁行业的经营范围和经营模式都是比较单一的，如果想获得某个物品的使用权，绝大多数情况下要事先获得它的所有权。而共享经济的实质则是将人们进行交易的重心由取得物品的所有权向取得其使用权转移。物品使用权的灵活转移可以更充分地提高物品的利用效率，实现生产要素的社会化，促进经济高质量发展。

共享经济（Sharing Economy）是一种点对点分享产品或者服务的使用权的经济模式，是应用经济学的专业术语，最早由美国得克萨斯州立大学社会学教授 Marcus Felson 和伊利诺伊大学社会学教授 Joel Spaeth 于 1978 年提出。随着互联网进一步向物联网过渡，共享经济拥有了可以爆发的技术基础。2013 年 3 月，《经济学人》杂志在其封面文章第 1 次详细描述了"共享经济"的场景——如今，出行住宿用 Airbnb，用车用 Uber，一个共享经济的时代正在来临，并且将重塑现在及未来的商业格局。

共享经济的实质是由所有权向使用权转变。这一转变是经济效率提升的内在要求，而技术的发展水平则限制着共享经济能达到的高度。在现有的互联网条件下，共享经济的爆发仅仅是个开始，物联网的发展将成为拓展共享经济边界的原始技术驱动力，将使分享变得更加可靠、经济、便捷。杰里米·里夫金（Jeremy Rifkin）曾预言："物联网与共享经济的发展将导致一个零边际成本社会的诞生，我们熟知的资本主义社会将不复存在。"

物联网与共享经济同时也面临着困难，其核心困难不在于互联网、传感器等基础设施，而是来自数据层面的挑战。我们可以从数据的存储与流动两方面进行分析。

第一，数据的存储。物联网的核心和基础仍然是互联网，而互联网上的黑客攻击、数据泄露、恶意软件、网络窥探等安全事件层出不穷，给很多人造成了困扰。如果每个人和物都连接入网的话，我们要建立怎样的界限才能保护每个人的隐私权呢？人们已经清楚地认识到，如果无法在透明度和隐私权之间实现适当的平衡，那么物联网的发展可能放缓，甚至造成无法挽回的危害。

第二，数据的流动。Visa 最新的实验室测试数据是每秒 5.6 万笔，实际应用中，Visa 的处理峰值为每秒 1.4 万笔；2017 年"双十一"，支付宝撑起了每秒 25.6 万笔的交易峰值，2022 年，支付宝数字支付业务以川流计划应对了多平台、多场景、多峰值的挑战，持续提供稳定的支付服务，体现了当前支付清算系统的处理能力。

然而，在物联网与共享经济的时代，各种产品都接入一个庞大的智能网络，交易的主要目的是产品使用权的流转，甚至网络中的每一个节点、每一个产品都可以同时承担交易对象和交易发起者的角色，交易数量将呈指数级增加。因此，物联网相关的清/结算系统要分秒不停地顺畅运转来处理这些海量交易，这无疑会对相关的基础设施提出极大的挑战，任何一个中心化的机构都将无法承担这样的负载。

可以看出，区块链的特点恰好能够解决物联网面临的核心困难，成为构建新一代万物互联的关键技术。未来的物联网一定会是自组织、自调节的系统。在这样的系统中进行信息和价值的交换，必然需要可靠的去中心化点对点价值传输网络。区块链技术可以通过可靠的数学加密算法保护用户的隐私。区块链将使设备实现自我管理和维护，使整个系统变成一个去中心化自组织的体系。在这个体系中，可以实现无须信任的、点对点的价值传输，可以实现安全的分布式数据分享，进而构造出一个健壮且可扩展的物联网。

IBM 是最早宣布区块链开发计划的公司之一，其在多个层面进行了区块链的研究与合作。2014 年 8 月，IBM 发表了一份报告，指出区块链可以成为物联网的最佳解决方案。2015 年 1 月，IBM 宣布将与三星联合打造 ADEPT 平台，利用区块链技术实现去中心化的物联网。ADEPT 平台由 3 个要素组成：区块链（智能合约）、Telehash（P2P 信息发送）和BitTorrent（文件分享）。通过该平台，两家公司都希望拥有一个能自动检测问题、自动更新、不需要任何人为操作的设备，该设备也将能够与其他附近的设备通信。2015 年 8 月，区块链物联网项目 Filament 获得 A 轮融资 500 万美元。Filament 的联合创始人兼首席执行官Eric Jenningsr 认为，Filament 是一个使用比特币区块链的去中心化的物联网软件堆栈，能够使公共分布式账本上的设备拥有独特身份。通过创建一个智能设备目录，Filament 的物联网设备可以进行安全沟通、执行智能合同以及发送小额交易。鉴于这一设想，Jenningsr 认为他的项目与 ADEPT 项目在本质上是相似的，不同的是 Filament 将针对工业市场，使石油、天然气、制造业和农业等行业的大公司实现效率上的新突破。

5.5.2 共享经济的发展趋势

共享经济的本质是全民经济，在目前共享经济概念依旧火热的当下，共享经济未来的发展有以下几个趋势。

1）政策支持，增长迅速

创新、协调、绿色、开放、共享的五大发展理念中明确提出共享理念。首先，政策支持能够促进共享经济实体合法化进程，以政策保证共享经济的发展。其次，有了政策的扶持后，共享经济将会获得更广阔的发展空间。

2）领域细分，结合实体

我国正处于经济结构转型升级的关键阶段，随着供给侧结构性改革的推进，共享经济将会进一步结合实体经济，在今后的发展中会逐渐向细分领域深入。从人们最关心的衣、食、住、行四大方面来看，Airbnb 和 Uber 就是在住、行领域共享经济的探索。实体经济中值得一提的是制造能力。国务院发布的《关于深化制造业与互联网融合发展的指导意见》中明确要求推动中小企业制造资源与互联网平台全面对接，实现制造能力的在线发布、协同和交易，积极发展面向制造环节的共享经济。从国家的政策也可以看到，共享经济正逐步与实体经济结合。

3）法律落实，逐渐规范

作为经济发展的重要组成部分，共享经济将会受到重视。随着共享经济在各行业的推进，国家一定会加速落实共享经济的合法化进程。目前在涉及共享经济概念的各个领域中，专车领域出台了相关的法律法规，其他领域并未出台法律法规。没有明确法规约束的共享经济的弊端是显而易见的，相信通过建立完善的准入制度、交易规则、质量安全保障、风险控制等管理制度体系，共享经济将实现更加健康合理的发展。

5.5.3 共享经济应用区块链的可行性分析

基于对共享经济概念的充分理解，再结合区块链技术的特点，可以发现，共享经济和区块链技术有着本质上共通的属性。

区块链和共享经济本质上的共通早已经被人们所察觉，加拿大知名商业区块链研究者 Don Tapscott、Alex Tapscott 和区块链专家 Dino Mark 已经在尝试引入区块链建立真正点对点的共享经济模型[34]。以下将从本质属性论述两者结合的可行性。

1）点对点的契合

区块链和共享经济本质上都是一个 P2P 平台，其中，区块链一个最大的特点就是每个节点具有独立性，即节点之间的交互是可以单独进行的，不需要第三方充当信息的传达者。这和共享经济的本质十分契合，真正的共享经济就是共享平台上用户之间的直接对接，通过中介方在中间提供服务的共享经济不算是完全的共享经济。

2）数据公开透明，提供信用保障

区块链本身即为一个分布式数据库，记录在链上的所有数据和信息都是公开透明的，任何节点都可以通过互联网在区块链平台进行信息查询。任何第三方机构无法将记录在区块链上的已有信息进行修改或撤销，从而便于公众监督和审计。

3）智能合约，为共享经济提供解决方案

基于区块链技术的智能合约系统兼具自动执行和可信任性的双重优点，可以帮助实现共享经济中诸如产品预约、违约赔付等多种涉及网上信任的商业情景，使共享经济更加完善可靠。可以预见，随着区块链技术的不断发展，智能合约将有望成为未来共享经济用于具体应用场景的一种标准化解决方案。

4）实时匹配供需

基于 P2P 网络的特点，区块链技术能够将传统互联网交易中的"中介"彻底摒弃，把供给和需求双方直接对接在一起，实现供给和需求的最优匹配。由于在共享经济场景中共享产品和用户双方将会发生频繁的匹配过程，因此区块链技术是实现共享经济的一种非常理想的解决方案。

5.5.4　"区块链+共享经济"的应用案例

1）生活场景类

按照日常生活来划分，生活类场景基本上由衣、食、住、行、生活服务等方面涵盖。

服饰类项目中，目前主流的一些租衣平台并不是共享经济，跟上述论述的一样，都是由平台运营自己的东西。并且衣服这一类产品并不适合共享经济。

餐饮类项目，国内 O2O 平台较多，主要是以共享厨师为主要模式，厨师提供上门服务，顾客按需付费。但这种模式跟大部分的 O2O 模式一样，效率低，价格贵，并且双方有着明显的输出和接受的区分。

住宿类项目，目前数量不少，其中最有名的是 Airbnb，这个场景非常贴近共享经济。用户闲置的空间可以交给别人暂住，而用户外出时也可暂住于其他人的房间。这一项目目前最大的问题在于，它绝大多数的流程都在线下，线下数据上链是一个非常困难的事情，如何保证链上链下实时结合，是目前最需要解决的问题，进而保证包括投诉、理赔等智能合约的执行。

出行类项目，近几年热度高涨，从滴滴网约车到共享单车以及共享汽车等。这一类项目的本质问题在于，有着明确的输出者和接受者，并且共享单车以及共享汽车目前来看还不属于共享经济，而属于聚合经济的范畴。在区块链体系下，这是有可能成为真正的共享经济的，对于共享单车而言，可以让用户成为车主，对车有所有权，其次他的车可以投放到整个社会网络中，其他用户用他的车，他就会收到钱，并且可以通过 Token 奖励的形式，向所有在网络中做出贡献的人给予一定的奖励，促进整个生态更加有效地发展。

生活服务类项目，目前主要由各大 O2O 平台在做，并且基本上都是一群专业技能的人给一群有需求的人提供服务，所以跟共享经济的概念略有偏离。

总的来说，Airbnb 这类租房性的服务符合共享经济的模式，只用区块链的方案来解决是不太能实现的。除此之外，出行、生活服务等本质上是点对点的，用区块链来去中心化解决是可以释放最大效益的，尤其像打车这样高度标准化服务的领域更适合用区块链去解决。

2）金融类

目前，在金融理财领域的共享，基本上也以 P2P 模式为主，有闲钱的把钱借出去，有需求的到平台借钱，然后平台收取佣金，并控制风险。结合区块链技术后，基于区块链去中心化的特点，任何节点之间都是相互信任的，从而可以互相借钱，并且通过智能合约去自动执行双方约定的还款日期、还款金额等细节问题。

3）商务类

商务类主要是指一些场地出租用品、劳动力等方面。以场地出租为例，目前场地出租方面主要还是中心化的机构在运营，如众创空间，运营者给一些小公司提供办公场地。但是如果一家公司本身有闲置的办公空间，并给其他人来使用，这也是可以作为共享经济项目的。比如，A 公司在某大楼有一层办公空间，但是平时很多会议室都是空的，那么该公司可以把会议室的使用情况放在链上，如果 B 公司正好在附近，并且想要找地方开会，就可以在链上进行预约。

4）知识分享类

知识分享类的场景，其经济性会低一点，如百度经验、知乎等，就是一些有知识的人去回答某个问题，这样别人就会从回答中受益，但是知识提供者从中获得的利益非常少，从而会缺少动力去维护生态的发展。这一类项目非常适合用区块链解决，将知识变成数据化的东西进行上链，并且设计很好的激励机制促进生态的发展，如回答一个问题，获得的赞越多，就会收到越多的 Token，这样就会促进大家去更好地回答问题，从而保证了知识的高质量。

5.6 区块链+供应链

5.6.1 传统供应链现状

供应链是指生产及流通过程中，涉及将产品或服务提供给最终用户活动的上游与下游企业所形成的网链结构。在经济全球化和数字贸易浪潮下，全球市场的竞争愈发激烈，企业之间的竞争已经从前端的销售竞争转移到基于后端供应链的生态系统竞争，供应链能力越来越成为企业的核心竞争能力。然而目前，传统的供应链仍面临以下几个问题。

1）企业与企业之间的信任度低，合作力度小

供应链的参与成员都是有着不同经济利益的实体，所以相互之间会存在利益冲突。而这种冲突往往会导致供应链的成员之间产生抵抗行为，无法得到彼此的信任，从而导致供应链的参与成员无法有效整合和协调供应链中的各项交易活动。

2）供应链整合的技术问题

供应链系统的地域和时间跨度大，对信息依赖程度高。供应链系统连接多个生产企业、运输企业、配销企业及客户，随着客户需求和供应的变化而变化。因此，系统管理必须具有足够的灵活性与可变性，方能发挥其最大经济效益。供应链整合不仅需要技术、处理程序及组织结构变化的正确结合，还需要高水平的完整信息在这个供应链上流动。当管理人员依据市场潮流和信号做出预测并调整生产线时，相关命令会在供应链中传递。也就是说，合作的计划和执行需要共享技术、规则和人员。因此，每个环节都能够做出同样的预测和调整，这就在不知不觉中扩大了市场需求。

3）外包的整体水平较低

中国很多企业采用传统的纵向一体化模式，即制造、装配、销售一体化，其主要目的是控制生产和交易过程中产生的成本。但金融科技的快速发展以及企业之间的竞争，使得传统

的模式无法适应这种变化。企业必须在每个环节中都做到最强，才有可能取得整体的竞争优势。因此，外包在某种程度上增强了企业的竞争力。但是目前我国很多企业都还停留在传统的管理思维中，使得外包的总体水平低下，市场竞争力较弱。

4）供求信息不准确

传统的供应链在交易过程中，如果客户提供的信息不准确，会造成大量单方毁约，因此供应链可能会传递错误的信息，导致制造商无法按照正确的订单组织生产，只能按照预测组织生产和增加库存，无形中增加了交易成本，企业的竞争力也受到削弱。

5）追踪监管困难

追踪供应链的非法活动也是一件很困难的事情，其中所涉及的方面包括假冒产品、强迫劳动、助长战争及犯罪团伙、工作环境恶劣等。外贸交易规模不断扩大，市场上的假冒伪劣商品会越来越多，假冒伪劣商品在国际贸易中的比重也急剧上升。根据国际打假联盟数据，2020 年通过跨境电商平台交易的假货和违禁品的全球总额已经达到 1.5 万亿美元。因此，消费者对寻找可信赖的供应商及供应商提供信息的透明度有着很高的需求。

5.6.2　区块链让供应链更透明

如图 5.13 所示，一条完整的供应链涉及多个参与实体，可以覆盖数百个阶段，跨越数十个地理区域，这一系列复杂的中间过程导致人们很难进行追踪或对事故进行调查。供应链面临这种困境的主要原因是供应链普遍缺乏透明度，这也意味着客户和卖家缺少一种可靠的验证方法来验证及确认他们所交易的商品和服务的真正价值，客户支付的价格也无法准确地反映产品的真实成本。

图 5.13　供应链模式

目前，许多主流商品供应商都意识到供应链透明化的重要性，如何建立信任度对整个供应链生态至关重要，为此，一些供应商想要通过使自己的生产运输过程更透明化来建立客户的信任度。此前，还有很多公司利用软件追踪技术来证明产品的价值、新鲜度和真实性。但是只有运输数据和运输系统是远远不能满足客户需求的，他们只能依靠这些数据来分析商品，而且这些数据其实也是可以造假的。

区块链技术作为一种分布式账本技术，能够确保数据的透明性和安全性，各个用户之间都能更好地记录和分享那些及时更新的重要信息，可以为供应链透明性问题提供可能的解决方案，图 5.14 展示了一种基于区块链技术的供应链模式。

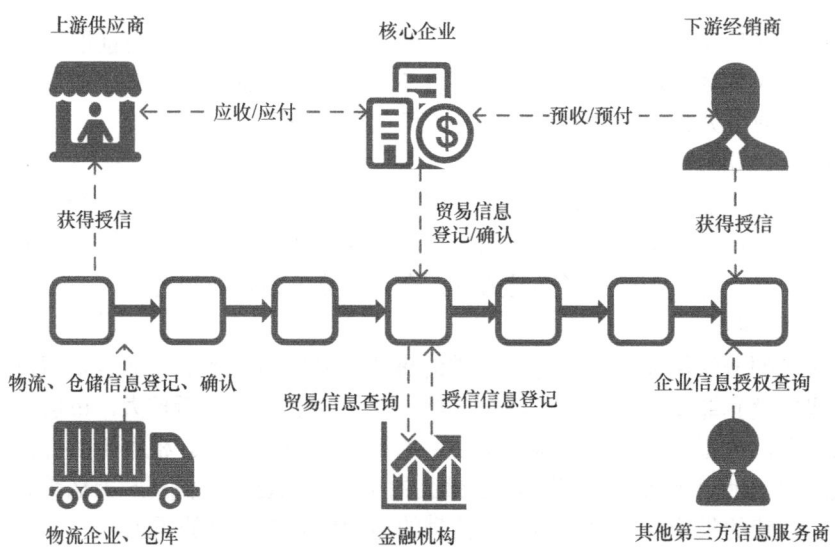

图 5.14 "区块链+供应链"模式

无论是餐厅的晚餐还是路边的小吃，它的食物都有自己的来源。区块链则为这些数据信息提供了可靠的记录和分享方式，使客户可以更直观地看到食物来源以及它们的生产方式。区块链技术让信息分享更及时，覆盖面更广，使得供应链的透明度得到了提高。另外，区块链技术是可追踪的，能做到全供应链追踪，生产环境、价格、运输过程全透明，还可以从技术上保证客观信用的记录，使供应链更加透明、高效。

5.6.3 "区块链+供应链"的应用案例

接下来，我们通过具体的案例来了解区块链在供应链中是如何应用的。

1. Provenance 利用区块链技术提升产品供应链的透明度

Provenance 是第 1 个为供应链上所有类型的商品提升和创建透明度的区块链创业公司。Provenance 能够在区块链上记录全球零售供应链上整个流程的信息，让用户能够随时随地追踪到商品的信息，提升了供应链上的信息透明度。

Provenance 的白皮书中提到，公司正在测试使用序列号、条形码、以 RFID（射频识别）和 NFC（近场通信）为代表的数字标签以及遗传标记等技术来将区块链上的数字资产与实体产品进行确认和连接，确保有且只有唯一的实体产品和数字化与之相对应。在供应链上，每一个步骤上的每个用户都必须在 Provenance 上进行注册，注册之后每个用户都会收到一个私有密钥来证明自己身份的真实性，这样他们才能获得在区块链上以自己的名义评论的资格。每一个拥有私钥的用户都可以在区块链上记载信息，也可以在权限内查看信息。区块链的特性使得记载在区块链上的信息都是不可以篡改的，这种特性保证了用户能够查看到产品信息的可靠性和真实性，从而保障了用户的权益。

Provenance 追踪记录了一个产品的完整生命周期。用户可以通过与互联网相连接的设备对目标对象进行监视，并且可以用透明的方式全流程追踪产品的原产地以及中间的交易过程。在区块链上，用户不仅可以查看产品的静态属性信息，还可以查看产品从生产商到经销商再到用户手中的运输过程，用户在智能手机上就可以追踪产品沿途每一环节的信息，而且还可以在区块链上添加不可变的信息。

此外，通过建立区块链上的智能合约，Provenance 还能对传统购物方式进行创新。用户可以通过与生产商签订智能合约的方式来购买商品，合约内约定了当商品在未来某个时间点的价格低于合同中约定的价格时，用户即可以以约定的价格购买一定数量的商品。因为智能合约具有法律效力而且能够自动执行，所以，生产商可以根据签订的智能合约中约定的数量和价格来预测未来的收入，用户也可以从中获利。

Provenance 的本质是为所有使用其区块链服务的生产商提供一个信息共享平台。Provenance 注重供应链中从设计厂商到原料供应商、生产商、物流供应商、分销商，再到用户的整个过程，每一个环节上的用户都可以在 Provenance 提供的平台上分享产品的信息。Provenance 通过共享产品制造过程中的信息，使用户更全面地了解产品的生产制造过程，以此来获取用户的信赖。这不仅为生产商提升了市场占有率、提供了扩大市场的机会，也使其可以更深入地挖掘用户的需求，从而促进整个供应链体系的共同发展。

2. 布比物链构建基于区块链的供应链体系

为了解决供应链领域存在的问题，布比基于区块链技术构建了物链，物链构建于布比区块链之上，充分利用了区块链技术的低成本、高安全、可信任、信息共享、分布式账本和去中心化的特点，整合先进的物联网技术，建立了一套完整的供应链生态服务系统。该服务系统以"品质驱动、价值保障、诚信链条、透明消费"为服务理念，通过对物品生命估计的记录，来实现对品质型商品和作品的价值保护，以及对产品流通渠道和消费者权益的保护。如此一来，在当前粗放和缺乏公信力的市场中，物链就能够帮助很多产业链条上的中小微型企业被市场发现并且得到市场的长期认可，避免销售中获取的利润被市场中的次品和假冒产品抢夺。除此之外，因为物链具有公信力的价值转移和再生功能，因此它也成为政府相关部门行使监督权力的可靠渠道。

此外，物链还结合了供应链的特性对区块链的接口进行了继承、封装以及应用，形成了一系列具备鲜明应用特色的供应链管理云平台，使每一个物品的静态和动态信息都能够在生产制造企业、仓储企业、物流企业、各级分销商、零售商、电商、消费者以及政府监管机构中达成共享与共识。通过"区块链技术+物联网+互联网"的整合和协同应用，不仅能够在供应链体系中的主要环节实现面向区块链的主要信息的采用，同时也能够完成面向供应链业务流程的优化和再造，使区块链技术的应用不再是单一和附加的，从而形成全方位的、具有高公信力的行业应用支撑服务体系，也就是所谓的供应链体系。

3. 京东区块链防伪追溯开放平台

2017 年，国内电商平台京东宣布成立"京东品质溯源防伪联盟"，运用区块链技术搭建"京东区块链防伪追溯开放平台"，逐步通过联盟链的方式，实现线上线下零售商品的追溯与防伪，更有效地保护品牌和消费者的权益，帮助消费者持续提升在京东的品质购物体验。

区块链所具有的数据不可篡改性和时间戳的存在性证明等特质可以很好地支持商品的溯源和防伪。以部分生鲜食品为例，消费者在京东购物后，只需打开京东 App，找到订单，或直接扫描产品上的溯源码，就可以溯源信息。以牛肉为例，通过所购买牛肉的唯一溯源编码，可以看到所购买的牛肉来自哪个养殖场，这头牛的品种、口龄、喂养的饲料、产地检疫证号、加工厂的企业信息、屠宰日期、出厂检测报告信息、仓储的到库时间和温度及抽检报告等，最后送达的配送信息也可以追溯展示，让非法交易和欺诈造假无处遁形，消费者可以吃到放心的食品。

线上区块链防伪追溯平台的应用经验也将逐步导入线下零售，借助私有云、非对称加密等技术手段保证品牌商自有数据私密性的同时，帮助品牌商实现全渠道的防伪追溯整合与智能化，结合大数据分析和人工智能自动化，引领科技零售、可信购物的新风尚。

☑本章小结

区块链是近年来最具革命性的新兴技术之一，其去中心化方式建立信任、防篡改性、可追溯性等突出特点受到各个领域的关注。金融领域是区块链技术的重要应用领域，当前金融行业发展日新月异，继移动互联网、大数据、云计算等新兴技术之后，金融科技也进一步转向了区块链这一底层技术的创新。本章通过分析金融服务、数字货币、共享金融、加密数字资产、共享经济、供应链这 6 个金融领域的现状及存在的问题，分别介绍了区块链如何为这些行业中的痛点问题提供可行的解决方案，全面阐述了区块链技术在各个金融领域中实际的应用案例。

☑习题 5

1. 除了本书中介绍的区块链在金融服务中的应用场景，请结合生活实际再给出至少 3 个区块链在金融服务中的应用场景，并说明为什么这些场景可以使用区块链技术。

2. 什么是数字货币？目前数字货币有哪些弊端？

3. 什么是共享金融平台？区块链如何增强共享金融的安全性？

4. 使用共享金融平台有什么好处？

5. 目前基于区块链的加密资产主要分为哪几类？分别具有什么特点和不同之处？

6. 什么是共享经济？区块链技术如何促进共享经济发展？使用去中心化的共享经济平台有什么好处？

7. 区块链和供应链为什么能结合使用？解决了现实生活中的哪些问题？

第 6 章　加密货币项目 Libra
（已更名为 Diem）

本章将具体介绍 Facebook（已更名为 Meta）公司于2019年推出的虚拟加密货币项目 Libra（已更名为 Diem）。

6.1　简介

互联网和移动宽带的诞生令全球数十亿人得以获得世界各地的知识与信息，享受高保真通信，以及各种各样成本更低、更便捷的服务。如今，只需要一部智能手机，人们即可在世界上几乎任何一个角落使用这些服务。

尽管世界已经如此连通，但仍有很大一部分人游离于金融服务之外。至 2017 年，全球约有 17 亿成年人未接触到金融系统，无法享受传统银行提供的金融服务，而在这约 17 亿的成年人之中，约有 10 亿人拥有手机，近 5 亿人可以上网。

在前面章节中提到，区块链系统由于缺乏可扩展性，尚未获得广泛应用，同时加密货币的波动性使得现有的加密货币在保值和交换媒介方面均表现欠佳，因而阻碍了它们在市场上的广泛使用。

考虑到区块链技术在金融领域的巨大发展前景，Facebook 公司认为将区块链技术的去中心化、可追溯等优势与强大的合规和监管框架结合起来是可能的。2019 年 6 月，Facebook 公司正式公布其虚拟加密货币项目 Libra 白皮书[35]。

在传统的加密数字货币系统中，如比特币，数字货币往往是被"凭空"挖掘出来的。这种加密数字货币的"发行"行为是一种纯粹的"体内循环"的激励机制，其发币的动机是为了维持该加密数字货币系统的运转（如激励矿工为用户的交易做验证、打包和执行等工作）。这些加密数字货币并不与现实生活中的实体资产有任何的锚定关系，也没有组织和机构宣布对这些加密数字货币刚性兑付。

而 Libra 则描绘了一个不一样、有新意的"发币"机制。首先，Libra 的投资者和用户需要使用法币从 Libra 协会手中"购买"Libra 代币，当有 1 单位的法币被 Libra 协会"收储"之后，才会有等价 1 单位的 Libra 代币被"发行"出来。Libra 协会会去集中管理这些"收储"的法币，并使用这些法币去做高安全、低收益的投资，如投资各种主权基金。这些投资的收益大部分会用来支持 Libra 生态的运转。这样来看，Libra 看起来更像是一个"世界银行"，用户可以把各种法币"储蓄"到 Libra 上，然后在 Libra 的支付网络上使用 Libra 代币去做交易，或者通过授权经销商把代币兑换成法币。

在提供金融服务的过程中，保障健康竞争和快速革新迭代的重要先决条件是有能力依赖普通基础设施进行交易、维护账户，保障跨服务、机构间的交互。为降低准入和切换成本的门槛，Libra 声称将为所有人提供平等的施展平台，同时在新式商业模型和金融应用方面进行实验。简而言之，Libra 以全球金融普惠为目标，其宣称的使命是建立一套简单的、无国界的货币和为数十亿人服务的金融基础设施。根据其白皮书，Libra 由 3 个部分组成，它们将共同作用，创建一个更具包容性的金融体系：

（1）一个被称为 Libra 区块链的分布式账本。

（2）一组稳定币 Libra Coin，由现金、现金等价物和短期的政府证券组成的储备金支持。

（3）由总部位于瑞士的独立组织 Libra 协会及其子公司 Libra Networks 开发和运营的治理体系。

6.2 Libra 区块链

Libra 团队要构建一个新的区块链系统来服务全球金融，其目标是要做到：

（1）能够扩展至数十亿账户。这要求区块链具有极高的交易吞吐量和低延迟等特点，并拥有一个高效且高容量的存储系统。

（2）高度安全可靠，可保障资金和金融数据的安全。

（3）灵活多变，为未来金融服务创新提供动力。

Libra 支付系统建立在 Libra 区块链的基础上。因其旨在面向全球受众，所以实现 Libra 区块链的软件是开源的，以便所有人都可以在此基础上进行开发，且数十亿人都可以依靠它来满足自己的金融需求。为了使 Libra 网络能够随着时间的推移实现这一愿景，区块链的构建优先考虑了可扩展性、安全性、存储效率、吞吐量以及对未来的适应性。在设计上，Libra 借鉴了当前市场上已有的区块链系统，选择了 3 个重要的技术方向：

（1）设计了一套新的智能合约编程语言 Move。

（2）选择拜占庭容错算法作为共识算法。

（3）遵循已有的区块链数据存储模型。

1. 基本设计

Libra 在初期并不是一条公有链，而是一条联盟链。也就是说，在 Libra 运行初期，只有协会的成员才可以参与链上的操作。但是按照计划，Libra 最终会在合适的时候，进化成为公有链。

Libra 在结构上定义为一个经过加密的认证数据库，通过 Libra 协议维护了一个全局状态统一的账本。数据库中存储着相关数据，保存的数据均经过密码学验证，可以保证数据的真实可靠。在网络结构中，Libra 有两类节点：验证节点（Validator）和客户端节点（Client）。通过验证节点间的共同协作来开展交易并维护区块链的状态数据，这些验证节点同时也是 Libra 现实组织的成员，其为 Libra 网络的治理提供框架。目前，Libra 现实组织的成员都是地理分散和多元化的，都为 Libra 生态的形成和发展做出了一定的贡献，随着时间的推移，Libra 现实组织和验证节点的门槛将更加开放，并依据其持有的 Libra 代币的数量来行使权利，其最终实现形式类似于 PoS，可参照当前国际货币基金组织（International Monetary Fund，IMF）依据出资份额获取投票权的治理形式。Libra 的愿景是实现无许可的成员准入和治理体系。

Libra 协议如图 6.1 所示，客户端节点可以提交或查询交易，验证节点则负责根据 Libra 协议去处理这些交易并维护账本的更新。

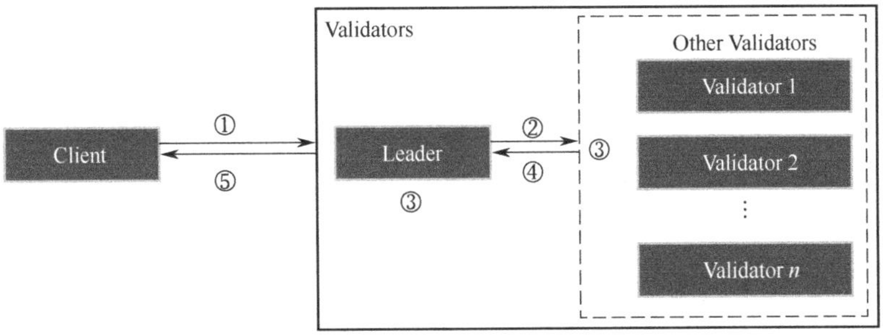

图 6.1　Libra 协议

具体过程如下：

① 验证节点负责维护数据库和处理客户端节点提交的交易数据，并以此更新数据库。验证节点间通过共识协议来进行决策，进而更新交易的执行结果。

② 验证节点轮流担任领导者（Leader），领导者既要提交从客户端节点接收到的交易信息，同时也要提交从其他验证节点那里接收到的交易信息。交易信息是在验证节点之间进行流转的，验证节点获取交易信息的渠道既包括客户端节点，也包括其他验证节点。

③ 所有的验证节点执行交易并构建一个经过认证的数据结构，这个数据结构包含新的账本历史（Ledger History）数据。

④ 所有的验证节点通过共识协议投票选出共同认可的数据结构，这个数据结构具备唯一性，这个过程称为确认（Commiting），对于确认交易后的数据库状态，共识协议会对其进行签名。

⑤ 最终，验证节点依照上述处理结果对客户端节点进行答复，提供认证的数据库状态信息。

2. 版本号（Version）

Libra 区块链上的所有数据都储存在有着单一版本号的数据库中，一旦数据库发生任何更新，版本号立即改变。版本号是 64 位无签名的整数，与系统已经执行过的交易数量有关。

对于每一个版本号 Version i，数据库中存储了这样形式的三元组$<T_i, O_i, S_i>$，分别指交易 T_i，交易 T_i 执行时产生的输出 O_i，交易 T_i 执行之后的账本状态 S_i。

3. 状态（State）和交易（Transaction）

状态指账本中某个数据的状态（值），在不同的时间节点上，数据可能有不同的状态。交易指一个改变某些数据状态的指令。图 6.2 描述了执行交易时 Libra 区块链发生的状态改变。其中，T 代表交易，S 代表状态，为了方便描述，假设每笔交易和状态是一一对应的，即 T_1 对应 S_1，T_n 对应 S_n，随着时间的推移，n 的值不断变大。假设 Alice 当前账户余额是 110 Libra，Bob 的余额是 52 Libra，这是一个状态 S_{n-1}；Alice 要买一瓶水，向 Bob 付款 10 Libra，这个付款指令是一笔交易；付款之后，Alice 的账户余额变成了 100 Libra，Bob 的余额变为 62 Libra，这是一个新的状态 S_n。这个新的状态由一个确定函数 $F(S_{n-1}, T_n) = S_n$ 来获得。而这个确定函数在 Libra 中正是使用 Move 语言来实现的。

另外，Libra 网络还维护了一个账本状态（Ledger State），包括每个账户所包含的 Libra 代币的数量，里面存储了账户地址和账户数据之间的映射。为了执行交易，每个验证节点都必须知道当前版本的 Libra 区块链的全局状态。

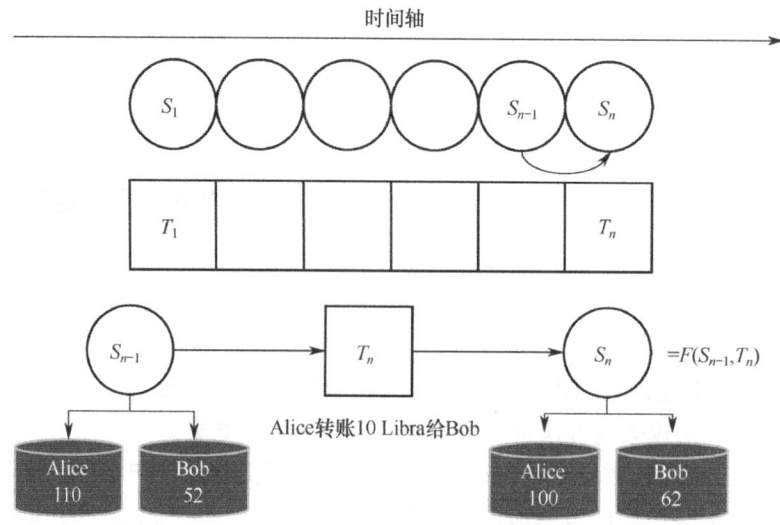

图 6.2 状态及交易示意图

4. 账户（Account）

Libra 中的账户模型和以太坊类似，从逻辑上看，账户是一个拥有两类值的集合：资源（Resource）和模块（Module）。一个账户状态的例子如图 6.3 所示，展示了账户包含的主要内容。

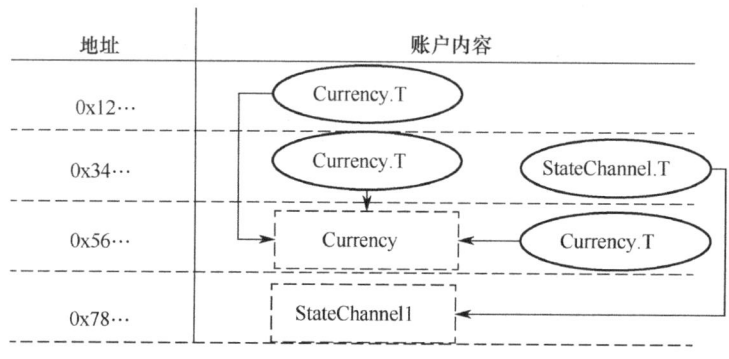

图 6.3 账户状态

图 6.3 中，椭圆形框代表资源，长方形框代表模块，箭头代表资源和模块的隶属和服从关系。

1）资源

资源，是特定字段与数据值关联关系的记录，账户拥有的 Libra 代币也存储在资源中。每一种资源都有自己的类型，而这个类型由自己服从的模块进行声明。参考图 6.3，资源类型可以列举为：资源 Currency.T 的类型为 0x56.Currency.T，其中 0x56… 为 Currency 模块储存的地址，Currency 是模块的名称，Currency.T 是资源的名称。

这种设计的初衷是，让所有的账户在储存自己的类型为 0x56.Currency.T 的资源时使用相同的路径 /resources/0x56.Currency.T，这样，每个账户只能最多储存一种给定类型的资源。当然，这种限制并非绝对的，用户可以定义一种包含两个资源的资源，类似 resource TwoCoin {c1:0x56.Currency.T, c2:0x56.Currency.T}。

更改、删除和发布资源的方式全部编码在对应的模块之中，Move 语言的安全和验证规则禁止通过其他方式来改变资源。

2）模块

模块声明了资源的类型和细节。类似于资源的类型，模块本身也有识别标志，如 0x56. Currency，是模块所在地址与模块名称的组合。

在单个账户内，模块的名称必须唯一，参考图 6.3，0x56…地址内不可以再命名一个模块叫 Currency，但 0x34…内可以再命名一个模块叫 Currency，此时该模块的标志为 0x34.Currency，与 0x56.Currency 是两个不同的模块，不可混用。

在当前的 Libra 协议中，模块是不可更改的，一旦生成便不可以被调整或删除，除非通过硬分叉的方式。Libra 协会将寻求一种安全升级模块的详细方法，并在未来版本中发布。

5. 账户地址（Address）

账户地址是一个 256bit 的值。Libra 网络在账本状态中维护了 Address 到 Account（模块和资源）的映射。

要创建一个 Libra 账户，首先要构造一对公私钥(vk, sk)，该账户的地址等于公钥 vk 的哈希值，即 Address = hash(vk)。此时，账户并没有在账本状态中出现，只有当一个已经存在的账户向该地址发起一笔交易的时候，Libra 网络才会在账本状态中创建有关该账户的映射结构。

Libra 的账户具有匿名性的特点，任何用户都可以随意创建账户并签名交易，除非通过社会工程学的方式对账户交易明细进行分析，否则，单从账户本身是无法建立账户与现实个人的关联的。

6. 交易结构

Libra 区块链的一笔交易由表 6.1 所示的内容组成。

表 6.1　交易组成

字段名称	描述
Sender Address	交易发起者的地址（这个地址不是物理意义的地址，可以将其理解成发起者的"银行账号"）
Sender's Public Key	交易发起者的公钥
Program	交易指令
Gas Price	Gas 价格
Maximum Gas Amount	客户愿意支付的 Gas 上限
Sequence Number	序列号
Expiration Time	失效时间，如果一笔交易在失效时间内没有被执行，则交易作废
Signature	数字签名

乍一看，Libra 和很多传统区块链系统（如以太坊）的交易模型类似，但 Libra 比较独特的地方有两处：Program 和 Sequence Number。

Program 部分包含 3 个内容：

（1）Move 语言字节码组成的交易脚本。

（2）（可选项）交易脚本的输入内容，在转账交易中，脚本的输入内容是转账的金额和接收方的地址。

（3）（可选项）Move 语言字节码模块，可以理解成一个智能合约的合约内容。

Sequence Number 是当前账户所发起的交易序列号，每个账户的交易序列号从 0 开始，每完成一笔交易则序列号自增 1。

7. 交易执行过程

当一笔交易请求提交给验证节点（Validator）后，会触发一系列的处理过程。本部分以"Alice 向 Bob 转账 10 Libra"为例来详解这个过程。

首先，Alice 需要在本地构造这笔交易，就像填一张"支票"一样，如图 6.4 所示。

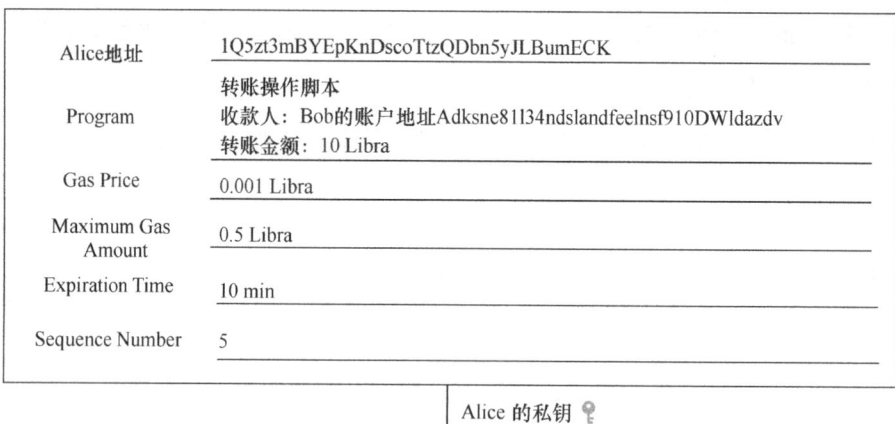

图 6.4　构造交易示意图

Libra 在 Validator 上划分出了多个逻辑组件，不同的组件负责不同的操作，这些组件包括：

- Admission Control（AC）：准入控制，是 Validator 的唯一外部接口，Client 向 Validator 发起的任何请求首先转到 AC，AC 对请求执行初始检查，以免 Validator 受损或受大量输入的影响。

- Virtual Machine（VM）：虚拟机为 AC 和 Mempool 提供交易验证检查的运行环境。

- Mempool：内存池是一个缓存区，用于保存"等待"状态的交易。当新交易添加到某 Validator 的内存池时，其他 Validator 的内存池也可共享该交易。

- Consensus：共识组件负责对交易区块进行排序，并与网络中其他 Validator 在共识算法下商定执行结果。

- Execution：执行组件利用 VM 执行交易，负责协调交易块的执行，并保持一个瞬时状态，Validator 共识协商投票，维护执行结果的内存，直到共识后将块提交到链上。

- Storage：存储组件用于持久化保存已经共识过的交易块和执行结果。

整个交易的执行过程如图 6.5 所示。

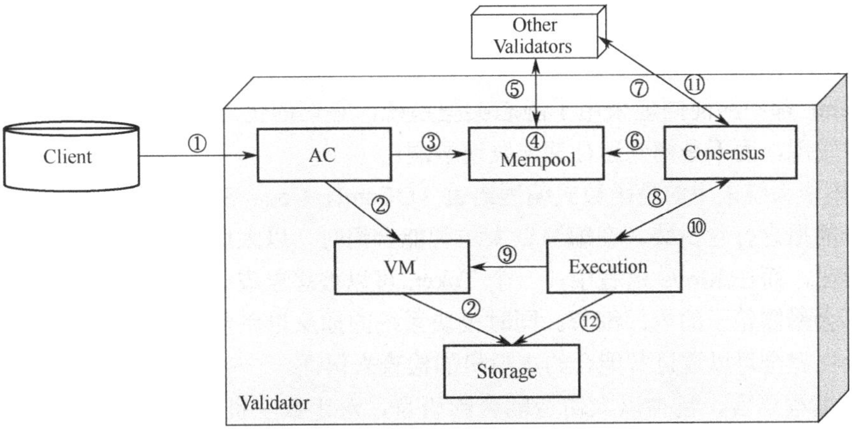

图 6.5　整个交易的执行过程

① Validator 通过 AC 组件从 Client 处获取交易信息。

② AC 通过 VM 执行交易检查，包括：使用交易中的公钥（地址）验证交易签名，检查 Alice 余额是否足够、交易序列号是否正常等。

③ 当交易通过检查，AC 会把该交易放到 Mempool 中。

④ Mempool 中可能已经有很多笔交易了。

⑤ Mempool 会通过 Shared-Mempool 协议和其他 Validator 共享各自所有的已接受的交易信息。

⑥ 假设当前 Validator 是共识过程中的 Proposer/Leader（不在此详细讨论 Libra 共识算法的具体过程），该节点会从 Mempool 中拿出一部分交易，打包成一个区块。Consensus 同步这个区块到其他 Validator 上。

⑦ 接下来 Consensus 协调各个 Validator 对该区块内交易内容达成共识，包括交易记录的顺序。

⑧ 当所有 Validator 达成共识之后，这个区块（一个排序好的交易集合）会被送到 Execution。

⑨ Execution 通过 VM 按序执行区块中的交易。对于 Alice 的交易来说，执行过程在逻辑上需要把 Alice 的账户余额减少，把 Bob 的账户余额增加；物理上需要对资源部分的数据进行修改。

⑩ 执行完成后，Execution 会把这些交易按序添加到一个临时的 Merkle 树结构中。

⑪ Leader 的共识模块再次协调所有 Validator 对执行结果进行确认并达成共识。

⑫ 当一个区块的执行结果被绝大多数 Validator 认可之后，Execution 就会从缓存中读取之前的执行结果，然后把所有当前交易提交到存储模块做持久化保存。

至此，Alice 的转账交易完成，Alice 的账户余额减少了 10 Libra，Bob 的账户增加 10 Libra，Alice 的 Sequence Number 从 5 变成了 6。

8. Move 编程语言

Libra 开发了一种名为 Move 的新型编程语言[36]，用于实现自定义的交易逻辑和智能合约。由于 Libra 的最终目标是为数十亿人服务，因此 Move 的设计首先考虑的是安全性和可靠性。

Move 采用的是静态类型系统，静态类型系统本质上是一种逻辑约束，相比于以太坊的智能合约语言来说要严格得多。现代编程语言，如 Rust、Golang、TypeScript、Haskell、Scala、OCaml 都不约而同地采用了静态类型系统，它们的优点是：很多低级编程错误都可以在编译时发现，而不是拖到运行期才发现漏洞。

Move 模块系统采用的是函数式编程语言（OCaml、Coq、SML）风格设计，可以很好地将数字资产的概念打包封装。在编写以太坊智能合约时，以太坊上的 ERC20 Token 作为一个合约而存在，而在 Move 语言中，一个 Token 可以被想象成一个箱子，像资源一样随意传递，但是不会暴露箱子的内部细节。同时模块系统的抽象也完全基于它的静态类型系统，并且类型安全性完全可以通过智能合约虚拟机的检查来保证。

传统的编程语言，包括以太坊智能合约语言，对于数字资产的记账采用的是 Value 方式，这有可能导致合约的漏洞问题。事实上，过去数年里智能合约的漏洞问题已经层出不穷。而 Move 合约采用了一种称为资源类型的逻辑，数字资产可以用"资源类型"来定义。这样一来，数字资产就像资源一样，满足线性逻辑中数字资产不能被复制、不能凭空消失的特性。

Move 最大的亮点在于直接在语言层面表示数字资产，且在语言层面维护住了数字资产的稀缺性和安全性，这正是资产所必备的现实特性。如此，当 Libra 希望开发者基于 Move 去实现各种代币、积分或者资产的时候，能够从语言层面获得帮助，从而很好地维护资产的安全性。

9. 采用拜占庭容错（BFT）共识机制

Libra 区块链采用了 BFT 共识机制，基于 HotStuff 算法[37]，就将要执行的交易及其执行顺序达成一致，在扩展性和一致性上达到了较高的水平。关于 BFT 共识机制，在第 4 章已有详细介绍，在此不再赘述。

Libra 为了更好地适应其生态，对 HotStuff 进行了相应的优化，主要有以下 5 点：

（1）Libra 定义了安全的条件，提供了安全性、活性和乐观响应的扩展证明。

（2）Libra 通过让验证节点集体对区块的状态而不是交易的顺序进行签名，使得协议更加健壮。同时还允许客户端节点使用法定人数证明（Quorum Certification，QC）验证从数据库里读出的数据。

（3）Libra 设计了一个 Pacemaker 来发出显式的超时信号，验证节点通过它发出的提案自动进入下一个视图，而不需要一个同步的时钟。

（4）Libra 希望让矿工变得不可预测，以它最新提交的区块信息为种子生成一个可验证的随机数，确定下一个矿工。

（5）Libra 使用聚合签名的方式保留 QC 中验证节点的身份，以提高验签效率，同时为这些验证节点提供奖励。

这种机制实现了 3 个重要目标。首先，它可以在网络中建立信任，因为即使某些验证节点（最多三分之一）被破坏或发生故障，BFT 共识机制也能确保网络正常运行；其次，与其他一些区块链中使用的工作量证明机制相比，BFT 共识机制还可实现高吞吐量、低延迟和更高能效的共识方法；最后，LibraBFT 共识协议能够清晰地描述交易的终止性，即当参与节点看到有足够数量的验证节点进行交易确认时，它们即可确保交易完成。

10. 采用 Merkle 树的数据结构

为了安全地存储交易信息，Libra 区块链采用 Merkle 树的数据结构来验证数据的完整性。不同于以往的区块链项目，Libra 区块链将是一种可以长期记录交易历史和状态的单一数据结构，而以往的区块链项目仅将区块链视为交易区块的集合。这种设计简化了从应用程序访问区块链的工作，实现了一个统一的框架，允许在任何时间点读取数据来验证数据的完整性。

这样设计的一个优点是 Libra 区块链将提供公开验证，即任何人（验证节点、Libra 网络、虚拟资产服务提供商、执法部门或任何第三方）都可以审核所有操作的准确性。交易将被加密、签名，这样即使所有验证节点都被攻击，也不会接受具有安全签名密钥的地址的伪造交易。这种设计与硬件密钥管理和高值加密密钥的离线存储相兼容。

6.3 Libra Coin 和 Libra Reserve

当前很多数字货币价值往往没有底层资产作支撑，如比特币和以太币等，这就使得投资成为主要的应用场景，即用户购买时，他们希望币价上涨并可以在未来某一个时间点出售获取利润。但由于市场对这些数字货币长期的价值和是否会成功，以及成功度的预期都处于快速变化中，因此这些数字货币的价格也会相应发生很大的变动。

所以，为了能在更加广泛的应用场景中提供服务，Libra 的设计本质上是一种价值稳定的货币，持有 Libra 的人可以预期，Libra 今天的价格和明天的价格，甚至和未来的价格大致相同。自 2019 年 6 月发布以来，Libra 项目正从以一种独特的多币种稳定币 "≈LBR" 为中心的网络演变为新的全球支付系统和金融基础设施。

1. 单一法币稳定币和 Libra Reserve

与最初的设计不同，Libra 网络现在努力提供单一法币稳定币，例如，≈USD、≈EUR、≈GBP 等，并逐步增加支持的货币数量。这些稳定币都由 Libra Reserve 持有的抵押品提供完全支持，这里的 Libra Reserve 是由两类优质流动性资产（High Quality Liquid Assets，HQLA）组成的链外储备，由现实世界中的现金、现金等价物和短期证券组成。

短期国债债券至少占每一枚流通中的 Libra 稳定币面值的 80%。资格限制的最长期限为 3 个月，两家世界权威金融分析机构（分别是标普和穆迪）确认最低评级为 A+和 A1，在二级固定收益市场上有足够的流动性。

现金、现金等价物和短期货币市场基金最多占储备金的 20%。这些资产由现金到隔夜席卷货币市场基金，投资于风险和流动性与短期国债债券相似的短期（剩余期限不超过一年）政府证券。其面临的各种风险，如汇率波动带来的货币风险，以及外溢、利息和信用风险，可以通过要求每一个发行的单一法币稳定币都要有专门的资产进行充分的担保来缓解。因此，Libra 网络似乎主要是以个人而非整体层面进行抵押。

Libra 网络将管理相关的储备金，并已表示在可能的情况下，直接将 CBDCs（央行数字货币）作为 Libra 区块链内的单币稳定币纳入其中。

2. 多币种 Libra Coin（≈LBR）

虽然 Libra 平台上的单一法币可以作为产品单独提供，但其中一些货币将汇集成一个货币篮子，即 Libra Coin 或 "≈LBR"。在 Libra Coin 的初始布局中就已经预见到了这一点。

多币种的≈LBR 类似于国际货币基金组织的特别提款权（Special Drawing Right，SDR），因此具有固定的名义权重。虽然尚不知道包括哪些货币以及它们各自的权重，但 Libra 举了一个例子，如 "0.50 美元，0.18 欧元，0.11 英镑等" 组成了≈LBR。Libra 协会进一步强调，将与监管机构、中央银行和国际组织（如货币基金组织）合作，共同确定一个可接受的货币篮子。

从技术角度来看，≈LBR 的可行性得益于以下几个方面。首先，每种稳定币都作为单独的代币发行，并得到储备资产的全面支持，这使得≈LBR 具有很高的可组合性；其次，将在 Libra 智能合约中定义精确的组成；最后，参数的更改（如权重、添加新的稳定币）将提交验证节点批准。这样的储备是实现保值的核心机制。通过在每个 Libra 背后建立稳定且流动的资产背书，并且和竞争力强的流动性提供者及交易所合作，用户可以对 Libra 的流动性和价值稳定性充满信心，也就是说，他们可以在任何时候出售任何数量的 Libra，并保持价格稳定。这在一开始就给了 Libra 内在价值，可以解决其他数字货币遇到的因为投机而形成的价格波动问题。

6.4　Libra 协会

Libra 协会是一个独立的会员组织，其总部设在瑞士日内瓦。该协会的宗旨是协调、治理 Libra 网络及储备金，监督 Libra 支付系统的运行和发展，以安全、合规的方式促进 Libra 区块链服务提供，并牵头能产生社会影响力的资助，为普惠金融提供支持。协会的职能有以下几点。

（1）治理：Libra 协会的目标是 "为 Libra 网络和储备金协调并提供治理决策的框架"。

（2）运营监督：Libra 协会将通过其子公司 Libra Networks 监督 Libra 支付系统的运行和发展。

（3）提供合规服务：Libra 协会旨在 "以安全且合规的方式促进在 Libra 区块链之上的服务提供"。

（4）社会影响资助金：协会希望建立具有社会影响的资助金以支持金融普惠。

Libra 协会成员包括广泛分布于各地的企业及非营利组织。虽然 Facebook 团队在 Libra 协会和 Libra 区块链的创建过程中发挥了关键作用，但其在协会内部并不享有特殊权利。2019 年 10 月 14 日，创始成员们共同签署了一份协会章程，标志着协会理事会正式成立。该理事会由每个成员组织的一名代表组成。这一设置旨在确保每个成员都具有与其他成员相同的权利和义务。根据白皮书，重大的政策决定需要理事会三分之二的代表同意。这也是 LibraBFT 共识协议的要求。此外，理事会选举产生了一个由五人组成的董事会，负责协会的日常管理和代表工作。

如图 6.6 所示，入驻 Libra 协会的成员以各个行业的巨头企业为主。

图 6.6　成立初期 Libra 协会成员

6.5　Libra 为何还未成功

自 Facebook 推出 Libra 以来，Libra 引起了全球监管部门、金融机构、科技公司和区块链从业者的高度关注，对它的评价也是褒贬不一，所以 Libra 的发行仍然面临着不小的挑战。

毕竟，Libra 作为一个全球化的数字货币，政府对此事是持审慎态度的。2019 年 7 月 16 日，美国参议院银行委员会传唤了项目负责人 David Marcus，正式就此事召开听证会。听证会的内容主要集中在如下几点：

（1）谁对 Libra 拥有管辖权？由于 Libra 组织总部设在瑞士日内瓦，所以监管人员对此提出了质疑。

（2）数据隐私如何保护？在数据隐私保护方面，Facebook 是否值得信任？毕竟，Facebook 公司在保护用户的数据隐私方面犯过一些错误，有一些历史污点。

（3）Libra 是否会对美元的全球领导地位造成影响？

（4）如何应对洗钱等违法犯罪行为？

2019 年 9 月 13 日，法国财政部表示，法国和德国一致同意抵制 Libra 加密货币。2019 年 10 月 5 日，PayPal 宣布放弃参与 Libra 项目。2019 年 10 月，外媒报道以法国为首的欧盟五国正联手抵制 Libra 进入欧洲市场，还准备要求 Facebook 放弃该项目。

6.5.1 Libra 面临的问题

1. Facebook 自建平台进行结算，难度较大

从其他科技公司从事金融行业的经验来看，科技公司从事支付行业的方式主要有两种：一是自建系统进行匹配并支付，这种方式的好处在于处理速度不受银行方面影响，只要双方的账户都在科技公司的体系之内就能够完成支付服务；二是与银行展开深入合作，用户在科技公司系统中发起请求后，科技公司将请求转移至银行，并由银行进一步操作，这种方式会受银行处理能力的影响，用户的等待时间可能会较为漫长。

从监管的角度来说，第 2 种方式监管难度较低，直接对银行进行监管即可，因为科技公司自身并不会保存用户的钱款，只会留下用户的交易记录等信息，对于这种方式的监管会集中在用户的数据使用及隐私上。而第 1 种方式的监管范围和监管难度则要增加许多。首先是用户个人信息，其次就是用户的钱款，如果企业能获得银行牌照并将用户的钱款放入相关银行账户中接受监管部门的管理，那么就可以称该企业的金融部门为"银行"。

目前大部分涉及金融行业的科技公司仅能从事银行的部分业务，对用户交与的资金使用也受到了部分限制。在中国，这部分限制使用的资金被称为备付金而不是准备金，这也能体现银行与科技公司在地位上的不同。

目前看来，Facebook 要部署 Libra 就一定得选择第 1 种方案。很明显，第 1 种方案对于Facebook 以及 Libra 来说，通过区块链技术自建平台难度较大，也会受到更加严厉的监管。

2. 数据隐私及市场准入监管或成难题

本部分将以国际清算银行（Bank for International Settlements，BIS）所做的政策罗盘为框架[38]，盘点目前影响科技公司的相关政策，并以此分析这些政策对于 Libra 以及 Facebook的影响，如图 6.7 所示。

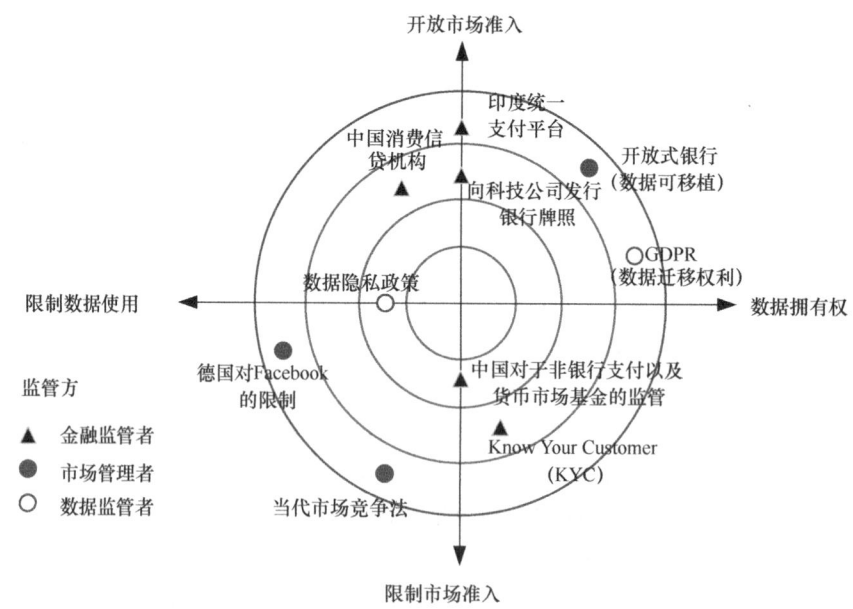

图 6.7 国际清算银行的政策罗盘

目前的政策可以概括为"两条脉络、一个准则"。两条脉络指的是在数据使用和市场准入上对科技公司进行监管，而一个准则相对简单，即在监管时，忽略科技公司的身份，业务类型与监管内容相符。

数据使用方面有两个监管维度，即要么限制科技公司使用数据，要么将数据的所有权交与用户。市场准入方面，要么限制科技公司进入金融领域，要么鼓励所有的科技公司都进入形成竞争。按照这个框架，Facebook 所面临的监管将会更加严格，与此同时，对监管部门提出的要求也更高。

以用户数据监管为例，首先，由于区块链技术的特性，每个节点都可以获得全部的数据，也就意味着交易数据是在全球保存的，这可能会违反相当一部分国家信息本地化、不出国的隐私政策；其次，如果选择将数据所有权交与用户，这里的所有权更强调的是外界（非 Libra 协会中的各方）在得到用户许可之后能够获得 Libra 系统中与该用户相关的数据，即数据需要有可移植性，同时用户也需要拥有自行删除数据的权利，但这些在区块链系统中难以实现。

因此，对于 Facebook 而言，无论是限制科技公司使用数据，还是将数据所有权交与用户，在区块链系统下都难以妥善解决数据监管问题。

在市场准入方面，Libra 需要遵守当地的法规，不同的国家对市场准入有不同的要求。以中国为例，中国允许科技公司参与支付，但科技公司需要将系统联入全国统一的支付、结算和清算平台，如果 Libra 想在中国或者其他类似国家里运营，那么 Libra 势必也需要接入到相应的清算平台中，这其中最大的问题在于 Libra 不是这些国家发行的法币，无法在平台上进行清算。

3. 发行及持有 Libra 的风险较大

Libra 是以一篮子货币及其等值物为抵押物而发行的数字货币，这与泰达币（Tether）的描述非常相似，二者面临的风险也十分相似。如图 6.8 所示，首先 Libra 很可能会面临超发的风险，即发行的 Libra 超过了所抵押的资产；其次是银行的风险，银行风险来源于抵押资产放置于银行，银行由于其业务属性会将部分资产用于贷款等业务，银行的经营风险、流动性风险以及偿付风险会传导至 Libra。

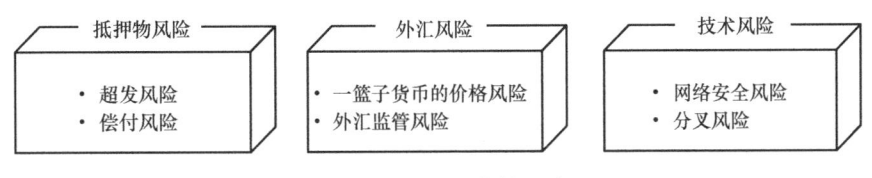

图 6.8　Libra 面临的风险

相对于 Tether，Libra 的一个重要不同点在于抵押物使用了一篮子货币，但 Libra 在白皮书中并没有详细描述一篮子货币的组成，但不管抵押物如何构成，Libra 使用者都可能会面临由汇率波动所引起的价格风险，同时，抵押物中的一篮子货币也有相互兑换的问题，Libra 自身需要承担兑换货币所产生的费用以及相关风险。如果未来 Libra 被大量采用，其每日所需要的外汇兑换数可能会十分惊人，更重要的是这些兑换需要银行的配合才能进行。

作为一种加密数字货币，Libra 也面临着各种网络安全、技术标准等风险，这些风险一旦发生，对于 Libra 来说可能是致命的。

4. Libra 可能影响金融稳定

Libra 的资产对于大多数国家来说很有可能是离岸的，购买 Libra 会导致大量资本外流（本国货币），从而形成离岸资产。离岸资产快速膨胀可能会对本国的汇率形成较大的压力，这对仍存在外汇管制的国家来说影响较大，同时不少国家的货币政策也会因此效果大减，对经济发展造成冲击。此外，Libra 自身也可能会将部分资产换成国债，这对各国的债券市场也会造成比较大的影响。

5. Libra 可能面临严格的外汇管理

首先，作为一个金融支付系统，Libra 的首要任务就是满足监管部门对于支付系统的基本要求，这样才有被使用以及被监管的价值。在 Libra 之前，SWIFT、加拿大央行以及 R3 联盟都测试过基于区块链的支付系统，但未发现明显的技术优势，只承认有一定的"潜力"。而对于这种尚未确定的"潜力"，美国主流的监管机构并不愿意冒险尝试。

其次，从监管可行性角度来看，监管部门对于 Libra 难以实施监管。难点在于 Libra 的资产很有可能存放在境外，当地监管机构对于 Libra 的偿付能力也是无法监管的，用户的权益等也得不到保障。

最后，如果将视角聚焦于购买 Libra 的流程上，可以发现基本流程是这样的：用户向 Libra 的本地运营方购买 Libra；随后，本地运营方在网络中发行一个 Libra 转移到用户的账户上。对于本地运营方来说，如何处理用于购买 Libra 的资产会是一个难题；此外，不论怎么处理，都会遇到如何将国内资产转换成外汇进行转移的问题，而在这一步可能会遇到各种外汇监管问题。从这个流程看，Libra 存在两个可能受到监管的环节，首先是当地对于数额巨大的外汇组合的存放以及兑换的监管；其次就是在对大额外汇进行转账时的监管。国家为了防止汇率市场被扰乱，通常会对大额外汇的兑换以及转账保持强监管。因此在这两个环节存在很大的困难。同时，Libra 还需要面对一些全新未知的监管政策，可能会对业务发展造成进一步的阻碍。

6.5.2 监管合规前景黯淡

大部分国家正在思索 Libra 所带来的好处以及风险，但就目前来看，就算明确了优势与劣势，Libra 的合规之路仍然漫长。

就目前的论述来看，Facebook 以及 Libra 所面临的监管种类繁多，力度巨大。在交易数据方面，需要同时满足各个国家对于数据使用的限制以及数据流转的要求；在市场准入方面，需要满足当地支付系统的监管政策。在满足监管要求的同时，Libra 还面临着与市面上银行支付系统、其他科技公司支付系统等的竞争。Facebook 能否依赖巨大的流量获得竞争优势，还有待观察。

Libra 对于金融系统的影响主要源于两种属性：基于抵押法币及其等价物以及其与一篮子货币挂钩。Facebook 拥有遍布全球的庞大用户群体，任何一国政府都难以承受其任何微小的风险甚至变动。综上所述，Libra 的监管之路注定不会太平稳，更重要的是，如果监管层一旦明确 Libra 并不能对现有支付系统带来任何改进，可能会直接禁止其发行与流通。

以中、美两国为例，Libra 面临的监管就不容乐观。具体表现如下。

1）美国方面认为其技术风险较大

美国对于加密数字货币的监管已经相当完善。今年，美国证券交易委员会（Securities

and Exchange Commission，SEC）发表了一封无意见函，开启了数字货币监管的先河，同时美国也拥有了发行合规稳定币的渠道。在已有的监管政策之上，众议院下属的金融服务委员会而非 SEC 或者美联储对 Facebook 发函似乎是一件奇怪的事情。

但金融服务委员会在 2018 年曾两次开展关于数字加密货币的听证会，在这两次听证会中，美国商品期货交易委员会（Commodity Futures Trading Commission，CFTC）以及 SEC 都派人进行了听证，不能说其对于数字加密货币或者是区块链认识不充分，从问询函来看，委员会对于区块链技术应用于跨境多边支付仍然抱有疑虑，对其中的技术风险仍然保持谨慎态度，所以发函进行问询。

2）中国方面认为其合规遥不可及

Libra 要想在中国合规，其需要跨越的不只是技术难关。

首先，从数据隐私方面看，中国在最近几年已经要求各个企业不能将中国公民的信息送往国外分析，并要求全部数据都本地化存储；在支付方面，要求所有使用人民币进行的支付都必须经过全国统一的结算系统，但 Libra 的结算标准并不是人民币，这就导致了另一个问题，即目前中国对于加密数字货币交易是完全禁止的，Libra 实现合规十分困难。

其次，在外汇管理上，中国的政策非常严格。个人购买外汇必须经过个人购汇系统进行登记备案，而企业持有外汇必须经过相关部门的批准备案，并需要接受相当程度的审核，企业的合作银行也必须接受监管部门的审核及考查。在中国，个人想要购买及使用 Libra 将会受到个人持有兑换外汇的限制，Libra 正常运营所需要的外汇转账等也可能受到限制。

最后，即便 Facebook 和 Libra 能够解决各种问题以及处理好各地的监管合规问题，它们仍可能难以形成一个全球化的结算系统同时符合各种监管节点的各种法规政策。

6.5.3　Libra 2.0 的关键更新

2020 年 4 月中旬，Libra 项目发布了白皮书 2.0 版本[39]。新版白皮书在开篇首先强调了较初版白皮书的 4 个关键更新。

1. 新增锚定单一法币的稳定币

Libra 修改了其货币的核心设计结构，新增锚定单一法币的稳定币，如美元稳定币 LibraUSD、欧元稳定币 LibraEUR、英镑稳定币 LibraGBP……而初版白皮书设计的锚定多种法币的稳定币将变为由上述单币种稳定币支撑的新代币≈LBR。这样一来，具体某个地区的个人或企业将可以直接通过 Libra 网络使用锚定本国法币的稳定币。白皮书强调，每一种锚定单一法币的稳定币都将得到充分的储备支持，储备将包括现金、现金等价物和以该法币计价的非常短期的政府证券。Libra 项目表示，希望与世界各地的监管机构、中央银行和金融机构合作，随着时间的推移，扩大 Libra 网络中锚定单一法币的种类。

从本质上讲，≈LBR 就是上述 LibraUSD、LibraEUR、LibraGBP 等单币种稳定币按照某一固定权重加权计算后的组合资产，就像是国际货币基金组织的特别提款权。Libra 协会将与监管机构协商，确定支撑≈LBR 的单币种稳定币的具体权重。白皮书指出，≈LBR 可以作为一种有效的跨境结算货币，也可以作为一种中性、低波动性的选择，适用于那些尚未在 Libra 网络上建立单币种稳定币的国家。同时 Libra 强调，这一新的货币结构有助于支持更为广泛的国内用例，当某个国家的央行数字货币可用后，也能为其提供无缝集成的清晰路径。

2. 以稳健的合规框架提高 Libra 支付系统的安全性

Libra 的目标是开发一个能够遵守适用法律和法规的系统，并且能够支持 Libra 的开放性和金融包容性。Libra 将提供综合保障措施，使个人和企业可以信任 Libra 支付系统的安全性和完整性。Libra 协会已经吸收了监管机构的反馈意见，并会持续开发一个满足金融合规性和全网范围风险管理的框架，并制定反洗钱、反恐怖主义融资、符合制裁规定以及防止非法活动的标准。

Libra 网络将推出"金融情报功能"（FIU-Function），为支持和维护网络参与者设定运营标准。Libra 网络有四类参与者，分别是：①指定经销商；②在金融行动特别工作组成员司法管辖区中注册或获得许可的虚拟资产服务提供商（Virtual Asset Service Providers，VASP），或是在反洗钱金融特别工作组成员管辖区中注册、获得许可，并且根据此类许可或注册执行 VASP 活动（受监管的虚拟资产服务提供商）的 VASP；③已完成由 Libra 协会批准的认证程序的 VASP（认证的虚拟资产服务提供商）；④寻求通过 Libra 网络（无托管钱包）进行交易或提供服务的其他个人和实体。

无托管钱包可以实现金融包容、广泛的竞争和负责任的创新，从而为无银行账户和有银行账户的人士提供服务。但此类用户活动可能带来更大的风险，因此将会受到余额和交易限额方面的一些限制。最初，Libra 网络只对指定经销商和受监管的 VASP 开放，而 Libra 协会根据从监管机构收到的反馈，继续开发其他 VASP 的认证流程以及针对无托管钱包构建合规框架。Libra 协会打算在相关合规框架最终确定之后，允许经过认证的 VASP 和无托管钱包顺利访问 Libra 网络。

3. 保持主要的经济属性，放弃未来向无许可系统的过渡

放弃向无许可系统的过渡可能是仅次于货币设计更新的最大变动。在初版白皮书中，Libra 曾提到计划五年内完成向无许可系统的转变，实现完全"去中心化"，这一路线现已被推翻。Libra 在最新版白皮书中提到了这一更改的潜在原因——监管机构曾对 Libra 网络的控制范围提出担忧，需要防范未知的参与者控制系统并删除关键的合规条款。

可以预见的是，这一更改会招来加密领域自由主义者的强烈抨击。Libra 似乎也想要给用户打一剂"强心针"，其表示："相信通过一个开放、透明、竞争激烈的治理及服务网络，再加之严格负责的调查协会成员和验证节点，完全可以复制无许可系统的关键经济特性。"

4. 在 Libra 储备资产的设计中加入更强的保护措施

Libra 协会已经和监管机构就如何应对极端情况进行了建设性的讨论，包括：①如何在压力较大的情况下使得储备金发挥作用；②Libra 协会能够为 Libra 代币持有人提供哪些主张和保护措施。

Libra 协会已经在储备金设计和结构中纳入了基于其他系统方法的策略，储备金将持有短期到期、低信用风险和高流动性的资产，还将维持资本缓冲。

ⅤV 本章小结

最新版的白皮书再次介绍了 Libra 未来的发展方向。自初版白皮书发布以来，Libra 协

会已与世界各地的监管机构、央行、政府以及利益相关方进行了诸多有益的讨论，以确定将区块链技术与现有监管框架相结合的最佳方式。通过本章的学习，读者可以对 Libra 的诞生和发展、所采用的技术及其面临的风险有初步的认识思考，可以意识到运营一个负责任的金融服务支付系统，需要在地区、国家和国际层面与关键利益相关方进行持续合作。展望未来，Libra 会继续开展建设性的国际对话，扩大服务范围，以助力实现全球金融系统创新。

习题 6

1. 浅谈对 Libra（已更名为 Diem）以及未来数字货币的认识。
2. 请剖析 Libra 失败的原因。

第7章 区块链其他应用

除了金融领域，区块链系统的分布式高冗余存储、时序数据且不可篡改和伪造、去中心化信用等显著特点使其在保险、医疗和农业系统中也存在广泛的应用前景。根据区块链技术应用的现状，本章将对目前区块链技术与保险、医疗、农业等应用领域内相关技术的结合带来的深刻变革，以及产生的问题进行阐述、分析与总结。

7.1 区块链+保险行业

保险行业是传统金融行业的重要组成部分，对社会稳定、风险防范、减少损失起到了重要的作用。随着社会的发展，保险公司种类、规模和数量大幅增长，保险公司之间的竞争愈加激烈。

研究发现，虽然我国保险市场广阔，但传统保险行业存在的"痛点"严重制约了保险行业的发展：一方面，与国外相比，我国的保险性价比相对较低，客户与保险公司之间的沟通少，客户关系薄弱，而且保险在保险服务和承保范围上存在较低的透明度；另一方面，监管机构对保险市场的监管力度不够，"飞单""骗保"等现象屡见不鲜[40]，欺诈手段多样，难以防范。区块链技术的可追溯性和不可篡改的特点为解决保险行业的"痛点"提供了良好的技术支持[41-42]。

7.1.1 传统保险行业的发展困境

1. 供求双方信息不对称

客户与保险公司之间的信任问题一直是制约我国保险行业发展的重要问题，一方面是保险公司在销售产品过程中可能产生销售误导、保险条款不透明以及事故发生后赔偿难等问题；另一方面是有的客户利用信息不对称而存在的骗保现象等。保险行业中供求双方信息不对称导致纠纷的作用原理如图7.1所示。

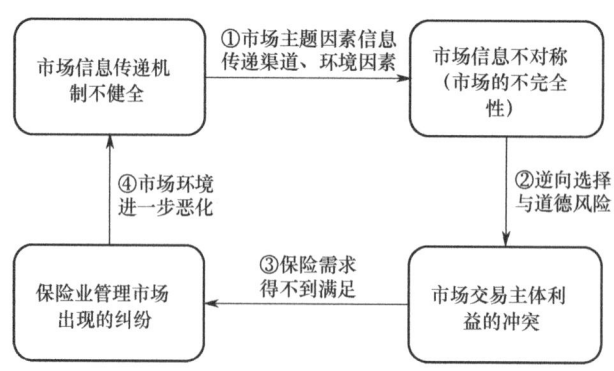

图 7.1 供求双方信息不对称导致纠纷的作用原理

在供给方面，保险公司在核保和承保环节一般会面临道德风险和逆向选择问题，这是传统保险无法绕开的困境。在需求方面，由于投保人不具备对合同条款的解释权，加之一些保险公司拒赔、销售人员故意误导等负面新闻的影响，保险消费者往往处于被动地位，从心理上降低了对保险公司的信任度。

2. 工作效率有待提升

营销方面，传统中心化的保险公司多采用层级分立的管理模式，各级分公司、中支机构的产品销售、人员调动、资金核算等工作需要经过层层上报，占用了大量资源；投保方面，投保人不能参与合同制定，保险合同无法满足所有投保人的特殊保障需求；核保方面，大量重复、烦琐的审查工作仍然依赖人力，耗费大量资源；理赔方面，理赔效率不高，保险公司难以与客户建立直接联系，也导致许多无效沟通和时间浪费。

3. 客户信息安全问题

互联网时代的保险行业同样面临着网络安全和信息保密的严峻挑战。据研究统计，每年因个人信息泄露、网络诈骗等原因导致的网民总体损失可达数百亿元。信息安全事件不仅使客户利益遭受损失，还会严重影响保险企业的声誉。客户对保险公司不信任，就会增加保险公司获取真实信息的难度。如果保险公司泄露了客户信息，一经监管机构查处，可能导致企业停业整改，对其发展造成阻碍。

7.1.2　区块链对保险行业的影响

1. 缓解保险业务的信息不对称以及信任问题

区块链技术通过智能合约将信誉变成一个具有可管理的属性，全网仅有一套账本，记录在链上的信息不会因为个别节点的信息更改而被篡改。利用区块链技术对出险事件的时间、人物等信息进行记录，可以帮助保险公司解决信任的问题，甚至重构保险业的信任基础，推动保险业的信用模式从中介信任走向算法信任，从社会信任走向自然信任。同时，区块链的时间戳机制能够有效帮助保险公司进行时间上的刚性管理。时间、地点等因素是评估风险和确定费率的重要因素，也是确定责任和损失的重要依据。利用区块链技术，保险公司可以确认出险事件和投保时间的先后顺序，为保险事件的时间和空间管理提供了新的手段，以减少"先出险、后投保"的情况。

2. 提升保险业务的效率以及降低成本

基于区块链技术的智能合约系统，使保险业务能实现自动理赔，即达到理赔条件时自动执行合同，从而保障合同的有效执行，如航班延误险，理赔系统可以自动抓取延误信息并自动执行合同，智能合约系统取代了传统保险人工在核保、理赔等步骤中的作用，程序的自动执行将为保险公司节省大量人力资源成本；又如手机碎屏险，保险公司获取用户上传的碎屏图片数据，并通过图像识别技术自动审核赔付。一旦链上智能合约被触发，将自动支付赔款，更好地保障消费者权益，提高用户体验、优化业务流程。

在反欺诈和反洗钱领域，区块链不可篡改但可追溯的特点可为核实情况提供重要、便捷又高效的理赔依据，如医生的诊疗记录、贵重物品的鉴定信息、海上货轮的航行路线、客户的私密个人信息等。目前保险公司要获取这些重要理赔依据主要依靠人力来手工完成，效率低且容易出错、遗漏，如果相关方共同将信息写入区块，投保理赔的过程将变得简单快捷，且验证有效性高。

3. 加强保险业务以及用户信息的安全性

首先，区块链技术采用的加密算法可以实现对客户信息的保护。目前世界上使用的区块链隐私保护方式主要有混币、环签名、同态加密以及零知识证明。其中零知识证明是一种在无须泄露数据本身的情况下证明数据真实性的密码学技术。

其次，基于区块链技术构建分布式智能身份认证系统，可以确保客户身份信息真实可靠。虽然每个节点都同步存储了相应的交易信息，但是链中参与者只能看到交易数据，不能看到背后交易者的个人信息。在保险的客户信息录入环节，如果将客户的个人信息注册在区块链上，则可以使其与其他客户的信息形成共识，这将大大降低客户数据外泄、丢失、被篡改的概率。保护客户信息安全与建立信息共享的保险生态并不矛盾。区块链技术在满足法律对客户隐私严格保护的基础上，实现客户信息在不同行业、不同机构之间的数据共享，有效降低管理和协调成本，提升业务效率[43]。

4. 构建去中心化保险系统，使相互保险成为可能

分布式的交易网络允许点对点的交易。在智能合约的作用下，所有交易可以不需要中心机构而自主完成，形成了自治的保险组织。无论是分布式记账、智能合约机制，还是共同参与的运营理念，区块链和互保都有着相同的目标。传统的相互保险模式中的投票机制使保单持有人难以履行其公司治理的责任，而区块链技术可以帮助保单持有人做出主动、理性的投票决策，构建去中心化的保险体系，还可以避免代理模式的缺陷，提高保险行业的自治水平，落实相互保险互惠、民主的内在理念。

去中心化保险体系的构建也可以改善传统保险行业险种单一、缺少针对性的问题[44]。保险公司获取数据更加容易，数据的真实性更高，从而可以准确分析客户需求，并根据所得信息进行产品设计和产品创新。保险公司也可以通过数据溯源准确地评估特殊物品（如珠宝、文物）的价值，并有针对性地设计合同条款。

7.1.3 区块链在保险业中的应用

1. 安盛保险推出使用区块链技术的航空保险

法国保险巨头安盛保险（AXA）正在使用以太坊公有链为航空旅客提供自动航班延迟赔偿。凭借这款称为"Fizzy"的新区块链保险产品，AXA 成为"首家提供使用区块链技术的保险产品的大型保险集团"。如果航班延迟超过 2 小时，"智能合约"保险产品将会向乘客自动进行费用偿还。AXA 将 Fizzy 描述为一种"100%自动化、100%安全"的平台，为航班延误提供参数化保险。

Fizzy 通过以太坊公有链记录保险产品的购买以及通过智能合约来触发自动支付。以太坊智能合约还与全球空中交通数据库相连接来不断监视航班数据。当航班延误超过 2 小时，赔偿机制将会自动执行，直接发送至投保人的"信用卡"账户中，独立于 AXA 的决定。

2. 阳光保险成为国内最早试水区块链的保险企业

2016 年 7 月 28 日，阳光保险与区块链数字资产管理平台推出了国内首个区块链保险卡单——"飞常惠航空意外险"微信保险卡单。这款针对高频乘机用户的保险产品的保费为 60 元，可以使用 20 次，当事人发生事故可以获得高达 200 万元的赔付。这款产品最大的特色

是可以将电子卡单以红包的形式分享给好友，对方在出行前登记乘客和航班信息即可成为保单的受益人。

在金融科技加速发展的当下，这是传统保险业顺势而动的一次革命。该产品在流程设计和业务模式上改良了传统保险卡业务的诸多缺陷，全面提升了客户体验。借助区块链技术多方数据共享的特点，可以追溯卡单从源头到客户流转的全过程，参与方不仅能查验到卡单的真伪，确保卡单的真实性和唯一性，还能方便后续流程，比如理赔等。

3. "相互宝"大病互助计划

2018 年 10 月 16 日，"相互宝"在支付宝平台上线。短短 48 小时内，该产品已经吸引了 300 余万人参与。5 天内，参保人数达到 726 万。

"相互宝"利用了区块链技术（蚂蚁区块链，如图 7.2 所示）并在支付宝平台登录。与常见的商业健康保险不同，"相互宝"用户先支付固定保费与享受保障，后参与分摊。在参与"相互宝"的用户中，如果罹患大病，大家就共同分摊费用，每人在单一出险案例中至多分摊 1 毛；如果自己罹患大病，则可一次性领取保障金。如图 7.3 所示，"相互宝"中使用到了蚂蚁区块链，将互助成员的公示详情进行上链存储。

图 7.2　蚂蚁区块链

图 7.3　"相互宝"公示详情及相应区块链存证证书

根据支付宝官方介绍，可以知道"相互宝"具有四大特性。

- 高透明：明确收取 10%管理费、定期公示、引入区块链技术实现不可篡改；
- 最便捷：投保简单、随时加入、理赔简单、证据使用手机提交即可；
- 强互助：提倡人人为我、我为人人，后期引入大众评审团；
- 低门槛：先享受保障后交费、按照实际出险分摊费用、单一出险案例用户均摊不超过 1 毛。

作为国内大型网络互助计划之一，"相互宝"的参与人数一度超过一亿人，可以说是一枝独秀。然而，2022 年 1 月 28 日"相互宝"宣布正式关停，其退出的原因众说纷纭，但较为一致的说法是：

（1）网络互助无监管。"相互宝""水滴互助"等互助计划均不属于保险范畴，不适用于当前的保险法，没有明确的监管，是非持牌经营，涉众风险自然不可忽视。即使"相互宝"的模式可以做到无资金池、实名制、透明公示，也无法独善其身。

（2）难逃"死亡螺旋"。所谓"死亡螺旋"是保险行业里的一种说法，简单来说就是买保险的人越少，费率越高；费率越高，买保险的人更少。2020 年 11 月，"相互宝"的用户规模达到顶峰，超过一亿，之后逐月下滑，带病体出保带来的分摊费上涨，优质体可能就会退出，进而出现恶性循环。"相互宝"在此时已经陷入了"死亡螺旋"，直到关停。

（3）蚂蚁集团上市失败的影响。2020 年 10 月，蚂蚁集团曾发布科创板上市招股意向书，就上市涉及"相互宝"相关安排做出如下承诺："如因各种原因'相互宝'无法满足合规性要求，不适合蚂蚁集团作为上市公司继续经营，则蚂蚁集团将剥离'相互宝'业务。"当时，这让很多人对"相互宝"产生了质疑，11 月，上交所和港交所发布暂缓蚂蚁集团上市的公告，对"相互宝"的关停也是有影响的。

7.2 区块链+医疗行业

目前我国医疗行业仍然存在诸多问题，例如，医疗信息安全性问题、医疗数据共享难、医疗数据易被篡改等，同时我国近年来药品安全事件屡见不鲜，药品管理机制有待改革。区块链与医疗领域的结合，受到许多专家学者以及企业的关注和重视。

7.2.1 传统医疗行业的发展困境

1. 医疗信息的相互操作性差

目前很多医疗机构仍为"信息孤岛"，尚不能有效互联互通。一方面大部分医院之间患者的数据不能共享，包括患者的生命体征信息、疾病信息、检验报告、诊疗记录等，导致转诊患者重复检查，既延误病情，又造成患者经济损失；另一方面，不同监管部门之间的共享渠道不畅通，联动机制尚未建立或不完善，阻碍居民电子病历数据库、区域信息平台等的建设。

2. 医疗纠纷管理监控难

当前，医疗服务水平参差不齐，医疗制度和诊疗服务规范还需完善，一旦引发甚至升级医患纠纷，不仅妨碍医疗卫生机构的发展，还会造成一定的社会问题。因此，对医疗人员信息的公开化、透明化及服务质量的有效监管，是提高医疗管理水平的良好机遇。

3. 医疗数据存在安全性问题

数字医疗正试图改善医疗保健消费者的可获得性、便利性，数据是竞争格局中重塑未来的前沿和中心。随着生物科技的发展，指纹、虹膜、基因等信息的获取和应用越来越便利和普及，这类生物信息具有唯一性和不变性，一旦遭到泄露即终身泄露，将会给个人信息安全、生命财产安全带来巨大的挑战。

7.2.2　区块链对医疗行业的影响

1. 建立网络健康数据中心

网络健康数据中心包含所有患者的健康状况数字化信息，包括患者的基本信息、以往的医疗数据等。每个患者各自区块部分在创世之初即包含患者的基本信息，在后续需要更新医疗数据时，允许医疗机构或者患者上传医疗数据并永久保存。这种保存方式可以降低医疗数据的丢失风险，增加医疗数据的安全性[45]。患者可以自行决定是否将信息公布于网络中，虽然医疗机构能够获取部分患者的健康数据，但是患者个人信息是经过非对称加密算法进行加密的，最大限度地保证了患者的基本信息安全。

2. 解决药品溯源及防伪问题

药品安全事件关系民生，一些医疗行业曾多次被曝出卖假药、更改药物成分以及夸大药品功效等情况，不仅威胁患者健康，还会引起公众恐慌情绪，因此，药品管理体制改革是大势所趋。药品溯源的根本目的是对药品真伪进行鉴定。可靠的药品溯源系统不仅能为企业带来巨大的商业利润，同时也能为政府节约成本，对提升我国药品整体安全水平和促进医疗行业健康发展有着重要意义。

目前已有许多学者专家根据区块链的原理及特点，结合药品供应链现状，使用区块链技术重新构建去中心化的药品供应链结构，形成全程可追溯的新型药品供应链系统，为药品生产企业和药品流通企业决策提供数据支持。

3. 为病患建立安全的电子病历

区块链可以用于存放病人的病历信息数据，创建详细的个人医疗原始数据库，允许患者掌握医疗数据[46]。在病人允许的情况下，医生和医院可以建立病人影像、药物、血生化指标等生命监护数据，之后记录到区块链上。区块链应用于病人电子病历的建立过程中，完全可以解决医疗信息的相互操作性。此外，手术过程中的病历信息是解决医疗纠纷的重要证据。图 7.4 是一个电子病历与区块链结合的场景图。

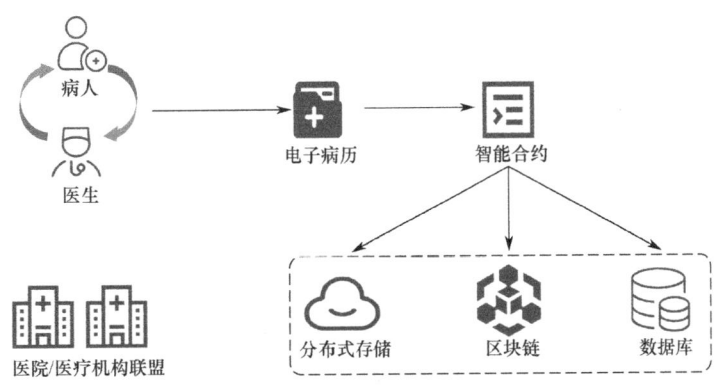

图 7.4　电子病历与区块链结合的场景

区块链技术可以记录下完整的手术信息，帮助医疗单位在出现医疗事故之后，实现医疗服务数据的完整、保密和不可篡改。

4. 创造医疗行业全新运营模式

医疗领域是一个中介化程度较高的行业，而区块链上任意两个节点之间的数据交换无须第三方介入、统筹、见证，其应用的潜在价值在于可以降低实体经济成本，其互信共识的特性，还可优化工作流程，创造全新的运营模式，提高运营效率。

区块链还可以实时记录、验证与更新用户在医疗机构活动时所产生的全部信息，增加健康数据监管部门的参与度，且比传统数据服务器更加安全。在现有医疗健康信息化系统的基础上使用区块链技术，可替换现有健康数据交换工作流程中传统的第三方机构，将有效提高管理效率[47]。

7.2.3 区块链在医疗行业的应用

1. 朗玛信息技术股份有限公司的区块链技术实践

贵阳朗玛信息技术股份有限公司（以下简称"朗玛信息"）实践了适用于慢病管理场景的区块链技术：通过共识算法、智能合约，在网络中进行数据共享和管理。监管机构、医疗机构、第三方服务提供公司及患者本人均能够在一个受保护的生态中共享敏感信息，协同落实一体化慢病干预机制，确保疾病得到有效控制。

朗玛信息根据用户特有的身份信息创建独有的数字身份及相应的公私密钥，协助用户对个人数据授权进行管理。所有参与机构在明确有调阅非本机构产生的用户数据需求时，经用户授权许可之后，通过密钥比对可获取用户相关的实时医疗健康信息，确保了用户的隐私安全，避免了传统医疗数据共享所带来的法律及伦理挑战。而监管机构无须再一一比对数据即可实时获取可信数据，掌握居民慢病管理整体状况，大大提升了监管效率。

通过区块链技术，该项目提供了全新的分级诊疗就医体验，在保证用户隐私的基础上，实现了慢病管理的全程共享、全程协同和全程干预。

2. 阿里健康的区块链技术实践

2017年8月17日，阿里健康宣布与常州市合作"医联体+区块链"项目，旨在用区块链实现当地部分医疗机构之间安全、可控的数据互相连通，用低成本、高安全的方式解决长期困扰医疗机构的信息孤岛和数据安全问题。被授权的医生可以了解病人的过往病史和体检信息，病人不需要做不必要的二次基础检查，减少了医疗花费。

3. 爱沙尼亚的区块链技术实践

爱沙尼亚虽然只是波罗的海的一个小国，但在区块链的投入和应用方面却要领先于许多国家。爱沙尼亚在很早的时候就已开始利用区块链实现居民的身份验证。2016年3月，爱沙尼亚宣布启动基于区块链的医疗健康档案安全项目，同时爱沙尼亚电子卫生基金会宣布与数据安全初创企业 Guardtime 合作，借助区块链保证100万份病人的医疗记录的安全，并整合了 Guardtime 的无密钥签名基础设施区块链技术（Keyless Signature Infrastructure，KSI）以及自身的 Oracle 数据引擎，从而能实时快速地查看病人病例。

除了上述医疗信息的数据存储与验证，区块链技术还带来了许多改善现有医疗流程和商业模式的机会。可以说，当前的医疗技术还存在许多不完善的地方，一些高新技术还没有被完全运用到医疗领域的追踪、诊断和治疗上，如果能够通过区块链技术将各种高科技融合在一起，那么医疗行业将会迎来一场巨大的变革。

7.3　区块链+农业

我国是农业大国，有着悠久的农业发展历史。改革开放以来，国家和政府坚持把解决好"三农"问题作为重要举措，全面深化涉农工作的各项改革，农业农村发生了历史性变革，取得了令世界瞩目的历史性成就。我国农业在经历了快速发展之后，出现新问题也是不可避免的。

7.3.1　传统农业行业的发展困境

1. 生态环境面临严峻挑战

化肥、农药的使用对粮食的增产具有积极作用，但也增加了部分农民对化肥、农药的依赖。业内人士研究后指出，我国化肥使用总量过高，这会导致土壤、水质品质退化，危及粮食安全，人们对于生态环境保护意识仍待提高，整体生态环境正面临着严峻的挑战[48]。

2. 农业信息不对称

农产品市场交易中心尚存在信息不对称现象，农产品的种植面积、产量与价格的剧烈波动将打击农户和投资者的积极性，对粮食安全、经济发展、社会稳定和谐产生不利影响。我国农产品市场体系急需实现农产品供求信息的透明化，以合理调整农产品的采购价格和消费价格。

3. 食品安全问题依然存在

苏丹红、三聚氰胺、瘦肉精、塑化剂超标等事件依然历历在目[49]，各种食品安全问题的曝光，使得人们对日常生活中的食品安全问题更加关注。现如今，人们的生活水平整体提高，消费者越来越注重并要求行业提供更多有关食品的来源以及生产链的安全信息，以确保更高的食品质量和溯源性、更健全的问责机制。

7.3.2　区块链对农业行业的影响

1. 实现农作物供应链更好的可追溯性

将区块链技术应用到农业领域，可以通过分布式账本，了解从农作物种植到消费者购买过程中的全部状态，并且每一个信息真实有效，可实时获取，农作物的产品认证过程也会加快[50-51]。通过区块链技术可以快速追踪农作物的来源，有效地改善农作物的可追溯性，当发生经济纠纷时，便于举证和追查。在区块链机制下，即使是最小的交易，无论是发生在工程、仓库还是农场一级，都可以在更高的效率下进行监测。图 7.5 展示了区块链在农产品溯源方面的应用。

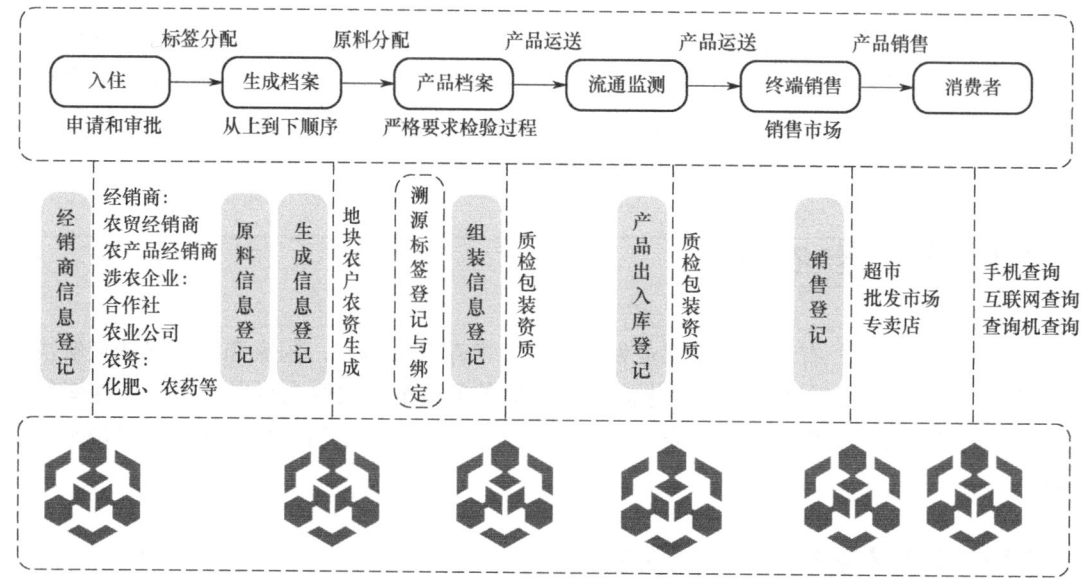

图 7.5　区块链农产品溯源图

2. 更好地解决农业融资问题

农民贷款整体上较为困难且流程烦琐，主要原因是缺乏有效抵押物，归根结底是缺乏信用抵押机制。农业经营主体申请贷款时，需要提供相应的信用信息，这就需要依靠银行、保险或征信机构所记录的相应信息数据。但其中存在着信息不完整、数据不准确、使用成本高等问题，而区块链技术可以保证信息更透明、篡改难度更高，增加了诚信、降低了成本。另外，应用去中心化功能申请贷款时，将不再依赖银行、诚信公司等中介机构提供信用证明，贷款机构通过调取区块链的相应数据信息即可开展业务，能大大提高工作效率。

3. 助力农业交易公平与效率

区块链技术应用到农业领域，通过一个统一化的信息平台，实时查看农业信息与农产品信息，不但可以简化相关的交易流程，而且可以帮助农民和种植者快速地匹配广阔的市场，为小规模农户和农作物种植者营造更加公平的交易环境，他们可以更加高效地制定农作物和农产品价格，更好地与市场需求匹配，从而解决销售难的问题[52]。通过信息平台还可以实时查看农产品生产和物流过程，提高农产品供应链管理的效率。

4. 创造农业保险新模式

农业保险是一个覆盖面大、关联性广的保险领域，涉及众多的农业部门以及银行等金融机构，然而目前的状况是，不同的部门之间信息数据不能实现有效对接，数据孤岛现象明显。保险公司从自身利益出发，不会将信息资源分享给相关机构，由此就极大阻断了信息资源的流通渠道，限制了数据共享的空间。但是，区块链的去中心化、公开性、保密性能够让各个机构共享信息数据，从而形成共赢互惠的效果。运用区块链的去中心化特性与共识机制，客户可以轻松地在平台上的入口处下订单，保险公司不再需要雇佣大量销售人员进行离线促销，智能合约可将纸质合同转变为可编程代码，无须再对纸质合同进行客户管理，后期数据都会实现自动更新，无须投入大量人力、物力对数据进行维护，这极大节省了人力与材料成本。

7.3.3　区块链在农业行业的应用

1. 众安科技推出区块链"步步鸡"

"步步鸡"项目在 2017 年 6 月正式启动，按照 166 天的饲养周期，每只"步步鸡"都佩戴有一个物联设备——鸡牌，相当于鸡的身份证。鸡牌可以记录每只"步步鸡"在饲养、屠宰、运输等各个环节的数据，如鸡的活动状态、位置轨迹等，其运作模式如图 7.6 所示。

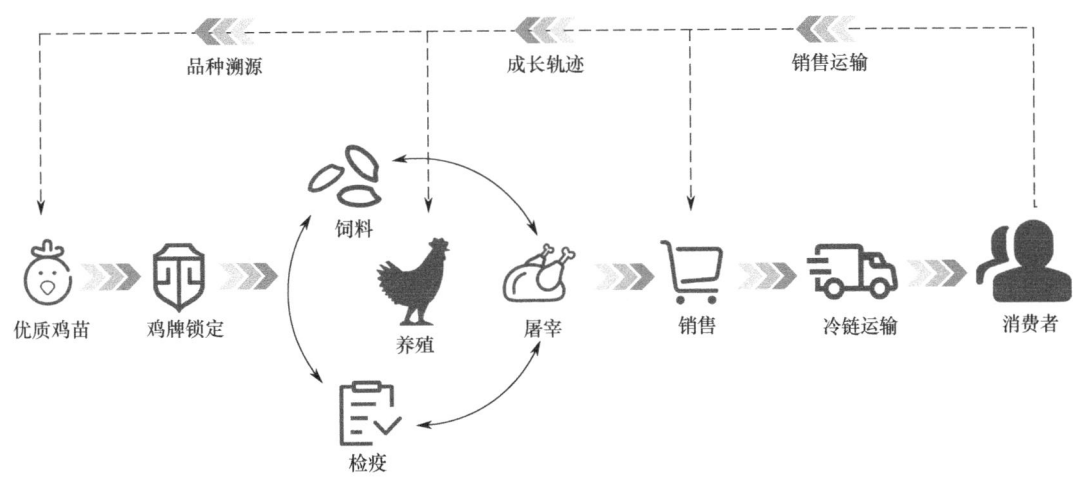

图 7.6　"步步鸡"区块链全程追踪

同时，这些数据会被实时上传到由安链云打造的生态联盟链上进行分布式存储。消费者在购买时可以通过手机 App 进行溯源防伪信息查询，了解这只鸡在过去 100 多天的各项数据，包括品种、位置、成长轨迹、屠宰等信息。而鸡牌一旦损毁，区块链上的数据也将自动销毁。

"步步鸡"项目的重点是生态农业和大健康，而扶贫和金融也是众安科技"步步鸡"项目的关注点。

2. 农业银行利用区块链技术发展普惠金融

为解决农业融资中普遍存在的抵押品不足和信用体系建立问题，农业银行推出"农银 e 管家"电商金融服务平台。这是农业银行为生产企业、分销商、县域批发商、农家店、农户打造的一款线上"ERP+金融"综合服务平台。

通过应用区块链技术，将历史交易数据映射到区块链平台中，同时每天产生的数据也进行入链登记，不断积累以逐步形成企业和农户可信的、不可篡改的交易记录，反映客户的真实信用状况。随着区块链联盟网络的不断扩大，加入用户的不断增多，信用的维度将更健全，从而彻底将区块链网络打造成一个信任网络。

3. 蚂蚁金服用区块链为五常大米"验明正身"

2018 年 8 月，五常市政府与阿里巴巴集团旗下天猫、菜鸟物流及蚂蚁金服集团展开全面合作，其中五常大米引入蚂蚁金服区块链溯源技术。从 9 月 30 日开始，五常大米天猫旗舰店销售的每袋大米都有一张专属"身份证"。用户打开支付宝扫一扫，就可以看到这袋大米具体的"出生地"，用什么种子，施什么肥，再到物流全过程的详细溯源记录。

在这一张张"身份证"的背后是一个联盟链，链上的参与主体为五常大米生产商、五常质量技术监督局、菜鸟物流、天猫。每个参与主体都会在"身份证"上盖一个"戳"，所有"戳"都不可篡改、全程可追溯。参与主体之间的"戳"彼此都能看到，彼此能实时验证，假"戳"和其他"戳"的信息会被立即发现并查处。

五常市政府已经在利用物联网技术，将大米种植地、种子和肥料信息实时录入系统，以严格把控和追查大米总产量。如今，这一系统成为该联盟链的一个节点，从而实现从种植到物流的全流程溯源。

7.4　区块链与未来

从整个行业来看，Libra 2.0 白皮书发布、DeFi 大爆发、PayPal 宣布支持比特币支付、数字人民币公开测试等，2020 年这些区块链大事件正标志着区块链走出币圈，走入产业，成为产业发展的催化剂。那么区块链还能帮我们解决哪些商业问题呢？未来十年的应用前景又将如何呢？

7.4.1　区块链将成为产业互联的基石

区块链不是一项新技术，而是一系列技术的组合，哈希函数、分布式数据库存储、非对称加密技术等，这些技术组合在一起形成了区块链。那么区块链在产业中的应用到底解决了什么问题呢？商业合作过程中最大的两个难点是什么呢？

两个难点，第一是建立信任难，第二是数据分享难。现在的商业信任都是靠人工审核，或引入第三方公证机构建立的，注定成本高、流程长。但是区块链技术是通过分布式账本和网络共识建立信任的，让网络节点上的各方都能够在加密技术的保护下进行数据分享，并且这个数据是不可篡改、可追溯的。

2019 年，麦肯锡报告显示，区块链正处于开拓期到成长期的临界点。接下来的 10 年将是区块链释放价值的 10 年。使用数字化手段，企业可实现远程办公，数字化已经成为一种常用的经营手段。企业都希望利用数字化技术提升经营的韧性、敏捷性和跨企业协作的效率，在这种氛围中，相信区块链在产业的应用也会进入快车道。

比如在"区块链+直播"行业，区块链直播平台采用的是数字货币支付方式，会将平台的部分收入回馈给平台代币的持有人，同时随着平台的影响力不断扩大，用户也将享受到平台成长的各种红利，让平台与用户利益共享。

7.4.2　区块链产业应用的趋势

区块链将给人类社会带来多大的技术影响，目前还是一个未知数。产学研界普遍认为目前我们只看到了区块链潜在价值的冰山一角。区块链技术不仅会改变技术、重塑产业，还会撼动人类社会既有秩序、传统规则和价值体系。随着区块链技术的逐步成熟，可以预见，区块链将呈现以下发展趋势。

1. 区块链成为全球技术发展的前沿阵地，开辟国际竞争新赛道

区块链将成为进一步提速数字经济发展的新型关键基础设施，引领全球新一轮技术变革

和产业变革，成为技术创新和模式创新的"策源地"。世界主要发达国家将进一步加大对区块链技术的关注度，密集出台相关政策规划，加大产业扶持引导，提升本国区块链技术和产业的竞争力。

2. 数字货币泡沫逐步冷却

随着区块链技术概念的传播和普及，越来越多的人将认识到比特币并不等同于区块链，各种空气币将逐步被淘汰，区块链技术创新将回归到更加理性的轨道。去中心化、多方协同、防篡改等技术特征将受到相关行业领域的高度重视，部分创新能力较强的行业结合行业特征改造后的区块链应用将不断涌现。

3. 区块链技术体系逐渐清晰，跨领域集成创新程度进一步加大

随着应用场景的不断拓展，区块链技术本身也将不断演变进化，在共识机制、分布式账本、智能合约等关键核心技术的基础之上，区块链技术将加快与云计算、大数据、人工智能等前沿技术的深度融合与集成创新。区块链技术将进一步加快物流、信息流、资金流融合，切实发挥出推进实体经济转型升级和创新发展的巨大作用。

4. 区块链将是一种改变生产关系的基础设施，基于价值的可编程社会将成为现实

区块链将推动人类社会建立基于加密算法而无须人工干预的新型信任机制，越来越多的经济社会事务和中介机构将会被程序代码和算法所替代。人们将更愿意以共同参与、公平可见、基于技术的机制来构建信任、传递价值、开展合作，人与人之间、产业上下游之间将形成更加平等的生产合作关系，共建、共享、共治的平台经济将更好地解决多元主体之间的共赢合作和利益分成等问题。

7.4.3　展望区块链发展前景

如图 7.7 所示，区块链已经从最初的数字金融，逐步向供应链金融、产品溯源等领域扩展，现已在政务、民生、工业管理等行业探索应用，其应用场景日益丰富，呈现出与其他行业深度融合的发展态势。

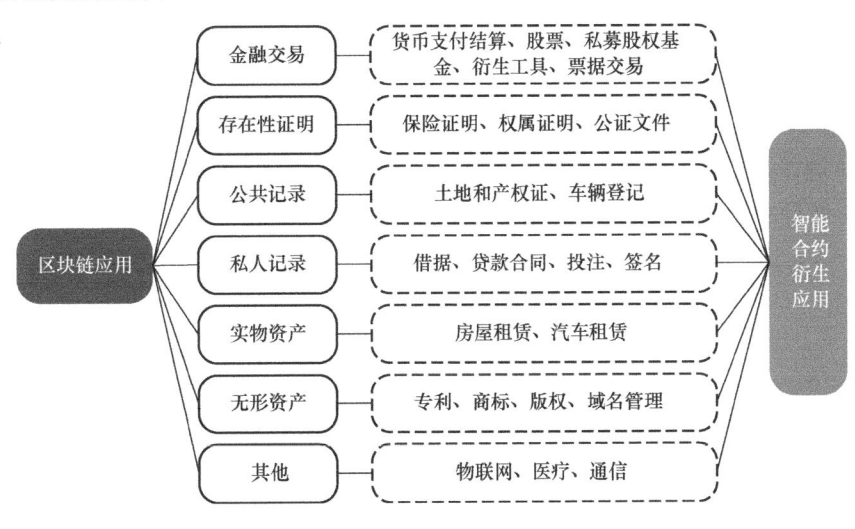

图 7.7　区块链应用

目前，国内企业重点聚焦于区块链服务实体经济、改善政务民生等相关应用发展，其中

供应链金融和产品溯源已占据全部应用的半壁江山，其他（如政务、民生等）领域已成为厂商未来重点布局的领域，即将出现爆炸式增长。

可以预见的是，在不久的未来，区块链行业或将开始逐步趋于理性。较完备的产业链条和积极活跃的市场主体，为区块链产业融通发展提供了良好的基础。区块链产业在政策扶持、生态构建、平台服务、应用落地以及融合创新等方面也将呈现积极向好的发展态势。

本章小结

本章分析了传统保险、医疗、农业等领域所面临的挑战和困难，解释了为什么区块链技术的优势特性能够较好地解决这些痛点问题，随后针对每个行业给出了若干个区块链与之结合的案例。在不久的未来，区块链行业或将开始逐步趋于理性，区块链产业也将呈现积极向好的发展态势。

习题 7

1．区块链技术_____和_____的特点为解决保险行业的"痛点"提供了良好的技术支持。

2．区块链的_____机制能够有效帮助保险公司进行时间上的刚性管理。

3．在反欺诈和反洗钱领域，区块链_____的特点为核实情况提供重要、便捷又高效的理赔依据。

4．阿里健康与常州市合作的"医联体+区块链"项目，旨在用区块链实现当地部分医疗机构之间安全、可控的数据互相连通，用低成本、高安全的方式解决长期困扰医疗机构的_____和_____问题。

5．在五常大米引入蚂蚁金服_____技术后，每袋大米都有一张专属"身份证"，用户打开支付宝扫一扫可以看到这袋大米的"出生地"，用什么种子，施什么肥等。

6．应用（　　）功能申请贷款时，将不再依赖银行、诚信公司等中介机构提供信用证明，贷款机构通过调取区块链的相应数据信息即可开展业务，大大提高了工作效率。

　　A．去中心化　　　　　B．智能合约　　　　　C．时序数据且不可伪造和篡改

7．区块链在产业的应用解决了什么问题？在商业合作过程中最大的两个难点是什么？

8．区块链产业应用的趋势是什么？

第 4 部分
扩展学习

第8章　区块链技术演进

不同于其他技术，区块链在发展过程中最显著的特点是与产业界紧密结合，伴随着加密货币和分布式应用的兴起，区块链性能和可扩展性问题成为其发展瓶颈，研究人员陆续提出了一些针对数据传输、链上及链下的扩展方案，如侧链、树链、DAG 链、块格等。除此之外，业界也涌现出许多区块链项目，如超级账本、闪电网络等。

8.1 区块链的扩展

区块链可扩展性的核心问题是如何提高系统的交易吞吐量和交易的确认速度。比特币作为区块链技术应用的代表，在最理想情况下平均每秒最多处理 7 笔交易，以太坊交易吞吐量也只能达到每秒十几笔，所以当前成熟的区块链系统还不能支撑对性能要求较高的商业应用。针对区块链的可扩展性，全球的区块链研究团队提出了一些很有预见性的解决方案，例如，侧链、树链、DAG 链、块格等。

8.1.1 侧链

不同领域场景下，区块链的设计理念和运行机制显然不同，由此导致各区块链之间的数据通信和价值转移面临着挑战，这就不可避免地造成了价值孤岛效应。因此，如何实现不同区块链之间的互联互通和价值转移成为当前区块链技术的研究重点。

1. 跨链技术

跨链技术是提高区块链可扩展性、实现链与链之间互联互通的重要技术手段，其本质上是一种将一条链上的数据安全可信地转移到另一条链上并在该链上产生预期效果的技术。根据技术原理和实现方式的不同，以太坊创始人 Vitalik Buterin 在 *Chain Interoperability* 一文中将跨链技术主要分为 3 类：公证人机制（Notary）、侧链/中继链（Sidechains/Relays）、哈希锁定（Hash-Locking）。除了以上 3 类，目前主流的跨链技术方案还有分布式私钥控制（Distributed Private Key Control）。

侧链是首个产生较大影响力的跨链技术。2014 年 10 月，Blockstream 公司发表了侧链白皮书[53]，书中首次提出了"楔入式侧链"（Pegged Sidechains）的概念，通过它可以实现不同区块链间资产的互相转移，以及可以在不影响主链的情况下，进行更多的技术创新与金融创新。因为侧链是一个独立的系统，所以其在技术与理念上的创新不会受到主链的限制，即使遭受到恶意攻击或创新失败，也仅仅损害侧链本身。

侧链架构的灵活性较好，所有的区块链参数都可以定制，在侧链上可以轻易地开发出与自身业务相关的交易类型或智能合约。侧链架构的另一个优势是它的数据和代码是相互独立的，可以避免数据的过度膨胀，不会增加主链的负担，可以视为一种天然的分片机制。

2. 双向锚定

楔入式侧链的技术基础是双向锚定（Two-Way Peg）。双向锚定是一种可以让资产以一个固定或确定性的汇率在侧链间转出和转入的机制，可分为对称式双向锚定（Symmetric Two-Way Peg）和非对称式双向锚定（Asymmetric Two-Way Peg）。通过双向锚定技术，可以在数字资产被暂时锁定在主链中的同时，将等价的数字资产从侧链中释放出来。同样，当数字资产锁定在侧链中时，也可以将等价的数字资产从主链中释放出来。

双向锚定的实现方式有：单一托管模式、多签联盟模式、SPV 证明模式、驱动链模式、混合模式。

1）单一托管模式

单一托管模式是最简单的锚定实现方式。交易参与方将数字资产发送给主链托管方（类似于交易所），托管方接收到相关信息后，在侧链上激活相应数字资产并将其发送给交易方的侧链账户。图 8.1 给出了单一托管模式的工作流程示意图。

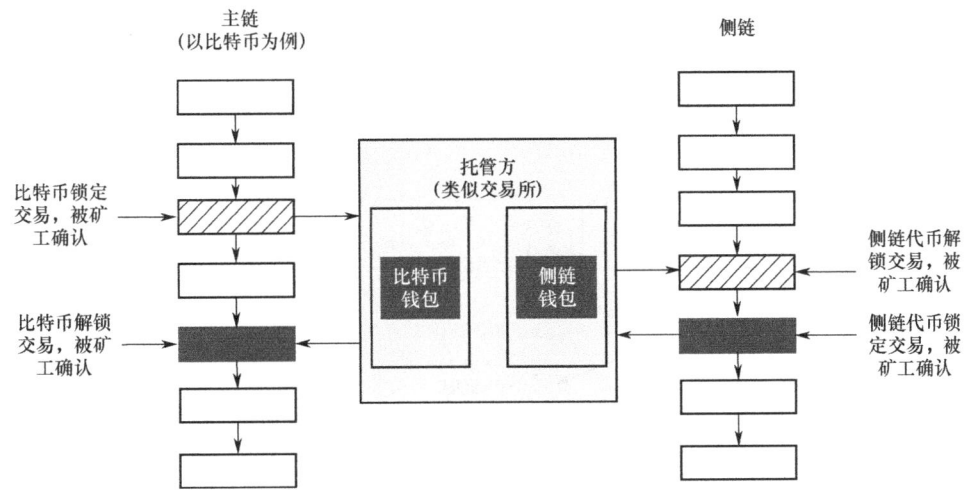

图 8.1　单一托管模式的工作流程

2）多签联盟模式

多签联盟模式使用公证人联盟作为资产托管方，利用公证人联盟的多重签名方式对侧链的数字资产流动进行确认，以减少单一中心带来的风险。在该种模式中，侧链的安全取决于所使用的公证人联盟的诚实度。图 8.2 给出了多签联盟模式的工作流程示意图。

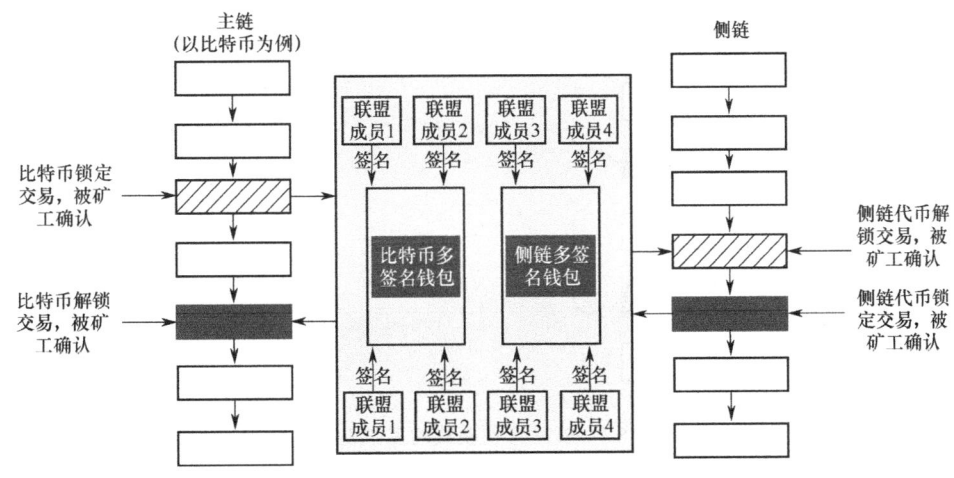

图 8.2　多签联盟模式的工作流程

3）SPV 证明模式

SPV 证明模式是侧链白皮书中对去中心化双向锚定技术所提出的最初设想。在 SPV 证明模式中，当用户向侧链转移数字资产时，首先在主链创建交易，将待转移的数字资产发往主链上一个特殊的地址，该输出会被主链锁定。此时进入确认阶段，等待一段确认期时间后，上述交易可获得足够的工作量确认。如果用户想要在侧链创建交易以提取数字资产，那么需要在这笔交易的输入中指明上述主链被锁定的输出，并提供相应的 SPV 证明。在等待一段竞争期、完成重构阶段后，数字资产就可以在侧链上自由流通了。

当用户想让数字资产返回主链时，需要采取类似的反向操作。首先需要在侧链创建交易，将待返回的数字资产发往一个特殊的输出。等待一段确认期时间后，用足够的对侧链输出的 SPV 证明来解锁主链上最早被锁定的输出。竞争期过后，主链数字资产恢复流通。图8.3 给出了 SPV 证明模式的工作流程示意图。

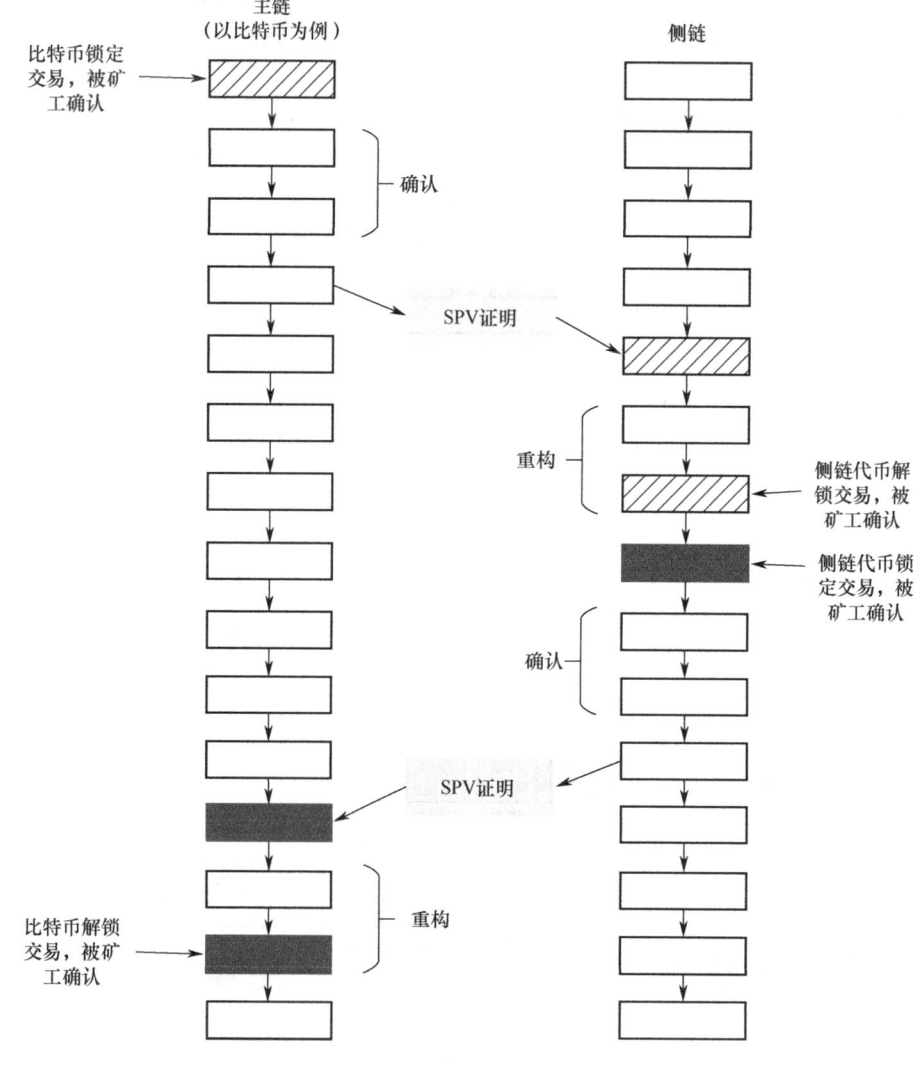

图 8.3 SPV 证明模式的工作流程

4）驱动链模式

驱动链模式是由 Bitcoin Hivemind 的创始人 Paul Sztorc 提出的。在该模式中，矿工作为"算法代理监护人"检测侧链当前的状态。当接收到来自侧链的请求时，会执行共识协议以确保对请求的真实性达成一致。换言之，矿工本质上是资金托管方，驱动链将锁定的数字资产的监管权发放到矿工手上，并允许矿工投票决定何时解锁数字资产和将解锁的数字资产发送到哪里。参与投票的诚实矿工越多，安全性就越高。

5）混合模式

前文提到的 4 种模式都是对称式双向锚定，由于主链与侧链的实现机制在本质上是不同的，所以对称式双向锚定可能是不完善的。混合模式是将上述方法进行有效的结合，该模式在主链和侧链使用不同的解锁方法，比如在主链上采用驱动链模式，而在侧链上采用 SPV 证明模式。

3. 典型的应用项目

1）RootStock

RootStock 是首个由比特币网络担保的通用智能合约平台，致力于将复杂的智能合约实施为一个侧链，为核心比特币网络增加价值和功能。它将一个图灵完备虚拟机合并到比特币中，增强了事务处理能力和扩展性。

RootStock 实现了以太坊虚拟机的一个改进版本，它将作为比特币的一个侧链，使用一种可转换为比特币的代币作为智能合约的"燃料"。当比特币转换到 RootStock 上时，一部分比特币被锁定在比特币区块链上，同时等量的代币从 RootStock 上释放。当需要从 RootStock 上转换回比特币时，则在 RootStock 上锁定一定数量的代币，同时从比特币区块链上释放相同数量的比特币。在相互转换的过程中，需要安全协议来保证相同的比特币不会同时在两条区块链上释放。

2）Lisk

Lisk 是一个致力于降低区块链应用开发门槛的新一代区块链应用平台。它提供了一种简单易行的方式，使得开发者可以通过官方提供的 SDK，基于 Node.js 和 JavaScript 在 Lisk 平台上开发自己的区块链应用。

Lisk 采用 DPoS 共识机制，主链提供了稳定性和安全性，侧链提供了灵活性。开发者基于区块链网络和 LSK 代币部署，链接到 Lisk 网络上自己的侧链，在一个可以完全由开发者控制的平台环境中完成设计、开发、发布和货币化等所有环节。

3）Asch

Asch 是国内推出的一个基于侧链技术的去中心化应用平台，于 2016 年年初成立。其设计初衷是为了降低开发者的门槛，致力于打造一个易于使用、功能完备、即插即用的系统。

Asch 平台使用公有链作为主链，同时提供了一套完整的应用 SDK。Asch 的主链主要负责构建基础设施、应用间的数据共享以及资产路由。应用 SDK 内置侧链协议，通过侧链协议，各个应用之间可以实现多种资产的流转，与主链进行资产互通。开发者通过 Asch 应用 SDK，可以开发出具体的侧链应用。

8.1.2　树链

树链（Treechains）是比特币核心开发者 Peter Todd 提出的一个概念。树链与侧链类似，但尽可能解决了侧链中存在的一些问题。

1. 原理

树链的结构如图 8.4 所示，类似于我们所熟知的二叉树。树链中的主链与侧链中的一样，但主链的区块并不实际存储交易数据，而是存储两个哈希值。哈希值对应两个新的区块，我们将其表示为"左链"和"右链"，这两个链可以视为主链的孩子。在左链和右链中再存储它们自己孩子的哈希值，以此类推。树链延伸到一定深度后，便达到了叶子节点，这些叶子节点就是树链中实际存储数据的区块。

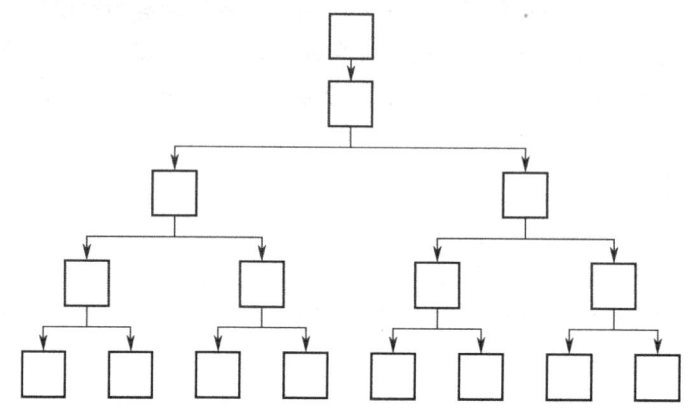

图 8.4 树链的结构

交易数据将随机分布到整条树链的底层，基于交易编号分配到各个叶子节点。矿工随机选择底链，在叶子节点上进行挖矿。一个叶子节点由几个矿工共同负责。在底链上，奖励和难度都呈指数降低，使矿工可以在这些底链上快速确认交易并不断获取奖励。

这些链形成一整棵树，每个链体积都很小。矿工在子链和父节点上共同挖矿。矿工挖矿所在的链包括叶子节点、父节点、祖父节点，这意味着矿工可以只存储树的一部分（只是其工作的叶子节点所在的分支），但仍然可以挖到根结点，并有机会在任意层级挖出矿，获得奖励。这仍可以确保与链状结构相同的安全性：在每个叶子节点上完成的采矿工作，有利于整棵树干的稳定性。虽然最远叶子节点打包的交易安全性（难度低）比层级较高的节点差一些，但随着树的生长，它的安全性会很快提高，就像现在的比特币交易一样安全。

2. 优点

树链不但保留了区块链作为整体的安全性，同时具备很多优点。

（1）独立的矿工不需要存储整条树链，他们只需要保存他们正在挖矿的叶子节点到根结点之间的数据，这样整条树链可以安全地分发给众多矿工。

（2）钱包软件不需要保存整棵树，就可以确保安全。钱包只需要保存与其相关的树路径，就有足够的交易证明（包含所有交易信息的签名证明）来保证钱的真实性。这意味着轻钱包仍然可行，而且比 SPV 证明安全得多。

（3）可以根据应用需要改变树的深度，提升比特币的扩展性。只需要将树拆分成很多叶子节点，就永远不会因为交易过多、数据过大而导致单一矿工无法处理。

（4）树链在某种程度上比侧链灵活性差一些，因为它不允许对块链做根本性的修改，它不可能单独对某个叶子节点进行 ZeroCoin 式的匿名性保证。但其交易速度可以变快，而且不会影响网络整体的安全性。

（5）树链拓展了比特币的使用范畴。矿工不再需要验证交易数据，只需要看交易是否附加了矿工费。用户只需通过树路径存储相关的交易证明数据，在需要进行交易的时候广播这些证明即可完成对交易内容的验证。这样比特币树就可以变成一个竞争币平台，用户只需付比特币作为交易费，交易本身可以是任何资产。

3. 存在的问题

树链的概念很新，所以尚未在开发者社区中达成一致。因为孤块在底层节点中的频繁出现，所以有些开发者对如何处理"孤块"有所顾虑。当交易打包在某个孤块下层的叶子节点时，如何追溯交易历史，如何确保交易打包在新块内，关于这些问题还有大量的工作要做，必须确保这个新结构不会引入不公平的奖励机制或者出乎意料的问题。此外，在传统比特币系统上增加复杂度，这件事本身就足以让任何谨慎的开发者停下来好好考虑。从比特币到树链，将是非常重大的系统转变，这一方案在宣告可行前，需要进行认真、谨慎的讨论和验证工作。

8.1.3　DAG 链

1. 什么是 DAG

有向无环图（Directed Acyclic Graph，DAG）是计算机领域中一种常用的数据结构。在数学中，有向无环图指的是一个没有回路的有向图；而在图论中，如果一个有向图无法从某个顶点出发经过若干条边回到该点，则这个图是一个有向无环图，如图 8.5 所示。由于其独特的拓扑结构所带来的优异特性，DAG 经常用于处理动态规划问题等多种算法场景。

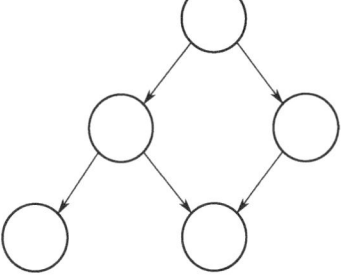

2. DAG 起源

2013 年，以色列希伯来大学学者最早提出在区块链中引入 DAG 概念作为共识算法，以解决比特币的交易处理能力扩容问题。

图 8.5　有向无环图

后来，NXT 社区中有人提出采用 DAG 的拓扑结构来存储区块，以解决区块链的效率问题，如图 8.6 所示。区块链只有一条单链，打包区块和出块操作无法并发执行。如果将区块的链式存储结构转变成 DAG 的网状拓扑，就可以实现并发写入。在区块的打包时间不变的情况下，网络中可以并行打包 N 个区块，这意味着网络可以容纳 N 倍的交易。

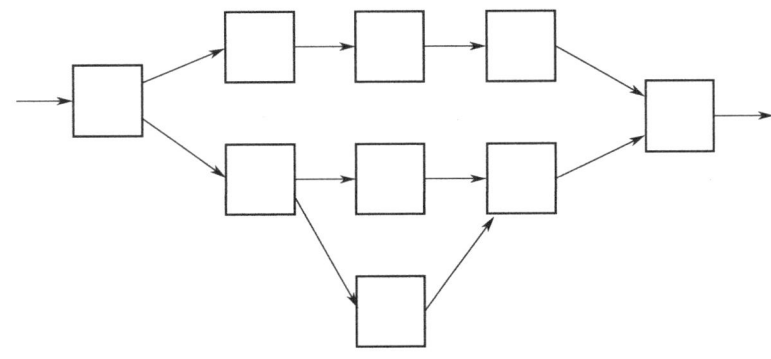

图 8.6　NXT 社区提出的 DAG 结构

2015 年 9 月，Sergio Demian Lerner 在 *DagCoin: a cryptocurrency without blocks* 一文中提出了 DAG-Chain 的概念[54]，首次将 DAG 网络从区块打包层面提升到了交易层面，然而遗憾的是论文中没有提到相应的代码实现。文中还提到了 DagCoin 的概念。在 DagCoin 中，每一笔交易会直接参与全网交易顺序的维护过程。交易发起以后会直接广播全网，跳过打包区块阶段，达到所谓的无区块（Blockless）概念。DAG 最初跟区块链结合是为了解决效率问题，而 DagCoin 节省了打包区块的时间，使得区块链的效率得到了质的飞跃。

2016 年 7 月，IOTA 横空出世，随后 ByteBall 也闪亮登场。IOTA 和 Byteball 作为 DAG 网络的真正实现技术，成为该领域最耀眼的领军者，DAG 链家族的雏形也逐渐形成。

3. DAG 发展现状

作为最新的分布式账本主力竞争技术，DAG 链开始引发大量关注，不断进入人们的视野，其中最知名的无疑是 IOTA、Byteball 以及 NANO（NANO 将在 8.1.4 节详细介绍）。

1）IOTA

IOTA 发布的 Tangle（纠缠）采用基于 DAG 网络的分布式账本结构，是一个既没有块也没有链的区块链[55]。在 Tangle 中，一个节点代表一笔交易。Tangle 本质上依旧是一个分布式的数据库，通过共识算法来验证交易，但它与传统区块链之间的主要区别在于 Tangle 的数据结构以及共识机制。Tangle 另一个强大之处在于，可以随意地在网络中剥离或合并交易，这种离线异步处理的能力在物联网领域应用中尤为重要。

IOTA 采用交易网络的概念，共识的最小单位是交易。整个网络中的节点都可以参与交易合法性的验证，不像传统区块链只有少量节点用来验证交易的合法性。因此，IOTA 利用它自身的内化特性完成共识，使它在没有交易费用的情况下进行规模化使用。

IOTA 目前还存在一些问题：一方面，IOTA 采用自己开发的哈希算法 Curl，但是该算法的哈希值极易发生碰撞，可能会出现数字签名伪造的问题；另一方面，因为 IOTA 缺少激励机制，所以 IOTA 可能受到拒绝服务攻击和垃圾信息攻击。

2）Byteball

Byteball[56]被称为区块链 3.0 的代表，它具有 DAG 体系家族中最完善的应用生态。Byteball 钱包内置丰富的功能，开发者可以在上面自由地开发应用。

Byteball 在 DagCoin 的基础上，创新性地引入主链与见证人概念，鼓励多个父辈交易单元验证，形成一个随着交易增长、相互验证、安全性不断加强的数字签名 Hash 网络。Byteball 选择 DAG 数据存储技术，所有交易都是通过加密方式相互关联的，新产生的交易将添加到 tips 交易单元后面，这样网络上的所有节点（用户）都可以参与验证交易，实现完全的去中心化，与基于传统区块链的加密货币相比更具有优势。

目前，Byteball 正在积极地尝试替代现有的数字货币，如比特币。但是 Byteball 还存在一些问题，比如由于 Byteball 基于关系型数据库来存储数据，SQL 语言过于紧耦合的算法逻辑，在一定程度上限制了 Byteball 的扩展能力和速度。

4. 国内 DAG 项目

中国创新的脚步从不停止，国内基于 DAG 的区块链系统也在不断涌现，但在底层共识设计革新和方法创新上还有提升空间，下面介绍一些国内 DAG 项目。

1）ITC（万物链）

ITC 是基于区块链的安全物联网轻操作系统，该方案将区块链技术与非对称加密技术、半同态加密技术以及无数据中心的分布式架构结合在一起，旨在解决当前物联网中面临的各种安全问题，满足物联网高并发的使用场景，实现万物互联互通。

2）TrustNote

TrustNote 采用双层共识机制，面向数字通证发行、区块链游戏和社交网络等应用场景，发布基础代币"TTT"，其核心在于底层公有链开发，可以应用在金融征信、信息安全、物联网、游戏、社交等领域。

3）Bsure（必信链）

Bsure 是全球首家专业数字保险和健康区块链智能平台，构建了首条基于 DAG 技术的"数字保险和健康医疗"行业公有链。目前测试链已经上线，并开发了 Bsure.cloud 链云基础设施，赋能健康医疗和保险科技行业产品与服务创新。

Bsure 行业公有链平台的开发具有以下主要特性：

- 交易确认快速；
- 通过内存计算，优化主链算法，提升交易并发能力，具有较强的交易扩展性；
- 结合本地偏序包和公证人主链全序算法，进行 Package+DAG 共识创新；
- 分层赋能架构，包括独立的智能合约层、去中心化存储层、DAPP 应用层、同构跨链等。

4）Nerthus（纳尔图）

Nerthus 于 2017 年下半年发起，基于字节雪球的 DAG 结构进行改良，使用 Go 语言实现了服务层、核心层和应用层 3 层架构。Nerthus 是中国第 1 个基于 DAG 技术开发的平台型公有链项目。

5）CyberVein（数脉链）

CyberVein 包含自己的 Vein 编程语言、虚拟机、新型智能合约的底层系统，致力于从技术层面和商业逻辑两方面解决大数据时代面临的数据价值定义和管理问题。CyberVein 由 DAG、PoC 机制及数据库虚拟机共同完成，在 CyberVein 平台上可以创建自己的智能合约。

6）Travelflex

Travelflex 是基于 DAG 技术的去中心化社交旅游网络和支付系统，旨在解决比特币等其他代币目前面临的可拓展性问题。

5. DAG 链与传统区块链的对比

1）DAG 链与传统区块链的区别

- 单元：传统区块链的组成单元是区块，DAG 链的组成单元是交易。
- 拓扑：传统区块链是由区块组成的单链，只能按出块时间同步依次写入；DAG 链是由交易单元组成的网络，可以异步并发写入交易。
- 粒度：传统区块链每个区块单元记录多个用户的多笔交易，DAG 链每个单元记录单个用户交易。

2）DAG 链的优势与价值

与传统区块链相比，DAG 链完成每笔交易花费的时间更少，交易时间将变得微不足道。由于每笔交易都与下一笔交易相连，且矿工被排除在外，因此交易时长会随着用户的加入而缩短。

在 DAG 链中，剔除矿工的设置既可以避免因矿池集中带来的 50%算力攻击的威胁，又可以防止双重支付攻击。由于不再采用工作量证明共识机制，因此 DAG 的交易指令能够极快地扩散通知至全网，大部分双重支付攻击的尝试会被系统捕捉并拒绝执行。

和以太坊相比，DAG 网络虽然不具备智能合约强制执行的特性，但它能为用户提供一个相对简单、清晰易辨的架构，使得用户更容易理解 DAG 区块链上的虚拟货币的运行机制。

8.1.4　块格

区块链共识算法允许区块链在不要求对特定方或服务提供者具有高度信任的情况下运行。在 NANO 的例子中，它所采用的块格（Blockchain Lattice）方法与传统的解决方案相比有更多的好处。

1. NANO

NANO 于 2017 年被发起[57]，原名为 RaiBlocks XRB，是一种基于区块点阵结构的加密货币。NANO 的目标是在比特币等加密资产的基础上进行改进，以解决延迟高、能耗高等问题。

NANO 创新性地提出，每一个用户都拥有一条链，链上只记录自己的交易，只有自己才能修改。所有的交易都可以并行执行，可以提供秒级的交易速度和可扩展性。同时允许他们异步地更新到网络的其余部分，从而以极小的资源开销获得快速的交易确认。

NANO 的核心设计思想是将区块链替换为区块格结构。每份交易被拆分为"付"和"收"两笔款项，由付款方和收款方分别记录。一组对应的收款和付款记录构成了一条完整的交易条目。NANO 中的节点可以存储所有账户的历史账本，也可以只存储每个账户的最后修剪记录。当一笔交易发生时，付款方会生成一个 sendtx 区块，记录了扣除的金额；而收款方则生成 receivetx 区块以记录获得的金额。交易数据的收发可以异步进行，所以多笔金额可以同时汇入同一个账户。如果接收方不在线，未到账的金额会被单独标记，等到接收方上线之后再完成交易。

NANO 是一种不受信任、低延迟的加密货币，通过 DPoS 共识机制达成共识，DPoS 可以保证区块的合理低能耗运行。NANO 也用到了 PoW 机制，确认交易需要少量的工作证明。

NANO 的优势如下：

（1）即时交易，转账一般在 5 秒内就能确认完成；转账不需要任何手续费；扩展性强，系统能耗低、网络宽带与存储需求小。

（2）大部分功能已经落地，可以在区块链上实现，等待市场认可。项目前景广阔，市场不可限量。

（3）NANO 的市值高达 10 亿，不缺乏开发资金，团队成员分工明确，技术能力高，开发效率较高，持续性较强。

（4）社区活跃，水准高，吸引很多志愿者参与到项目的开发中来。

然而，NANO 的劣势也是明显的：

（1）NANO 使用的技术具有极强的创新性与颠覆性，都是从底层搭建起来的，有些漏洞可能无法快速修复，技术创新不可避免地会遇到瓶颈。

（2）无法激发节点的主动性与积极性。NANO 没有设置任何奖励机制，账本的维护依靠对区块链价值的共识。

（3）NANO 目前产品的用户体验一般，钱包设计不合理；项目的宣传工作不到位，缺乏市场的响应，知名度低。

（4）NANO 由于缺乏奖励机制，整个系统的算力有限，如果出现大规模的系统攻击，会出现灾难性的后果。

2. 块格

块格是一种新型的基于 DAG 的架构，最早由 NANO 加密货币引入。块格的架构是对比特币等加密货币所采用的区块链模型的改进，可以使交易时间更快。图 8.7 为块格基本结构。

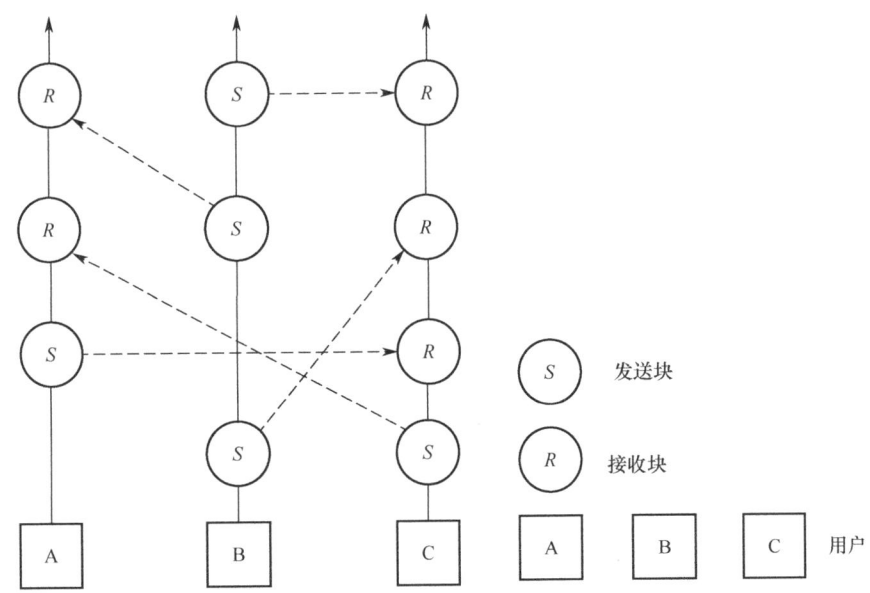

图 8.7　块格基本结构

在块格系统下，每个用户都有自己的区块链，并与他们的私钥相连。从该链发送的任何交易都记录在用户的区块链上。资金的接收者将在他们的链上创建一个接收块，因此单个区块链的膨胀将被保持在最小水平。

为了能够加快交易时间，块格中每个区块链跟踪的是用户的账户余额，而不是交易量，该方法通过对数据库修剪减少了密集型存储需求。此外，用户的区块链将反映与个人的余额历史记录有关的信息且只能由所有者更新。块格还允许用户的区块链异步更新到块格的其余部分。由于每个用户拥有对自己的区块链的完全控制权，因此它们无须就账本的共享全局状态达成共识，不需要依赖工作证明或证明文件，消除了对分布式共识协议的需求，大大缩短了交易时间。

8.2　超级账本

8.2.1　超级账本概述

Linux 基金会于 2015 年 12 月启动开源项目"超级账本"（Hyperledger），旨在推动各方协作，共同打造基于区块链的企业级分布式账本底层技术，用于构建支撑业务的行业应用和平台。

超级账本是因公有链不能满足系统要求而产生的，由大型开源社区牵头建立，有 30 个创始成员，主要分为 3 类：第 1 类是金融公司，包括摩根大通、富国银行、荷兰银行等银行，主要关注区块链上的应用场景；第 2 类是科技巨头，包括 IBM、intel、思科等，主要希望捕捉商业机会；第 3 类是专注区块链的公司，包括 R3、ConsenSys 等。

超级账本项目里可以允许多个不同的子项目同时运行，不同的子项目能够解决不同的商业问题，需要有提案孵化成熟，如果被接受就会进入孵化期。作为 Linux 基金会的主导项目，超级账本关注开源软件和分布式账本网络的构建，被大家称之为"企业级区块链网络"。目前，超级账本在中国受到高度重视。

超级账本对企业区块链技术采取了宽泛的处理方式，可以把区块链看成一个特别的数据库。它可以延伸到整个网络，只要遵循一定的规则任何人都能读取和写入，因此可以采取不同的方式来构建数据库。

超级账本项目中有 5 个重点项目，核心项目包括 Hyperledger Fabric（简称 Fabric），它是目前最受欢迎的企业区块链平台，中国和其他国家都会使用该平台。除此之外，还包括 Hyperledger Sawtooth、Hyperledger Indy、Hyperledger Besu 和 Hyperledger Cactus。Hyperledger Sawtooth 使用不同的方法建立分布式系统；Hyperledger Indy 关注分布式数字身份和可验证凭据；Hyperledger Besu 将以太坊生态系统的技术应用于企业之中，既能在许可链中运行，也能在公有链中运行，可以借助它完成很多活动；Hyperledger Cactus 则致力于将不同的区块链网络进行整合，实现智能合约的跨区块链网络执行。

8.2.2　Fabric 项目

1. Fabric 项目概述

Fabric 项目的目标是实现一个通用许可链的底层基础框架，部署在主流云服务供应商上，包括中国的云服务供应商，如蚂蚁金融、百度、华为、京东、联想、腾讯等，国外的云服务供应商包括亚马逊网络服务、IBM、微软、SAP、谷歌等。

2. Fabric 架构

Fabric 架构的核心模块为成员服务、区块链服务、链码服务及应用编程接口，Fabric 架构如图 8.8 所示。

1）成员服务

成员服务包括注册、身份管理及审计三种组件，它通过公钥基础设施和去中心化的共识技术将不带权限的区块链转变成带权限的区块链。成员经过许可才能加入网络，通过实体注册来获得身份凭证。在用户使用过程中，通过身份凭证，交易证书颁发机构（Transaction Certificate Authority，TCA）可颁发匿名证书。交易证书存储在区块链中，用于提交交易授权。

2）区块链服务

区块链服务包括共识管理、分布式账本、P2P 网络和分类存储几种组件，通过 HTTP/2

上的 P2P 协议来管理分布式总账，每个部署中可以插入和配置不同的共识算法（如 PBFT、RAFT、PoW、PoS）。同时，区块链服务对数据结构进行了高度优化，为维护世界状态的复制提供了最高效的哈希算法。

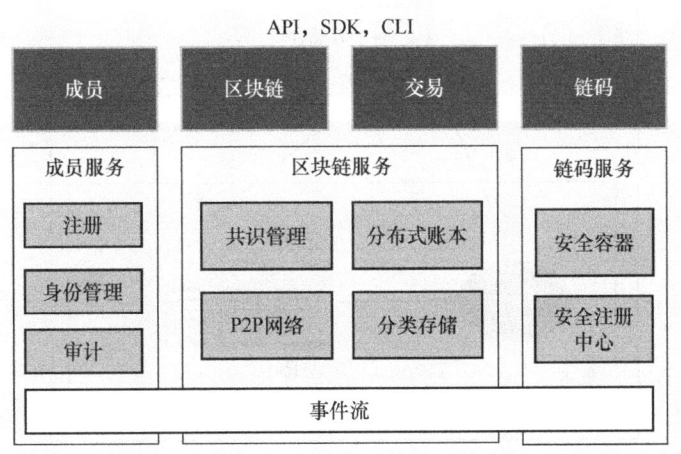

图 8.8　Fabric 架构

区块链的账本主要包含 Blockchain 和 State 两部分。Blockchain 用来记录历史交易；State 对应账本的最新状态，它是一个 Key-Value 数据库。Fabric 默认采用 LevelDB，可以替换成其他的 Key-Value 数据库，如 CouchDB。

Fabric 上的交易分为部署和调用两种。部署是指把 Chaincode 部署到 P2P 节点上以备调用，当一个部署交易成功执行时，Chaincode 会被部署到各个 P2P 节点上；调用是指客户端应用程序通过 Fabric 提供的 API 调用已部署好的某个 Chaincode，利用其中某个函数执行交易。

3）链码服务

链码服务包括安全容器和安全注册中心组件。Fabric 中的智能合约称为链码，是一段处理网络成员所同意的业务逻辑的代码，可采用 Go、Java、Node.js 语言编写。Fabric 用 Docker 容器来运行链码，安装和实例化通过 gRPC 与同一通道的 P2P 节点进行连接。

4）应用编程接口

Fabric 提供 API 方便应用开发，对于服务端的链码，目前支持采用 Go、Java 或 Node.js 开发。对于客户端应用，Fabric 目前提供 Node.js 和 Java SDK。对于开发者，还可以通过 CLI（命令行工具）快速测试链码，或者查询交易状态。同时在区块链网络里，P2P 节点和链码会发送事件流来触发一些监听动作，方便与其他外部系统的集成。

3. Fabric 1.0 应用开发流程

Fabric 1.0 应用开发流程如图 8.9 所示，开发者创建客户端应用和链码，并将链码部署到区块链网络的 P2P 节点上，通过链码实现业务逻辑，并对账本进行操作。用户调用交易时，实际上是调用链码中的函数方法。客户端应用为用户提供交互界面，并将交易提交到区块链网络上。

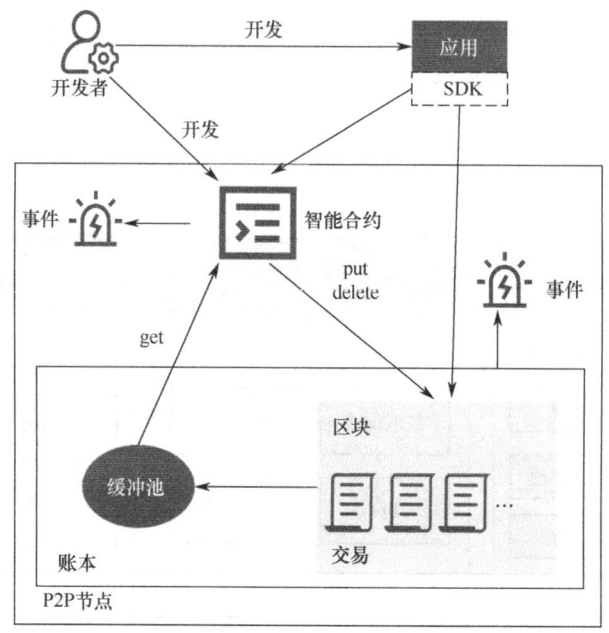

图 8.9　Fabric 1.0 应用开发流程

4. Fabric 网络

节点是区块链的通信实体，既可以部署在云上，也可以部署在本地，还可以来自不同的公司或者组织。在 Fabric 网络中有两种类型的节点：P2P 节点和 Orderer 节点。

（1）P2P 节点：一个区块链网络中有多个 P2P 节点，链码会被部署在 P2P 节点上，对账本进行读/写操作。一个 P2P 节点可以扮演多种角色，如背书节点或提交节点。

（2）Orderer 节点：一个区块链网络中有多个 Orderer 节点，它们对交易进行排序，批量打包生成区块后发送给 P2P 节点。Orderer 节点共同提供的排序服务可以实现为多种不同的方式，从中心化的服务（被用于开发和测试，如 Solo）到分布式协议（如 Kafka）。

排序服务提供了通向客户端和 P2P 节点的共享通信通道和消息广播服务。客户端可以通过该通道向所有的节点广播消息，而通道可以向连接到该通道的节点传递消息。此外，排序服务支持多通道，类似于发布/订阅消息系统中的主题。客户端和 P2P 节点可以连接到一个给定的通道，并通过该通道发送和接收消息。多通道使得 P2P 节点可以基于应用访问控制策略来订阅任意数量的通道，即应用程序可以在指定 P2P 节点的子集中架设通道。这些 P2P 节点与其他交易完全隔离，只有它们可以接收包含相关交易的区块，实现数据隔离和保密。

5. Fabric 1.0 交易流程

1）客户端构造交易提案

客户端利用 SDK（Node.js/Java）构造一个交易提案，并将交易提案发送给一个或多个 P2P 节点。交易提案中包含调用智能合约功能的函数请求，用来确认可以读取或写入账本的数据。交易提案还包含本次交易要调用的合约标识、合约方法、参数信息以及客户端签名等。

2）背书节点模拟执行交易

背书节点接收到交易提案后，先验证签名并确认提交者是否有执行操作的权利；然后，背书节点以交易提案的参数作为输入，在当前状态数据库上执行交易，生成交易结果，交易结果包含执行返回值、读操作集合和写操作集合；最后，将交易结果、背书节点的签名和背书结果返回给客户端 SDK。

3）客户端把交易发送到共识服务节点

应用程序（SDK）验证背书节点签名，并比较各节点返回的提案结果，判断提案结果是否一致以及是否参照指定的背书策略执行。客户端收到各个背书节点的应答后，打包到一起组成一笔交易并签名，发送给 Orderer 节点。

4）Orderer 节点共识排序，生成新区块，提交交易

Orderer 节点对接收到的交易进行共识排序，根据区块生成策略，将交易打包生成新的区块并发送给提交节点。提交节点接收到区块后，对区块中的每笔交易进行校验，检查交易依赖的输入和输出是否符合当前区块链的状态。若符合，则将区块添加到本地的区块链上，并修改状态数据库。

6. Fabric 1.0 优势总结

表 8.1 分别从业务架构、应用架构、数据架构以及技术架构总结了 Fabric 的优势之处，具体说明如下。

表 8.1　Fabric 优势总结

网络分层	业务架构	应用架构	数据架构	技术架构
应用层	● 解决拜占庭将军问题 ● 许可区块链 ● 分片	● PKI 体系 ● 背书预处理 ● 强一致性 ● 客户端 SDK	—	● Go ● Java
表示层	● 背书节点 ● PBFT	● 成员管理服务 ● 可插拔共识机制 ● 智能合约执行环境 ● CLI	● 世界观 ● 交易 ● 智能合约	● Node.js 客户端 ● SDK ● PBFT
会话层	● Committer 节点 ● PBFT	● 可插拔共识机制	● 链式存储	● PBFT
传输层	● Orderer 节点 ● PBFT	● 可插拔共识机制	—	● Docker
网络层	—	● 原子广播	● 交易 ● 批量交易	● Gossip
数据链路层	—	—	—	● gRPC
物理层	—	—	—	● HTTP/2

1）完备的权限控制和安全保障

① 经过许可的成员才能加入网络，通过证书、加密和签名等手段保证安全；

② 多通道功能保证只有参与交易的节点能访问到数据，而其他节点看不到；

③ 满足数据保护方面的法律法规要求。

2）模块化设计，可插拔架构

① 状态数据库和身份管理可以自行选择；

② 共识机制和加密算法可插拔，可以根据实际情况选择替换。

3）高性能、可扩展、较低的信任要求

① 采用模块化架构把交易处理划分为 3 个阶段，不同的阶段由不同的节点参与，不需要全网的节点都参与；

② 网络的性能和扩展性得到优化，P2P 节点和 Orderer 节点可以独立扩展和动态增加；

③ 只需要较低的信任要求就可以保证安全。

8.2.3　Sawtooth Lake 项目

Sawtooth Lake（锯齿湖）是由超级账本联盟成员 intel 公司发起的分布式账本平台试验项目，最初发布时称为"intelledger"，进入超级账本项目后更名为"Sawtooth Lake"，该名称来源于美国爱达荷州锯齿山上著名的高山湖。

1．项目概述

Sawtooth Lake 提供了一个构建、部署和运行分布式账本的高度模块化平台。它分离了账本和交易，使两者成为松耦合的关系；提出了交易家族的概念，能够扩展到不同的商业领域；设计了适合权限或无权限区块链的可插拔共识算法。

Sawtooth Lake 项目中的分布式账本包括 3 个组件：

（1）代表账本状态的数据模型。

（2）改变账本状态的交易语言。

（3）在参与者之间建立交易结果共识协议。

其中，数据模型和交易语言的实现称为"交易家族"（Transaction Family）。尽管用户可以根据自身账本的需要在 Sawtooth Lake 的基础上开发出定制化的交易家族，但 Sawtooth Lake 项目还是提供了适合构建数字资产市场的 3 种交易家族来创建、测试和部署这类市场应用。这 3 种交易家族分别为：注册账本服务（EndPointRegistry）、测试部署账本（IntegerKey）和数字资产买卖交易系统（MarketPlace）。前两种交易家族内置在 Sawtooth Lake 的代码内核中，而 MarketPlace 交易家族作为应用示例，包含了几乎所有数字资产交易所涉及的元素，如账号、资产、债务、出价等。用户可以根据已有的交易家族，开发出更多的特定领域的交易家族。

2．项目架构

1）账本层

账本层是交易类型的数据模型层次，通过延展日志层和通信层的功能来实现，系统内置的 3 种交易家族都是通过底层功能扩展而来的。

2）日志层

日志层是实现区块链核心功能的层次，包含共识算法、交易、区块、全局存储管理器和数据存储（块存储和键值存储）。Sawtooth Lake 日志允许不同类型的交易混合在同一个区块中。日志层在所有节点之间复制区块数据，采用共识算法确定每个区块的顺序、块内交易顺序以及交易内容。

3）通信层

通信层通过 Gossip 协议来实现节点之间的通信，主要包含协议层连接管理和基本的流控制。节点之间通过互相发送消息来交换信息，信息封装在不同类型的消息中进行传输，如交易消息、交易区块消息、连接消息等。通信层实现了 Token Bucket 的机制，用以控制数据包的传输速度。

4）共识算法

Sawtooth Lake 使用两种共识算法：时间消逝证明（Proof of Elapsed Time，PoET）和法定人数投票（Quorum Voting）。

PoET 和 PoW 一样，都属于彩票算法，即按照一定规则随机地选取出"赢家"节点，由该节点作为区块的主记账人，其他节点则负责验证和确认该节点的结果。与 PoW 相比，PoET 不需要消耗大量的算力和能耗，但是需要 CPU 硬件支持 SGX（Software Guard Extensions）特性。Intel 处理器在 Skylake 微架构上新增了一组 CPU 指令集，可以产生一个称为"飞地"（Enclave）的代码隔离运行环境，甚至可以隔离操作系统内核。在这个可信的运行环境中，可以生成公平且可验证的随机等待计时器，在计时器等待结束之后，能够对等待的时间进行签名认证。各个节点间可以根据退出计时器等待的时间，确定哪个节点作为主记账人。目前，在 Sawtooth Lake 里实现的是飞地模拟环境，并不是一个真正的可信运行环境，因此暂时不适合在生产环境中使用 PoET 共识算法。

法定人数投票算法是在 Ripple 和 Stellar 共识算法的基础上修改而来的，主要用于需要满足交易即刻最终性的应用。表 8.2 同样从业务架构、应用架构、数据架构以及技术架构总结了 Sawtooth Lake 的优势。

表 8.2　Sawtooth Lake 优势总结

网络分层	业务架构	应用架构	数据架构	技术架构
应用层	• 交易一致性 • 资产所有权 • 市场 • 解决拜占庭将军问题 • 签名交易	• 账本 • 最新注册表交易系列 • 整数键交易系列 • 市场交易系列 • 交易	• 账本服务 • 部署账本 • 数字资产	• 椭圆曲线加密
表示层	• 事务 • 共识 • 验证节点	• 账本 • 交易系列插件	• 证明 • 提交（接受）块 • 未提交块	—
会话层	• PoET • 法定人数投票	• 日志 • 共识 • 全局存储管理 • 块存储 • 键值存储	• 交易 • 包含交易的块 • 身份标识	—
传输层	—	• 通信 • 消息类型	• 消息	• 验证服务器 • 基于日志
网络层	—	• 通信 • 事件处理程序 • 消息类型	• 消息 • 节点 • 签名对象 • 令牌	• Gossip
数据链路层	• 标准链路格式	• 顺序，非顺序 • 通信	• 数据包	• UDP • JSON、CBOR
物理层	• 可信执行环境	—	—	—

超级账本是目前最大的区块链开源项目，集结了众多科技和金融界的巨头，目标是建立面向商业应用的分布式账本基础技术。Fabric 和 Sawtooth Lake 都提供了分布式账本的实

现，两者都采用了可扩展和可插拔的模块化设计，以适应不同场景的需求。Fabric 侧重于权限控制、私密性保护和交易性能提高，Sawtooth Lake 则侧重于提供完整的交易家族和节能的共识算法。超级账本成立时间较短，孵化期的项目在发展过程中可能会有较大的变化，同时新的提案和项目也会不断增加。

8.3 闪电网络

8.3.1 闪电网络概述

业界在探索区块链间跨链技术的同时，针对 BTC 自身的扩容问题也提出了链下交易技术。2015 年 2 月，Poon 发布了闪电网络（Lightning Network）的白皮书[58]，该技术通过设计一种新的支付渠道网络以实现可扩展的连锁即时支付。闪电网络利用链下交易技术提高交易处理效率，可视为区块链内部的跨链操作。随着闪电网络的实现及升级，2017 年 11 月，闪电网络在链下首次实现了测试网中 BTC 和 LTC 的跨链原子交易。

比特币系统通过数字签名、PoW 机制等方法保证了区块链上交易的不可篡改性，虽然提供了极高的安全性能，但是也牺牲了交易的即时性。对于大额交易来说，通过牺牲时间换取安全是合理可行的，但对于大多数个人用户来说，并不会进行频繁的大额交易，小额交易的使用频率远远高于大额交易。

对于频繁的小额交易，原有的区块链交易模式存在一些问题。每笔交易的确认都需要向矿工支付一定的佣金，当进行频繁的小额交易时会产生高额的佣金费用，这对于很多小额交易来说是无法忍受的。并且由于现实中区块链的优先级划分和大额优先的策略，使得小额支付的确认周期变得很长。可以看出，区块链对小额高频交易是不友好的，需要一种全新的方式来解决这些问题。闪电网络是针对比特币系统小额高频支付的一种对策，它通过构建一套链下的交易网络来处理小额高频交易，并将多笔交易的总和写入区块链。该技术降低了与区块链交互的频率，缓解了区块链中的交易总量过载问题，降低了交易佣金，节省了交易时间。

在了解闪电网络之前，首先介绍哈希锁定的概念。哈希锁定依托于哈希函数的单向性与低碰撞性，是利用区块链中交易可以延时执行的特点产生的一种机制。交易方将设置谜题的交易发布到链上，在指定时间内能够解出谜题便能获得交易的质押金，谜题就是利用哈希锁定技术实现的。闪电网络是最早使用哈希锁定技术的项目，不需要可信第三方参与。另外还需要了解比特币的微支付通道概念。微支付通道是为了解决小额高频交易中手续费过高的问题而产生的。举例来说，如果每次去咖啡店都使用比特币进行支付，那么每一笔交易产生的手续费可能会比咖啡本身还要昂贵。微支付通道针对该问题提出了如下解决方案。

假设 A 是消费者，B 是店家，A 和 B 之间存在一个比特币的微支付通道，则微支付通道的运行机制如下：

（1）A 生成一笔 UTXO 交易 TX_1，解锁条件是提供 A、B 两人的签名（一般采用多重签名方式实现），称 TX_1 为锁定交易。

（2）A 再生成一笔时延的 UTXO 交易 TX_2，时延时间设为 T_0，交易的输入是之前的 TX_1，交易的输出是 A 的比特币地址，称 TX_2 为赎回交易。

（3）A 将 TX$_2$ 发给 B，B 对其进行签名后发回给 A，A 再对 TX$_2$ 签名后将 TX$_1$ 和 TX$_2$ 发布到比特币网络上。

（4）此后每次进行实时支付时，A 只需要生成一笔支付交易 TX$_n$（n>2），TX$_n$ 的输入是最初的锁定交易 TX$_1$，交易的输出是 A 和 B 各自应得的余额分配，同时设置时延为 T_1，T_1<T_0。A 对支付交易 TX$_n$ 签名后发给 B，B 不需要发布到链上。以后每次进行支付时，只需要更新这些链下的交易即可。当交易终止时，B 把最近的一笔交易发布到链上即可获得自身应收的比特币。

微支付通道虽然解决了小额高频交易中手续费过高的问题，但是要实现大规模的交易支付网络还不够现实，因为建立支付通道的成本较高，需要构建两笔交易。利用闪电网络可以复用已存在的支付通道，如 A 和 B 之间存在支付通道，B 和 C 之间存在支付通道，则 A 和 C 之间不需要再建立支付通道，可以通过复用 A、B 与 B、C 之间的支付通道完成支付。

闪电网络在微支付通道的基础上设计了两种类型的交易合约：序列到期可撤销合约（Revocable Sequence Maturity Contract，RSMC）和哈希锁定合约（Hashed TimeLock Contract，HTLC）。

RSMC 的创建流程类似于微支付通道，在支付通道时间尚未过期前，双方都可以发布交易到链上来终止合约。为了使支付通道的声明周期尽可能长，RSMC 规定先发起终止的一方需要向另一方缴纳违约金。

HTLC 是闪电网络的另一个核心，对于没有支付通道的 A 和 C，如果想进行交易，可以借用 A 和 B 与 B 和 C 之间的支付通道进行交易。如果 A 需要转账给 C，则 A 先生成一个随机数作为哈希原像，然后利用 A 和 B 之间的支付通道设置时延为 T_1，只有提供正确的哈希原像才能解锁交易，通道的服务提供者可以收取一定的手续费。B 利用 B 和 C 之间的支付通道将交易发送给 C，并设置时延为 T_2，C 利用哈希原像可以解锁交易，获得 A 的转账。A 解锁之后，哈希原像会暴露在链上，B 可以利用哈希原像解锁 A 和 B 之间的锁定交易获得手续费，从而完成闪电网络的构建。

8.3.2　闪电网络基本功能

1. 用户管理

用户是闪电网络的基本单元，它包含链上地址、私钥、账户余额等基本信息。链上地址用于在闪电网络中标识用户区块链，私钥用于对支付通道中的合约进行签名，账户余额用于记录用户资金情况。这些基本信息会与链上区块链进行数据同步，保证账户余额处于最新状态。

2. 支付通道和智能合约

支付通道[59]作为闪电网络必须实现的基础功能之一，贯穿了闪电网络交易的整个生命周期。闪电网络通过支付通道构建链下交易网络，交易双方构建双方链下的支付通道，在支付通道中完成小额高频交易，确保资金安全[60]。

支付通道的建立依托于通道合约，通道合约将支付通道中进行交易的资金锁定在区块链中，利用区块链不可篡改的特性为整个交易过程提供安全保障。这种预先锁定保证金的形式确保了交易双方在通道合约中提交的金额只能用来发送或接收，而不能用于其他交易。这笔预存于支付通道的资金会一直存在，直到交易中的一方提出结算请求并经过另一方同意。交易通道解除锁定后，会根据最后的交易结果将资金返还给交易双方。因此，支付通道中进行的交易实质上是一种对被锁定资金分配方案的修改。

1）建立支付通道和通道合约

通道合约包含交易双方的公钥（地址），公钥指示了交易双方的信息。由于区块链网络中用户以公钥的 Hash 值作为地址，因此可以方便通道合约中的公钥在结算交易通道时将余额转给预先保存好的地址。通道合约中还包含交易双方的预存金额，该金额会限制交易通道中的交易金额，因此双方预存的金额应尽量为通道中交易的上限，以满足双方的交易需求。通道合约内容的示例如下：

通道合约
公钥1：用户1的公钥
公钥2：用户2的公钥
资金1：用户1的预存金额
资金2：用户2的预存金额
签名1：用户1对建立合约的签名
签名2：用户2对建立合约的签名

为了保证交易的安全，交易双方还需要对通道合约进行签名，以保证双方对通道合约内容没有异议，同时保证该合约需要双方签名才能解锁，进一步增加了资金的安全性。

通道合约建立支付通道的过程如下：

（1）交易双方根据交易需求预存一笔资金。

（2）小额交易发起账户构造一个通道合约，使用自己的私钥对通道合约进行签名后将其发出。

（3）接收账户使用自己的私钥对通道合约进行签名，并将通道合约发布到区块链网络中。

（4）区块链网络中的矿工节点接收交易并进行确认，确认成功则将交易写入区块链中。确认后的交易在区块链上处于不可更改的共享状态，如同在交易双方之间搭建了一个交易通道，该通道不受外界影响。至此支付通道成功建立。

2）通道内转账和余额合约

交易双方在支付通道建立以后就可以交易了，交易通过余额合约实现。每次交易都会生成一份新的余额合约，余额合约的主要内容如下。

（1）标识：唯一标识余额合约，用来区分不同的余额合约，方便系统对结果进行裁决。

（2）净交易额：交易额分正、负，余额合约中会预先设定交易方向，若用户转账为正向，则净交易额为正数，反向则为负数。

（3）等待周期参数：指明余额合约从发布到生效的等待时间。当交易中的一方发起结算申请，在等待周期参数时间内交易另一方未提出异议，则合约生效。设置等待周期参数给交易方提供了一段缓冲时间来提出自己的余额合约以维护自己的权益，也提高了交易双方作弊的难度。

（4）交易双方签名：通过双重数字签名的方式提高了合约的安全性。

余额合约内容的示例如下：

余额合约

　　标识：唯一标识余额合约，便于之后进行比较与举证

　　净交易额：规定从用户 1 交易给用户 2 的金额，可为负数

　　等待周期：合约关闭前的等待时间

　　签名 1：用户 1 对建立合约的签名

　　签名 2：用户 2 对建立合约的签名

　　支付通道建立后，交易双方交换已签名的交易，对交换的交易进行签名、达成共识、完成交易。双方签名后，余额合约对通道的初始状态进行修改，使通道中保证金的分配方案发生改变。系统会建立新的余额合约来修改双方的余额，将转账方在支付通道中的余额加在另一交易参与者的余额中，完成一次链下交易。在通道打开的状态下，交易双方可以多次交换签名交易。每完成一次交易，上一个版本的余额合约会作废，使通道中始终保持最新的余额合约。任何一个版本的余额合约都需要经过双方的签名认证才合法。

　　另外，还有一种特殊的余额合约，它被称为带条件的余额合约。带条件的余额合约专门用于应对多跳支付情景，它与普通余额合约有所不同：

　　（1）带条件的余额合约包含一段条件条款，只有输入正确的条款才能成功解锁条件并使合约生效。

　　（2）带条件的余额合约中有条件条款字段，这一部分条款将会被补充合约填充，智能合约能够读取补充合约中声明的参数并输入预设条件判断合约是否生效。

　　（3）在带条件的余额合约中的条件条款里声明了条件转账金额，当补充合约解锁条件成功时，该转账金额会被写入合约中的净交易额字段，即交易生效。

　　（4）带条件的余额合约中只有生成该合约的一方的签名，需要收到补充合约中另一方的签名与解锁条件才能形成一份完整的带条件的余额合约。

　　带条件的余额合约内容的示例如下：

带条件的余额合约

　　标识：唯一标识余额合约，便于之后进行比较与举证

　　净交易额：规定从用户 1 交易给用户 2 的金额，可为负数

　　等待周期：合约关闭前的等待时间

　　条件条款：

　　　　状态字段：状态参数用于标识不同状态函数

　　　　条件转账金额：条件条款中的转账金额根据输入参数判断是否生效

　　　　……

　　签名 1：用户 1 对建立合约的签名

　　或

　　签名 2：用户 2 对建立合约的签名

　　交易者在等候周期内提出补充合约，并用它来填充余额合约上的条件条款。补充合约只需被任意一个交易者签名授权即可。当任意一个交易者拿出补充合约填充余额合约时，支付

通道会验证补充合约中的参数是否满足带条件的余额合约的条件约束，若验证通过，则条件转账金额会被写回到净交易额中，同时余额合约中的附加条件条款将会从列表中移除。补充合约内容的示例如下：

补充合约
状态值：指定使用哪个判断条件 **参数**：用于规定条件条款中状态函数的参数 **签名**：用户对补充合约的签名

3）关闭支付通道

当交易中任意一方决定终止交易时，可以请求关闭支付通道。关闭支付通道的方法如下：

（1）向区块链提交经过双方签名的最新的余额合约，为了保证双方资金安全，该余额合约需要等待规定的时间才能生效。

（2）验证成功后，根据生效的余额合约中的内容生成相应的交易并广播到区块链网络中。

（3）交易被矿工收集并确认后，将双方锁定在区块链中的预存金按照生效余额合约中的余额退回各自账户。

在整个过程中，只在建立通道和关闭通道时才会将交易广播到区块链网络，而在支付通道中进行的多次交易会被整合成一笔交易，中间交易对区块链不可见。这种形式阻止了大量小额交易流入区块链网络，降低了区块链处理的交易总量，从而提高了区块链的吞吐量。

8.3.3 闪电网络应用

1. 点对点交易场景

点对点交易是闪电网络的基本交易场景，它是指交易双方直接建立支付通道进行转账交易。

2. 交易作弊场景

点对点交易场景是基于常规交易情况实现的，如果请求关闭通道的一方提交一份已经经过双方签名的作废余额合约来获取更多的余额分配，那么如何解决这种交易作弊问题呢？余额合约中的"标识"字段可以解决该问题。标识字段会随着余额合约产生的时间顺序相应变化，并且在通道中进行交易时会产生一个新的余额合约并作废旧的余额合约。如果其中一方企图使用旧的已签名的余额合约实现作弊，则另一方只需出示最新的余额合约，通过标识字段比较余额合约产生的时间顺序进行裁决。支付通道会根据最新的余额合约分配通道资金，保证链下支付的安全可靠。

3. 跨节点多跳支付场景

当交易双方因交易数量较少而不需要建立支付通道或由于网络等原因无法直接建立支付通道时，用户可以通过闪电网络提供的多跳机制完成交易。

多跳机制通过路由算法找到到达最终目的交易者的可行路径，再借助带条件的余额合约保证中间路径的资金安全，完成跨节点安全支付。当接收者最终决定关闭通道结算资金时，向相连的中间节点出示带交易凭证的补充合约，解锁通道中的带条件的余额合约，即可从中间节点取得转账金额。中间节点从交易接收者的补充合约中获得交易凭证，向路径中与自己相连的上一个节点出示交易凭证以解锁条件取得资金。图 8.10 展示了闪电网络中的多跳机制，图中的锁代表带条件的余额合约中的条件，钥匙代表交易凭证，从图中可以看出多跳支付中的节点是通过预设带条件的余额合约，之后逆向传递交易凭证解锁合约取回资金的。

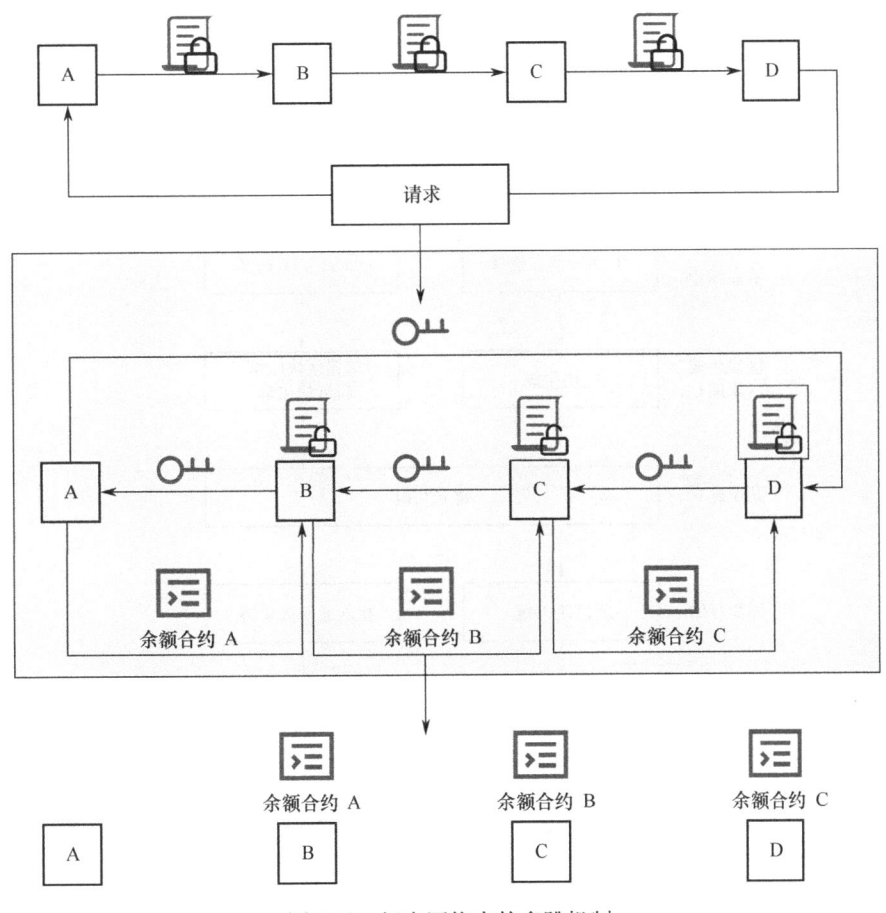

图 8.10　闪电网络中的多跳机制

8.4　区块压缩

8.4.1　区块压缩概述

物联网中大多数现有的数据存储解决方案都是集中式的，先由各种类型的终端设备收集数据，然后发送至云端进行存储以提供中心化服务。但面对大规模的物联网应用，中心化架构将面临严重的网络负载和传输时延不可预测等挑战，显然，这种集中式数据存储无法适应物联网应用的扩展速度以及物联网场景的多样化需求。区块链技术是为解决以上问题的一种方案，但是轻量级设备的存储能力低下，可能导致区块链共识机制无法长期运行。同时，物联网设备的不间断运行将产生海量的实时数据，此类数据具有数量大、有效期短等特性，如果全交由区块链进行存储，则会对节点和网络产生巨大的压力。区块链体积过大成为区块链技术发展过程中的一个主要瓶颈，如何优化存储方式，从而减轻存储负担成为一个重要问题。

结合共识规则，在保证区块链共识建立的前提下进行前置区块的有效压缩，是解决物联网设备存储限制的一种方式。研究人员提出了一种区块压缩存储的方案来提高设备存储空间[61]，如图 8.11 所示。在选择 Leader 节点生成区块的过程中，对自身设备存储能力进行评估：若小于设置的阈值，则正常建立共识机制；若大于设置的阈值，则启动数据压缩程序，将前置区块进行压缩，即通过哈希运算生成新区块，新区块的父区块哈希值即为压缩后区块的哈希值，并对压缩后的区块以及新生成的区块进行全网节点同步操作，全网节点更新成新的区块链。

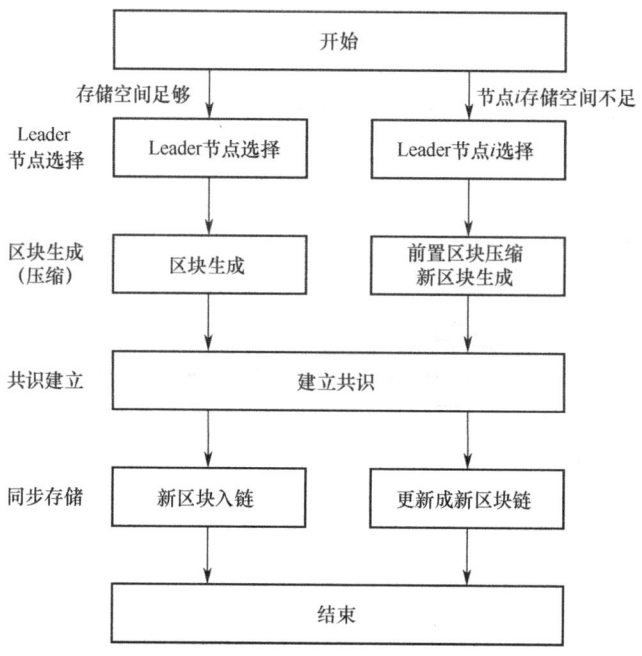

图 8.11 区块压缩模型

与传统区块链模型相比，随着节点数量的增加，成块时延增加幅度小于 1 秒，每个区块平均存储空间减少了 63%。虽然压缩算法消耗一定的成块时间，但是结合共识进行数据压缩，有效地解决了物联网设备中数据存储空间不足的问题。

8.4.2 压缩方案

目前已经出现了多种区块压缩技术，下面进行大致介绍。

1. Xthin Blocks（瘦区块）——10 倍压缩

2016 年，Bitcoin Unlimited（简称 BU）实现了 Xthin Blocks 技术，这是币圈内出现的第 1 种压缩技术。

#400152 区块最早由 BTCC 矿池在中国挖出，于 2016-02-26 16:46:31 被 Blockchain. Info 发现，49 秒后才传输到德国的节点。然而在使用了支持 Xthin Blocks 的 BU 客户端中，仅用了不到 1.5 秒就完成了请求、接收、组装和发送等所有操作。#400152 区块的原始大小为 956.21KB，而传输的瘦区块大小仅为 92.64KB，区块体积几乎缩小至 1/10。

Xthin Blocks 技术将交易的 TXID 发送给其他节点，其他节点在收到 TXID 后会根据 TXID 在自己的内存池里面查询并提取相应的交易，然后组合还原成区块。一笔普通交易有几百字节，而 TXID 只有几十字节，这样便实现了 10 倍压缩。

2. 石墨烯 V1——100 倍压缩

在斯坦福大学举办的 2017 比特币扩容大会中，马萨诸塞大学安姆斯特分校的 Brian Levine 介绍了一种利用集合调和的新的区块传播技术——石墨烯。该项目由 Levine、Pinar Ozisik、George Bissias、Amir Houmansadr 以及著名的比特币开发者 Gavin Andresen 在马萨诸塞大学共同开发。

石墨烯技术使用布隆过滤器以及可逆式布鲁姆查找表（Invertible Bloom Lookup Table，IBLT）进行交互式组合，为比特币网络中的集合调和问题提供了一种高效的解决方案。在 Xthin Blocks 中需要传输交易的 TXID，而石墨烯则是使用布隆过滤器以及可逆式布鲁姆查找表对 TXID 进一步大幅度压缩，极大地压缩了数据体积。石墨烯技术可以实现 100 倍的压缩效果。

3. Xthinner——250 倍压缩

2018 年 9 月，为了证明交易规范排序规则（Canonical Transaction Ordering Rule，CTOR）的优势，开发者 Toomim 提出了 Xthinner。Xthinner 是一种新的块传播协议，它利用 CTOR 的优点优化了 99.6%的区块空间。Xthinner 是容错的，可以用于处理交易双方内存池不同步的情况。在测试模式中，Xthinner 实现了 99.618%的压缩率，相当于 250 倍的压缩。

4. 石墨烯 V2——1000 倍压缩

石墨烯 V1 中使用的是交易拓扑排序规则（Topological Transaction Ordering Rule，TTOR）排序方法，这种方法有无数种的排序可能性，所以石墨烯区块里的大部分空间都是用来记录交易的排序信息的。而石墨烯 V2 默认使用 CTOR 排序方法，这种方法只有一种排序信息，无须浪费区块空间来记录排序信息，石墨烯 V2 的压缩率取得了极大提升。在测试模式中，石墨烯 V2 最高可以实现 99.9%的压缩率，相当于 1000 倍的压缩。

8.5　隐私信息混淆

8.5.1　地址混淆机制

区块链技术广泛应用于加密货币领域，由于区块链中的交易记录对网络中的所有节点公开可见，因此，攻击者可以进行账本分析攻击。账本分析攻击的基础假设认为，同一交易的所有输入地址属于同一用户。为了抵抗账本分析技术，研究人员针对基础假设提出了交换资产、混淆地址的防御机制，即地址混淆机制[62]。不同的用户通过交易交换资产，基础假设会将不同用户的账户地址误认为属于同一用户，达到混淆用户地址、保护用户隐私的效果。由于地址混淆机制是通过交换资产的方式实现的，因此也被称为混币机制，而用于交换资产的交易被称为混币交易。

地址混淆机制有多种不同的实现形式，根据具体操作者的不同，分为中心化混币和去中心化混币。中心化混币技术需要中心化混币服务提供商参与，帮助混币用户进行混币操作，而去中心化混币技术由所有用户参与。

两种技术有各自的优、缺点，中心化混币技术便于用户使用，但混币服务提供商存在安全隐患；去中心化混币技术的安全性更高，但需要用户寻找混币同伴并与其他混币用户交互构造混币交易，使用不便。

针对地址混淆机制中各类实现技术，存在以下不同的度量指标。

（1）资产安全性：经过地址混淆，用户可以在规定时间前取回自己参与混币的资产（扣除手续费）。

（2）外部隐私性：用户的输入和输出地址存在关联关系，可能会被外部攻击者关联。

（3）内部隐私性：用户的输入和输出地址存在关联关系，可能会被参与混币过程的攻击者关联。

8.5.2 中心化混币

中心化混币技术中，中心化混币服务提供商帮助希望进行混币交易的用户找到同伴，构建混币交易，并收取手续费。中心化混币服务提供商作为中介分别与用户进行交易，接收到用户的资产后，进行随机混淆，然后返回给其他用户。通过将不同用户的资产互相交换，达到混淆用户地址的效果，因而账本分析攻击只能将所有参与混币服务的地址聚类到一起，难以分辨出每个用户的账户地址。

中心化混币协议的基本模型如图 8.12 所示，协议流程主要分为 4 个阶段。

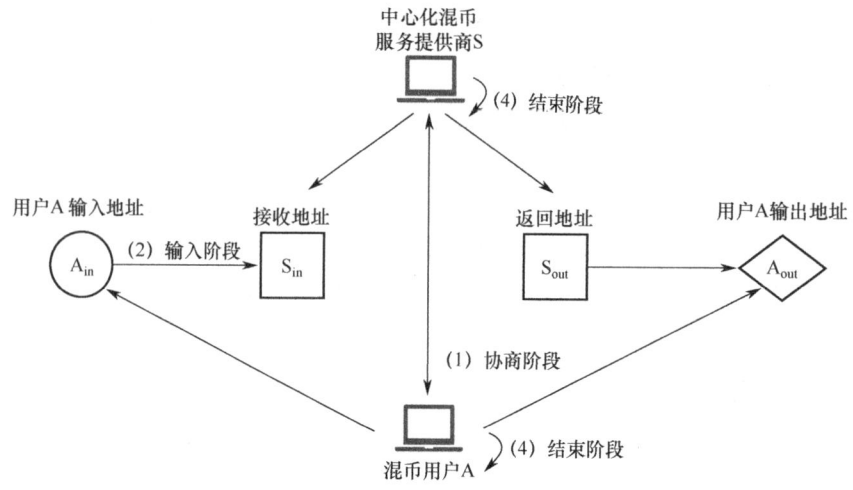

图 8.12　中心化混币协议的基本模型

（1）协商阶段：中心化混币服务提供商与用户进行协商，规定用户用于混币的输入地址、输出地址、中心化混币服务提供商的接收地址、返回地址、混币金额、混币输入和输出时间、混币手续费等相关参数。

（2）输入阶段：根据协商阶段确定的相关参数，用户在规定时间内将资产从输入地址发送到中心化混币服务提供商指定的接收地址。

（3）输出阶段：扣除手续费后，中心化混币服务提供商在规定时间内将资产从返回地址发送到用户指定的输出地址。

（4）结束阶段：中心化混币服务提供商和用户销毁协商阶段记录，保护用户隐私。

作为最早的中心化混币服务之一，BitLaundry 平台采用基础的中心化混币协议，用户先将输入和输出地址、交易金额以及交易时间等信息发送给 BitLaundry 平台，然后将对应金额的密码货币发送到平台指定的链上地址，BitLaundry 确认接收后，将其他来源的对应数量的货币返回到用户指定地址，并从中赚取一定的手续费。该方案的好处在于用户可以发送任意金额并指定交易时间，然而 BitLaundry 平台的固定配置和公开的链上地址给攻击者提供了机会，攻击者可以根据搜集的 BitLaundry 平台的链上地址以及固定的手续费特征将混币交易提取出来并关联在一起[63]。

基础的中心化混币服务主要存在如下问题：

（1）中心化混币服务提供商的行为存在一定特征，例如，混币交易在时间上的规律、抽取一定比率的手续费、存在一个常用的地址池等。攻击者可以利用上述特征对混币交易进行分析，将用户的输入和输出地址关联起来，难以满足外部隐私性。

（2）中心化混币服务提供商存在内部作恶的风险，在接收到用户输入的资产后可能不会将对应资产返回给用户。在区块链系统中，用户无法证明自己的资产是否被窃取，平台也无法证明自己的清白。除此之外，也无法确认中心化混币服务提供商是否删除了用户输入和输出关联关系的记录，因此不能满足资产安全性和内部隐私性。

针对上述问题，研究人员提出了可以增加中心化混币协议外部隐私性、内部隐私性和资产安全性的相应技术要求。

1）随机化机制

随机化机制可以防止攻击者根据平台固定的手续费等配置来关联混币用户的输入和输出地址。通过中心化混币服务提供商在输出阶段人为制造交易时间、手续费等信息的随机性，来掩盖混币交易的特征。Bitcoin Fog 是一个中心化混币平台，它将收取的手续费设定为一个范围之内的随机值，并在用户指定时间区间内随机挑选时间，将资产返回到用户指定的地址。这一方案可以减少外部攻击者根据混币特征关联用户地址的概率，在一定程度上保护了用户隐私。

在实际应用中，用户为了防止中心化混币服务提供商泄露用户隐私，会选择多家中心化混币服务提供商依次对资产进行混淆，但是，连续的混币交易所存在的手续费特征会暴露用户隐私。为了解决这一问题，Mixcoin 协议[64]中设计了随机的、全有或全无（All-or-Nothing）的手续费机制。中心化混币服务提供商按照约定好的概率将部分用户的混币金额全部作为手续费，其他用户的混币金额全额返回。为了保证生成随机数的可信性，Mixcoin 协议约定区块链中某未来区块的数据作为随机化参数，在一定程度上保障了随机数的不可伪造性。

PRNG 是密码学中的伪随机数生成算法，可以根据输入参数生成$(0, 1)$区间内对应的随机数。若生成的随机值小于阈值，则中心化混币服务提供商收取所有混币资产作为手续费；否则返回全部资产。

采用随机化机制主要是为了增强中心化混币方案的外部隐私性，防止外部攻击者利用混币交易中存在的固定特征来分析用户的混币过程。然而，随机化机制不能提供内部隐私性与资产安全性，中心化混币服务提供商可能盗窃用户资产或者泄露用户地址的关联关系等隐私信息。

2）基于电子签名的承诺机制

在区块链系统中，由于中心化混币服务提供商没有实体身份作为信誉担保，可能会出现盗窃用户资产的行为，导致中心化混币服务提供商很难被用户相信。同时，用户的账户地址也不存在对应的身份，中心化混币服务提供商难以自证清白。为了保护用户资产安全，中心化混币服务提供商通过长期公钥代表身份来建立承诺机制。在协商阶段，中心化混币服务提供商需要提供身份对应的电子签名来作为承诺，承诺包括约定的输入和输出地址、混淆资产金额、约定时间等信息，并用中心化混币服务提供商长期公钥所对应的私钥进行签名。

数字签名技术可以提供不可伪造性和不可抵赖性，以增加承诺机制来帮助用户证明平台是否存在窃取行为。中心化混币服务提供商通过维护代表自己身份的长期有效公钥，来获取用户的信任，使用该公钥所对应私钥的签名向用户承诺平台不会出现盗窃行为；否则，用户可以通过公开该承诺以及不符合承诺的区块链账本记录，向其他用户证明该平台存在盗窃行为，破坏中心化混币服务提供商的声誉。承诺机制一方面保障了用户的资产安全，另一方面也避免了用户恶意造谣。

2014 年，Bonneau 等人提出了 Mixcoin 协议，通过基于电子签名的承诺机制增强资产安全性。Mixcoin 协议和 Blindcoin 协议的使用步骤如图 8.13 所示。Mixcoin 协议在协商阶段加入承诺机制，以中心化混币服务提供商对协商参数的签名作为承诺，用户得到承诺后向中心化混币服务提供商支付混币资产。若中心化混币服务提供商未按照承诺在约定时间之前返回资产，则用户可以在结束阶段公示在协商阶段收到的承诺与区块链账本记录来证明该中心化混币服务提供商违背了承诺。

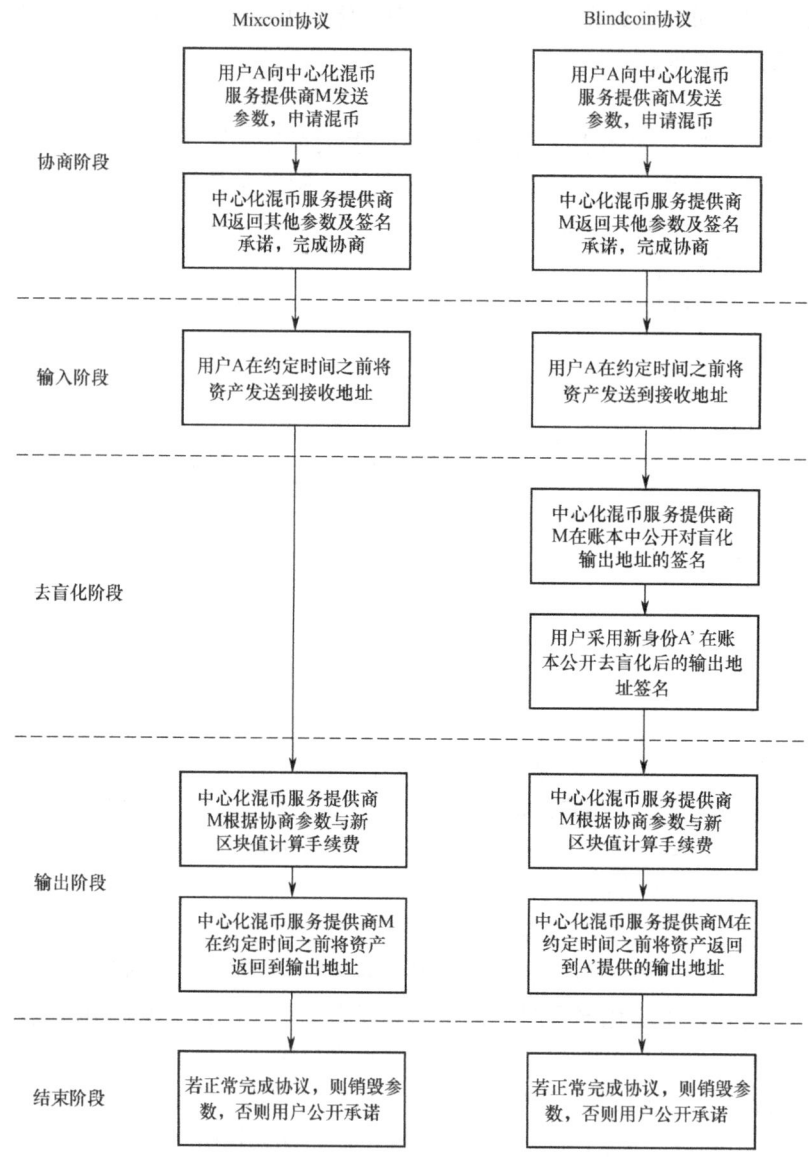

图 8.13　Mixcoin 协议和 Blindcoin 协议的使用步骤

Mixcoin 协议通过承诺机制在一定程度上保护了用户的资产安全，但是该协议无法提供内部隐私性，即平台无法证明是否已按照约定销毁了用户混币记录，用户也无法进行验证。因此，用户为了保护自己的混币隐私不被恶意平台泄露，通常采取在多个平台连续混币的方式。但这也带来了较高的手续费以及更多的混币交易记录，给攻击者提供了更多特征去进行分析。

3）基于盲签名技术的隐藏机制

为了保障中心化混币方案的内部隐私性，需要中心化混币服务提供商在不知道用户输入和输出地址对应关系的情况下进行输入和输出，利用盲签名技术可以达到这一目的。1983年，Chaum 提出了盲签名技术[65]，盲签名技术是一种特殊的数字签名技术，签名者在对消息内容进行签名的过程中并不知道消息内容。盲签名技术满足以下两条性质：

① 被签名消息对签名者不可见，即签名者不知道他所签署消息的具体内容；

② 签名消息不可追踪，即当签名消息被去盲化公布后，签名者无法将去盲化签名与盲化签名对应。

其中，性质①保证了签名消息的内容隐私性，性质②保证了签名请求者的身份隐私性。盲签名技术的整体流程如图 8.14 所示，主要分为以下 4 个步骤：

① 签名申请者对消息进行盲化操作，将盲化消息发给签名者；

② 签名者对盲化消息进行签名操作，将盲化签名返回给签名申请者；

③ 签名申请者对收到的盲化签名进行去盲化操作，得到签名者对原数据的签名；

④ 签名申请者可以公布原始消息与去盲化签名，由签名验证者进行验证。

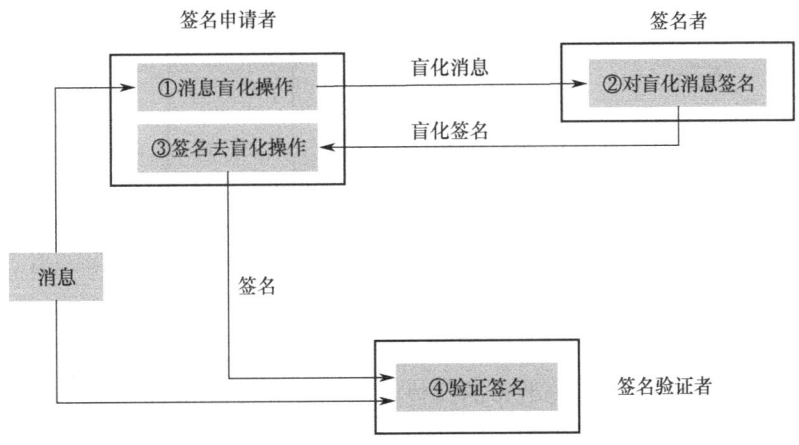

图 8.14　盲签名技术的整体流程

2015 年，Valenta 等人提出了 Blindcoin 协议[66]，采用盲签名技术保障中心化混币方案的内部隐私性，核心步骤如图 8.13 所示。该协议保留了 Mixcoin 协议的随机化手续费、承诺等机制，并在此基础之上，通过盲签名技术使得混币用户的输入和输出地址关联关系对中心化混币服务提供商不可见。

该协议首先修改了协商阶段的签名部分，中心化混币服务提供商对包含盲化的用户输出地址的承诺进行盲签名；然后，用户对盲化签名进行去盲化操作，得到对真实输出地址的签名，并作为输出地址获取混币资产的凭证提交给中心化混币服务提供商，中心化混币服务提供商可以验证该签名的正确性以及是否被使用过。由于中心化混币服务提供商在协商阶段知道用户的输入地址，但不知道输出地址，而在输出阶段知道输出地址，而不知道对应的输入地址，因而无法判断用户输入和输出地址的关系。盲签名技术可以有效增强中心化混币方案的内部隐私性，为了同时保持 Mixcoin 方案中的可审计特性，该协议需要通过在公开的可信账本中记录下盲签名和去盲签名的内容，以达到时间戳认证的效果。这一设计不会暴露用户的隐私，而一旦中心化混币服务提供商未履行承诺，用户可以公示中心化混币服务提供商提供的承诺，并使用在区块链账本中存储的消息作为违约证据。

8.5.3 去中心化混币

中心化混币技术在一定程度上保障了资产的安全性和隐私性，但其依赖的中心化混币服务提供商仍会带来一些潜在的风险。研究人员提出了一系列去中心化的混币协议，通过多方参与的协议代替中心化混币服务提供商，使用户直接在网络中找到其他需要混币的用户，通过多方参与者运行协议的方式构造一致的混币交易，确认后进行签名使交易生效。这一系列协议从根本上解决了中心化混币存在的信任问题，同时节省了手续费。但是这种方法仍然存在一些不足，比如寻找其他混币用户存在困难、容易遭受到外部攻击者的拒绝服务攻击。

1. 基本模型

去中心化混币的基本模型如图 8.15 所示，分为 4 个阶段。

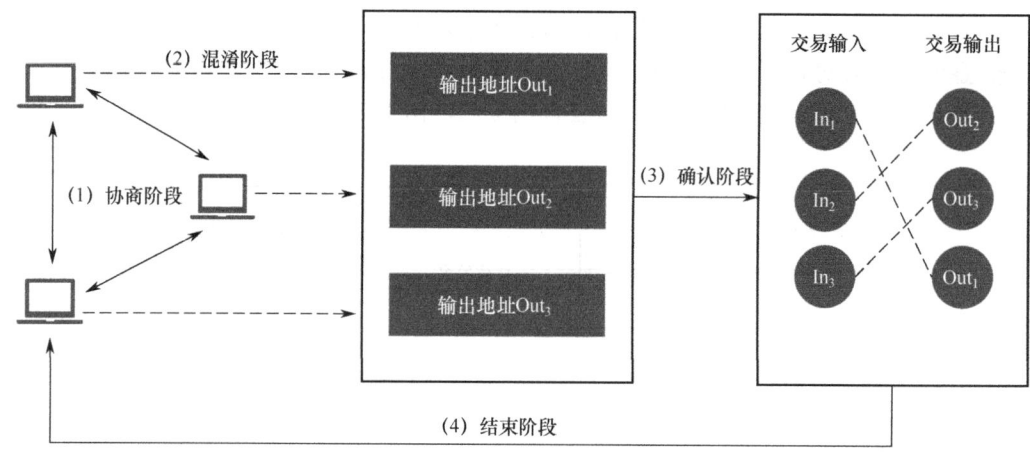

图 8.15 去中心化混币的基本模型

（1）协商阶段：用户寻找参与混币的其他同伴，协商去中心化混币协议的参数，如各用户混币输入和输出地址、混币金额等。

（2）混淆阶段：参与混币的用户根据协议对所有输出地址进行混淆，隐藏用户输入和输出地址的关联关系。

（3）确认阶段：用户根据混淆后的交易输出构造混币交易，确认后进行广播，将混币资产发送到各用户指定的输出地址。

（4）结束阶段：参与混币的用户销毁此次混币过程相关记录，若过程出现错误中止，则找出造成错误的用户并将其排除。

2. 分类

去中心化混币技术根据参与方的数量可分为多方混币技术与双方混币技术两类。

1）多方混币技术

多方混币技术主要模型为 n 个参与方约定相等的混币金额，构建 n-to-n 的多签名交易，每个交易输出都是相等的金额，外部攻击者无法通过分析交易来分辨不同的输出，从而无法分析出每个输出和输入地址之间的关联关系，保障了外部隐私性。

多方混币技术的隐私保护程度与参与者数量呈线性正相关，因此参与者数量的增加使地址混淆的外部隐私性得到增强，同时多参与方构造一笔交易可以节省交易费。然而，参与者数量的增加会增大恶意攻击者混入的概率，攻击者可以在协议过程中监听并分析其他参与者输入和输出地址的关联关系，威胁内部隐私性，甚至进行拒绝服务攻击，中断协议进程。

2013 年 8 月，CoinJoin 协议[67]提出，如图 8.16（a）所示，该协议在协商阶段由参与混币的用户共同协商输入和输出地址、统一输出金额等参数，然后在混淆阶段将所有输入和输出放入同一交易中构造混币交易。在确认阶段，各参与者检查自己的输出没有错误后对输入进行签名，当所有参与用户完成签名时将该交易广播到网络中。在该协议中，参与用户不需要信任其他节点，也不需要缴纳混币手续费，攻击者无法分辨 n 个金额一致的输出资产，保障了协议的外部隐私性。同时，用户可以先检查混币交易中自己的输出地址与金额是否正确，然后决定是否对交易输入进行签名，提供了资产安全性。

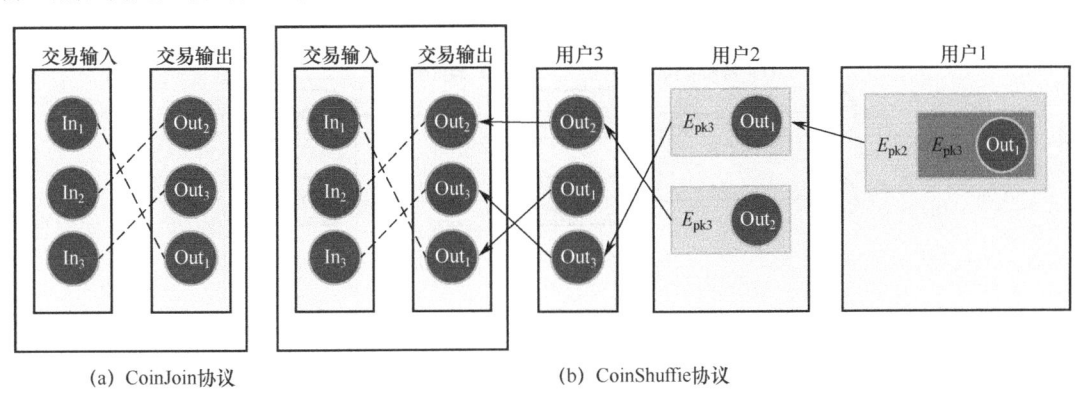

图 8.16　CoinJoin 协议和 CoinShuffle 协议

但 CoinJoin 协议的缺陷在于，在协商阶段，参与用户的输入和输出地址的关联信息会被其他参与混币的用户获取，不能保障地址混淆的内部隐私性。此外，一旦参与混币的部分节点拒绝签名或者提前花费参与混币的输入资产，则会导致混币失败。

Dash 项目在此基础上进行了一定的改进，该项目中的主节点构造保证了混币交易的内部隐私性。多个主节点为用户的交易进行链式混币，上一个主节点的交易输出作为下一个主节点的交易输入做进一步混淆。为了方便进行不同金额的交易，Dash 项目将所有金额拆分为十进制单位的和。由于每次混淆交易要求至少有 3 位参与者，因此随着混淆链的增长，混淆集合的用户数量呈指数上升，极大地增强了混淆能力。只要攻击者不能控制混淆链中大部分的主节点，就难以判断用户输入和输出地址的对应关系。

为了解决 CoinJoin 方案中的地址关联关系泄露问题，保障地址混淆的内部隐私性，Ruffing 等人在 2014 年提出了去中心化混币协议 CoinShuffle[68]。该协议继承了 CoinJoin 的思想，多个混币参与者共同发起同一输出金额的交易，并且参与者可以在检查交易后再签名，以确保资产的安全性。此外，该协议借鉴了可审计的匿名群组消息传递协议 Dissent，采用多层加密隐藏输入和输出地址的关联关系，提供了内部隐私性。如图 8.16 所示，在混淆阶段，各用户按照一定顺序进行排列，用户 1 将自己的输出地址通过用户 n 到用户 2 的公钥依次进行加密，得到多层加密结果，然后将其发送给用户 2。各用户将接收到的地址集合中的地址用私钥进行解密，然后加入自己多层加密后的输出地址，发送给下一个用户。最后，用户 *n* 解密得到其他用户的输出地址并加入自己的输出地址进行混淆。在混淆阶段，用户 *n* 以外的用户不能得知其他用户的输出地址明文，而用户 *n* 也无法得知其他用户与输出地址的对应关系，保障了内部隐私性。

CoinShuffle 协议的优点在于，通过多层加密提供了内部隐私性，同时也继承了 CoinJoin 的外部隐私性和资产安全性；缺点在于，该方案的混淆阶段计算量较大，花费时间较长，并且需要所有用户同时在线。此外，该方案可能会遭受攻击者的拒绝服务攻击，一旦遭受拒绝服务攻击，就需要重新进行大量计算。

为了解决 CoinShuffle 协议中混淆阶段遭受拒绝服务攻击损失较大的问题，2015 年，Ziegeldorf 等人提出了基于安全多方计算技术的去中心化混币协议 CoinParty[69]。在协商阶段，该协议通过构建门限托管账户，接收参与者的输入资产作为抵押，增加了攻击者在混淆阶段进行拒绝服务攻击的成本。当攻击者数量较少时，正常参与的混币用户可以保障协议正常进行。

CoinParty 协议具体流程如图 8.17 所示。

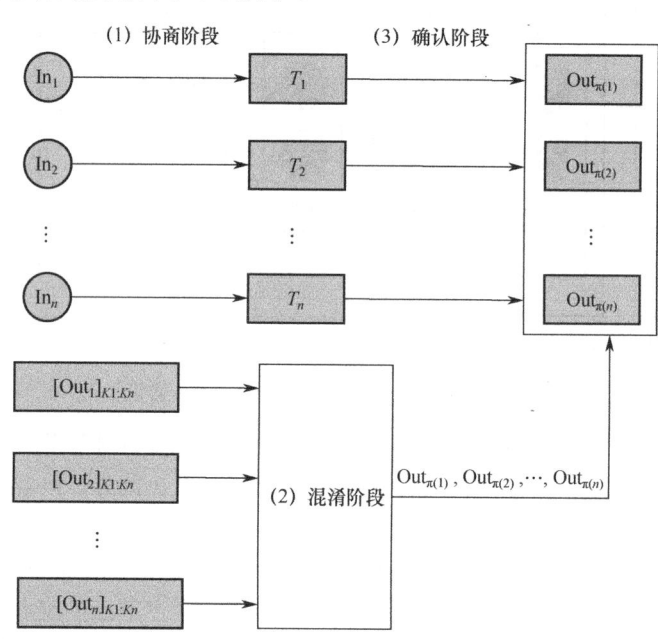

图 8.17　CoinParty 协议具体流程

（1）在协商阶段，各参与者将混币金额转入各自的临时托管地址作为抵押，表示承诺加入混币过程。临时托管地址由所有参与者通过伪随机秘密分享（Pseudo-Random Secret Sharing，PRSS）协议共同生成，并需要大部分参与者共同签名才可以使用，所以参与者无法独自取回抵押资产。

（2）完成协商后，CoinParty 协议将各参与者的输出地址进行混淆，与 CoinShuffle 协议一样采用多层加密来保障内部隐私性，但是在 CoinShuffle 的基础上进行了两点改进：

　① 采用秘密分享的校验和对比所有输出地址哈希值的和，对混淆结果进行校验；

　② CoinShuffle 协议中最终的混淆结果由最后一位参与者决定而非随机决定，攻击者可

以控制顺序。CoinParty 协议以校验和作为伪随机数生成器的依据生成公共随机置换，要求最后一位参与者以字典序排序，再增加公共随机置换来得到最终混淆结果，避免最后一位用户操纵排序结果。

（3）在确认阶段，所有用户一同将各托管地址中存放的资产发送到混淆后对应的输出地址，即使在少部分攻击者拒绝参与的情况下，正常用户也可以完成确认过程。

CoinParty 协议的安全性在于攻击者数量小于总参与者数量的 1/3，但是在没有身份认证的情况下，攻击者可能进行女巫攻击，通过布置达到总参与者数量 2/3 的节点参与 CoinParty 协议，盗窃其他参与者的资产。因此该协议能提供内部隐私性和外部隐私性，但是资产安全性存在着一定风险。

2）双方混币技术

多方混币协议构造过程较为复杂，恶意攻击者加入后，发布错误信息或中途退出会导致混币交易构造失败，因此容易受到拒绝服务攻击。而该类协议的隐私保护程度与混币交易参与者数量呈线性正相关。为了增强外部隐私性，希望加入更多参与者，但是参与方越多就越容易引来恶意攻击者参与，给用户隐私以及混币成功率带来风险。

为了防止恶意攻击者参与混币，研究人员提出了双方混币技术，将单次混币操作限定在两个用户之间进行，降低恶意攻击者混入的概率，同时减小攻击者的危害。双方混币技术的核心思想在于，将多个参与者进行一次混币交易更改为混币用户多次寻找不同的混币同伴进行多轮双方混币，以达到相同外部隐私性的混币效果。这类协议的优点在于攻击者为了获取用户资产流动，必须参与该用户的每一轮混币，但是这在概率上是难以达到的，从而减小了攻击者的威胁；缺陷在于多轮混币需要在区块链账本上发布多次交易，增加了交易费的支出，也带来了额外的时间花费。由于只有两个用户参与混淆，因此双方混币技术不存在混淆阶段。

2013 年，Maxwall 提出了 CoinSwap 协议[70]，借助第三方用户作为中转来隐藏交易直接输入方与直接输出方之间的关联，通过第三方用户转账保障资产安全。为了在无信任的情况下保障用户进行诚实的行为，协议中利用区块链系统中的 HTLC 来保证参与方的资产安全。HTLC 包含哈希锁定与时间锁定，用户可以提供合约中哈希值的哈希原像作为私密值解锁资产，也可以在锁定时间之后使用地址签名解锁资产。哈希锁用于交易接收方接收资产，时间锁用于发起方在发生异常的情况下，在一定时间后取回资产。CoinSwap 协议流程如图 8.18 所示。

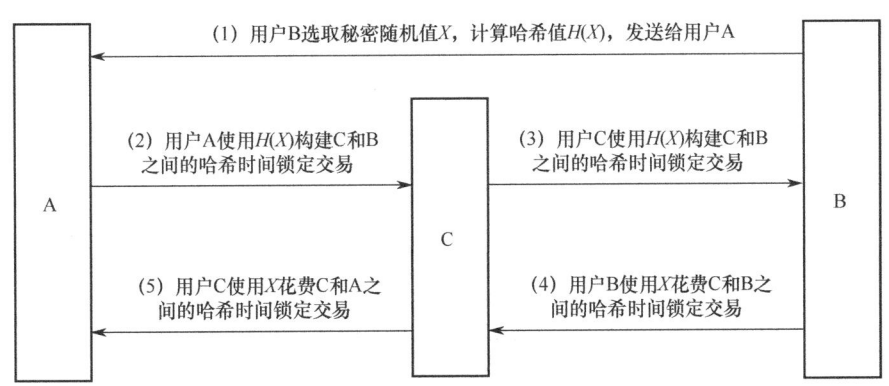

图 8.18　CoinSwap 协议流程

混币交易并非在同一交易中构造，而是先由用户 A 向用户 C 发起交易，再由用户 C 向用户 B 发起交易。为了保证资产安全，该协议中的交易采用哈希-时间-签名锁定合约，其中哈希锁利用用户 B 持有的私密值可以保证在用户 B 发布私密值获取资产后，用户 C 得知该私密值才能获取相应资产；签名锁保证用户 B 不能仅依靠私密值来获取用户 A 发给用户 C 的资产；时间锁保证在其他用户离线的情况下用户能取回自己的资产，防止拒绝服务攻击。由于用户 A 和用户 B 可以由同一用户扮演，因此该协议也可以应用在双方混币场景。CoinSwap 协议的优点在于，通过哈希-时间-签名锁定合约可以在无第三方参与的情况下完成混币，减小了攻击者参与的可能性，保障了各参与用户的资产安全；缺陷在于，多次交易会带来额外的交易手续费，以及两阶段交易构造与解锁会带来更长的交易确认时间。

CoinSwap 协议减少单次混币参与者数量，在一定程度上解决了攻击者监听和拒绝服务攻击的问题，但是仍存在一定的隐私风险。攻击者可以通过女巫攻击，尽可能多地布置混币节点，参与混币过程，攻击用户隐私安全。

为了进一步防止攻击者加入混币交易，2014 年，Bissias 等人提出了能够抵抗女巫攻击的去中心化混币协议 Xim[71]。Xim 协议在协商阶段采用登记广告的方式构建同伴发现算法，在公开的消息记录账本中发布广告与留言寻找混币同伴，需要支付一定的广告费，回应广告也需要支付一定的手续费，用户从所有回应的用户中随机挑选同伴。因此，当同时参与 Xim 混币的用户越多时，攻击者为了让目标用户选择自己作为混币同伴，必须支付大量的广告费，攻击代价会随着参与 Xim 混币的用户数量呈线性增加，因而该协议能有效抵御女巫攻击。此外，Xim 协议的混淆范围包含参与 Xim 协议的所有参与者，极大地提升了混币交易的外部隐私性。

综上所述，通过混淆账户地址保护用户隐私的机制有多种不同的技术实现，表 8.3 从技术类型、混淆范围、资产损失风险、混淆隐私泄露风险等多个方面对介绍的地址混淆技术进行了对比分析。

表8.3 地址混淆技术对比

方案名称	技术类型	混淆范围	资产损失风险	混淆隐私泄露风险	抵抗 DoS 攻击能力	抵抗女巫攻击能力
BitLaundry	中心化混币技术	使用该服务的用户集合	存在内部盗窃风险	存在内部泄露隐私风险	取决于中心化服务商系统性能	取决于中心化服务商系统性能
Mixcoin			承诺机制能一定程度防范内部盗窃风险			
Blindcoin				利用盲签名技术防范内部泄露风险		
CoinJoin	去中心化多方混币技术	参与交易构造的用户集合	不存在资产损失风险	存在其他参与用户泄露隐私风险	不能抵抗 DoS 攻击	不能抵抗女巫攻击
CoinShuffle				不存在其他参与用户泄露隐私风险	不能抵抗 DoS 攻击，问责阶段可以快速找出攻击者，减小危害	不能抵抗女巫攻击
CoinParty			存在一定资产损失风险		通过押金机制提高 DoS 攻击成本	通过押金机制抵抗女巫攻击

（续）

方案名称	技术类型	混淆范围	资产损失风险	混淆隐私泄露风险	抵抗 Dos 攻击能力	抵抗女巫攻击能力
CoinSwap	去中心化双方混币技术	使用该协议的用户集合	不存在资产损失风险	多轮混淆降低泄露隐私风险	不能抵抗 DoS 攻击	攻击者可以通过拒绝签名或双重花费进行 DoS 攻击
Xim					通过广告押金提高 DoS 攻击成本	通过广告押金提高女巫攻击成本

本章小结

区块链技术的扩展性问题一直是业内所探讨的重要话题，已经成为区块链技术发展中的关键瓶颈。本章首先介绍了几种常见的区块链扩展方案，如侧链、树链、块格、DAG 链等；其次介绍了超级账本项目的背景和管理方式，并详细介绍了 Fabric 项目和 Sawtooth Lake 项目的架构和优势；然后介绍了闪电网络的基本功能与常见应用场景；接下来介绍了区块压缩的基本原理和常见的区块压缩方案；最后介绍了地址混淆机制，并详细介绍了中心化混币模型和去中心化混币模型。

习题 8

1. 区块链的公有链系统一直存在"三元悖论"问题，也称"不可能三角"问题，即在区块链系统中，无法较好地兼容"去中心化""安全性""可扩展性" 3 种特性，这 3 种特性有着各自独立的发展路线，牺牲其中某一种，并不代表可以换取另一种特性的提高。因此，在现有技术条件下，区块链想要最大化融合这 3 种特性，必将有所取舍。通过查阅国内外文献，简述近几年各公有链项目在提升性能方面采用的新技术及其技术原理。

2. 区块链交易隐私保护是重要的课题之一，除了本书主要提到的混币技术，请查阅相关文献，简述 2～3 种近年来所提的交易隐私保护技术，并分析其各自存在的优、缺点。

3. 简述以太坊和 HyperLedger Fabric 的区别。

4. 闪电网络是解决比特币交易中小额交易的一种技术手段，简述其包含的两个核心概念。

附录 A　椭圆曲线密码

附录 A 将介绍椭圆曲线密码，不过对于其中的数学知识的介绍只能浅尝辄止。如果想更加深入地了解椭圆曲线密码，可以参考《欢迎来到现代密码》《密码理论与椭圆曲线》《支撑云计算未来的密码技术》等著作。此外，关于有限域的计算，在《数学女孩：费马大定理》一书中也进行了介绍。

1. 椭圆曲线密码的概念

椭圆曲线密码（Elliptic Curve Cryptography，ECC）是利用椭圆曲线来实现的密码技术的统称。尽管名字里带有"密码"两个字，但椭圆曲线密码实际上包括以下内容。

- 基于椭圆曲线的公钥密码；
- 基于椭圆曲线的数字签名；
- 基于椭圆曲线的密钥交换。

椭圆曲线密码目前正被广泛使用，如在 SSL/TLS 中，就使用了椭圆曲线 Diffie-Hellman 密钥交换（ECDH、ECDHE）和椭圆曲线 DSA（ECDSA），虚拟货币比特币中也使用了椭圆曲线 DSA。

椭圆曲线密码可以用比 RSA 更短的密钥来实现同等的安全强度。也就是说，椭圆曲线密码密钥短但安全强度高。例如，密钥长度为 224～255 比特的椭圆曲线密码，与密钥长度为 2048 比特的 RSA 具备几乎同等的安全强度。

顺便一提，椭圆曲线（Elliptic Curve，EC）这个名字很容易让人联想到"椭圆形"，但实际上椭圆曲线的图像并不是椭圆形的。而之所以称为椭圆曲线，是有历史原因的，即椭圆曲线源自求椭圆弧长的椭圆积分的反函数。

一般情况下，椭圆曲线可用下列方程式来表示，其中 a，b，c，d 为系数，但 $a=0$，$y^2 = ax^3+bx^2+cx+d$ 没有重根。

$$E: y^2 = ax^3+bx^2+cx+d$$

例如，当 $a=1$，$b=0$，$c=-1$，$d=4$ 时，所得到的椭圆曲线为

$$E: y^2 = x^3-2x+4$$

该椭圆曲线 E 的图像如图 A-1 所示，可以看出它不是椭圆形。

2. 椭圆曲线运算

下面我们利用图像来讲解一下椭圆曲线上的"运算"。

首先是加法，请看图 A-2。过曲线上两点 A、B 画一条直线，找到直线与椭圆曲线的交点，我们将该交点关于 x 轴对称位置的点定义为 $A + B$（因为椭圆曲线方程中存在 y^2 项，因此椭圆曲线必然关于 x 轴对称。可能大家会问："为什么两个点的加法要这样定义呢？"请大家暂且抛开数学的加法运算概念。在这里，由两个点 A、B 按上述过程求得的点，就被定义为椭圆曲线上的点 $A + B$。这样的运算称为"椭圆曲线上的加法运算"。

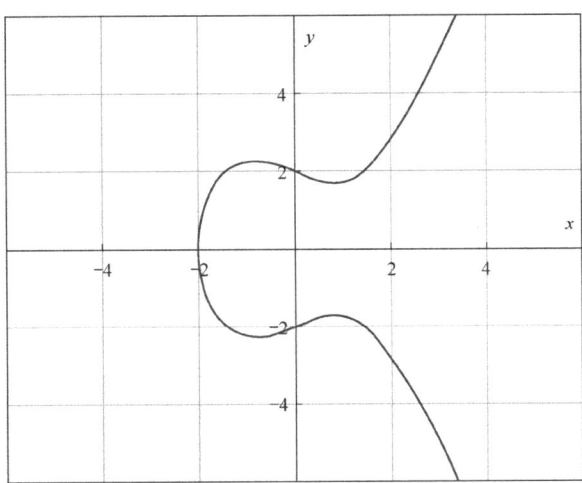

图 A-1　椭圆曲线示例（$E: y^2 = x^3 - 2x + 4$）

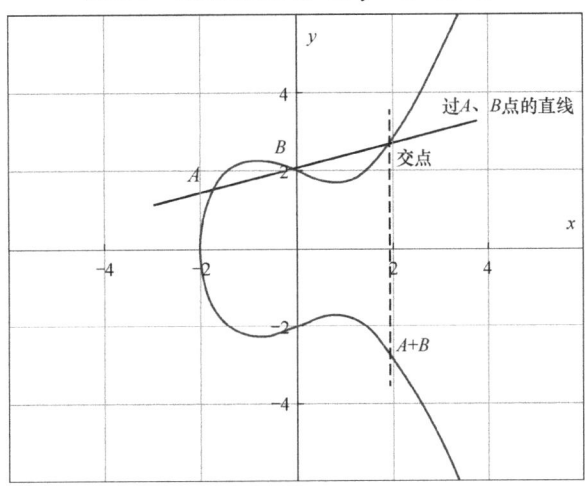

图 A-2　椭圆曲线上的加法

　　但是，上述定义无法解释 $A+A$，即两点重合时的情况，因为当两点重合时，无法画出"过两点的直线"。在这种情况下，如图 A-3 所示，我们画出"曲线在点 A 的切线"，然后找

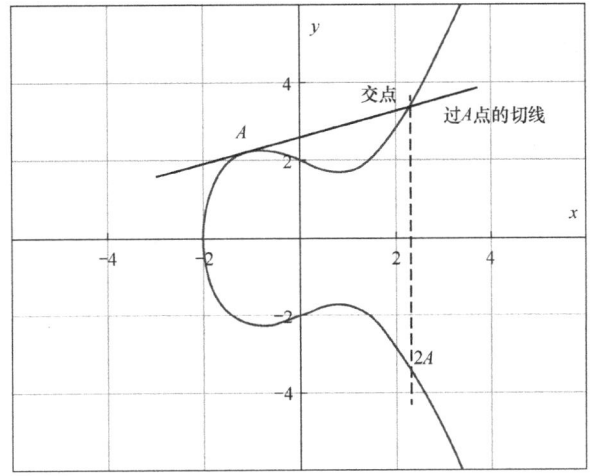

图 A-3　椭圆曲线上的二倍运算

到该切线与椭圆曲线的交点，将该交点关于 x 轴对称位置的点定义为 $A+A$，也就是 $2A$。这样的运算称为"椭圆曲线上的二倍运算"。

此外，我们将点 A 关于 x 轴对称位置的点定义为 $-A$（如图 A-4 所示），这样的运算称为"椭圆曲线上的正负取反运算"。

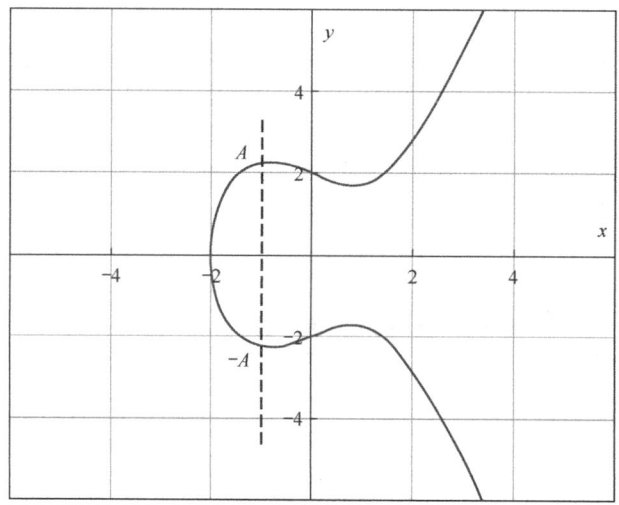

图 A-4 椭圆曲线上的正负取反运算

那么，如果我们将 A 和 $-A$ 相加会怎么样呢？根据椭圆曲线加法的定义，我们应该找到过 A 和 $-A$ 的直线与椭圆曲线的交点，但过 A 和 $-A$ 的直线与椭圆曲线之间只有 A 和 $-A$ 这两个交点，于是我们认为这条直线与椭圆曲线在"无限远点"的位置相交。这个无限远点在图像上画不出来，我们将其记作 O。可以发现，无限远点 O 的作用和数字 0 相近，$A + (-A) = O$ 是永远成立的[①]。

像这样，我们对椭圆曲线上的点（包括无限远点）的"运算"进行了定义[②]。按照上面用图像讲解的方法，当给定椭圆曲线方程以及点的坐标时，我们就可以用坐标进行相加、二倍、正负取反的运算。

基于上述"运算"规则，给定椭圆曲线上的某一点 G，我们就可以求出 $2G,3G$ 等点的坐标。$2G$ 相当于 G 的二倍，而 $3G$ 则相当于 $G+2G$。也就是说，当给定点 G 时，"已知数 x 求点 xG 的问题"并不困难。但反过来，"已知点 xG 求数 x 的问题"则非常困难。这就是椭圆曲线密码中所利用的"椭圆曲线上的离散对数问题"。

3. 椭圆曲线上的离散对数问题

在椭圆曲线密码中，我们首先确定一条椭圆曲线，然后对椭圆曲线上的某一些点（以及无限远点）之间的"运算"进行定义，并用这些"运算"来进行密码技术相关的计算。

椭圆曲线密码利用了上述"运算"中"椭圆曲线上的离散对数问题"的复杂度，就像 RSA 利用了"质因数分解"的复杂度，以及 Elgamal 密码和 Diffie-Hellman 密钥交换利用了

---

① 椭圆曲线密码中，O 用于表示无限远点，因此在椭圆曲线的图像上一般不会在原点处标 O。

② 此处定义的"运算"相当于在包含椭圆曲线上所有点以及无限远点的集合上的阿贝尔群（交换群），这个群以无限远点 O 为单位元。

"有限域上的离散对数问题"的复杂度一样。

椭圆曲线上的离散对数问题（Elliptic Curve Discrete Logarithm Problem，ECDLP）这个词听上去很晦涩，其本质就是"已知点 xG 求数 x 的问题"。因此，"椭圆曲线上的离散对数问题"的定义就是"已知椭圆曲线 E、E 上的一点 G，以及 G 的 x 倍点 xG，求 x"。

4．有限域上的椭圆曲线运算

到这里为止，大家对于"椭圆曲线运算"以及"椭圆曲线上的离散对数问题"应该已经有了一个大致的理解，接下来的内容会更复杂一些。其实，椭圆曲线密码所使用的椭圆曲线运算，并不是在光滑曲线上进行的。

椭圆曲线的图像要形成一条光滑的曲线，其坐标 x, y 必须都是实数，即"实数域 $\mathbf{R}$ 上的椭圆曲线"。

椭圆曲线密码所使用的椭圆曲线并非在实数域 $\mathbf{R}$ 上，而是在有限域 F_p 上。有限域 F_p 是指对于某个给定的质数 p，由 $0,1,\cdots,p-1$ 共 p 个元素所组成的整数集合中定义的加、减、乘、除运算。

我们来看一个具体的例子。E_2: $y_2 = x_3+x+1$，当这个椭圆曲线 E_2 位于实数域 $\mathbf{R}$ 上时，其图像如图 A-5 所示，是一条光滑的曲线。

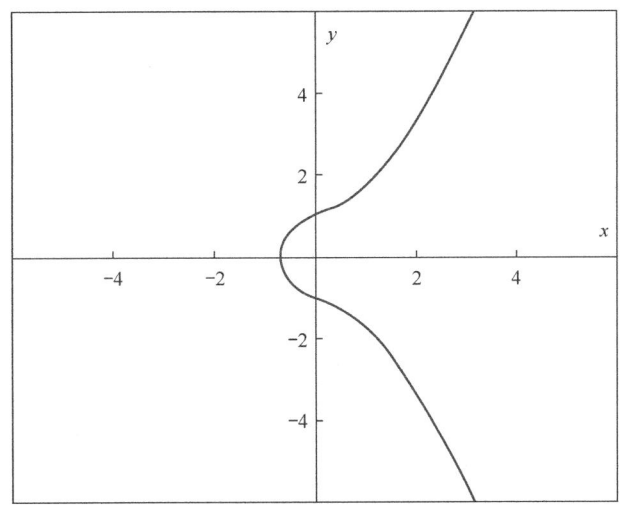

图 A-5　椭圆曲线 E_2 在实数域 $\mathbf{R}$ 上的图像

同样是这条椭圆曲线 E_2，当它位于有限域 F_{23} 上时，写作

$$E_2: y_2 = x_3+x+1 \bmod 23$$

即左侧 y_2 与右侧 x_3+x+1 的结果除以 23 的余数相等。在有限域 F_{23} 上的椭圆曲线图像如图 A-6 所示。这个图像中，x, y 都只能取 0 到 23 之间的整数，因此图像并不是一条曲线，而是一些不连续的点。图 A-6 中每一个点的坐标 (x, y) 都满足"y_2 除以 23 的余数"等于"x_3+x+1 除以 23 的余数"。

如果我们以椭圆曲线 E_2 上的点 G 为基点，点 G 的坐标为 $(0,1)$，按照椭圆曲线"运算"的规则计算 $2G, 3G, 4G, 5G\cdots\cdots$结果如图 A-7 所示。

现在请大家回忆一下，椭圆曲线上的离散对数问题就是已知 G 和 xG 求 x 的问题。我们来举个例子，已知点 G 的坐标为 $(0,1)$，点 $23G$ 的坐标为 $(18,20)$，求 23。这就是一个椭圆曲线上的离散对数问题。在这里我们所使用的 $p=23$ 是一个很小的数，因此这个问题还不难解，但当 p 非常大时，要解这个问题是非常困难的。

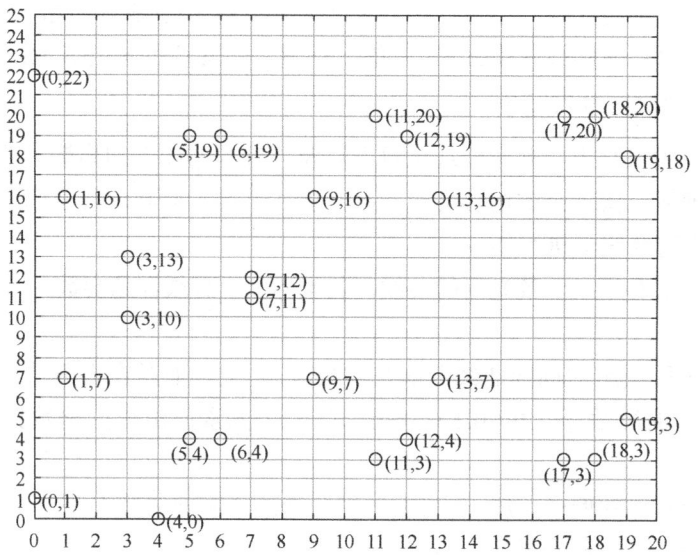

图 A-6　椭圆曲线 E_2 在有限域 F_{23} 上的图像

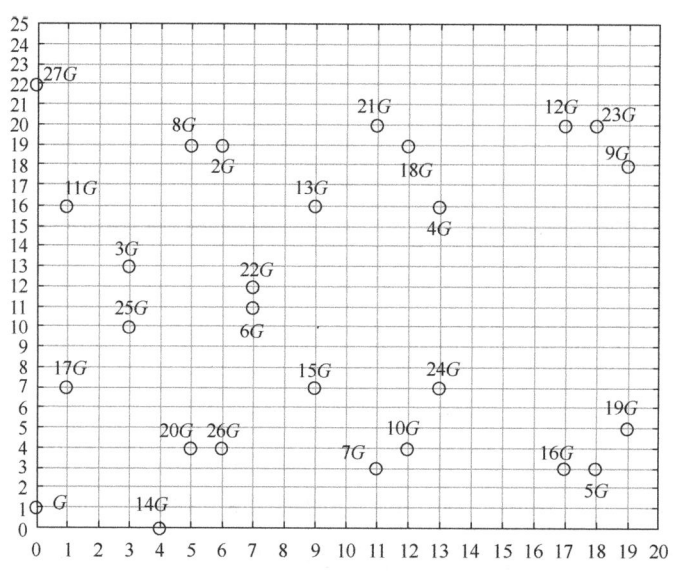

图 A-7　以 $G = (0,1)$ 为基点计算 $2G, 3G, 4G, 5G$……的结果

以 NIST 推荐的一种椭圆曲线 Curve P-521 为例，其质数 p 是一个长达 157 位的数，$p = 2^{251}-1$。

刚刚我们介绍了很多内容，其实大家只要记住以下两点就可以了。

- 椭圆曲线上的离散对数问题就是已知 G 和 xG 求 x 的问题；
- 解椭圆曲线上的离散对数问题是非常困难的。

5. 椭圆曲线 Diffie-Hellman 密钥交换

前面我们介绍了"椭圆曲线上的离散对数问题"，接下来我们来看一看具体的密码算法是如何实现的。首先我们来看一看椭圆曲线 Diffie-Hellman 密钥交换。其实除了运用椭圆曲线这一点，它的流程与 Diffie-Hellman 密钥交换的流程基本上是相同的。

非椭圆曲线的 Diffie-Hellman 密钥交换所利用的是：

- 以 p 为模，已知 G 和 $Gx \bmod p$ 求 x 的复杂度（有限域上的离散对数问题）。

相对地，椭圆曲线 Diffie-Hellman 密钥交换所利用的则是：

- 在椭圆曲线上，已知 G 和 xG 求 x 的复杂度（椭圆曲线上的离散对数问题）。

现在我们假设 Alice 和 Bob 需要共享一个对称密码的密钥，然而双方之间的通信线路已经被窃听者 Eve 窃听了。这时，Alice 和 Bob 可以通过以下方法进行椭圆曲线 Diffie-Hellman 密钥交换，从而生成共享密钥（图 A-8）。

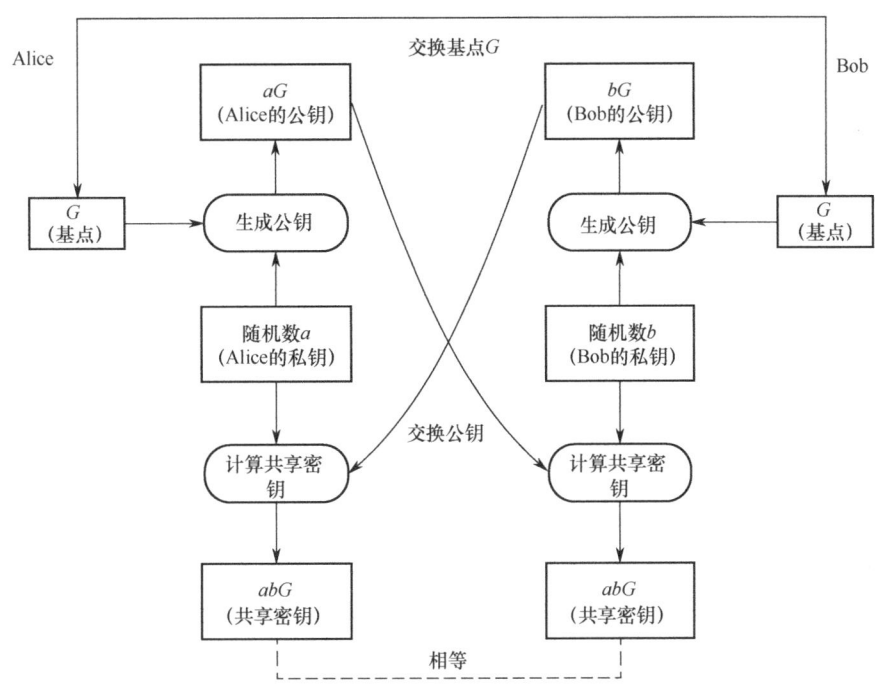

图 A-8　椭圆曲线 Diffie-Hellman 密钥交换

（1）Alice 向 Bob 发送点 G。点 G 被 Eve 知道也没关系。

（2）Alice 生成随机数 a。这个数没有必要告诉 Bob，也不能让 Eve 知道。我们将数 a 称为 Alice 的私钥。

（3）Bob 生成随机数 b。这个数没有必要告诉 Alice，也不能让 Eve 知道。我们将数 b 称为 Bob 的私钥。

（4）Alice 向 Bob 发送点 aG。点 aG 被 Eve 知道也没关系，它是 Alice 的公钥。

（5）Bob 向 Alice 发送点 bG。点 bG 被 Eve 知道也没关系，它是 Bob 的公钥。

（6）Alice 对 Bob 发送的点 bG 计算其在椭圆曲线上 a 倍的点。Alice 在椭圆曲线上计算 $a(bG)=abG$，它就是 Alice 与 Bob 的共享密钥。

（7）相对地，Bob 对 Alice 发送的点 aG 计算其在椭圆曲线上 b 倍的点。Bob 在椭圆曲线上计算 $b(aG) = baG = abG$，它就是 Alice 与 Bob 的共享密钥。

从图 A-8 中可以看出，Eve 能够窃听到的信息一共有 3 个：G、aG、bG。由于"椭圆曲线上已知 G 和 xG 求 x 非常困难"，因此已知 G 和 aG 无法求出 a，已知 G 和 bG 也无法求出

b。也就是说，Eve 无法计算出 *abG*。

相对地，Alice 和 Bob 各自持有私钥 *a* 和 *b*，因此双方都能够根据 *G*、*aG*、*bG* 计算出 *abG*。Alice 的计算方法为 $a(bG) = abG$，而 Bob 的计算方法为 $b(aG) = baG = abG$。经过这些步骤，Alice 和 Bob 就生成了共享密钥 *abG*，而窃听者 Eve 却无法获取它。

综上所述，椭圆曲线 Diffie-Hellman 密钥交换正是基于椭圆曲线上的离散对数问题的复杂度来实现的[①]。

在椭圆曲线 Diffie-Hellman 密钥交换中，生成共享密钥需要使用随机数 *a*、*b*。如果每次通信都使用不同的随机数，则共享密钥也会随之改变。这样一来，即便在某个时间点通信的机密性被破解，由于每次通信使用的共享密钥不同，因此我们也无须担心在此之前的通信内容被破解。这样的特性称为前向安全性（Forward Secrecy，FS）或者完全前向安全性（Perfect Forward Secrecy，PFS）。例如，在 SSL/TLS 中使用椭圆曲线密码时，如果选择 ECDHE_ECDSA 和 ECDHE_RSA 密钥交换算法，就可以获得前向安全性[②]。

6. 椭圆曲线 ElGamal 密码

现在大家已经知道，通过椭圆曲线 Diffie-Hellman 密钥交换，Alice 和 Bob 能够生成共享密钥 *abG*。利用共享密钥 *abG*，我们就可以很容易地实现椭圆曲线 ElGamal 密码。

假设 Alice 要向 Bob 发送一条消息，Alice 可以将自己要发送的消息用椭圆曲线上的一个点 *M* 来表示（实际上使用的是该点的 *x* 坐标）。

1）加密

（1）Alice 用自己的私钥 *a* 以及 Bob 的公钥 *bG*，对消息 *M* 计算点 *M*+*abG*。此点 *M*+*abG* 就是密文。

（2）Alice 将密文 *M*+*abG* 发送给 Bob。

2）解密

（1）Bob 接收到密文 *M*+*abG*。

（2）Bob 用 Alice 的公钥 *aG* 以及自己的私钥 *b* 计算出共享密钥 *abG*。

（3）Bob 将收到的密文 *M*+*abG* 减去共享密钥 *abG* 得到消息 *M*。

由于窃听者 Eve 无法计算出 *abG*，因此即便窃取到密文 *M*+*abG*，也无法计算出消息 *M*。

---

① 严格来说，椭圆曲线上的离散对数问题的复杂度只能证明"已知 *G*、*aG*、*bG* 难以求出 *a*、*b*"，但无法证明"已知 *G*、*aG*、*bG* 难以求出 *abG*"，后者需要另外证明，这里暂且省略。

② ECDHE 的意思是在 Elliptic Curve Diffie-Hellman 密钥交换中使用 Ephemeral（短暂的）密钥。

附录 B　双重支付的定性分析

我们来定性分析双重支付问题。首先假设诚实节点和攻击节点的算力总和为常数，诚实节点记录下一区块的概率为 p，攻击节点记录下一区块的概率为 q；生成区块的难度（工作量）为常数，产生一个区块的平均时间为 T_0，诚实链长度为 n，虚假链长度为 m，则二者的差为 $z = n - m$。问题是求解攻击节点的虚假链长度超过诚实链的概率。

可以将上述问题描述的过程看成一个连续时间马尔可夫过程，显然，当 $z = -1$ 时，攻击节点攻击成功，由于我们只关心攻击者攻击成功的概率，而不关心何时攻击成功，故该问题等价于离散马尔可夫链。当攻击者生成的虚假链落后诚实链 z 个区块时，攻击成功的概率为 a_z，则有如下关系成立：

$$z_{i+1} = \begin{cases} z_i + 1, & \text{以概率} p \\ z_i - 1, & \text{以概率} q \end{cases}$$

$$p + q = 1$$

$$a_z = p \cdot a_{z+1} + q \cdot a_{z-1}$$

当 $z < 0$ 时，$a_z = 1$，因此可以推导出：

$$a_z = \begin{cases} 1, & \text{当} z < 0 \text{或} q > p \\ (q/p)^{z+1}, & \text{当} z > 0 \text{且} q \leqslant p \end{cases}$$

即

（1）当 $q > p$ 时，攻击者的虚假链无论落后诚实链多少个区块，均可生成比诚实链长的链，即攻击成功。

（2）当 $q < p$ 时，攻击者成功的概率随着落后的区块个数而呈现指数型衰减。

攻击者成功的概率与落后区块的个数相关，与生成区块的时间长短无关，基于以上结论，交易信息的真实性往往需要等待若干个区块确认被写入最长链后才能得到保障。

上面的假设可以描述一个 n 重伯努利实验，即新产生的区块由攻击节点产生的概率为 q，由诚实节点产生的概率为 p，每次产生的区块或者由攻击节点生成，或者由诚实节点生成。M 个区块由攻击节点产生，n 个区块由诚实节点产生。在 $m+n$ 次实验中，m 是一个随机变量，服从负二项分布，其概率为

$$P(m) = \binom{m+n-1}{m} p^n q^m$$

其中，$\binom{m+n-1}{m} = \dfrac{(m+n-1)!}{m!(n-1)!}$。假设攻击节点已经新计算出一个区块，即攻击者产生了 $m+1$ 个区块，则攻击节点双花成功的累积分布函数为

$$r = \sum_{m=0}^{\infty} P(m) a_{n-m-1}$$

$$= \sum_{m=0}^{n-1} \binom{m+n-1}{m} p^n q^m \left[\min(q/p)^{n-m} \right] + \sum_{m=n}^{\infty} \binom{m+n-1}{m} p^n q^m$$

$$= \begin{cases} 1 - \sum_{m=0}^{n} \binom{m+n-1}{m} (p^n q^m - p^m q^n), & \text{当 } q < p \\ 1, & \text{当 } q \geqslant p \end{cases}$$

取 $n=2$、4、6、8、10，可以得到当攻击者占全网算力小于 50%时，更多的区块确认数量可以显著降低攻击者双花成功的概率，而当攻击者占全网算力超过 50%时，必然导致攻击者双花成功。具体地分析，当攻击者算力占全网 10%时，2 个区块确认可以保证攻击者双花成功的概率低于 10%，4 个区块确认可以保证双花攻击概率低于 1%，6 个区块确认可以保证双花攻击成功的概率低于 0.1%，随着区块确认数量的增加，攻击者双花成功的概率呈指数下降。

所以，在一般的比特币区块链中，除了巨额交易，一般交易需经过 6 个区块确认才能保证交易数据安全可靠。表 B-1 展示了攻击者在拥有全网算力 q 的情况下，进行 n 次区块确认可以实现的最大安全交易值，也就是攻击者双花所需的经济成本。可见，等待更多的区块确认，攻击者的双花成本大幅增加，也就是说攻击者的犯罪成本远高于收益，理性情况下不会实施犯罪。

表 B-1　最大安全交易值　　　　　　　　　　　　　　　　单位：美元

q	$n=1$	$n=2$	$n=3$	$n=4$	$n=5$	$n=6$	$n=7$	$n=8$	$n=9$	$n=10$
2%	2400	42K	644K	9370K	≈∞	≈∞	≈∞	≈∞	≈∞	≈∞
4%	1150	10K	82K	615K	4437K	≈∞	≈∞	≈∞	≈∞	≈∞
6%	733	4722	25K	127K	626K	3018K	14M	≈∞	≈∞	≈∞
8%	525	2650	10K	42K	159K	588K	2144K	7749K	≈∞	≈∞
10%	400	1685	5741	18K	56K	168K	503K	1486K	4361K	12M
12%	316	1158	3391	9212	24K	62K	157K	396K	990K	2460K
14%	257	837	2172	5200	11K	27K	60K	132K	290K	632K
16%	212	628	1474	3178	6580	13K	26K	52K	102K	200K
18%	177	484	1043	2061	3901	7202	13K	23K	42K	74K
20%	150	380	763	1399	2453	4190	7039	11K	19K	31K
22%	127	303	571	983	1615	2582	4053	6288	9671	14K
24%	108	244	436	710	1103	1665	2467	3608	5229	7525
26%	92	198	337	523	775	1113	1570	2182	3005	4106
28%	78	161	263	392	556	766	1035	1377	1815	2372
30%	66	131	206	296	406	539	701	899	1141	1435
32%	56	106	162	225	299	385	485	602	740	901
34%	47	86	127	172	221	277	340	411	491	582
36%	38	69	99	130	164	200	240	283	331	383
38%	31	54	76	98	121	144	169	196	224	254

（续）

q	n=1	n=2	n=3	n=4	n=5	n=6	n=7	n=8	n=9	n=10
40%	25	42	57	72	87	102	118	134	151	168
42%	19	31	41	51	61	70	80	90	99	109
44%	13	21	28	34	40	46	51	57	62	68
46%	8	13	17	21	24	27	30	32	35	38
48%	4	6	8	9	10	12	13	14	15	16
50%	0	0	0	0	0	0	0	0	0	0

参 考 文 献

[1] NAKAMOTO S. Bitcoin: A peer-to-peer electronic cash system[J]. Decentralized Business Review, 2008: 21260.

[2] PARK J H, PARK J H. Blockchain security in cloud computing: use cases, challenges, and solutions[J]. Symmetry, 2017, 9(8): 164.

[3] BUTERIN V. A next-generation smart contract and decentralized application platform[J]. White paper, 2014, 3(37): 2-1.

[4] 邹均, 张海宁, 唐屹, 等. 区块链技术指南[M]. 北京: 机械工业出版社, 2016.

[5] 凌力. 解构区块链[M]. 北京: 清华大学出版社, 2019.

[6] 结城浩. 图解密码技术[M]. 3 版. 北京: 人民邮电出版社, 2015.

[7] ANDREAS M. 精通比特币[M]. 2 版. 南京: 东南大学出版社, 2018.

[8] WILLIAM STALLINGS. 密码编码学与网络安全: 原理与实践[M]. 7 版. 王后珍, 李莉, 杜瑞颖, 等译. 北京: 电子工业出版社, 2017.

[9] MILLER V S. Use of elliptic curves in cryptography[C]//Conference on the theory and application of cryptographic techniques. Springer, Berlin, Heidelberg, 1985: 417-426.

[10] KOBLITZ N. Elliptic curve cryptosystems[J]. Mathematics of computation, 1987, 48(177): 203-209.

[11] BLOOM B H. Space/time trade-offs in hash coding with allowable errors[J]. Communications of the ACM, 1970, 13(7): 422-426.

[12] 谢希仁. 计算机网络[M]. 7 版. 北京: 电子工业出版社, 2017.

[13] 李宁. 第一行代码: 以太坊[M]. 北京: 水利水电出版社, 2018.

[14] 冯翔, 吴寿鹤. 区块链开发实战[M]. 北京: 机械工业出版社, 2018.

[15] BUTERIN V. Merkling in ethereum[J]. published on Ethereum blog, 2015.

[16] CACHIN C. Architecture of the hyperledger blockchain fabric[C]//Workshop on distributed cryptocurrencies and consensus ledgers, 2016.

[17] 邵奇峰, 金澈清, 张召, 等. 区块链技术: 架构及进展[J]. 计算机学报, 2018, 41(5):20.

[18] LAMPORT L, SHOSTAK R, PEASE M. The byzantine generals problem[J]. ACM Transactions on Programming Languages and Systems, 1982, 4(3).

[19] CASTRO M, LISKOV B. Practical byzantine fault tolerance[C]//OsDI. 1999, 99(1999): 173-186.

[20] Dantheman. Dpos consensus algorithm: the missing white paper[EB/OL]. [2021-04-30]. https://steemit. com/dpos/@dantheman/dpos-consensus-algorithm-this-missing-white-paper.

[21] SCHWARTZ D, YOUNGS N, BRITTO A. The ripple protocol consensus algorithm[J]. Ripple Labs Inc White Paper, 2014, 5(8): 151.

[22] NEO. Neo whitepaper[R/OL]. (2018-07-31) [2021-05-03]. http://docs.neo.org/zh-cn/whitepaper.html.

[23] NEO. dBFT 2.0 Algorithm[R/OL]. [2021-06-12]. https://docs.neo.org/v2/docs/en-us/tooldev/consensus/consensus_ algorithm.html.

[24] MILLER A, XIA Y, CROMAN K, et al. The honey badger of BFT protocols[C]// Acm Sigsac Conference on

Computer & Communications Security. ACM, 2016:31-42.

[25] GUO B, LU Z, TANG Q, et al. Dumbo: faster asynchronous BFT protocols[C]// CCS '20: 2020 ACM SIGSAC Conference on Computer and Communications Security. ACM, 2020.

[26] LU Y, LU Z, TANG Q, et al. Dumbo-MVBA: optimal multi-valued validated asynchronous byzantine agreement, revisited[C]// PODC '20: ACM Symposium on Principles of Distributed Computing. ACM, 2020.

[27] 魏帅, 王颖, 田世华. 区块链在科技金融服务中的应用与挑战[J]. 中国商论, 2022(01): 106-109.

[28] 黄星月. 区块链技术冲击传统银行业的影响及对策[J]. 长春金融高等专科学校学报, 2019(02): 54-58.

[29] The Libra Association. Libra White Paper 2.0 [R/OL]. [2021-05-02]. https://wp.diem.com/en-US/wp-content/uploads/sites/23/2020/04/Libra_WhitePaperV2_April2020.pdf.

[30] 乔海曙, 田丰. 区块链技术下共享金融发展研究[J]. 经济与管理, 2018,32(05): 86-92.

[31] 张涛. 基于区块链技术的数字票据平台研究[J]. 现代计算机, 2021, 27(29): 85-90.

[32] 魏雪莉. 区块链技术在金融审计中的应用研究[J]. 中国物价, 2021(09): 87-90.

[33] SZABO N. Smart contracts: building blocks for digital markets[J]. EXTROPY: The Journal of Transhumanist Thought,(16), 1996, 18(2): 28.

[34] 严振亚. 基于区块链技术的共享经济新模式[J]. 社会科学研究, 2020(01): 94-101.

[35] The Libra Association, An Introduction to Libra [R/OL]. (2019-07-23) [2021-04-03]. https://sls.gmu.edu/pfrt/wp-content/uploads/sites/54/2020/02/LibraWhitePaper_en_US-Rev0723.pdf.

[36] BLACKSHEAR S, CHENG E, DILL D L, et al. Move: a language with programmable resources[J]. Libra Assoc, 2019.

[37] YIN M, MALKHI D, REITER M K, et al. HotStuff: bft consensus with linearity and responsiveness[C]// Proceedings of the 2019 ACM Symposium on Principles of Distributed Computing. 2019: 347-356.

[38] SHIN H S. Big tech in finance: opportunities and risks[J]. BIS-Annual Economic Report, 2019: 12.

[39] The Libra Association. Libra White Paper 2.0 [R/OL]. [2021-05-02]. https://wp.diem.com/en-US/wp-content/uploads/sites/23/2020/04/Libra_WhitePaperV2_April2020.pdf.

[40] 卢瑶瑶, 赵华伟. 浅析区块链在保险行业的应用[J]. 区域金融研究, 2017(10): 52-54.

[41] 于淼. 区块链技术的保险行业适用性分析[J]. 保险理论与实践, 2020(07): 44-53.

[42] 李筱纯. 区块链技术与保险行业的契合分析[J]. 现代商业, 2020(26): 154-156.

[43] 丁萌萌. 区块链技术在保险行业的应用分析[J]. 中国保险, 2019(12): 27-31.

[44] 张荣. 区块链在保险行业的应用及影响[J]. 信息通信技术与政策, 2020(01): 46-51.

[45] 安林洁. 区块链技术在医疗领域中的应用[J]. 中国市场, 2018(32): 161+165.

[46] 娄颜超, 陈要伟. 区块链技术在医疗领域中的应用[J]. 电子技术与软件工程, 2020(03): 188-189.

[47] 毛戈, 李晶, 朱乔, 等. 区块链技术在医疗领域的应用前景[J]. 湖北大学学报(自然科学版), 2021, 43(01): 86-90.

[48] 曹妍. "区块链+农业"与"智慧农业"概念辨析[J]. 现代商业, 2020(15): 64-65.

[49] 刘丹, 刘文钰. 农业生产中食品安全问题[J]. 新农业, 2020(24): 27.

[50] 江凤香, 罗骁, 王芳, 等. 乡村振兴战略背景下区块链农业发展路径[J]. 贵州农业科学, 2021, 49(05): 159-164.

[51] 孙洪民, 彭辉, 李俊. 智慧农业背景下区块链赋能物联网技术的应用[J]. 电子世界, 2020(22): 198-199.

[52] 孙忠富, 李永利, 郑飞翔, 等. 区块链在智慧农业中的应用展望[J]. 大数据, 2019, 5(02): 116-124.

[53] BACK A, CORALLO M, DASHJR L, et al. Enabling blockchain innovations with pegged sidechains[J]. http://www.opensciencereview.com/papers/123/enablingblockchain-innovations-with-pegged-sidechains, 2014.

[54] LERNER S D. DagCoin: a cryptocurrency without blocks[EB/OL]. (2015). https://bitslog.files.wordpress.com.

[55] POPOV S. The tangle[J]. White paper, 2018, 1(3).

[56] CHURYUMOV A. Byteball: a decentralized system for storage and transfer of value[EB/OL]. (2016-10-01) [2020-05-4]. https://byteball.org/Byteball.pdf.

[57] LEMAHIEU C. NANO: a feeless distributed cryptocurrency network[EB/OL]. (2018-03-24) [2020-05-04]. https://nano.org/en/whitepaper.

[58] POON J, DRYJA T. The Bitcoin lightning network: scalable off-chain instant payments[J]. https://lightning. network/lightning-network-paper.pdf.

[59] 廖永丽. 关注比特币闪电网络提供小额支付渠道的解决方案[J]. 当代金融家, 2017 (9): 132-133.

[60] POON J, DRYJA T. The bitcoin lightning network: Scalable off-chain instant payments[J]. White paper, 2016.

[61] KIM T, NOH J, CHO S. SCC: storage compression consensus for blockchain in lightweight IoT network[C]//2019 IEEE International Conference on Consumer Electronics (ICCE). IEEE, 2019: 1-4.

[62] 张奥, 白晓颖. 区块链隐私保护研究与实践综述[J]. 软件学报, 2020, 31(5): 1406-1434.

[63] MÖSER M, BÖHME R, BREUKER D. An inquiry into money laundering tools in the Bitcoin ecosystem[C]//2013 APWG eCrime researchers summit. Ieee, 2013: 1-14.

[64] BONNEAU J, NARAYANAN A, MILLER A, et al. Mixcoin: anonymity for bitcoin with accountable mixes[C]//International Conference on Financial Cryptography and Data Security. Springer, Berlin, Heidelberg, 2014: 486-504.

[65] CHAUM D. Blind signatures for untraceable payments[C]//Advances in cryptology. Springer, Boston, MA, 1983: 199-203.

[66] VALENTA L, ROWAN B. Blindcoin: Blinded, accountable mixes for bitcoin[C]//International Conference on Financial Cryptography and Data Security. Springer, Berlin, Heidelberg, 2015: 112-126.

[67] MAXWELL G. CoinJoin: bitcoin privacy for the real world[C]//Post on Bitcoin forum. 2013, 3: 110.

[68] RUFFING T, MORENO-SANCHEZ P, KATE A. CoinShuffle: Practical decentralized coin mixing for bitcoin[C]//European Symposium on Research in Computer Security. Springer, Cham, 2014: 345-364.

[69] ZIEGELDORF J H, GROSSMANN F, HENZE M, et al. CoinParty: Secure multi-party mixing of bitcoins[C]// Proceedings of the 5th ACM Conference on Data and Application Security and Privacy. 2015: 75-86.

[70] MAXWELL G. CoinSwap: transaction graph disjoint trustless trading [EB/OL]. (2013). https://bitcointalk. org/index.php.

[71] BISSIAS G, OZISIK A P, LEVINE B N, et al. Sybil-resistant mixing for bitcoin[C]//Proceedings of the 13th Workshop on Privacy in the Electronic Society, 2014: 149-158.